A HISTORY of EUROPEAN DIPLOMACY

欧洲外交史
1815—1914

［英］罗伯特·巴尔曼·莫厄特 —————— 著
毛红梅 —————— 译

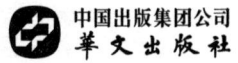
中国出版集团公司
华文出版社

图书在版编目（CIP）数据

欧洲外交史：1815—1914 /（英）罗伯特·巴尔曼·莫厄特著；毛红梅译. -- 北京：华文出版社，2020.1

（华文全球史）

ISBN 978-7-5075-5262-1

Ⅰ. ①欧… Ⅱ. ①罗… ②毛… Ⅲ. ①外交史—欧洲—1815-1914 Ⅳ. ①D850.9

中国版本图书馆CIP数据核字(2019)第300390号

欧洲外交史：1815—1914

作　　者：	[英]罗伯特·巴尔曼·莫厄特
译　　者：	毛红梅
选题策划：	华盛章也
插图供应：	029—85504182
责任编辑：	胡杨
出版发行：	华文出版社
社　　址：	北京市西城区广外大街305号8区2号楼
邮政编码：	100055
网　　址：	http://www.hwcbs.com.cn
电　　话：	总编室010—58336239 发行部010—58336212
经　　销：	新华书店
印　　刷：	三河市国英印务有限公司
开　　本：	710×1000　1/16
印　　张：	38.75
字　　数：	565千字
版　　次：	2020年1月第1版
印　　次：	2020年1月第1次印刷
标准书号：	ISBN 978-7-5075-5262-1
定　　价：	138.00元

版权所有　侵权必究

出版前言

随着中国开放的大门越开越大,关注世界各国尤其是西方国家文明的源流、发展和未来已经成为当下世界史研究的一个热点。为了成系统地推出一套强调"史源性"且在现有世界史出版物中具有拾遗补阙价值的作品,我们经过认真论证,推出了"华文全球史"系列,首次出版约为一百个品种。

"华文全球史"系列从书目选择到译者的确定,从书稿中图片的采用到人名地名的规范,都有比较严格的遴选规定、编审要求和成稿检查,目的就是要奉献给读者一套具有学术性、权威性和高质量的世界史系列图书。

书目的选择。本系列图书重视世界史学科建设,视角宽阔,层级明晰,数量均衡,有所突出。计划出版的华文全球史中,既有通史,也有专题史,还有回忆录,基本上是世界历史著作中的上乘之作,同时填补国内同类作品出版的空白。

人名地名规范。本系列图书中人名地名,翻译规范,重视专业性。同时,在人名翻译方面,我们坚持"姓名皆全"的原则,加大考据力度,从而实现了有姓必有名,有名必有姓,方便了读者阅读。另外,在注释方面,书中既有原注,完整地保留了原著中的注释;也有译者注,体现了译者的研究性成果。

书中的插图。本系列图书的一个重要特征是书中都有功能性插图,这些插图全方位、多层次、宽视角反映当时重大历史事件,或与事件的场景密切相关，涉及政治、军事、经济、社会、外交、人物、地理、民俗、生活等方面的绘画作品与摄影作品。功能性插图与文字结合，赋予文字视觉的艺术，增加了文字的内涵。

译者的确定。本系列图书的翻译主要凭借的是一个以大学教师为主的翻译团队，团队中不乏知名教授和相关领域的资深人士。他们治学严谨，译笔优美，为确保质量奉献良多。

"华文全球史"系列作为一套具有较高学术价值的优秀的世界历史丛书，对增加读者的知识，开阔读者的视野，具有积极的意义。同时要看到，一方面很多西方历史学家的观点符合事实，另一方面不少西方历史学家的观点是错误的，对于这些，我们希望读者不要不加分析地全盘接受或全盘否定，而是要批判地吸收外国文化中有益的东西。

华文出版社

2019年8月

前 言

正如本杰明·迪斯雷利①所说：既然英国外交只是英国内政的对外部分，英国公民就有责任认识和反思英国外交。即使是表面看似与外交政策无关的事，也应该从英国外交关系及其内部形势加以考察。英国公民不仅要了解英国与其他国家间的关系，还必须知道欧洲与世界各国间的交往。因为各国事务息息相关，没有任何国家或地区能够独立生存片刻。

本书的初衷是对政治教育有所贡献。笔者试图用更通俗的形式对斯特拉斯堡大学克里斯托夫·威廉·冯·科赫②的名著《和约简史》做进一步补充，因为这本著作只包括17、18世纪的外交史。英国有爱德华·赫特莱特爵士收集的大量没有评论和描述的条约和地图，但这些资料主要供学者使用。法兰西历史学家埃米尔·布儒瓦的《外交政策史手册》和安托南·德比杜尔的《外交史》向公众展现了他们长期研究与广泛观察形成的观点。笔者想为英国公民呈现几百年来包括英国在内的欧洲大国间的外交关系，让他们了解每天发生在眼前的历史事件的脉络，并对此做出正确判断。

在牛津大学良好的学术氛围中，历史学家有理由宣称他们的写作不带任

---

① 本杰明·迪斯雷利（1804—1881），英国政治家、小说家，托利党首领，1867年到1868年和1874年到1880年两度任英国首相。——译者注（以下如无特殊说明，均为译者注。）
② 克里斯托夫·威廉·冯·科赫（1737—1813）阿尔萨斯外交家、政治家、图书管理员和作家。在斯特拉斯堡大学任教时教授宪法和历史课程，其学生有约翰·沃尔夫冈·冯·歌德、马西米兰·冯·蒙盖拉斯、克莱门斯·冯·梅特涅和路易–纪尧姆·奥托。

何好恶和偏见,即"既不心怀愤懑,也不意存偏袒"①。如果作者仍然相信自己的国家是有荣耀和尊严的,那必是其观察和研究所致。外交的目的是达成和平与友好的伙伴关系,外交家通常令人尊敬。无论从欧洲大陆还是英国的外交来看,总体而言确实如此。英国历史上重要时期的外交实践经验都证明一条结论,即在处理国际事务和私人事件时,英国公务人员、政治家、外交家和其他行政人员都坚持同样的准则。但只有当人民相信这些人是诚实的,并诚恳地支持他们时,他们才能继续工作,维护他们的准则。笔者相信,从本书中,这是应该得到的观点。

罗伯特·巴尔曼·莫厄特
于牛津大学圣礼学院

---

① 原文 "sine ira et studio" 拉丁语,意为"无忿无偏",出自塔西佗《编年史》。

目 录

第 1 部分　从维也纳会议到巴黎会议 / 001

003　**第 1 章**
　　　外　交

009　**第 2 章**
　　　维也纳会议

045　**第 3 章**
　　　欧洲协调体系

059　**第 4 章**
　　　亚琛会议

067　**第 5 章**
　　　旧大陆与新大陆

095　**第 6 章**
　　　希腊独立

115	第 7 章
	东方与西方

143	第 8 章
	比利时王国和西班牙王国

175	第 9 章
	分裂的年代：德意志邦联与奥地利帝国

197	第 10 章
	克里米亚战争

第 2 部分　意大利的统一 / 231

233	第 11 章
	意大利：从维也纳会议到 1848 年革命的失败

243	第 12 章
	对 1848 年革命的清算

251	第 13 章
	困扰欧洲的意大利问题

261	第 14 章
	第二次意大利解放战争

277	第 15 章
	《比利亚弗兰卡条约》

283	第 16 章
	意大利各公国与罗马涅的统一

291	第 17 章 意大利王国
303	第 18 章 威尼斯
313	第 19 章 门塔纳
321	第 20 章 教皇政权的末日

第 3 部分 德意志的统一 / 325

327	第 21 章 普鲁士的崛起
355	第 22 章 德意志帝国的建立
373	第 23 章 普法战争
419	第 24 章 柏林会议
457	第 25 章 三国同盟
477	第 26 章 法兰西第三共和国的复兴

| 487 | 第 27 章
三国协约 |

| 531 | 第 28 章
"东方问题"的再现 |

| 543 | 第 29 章
危机四伏的十年 |

| 575 | 译名对照表 |

第 1 部分

从维也纳会议到巴黎会议

第1章

外 交

"欧洲有一种氛围。在这种氛围中,到处有着同样的观念。这些观念来自法兰西,自然在法兰西可以找到最完美的表述。"[1]这种欧洲氛围是文明最伟大的产物,虽然经历许多战争和激烈的国际冲突,但从11世纪起就一直存在。无论在共同的宗教信仰中,或在学术与知识领域,还是在行为礼貌的特定规范中,这种氛围都能得到体现。正是这种欧洲氛围使欧洲各大国将整个欧洲看作一个团体。在日常交往中,这些国家之间就像国内个人间的交往一样,其行为必须遵守礼貌和道德规范。国家间的交往就是外交。

法兰西人最擅长外交。法兰西为欧洲做出许多贡献,其中最有影响力的就是外交。但在国际法方面,法兰西人的影响不大。就像一个国家内部某一地区的法律与个人礼貌之间的关系一样,国际法与外交既有联系,又有区别。如果我们承认荷兰人是国际法研究领域的权威,那么必须承认法兰西人是外交领域的权威。如果外交只能用一种语言,那一定是法语。不仅因为法语是或曾是最流行的语言,还因为在所有现代语言中,法语能准确地将思想转换成文字。在国际关系中,因为许多事件关系重大,所以语言表达不能有丝毫含糊。因此,在欧洲各国交往过程中,法语演变成外交语言,因为它能把由言辞误解引起的冲突、疏远甚至战争降到最低程度。

---

[1] 阿尔伯特·索雷尔:《欧洲与法兰西大革命》,1912年,第1章,第147页。——原注

詹姆斯一世

　　轻视外交或认为外交和其他职业一样无须精心训练和长期积累经验，都是愚蠢的。中世纪虽然没有职业外交家，但常有这样一批人从事国际事务工作，他们通常是教士，拥有同样的教育水平、礼仪和道德观。17世纪初，在法兰西王国和英格兰王国，外交几乎同时开始成为一种正式工作。因此，英格兰王国仅次于法兰西王国，也因现代外交著名，如詹姆斯一世统治时期，从北部和南部[①]各部

---

① 北部主管与德意志、荷兰、丹麦、瑞典、俄罗斯、波兰和比利时外交，南部主管与法兰西、西班牙、意大利、土耳其和爱尔兰殖民地外交及内务等事宜。1782年，英格兰王国改组北部为外交部，南部为内务部。

门,我们看到现代英国外交部的开端。与此同时,从亨利·沃顿爵士、托马斯·罗爵士和其他大使开始,我们也看到正式外交使团的出现。通过签署商业和政治条约,在欧洲各国形式的团体中,英格兰王国无疑拥有自己的地位。

  人都有敏感之处,一个错误用词或一种不明智行为都可能造成终生的误解。国家和政府也有敏感之处。事实上,国家尤其敏感,其敏感程度常常出乎意料。在处理国与国间的事务时,任何人如果方式不当,都会导致令人惋惜的失败。每件事情的处理都有对错,除了理智、坚定和机智等这些和其他职业相同要求的品格,外交家还需掌握许多知识,如历史、不同国家的宪法、国际法、语言,以及大量技巧,如外交文件的形式、官场的规则等。

亨利·沃顿

尼科洛·马基雅维利

外交领域的第一本正式著作是不伦瑞克公国的国务大臣亚伯拉罕·德·威克福所著的《大使及其职能》。1681年，这本著作在海牙出版。这是一部包含成熟外交经验成果的经典著作。亚伯拉罕·德·威克福非常肯定历史学识对外交家的价值，认为优秀的大使都是优秀的历史学家，如尼科洛·马基雅维利和菲利普·德·科米纳。大使应该受过大学教育，但不是学究；大使必须通晓多种通用语言，如拉丁语和法语等；大使必须穿着得体，绝不能不修边幅。譬如，德阿沃伯爵克劳德·德·梅姆言行谨慎，衣着讲究，甚至连他的仆人都没见过他平时的穿着与他在正式场合的穿着不同，"他从没不穿外套就离开卧室,只有回到卧室睡觉才脱掉外套"①。其次,大使不必装阔。众所周知,装阔并不能体现一个国家真正的实力。没有人因为陪同罗马教皇去乡下旅行时,看到西班牙王国驻罗马教廷大使携带六箱杂物、六架马车②、两百名侍从和六十辆行李车,就更看重西班牙。

一个人外在的举止是其内在素质的表现,大使必须具有良好的道德素质。参加威斯特伐利亚会议的法兰西王国特使萨布莱和布瓦多菲侯爵阿贝尔·塞尔维安天赋过人,但脾气暴躁,每次谈判都有被他毁掉的危险。相反,这次会

阿贝尔·塞尔维安

---

① 亚伯拉罕·德·威克福:《大使及其职能》。
② 每辆车有六匹马。——原注

议早期有位大使皮埃尔·让南,他不但性情温和,而且懂得自我克制。反驳皮埃尔·让南的推论很难,要与他和蔼的性情作对更难,甚至完全不可能。这就是亚伯拉罕·德·威克福理想中最优秀的大使,这样的大使不仅有益于他的国家,还有益于人类。在过去一百年中,英国不乏这样的大使,克拉伦登伯爵乔治·威廉·弗雷德里克·维利尔斯就是其中一位。凡是亲眼看见克拉伦登伯爵乔治·威廉·弗雷德里克·维利尔斯1919年处理外交事务的人都知道这位拥有知识、智慧、正直和魅力的外交家的价值。

第 2 章

维也纳会议

　　1814年，由法兰西大革命引起、拿破仑·波拿巴主导的战争实际已经结束。经过1813年的莱比锡战役，1814年年初，法兰西第一帝国覆灭，波旁王朝复辟。1814年5月30日，在巴黎，同盟国与法兰西王国达成和解①。同盟国对战败的法兰西第一帝国②的处罚相当宽容。此时，与1792年战争爆发时相比，法兰西第一帝国的疆域更广阔，同盟国也没有要求法兰西王国支付任何战争赔款。

　　法兰西大革命和拿破仑战争不仅是同盟国，即英国、俄罗斯帝国、普鲁士王国、奥地利帝国、瑞典王国、西班牙王国和葡萄牙王国与法兰西王国之间的战争，还是一场震撼整个欧洲的动乱。从多方面看，这场战争摧毁了旧有统治，没有任何一个国家、家庭甚至个人不受其影响。因此，战争结束后，各国需要召开会议共同解决欧洲问题。作为欧洲一大城市和一大战胜国的首都，在某种特殊意义上，维也纳代表着传统、法律、秩序和既定制度。因此，维也纳被选为会议召开地点。

　　维也纳会议有两个突出特点。第一个特点，这不是一次"和平会议"，因为在巴黎，各国已经达成和解，法兰西王国与同盟各国间的所有争议都已经解决。

---

① 即《第一次巴黎和约》，以区别"百日政变"后1815年11月20日签订的《第二次巴黎和约》。——原注
② 当时复辟的是以前的法兰西第一帝国。

莱比锡战役

在事实和法律层面,战争状态已经结束。因此,在维也纳召开会议时,法兰西王国要求与其他国家一起以同等身份加入会议。

第二个特点,维也纳会议不是在旧世界中创造一个新世界。如果有人认为经过二十年战争,旧的欧洲体系已经土崩瓦解,无法恢复,那么参加会议的各国代表绝不会承认,因为他们相信,旧的欧洲体系一直是稳定的,并且基本符合人类对法律和自由的要求。因此,参加会议各国的意图不是重建新秩序,而是恢复

旧体系。正因为如此,维也纳会议期间及随后几年,常常被称为"复辟时期"。但这不是简单机械的复辟,也不可能复辟,欧洲政治家们不会如此愚蠢。在重建战前欧洲旧秩序的过程中,必然会有许多方面需要改进,然而1814年到1815年,欧洲各国的政治家们显然没有竭尽全力恢复旧秩序。尽管随后四十年各地有所改进,但1860年前,维也纳会议的最终总决议基本是完整的,这份总决议也使欧洲度过近半个世纪相对和平的时期。

《第一次巴黎和约》第三十二条要求："此次战争所有交战各国，在缔结本条约后的两个月内，都应该派遣全权代表赴维也纳参加会议，旨在决议一切完成本条约所规定的必要协定。"虽然同盟国与法兰西王国已经达成和解，并承诺允许其参加会议，但同盟国仍不承认法兰西王国为会议成员国。因此，一份秘密条文规定，会议达成的解决方案必须按照"同盟国自行确定的原则"执行。这意味着维也纳会议最多只能由与法兰西王国签订条约的七个国家，即英国、俄罗斯帝国、奥地利帝国、普鲁士王国、瑞典王国、西班牙王国和葡萄牙王国组成，但七个国家显得过多。因此，各同盟国签订另一协约，将会议有效成员限制为四国同盟①，即英国、俄罗斯帝国、奥地利帝国和普鲁士王国。事实上，会议召开时，法兰西王国代表夏尔·莫里斯·德·塔列朗运用灵活的外交手腕，为法兰西

夏尔·莫里斯·德·塔列朗

---

① 查尔斯·韦伯斯特：《维也纳会议》，1919年，第48页，注释4。引自《英国外交部档案》。——原注

与会各国代表齐聚维也纳

王国争取到参加四国会议的资格。因此,最终四国同盟成为"五国同盟",即英国、俄罗斯帝国、奥地利帝国、普鲁士王国和法兰西王国。

这"五国同盟"就是"维也纳会议"。除包括法兰西王国在内的八个成员国外,其他国家的一百多位全权代表都抵达维也纳,其中除一些加入专门委员会的代表,其他代表无事可做。最后,八国,即瑞典王国、西班牙王国、葡萄牙王国、英国、俄罗斯帝国、奥地利帝国、普鲁士王国和法兰西王国,尽管签订《维也纳会议最后议定书》,作为大会条约的总约,但自始至终没有召开过正式大会。

虽然《第一次巴黎和约》第三十二条规定应在《第一次巴黎和约》签订后的两个月内举行会议,但直到1814年9月13日,四个国家才在维也纳集会。参加会议的代表有富有外交经验的克莱门斯·冯·梅特涅。尽管当时年仅四十一岁,但从某些方面看,克莱门斯·冯·梅特涅是位精明的政治家和外交家。其次,值得一提的是沙皇亚历山大一世亲自代表俄罗斯帝国参加会议。沙皇亚历山大

普鲁士国王腓特烈·威廉三世

一世善于思考和行动,拿破仑·波拿巴称其为"善变的拜占庭人"。普鲁士国王腓特烈·威廉三世善良而软弱。代表英国参加会议的是其外交卡斯尔雷勋爵罗伯特·斯图尔特[①]。这位勤奋努力、经验丰富的政治家或许缺乏想象力,但睿智和诚实使他成为英国当之无愧的代表。另外,不得不提的是法兰西王国代表夏尔·莫里斯·德·塔列朗。夏尔·莫里斯·德·塔列朗诡计多端,当时正值事业巅峰。与会各全权代表年龄都在四十岁左右:沙皇亚历山大一世三十七岁,克莱门

---

① 卡斯尔雷勋爵罗伯特·斯图尔特的信见查尔斯·韦伯斯特:《1813—1815年英国外交》,伦敦,1921年,第189页及随后几页。其中收藏有许多英国外交部保存的档案,并附有简短有用的引言。——原注

斯·冯·梅特涅四十一岁,普鲁士国王腓特烈·威廉三世四十四岁[①],卡斯尔雷勋爵罗伯特·斯图尔特四十五岁,只有夏尔·莫里斯·德·塔列朗已经六十一岁。夏尔·莫里斯·德·塔列朗曾是一位神父,像其他法兰西王国旧时教徒贵族一样,很快升为主教。1789年,他曾以主教身份参加关系重大的"三级会议"。法兰西大革命时期,夏尔·莫里斯·德·塔列朗放弃主教身份,开始从事外交工作。

卡斯尔雷勋爵罗伯特·斯图尔特

---

① 普鲁士王国实际代表卡尔·奥古斯特·冯·哈登贝格时年六十四岁。——原注

拿破仑·波拿巴

1792年，夏尔·莫里斯·德·塔列朗被派往伦敦，从此他一生钟爱英国。从1793年到1795年，夏尔·莫里斯·德·塔列朗流亡美国，并且有所收获。法兰西督政府执政时夏尔·莫里斯·德·塔列朗任外交部部长或外交大臣直到1814年，他一直忠心耿耿地为拿破仑·波拿巴服务。在拿破仑·波拿巴失败后，当告别这位善于阿谀奉承的朋友时，拿破仑·波拿巴说："你连自己的父亲都会出卖。"随后，夏尔·莫里斯·德·塔列朗转而支持复辟。他认为拿破仑·波拿巴的法兰西第一帝国已经不复存在，而波旁王朝不应对先前的战争负责。这种划分使法兰西王国得以逃脱同盟国的惩罚。维也纳大会中法兰西王国赋予夏尔·莫里斯·德·塔列朗最艰巨的任务，也给了他取得成功的巨大机会。夏尔·莫里斯·德·塔列朗无疑是一位真正的爱国者，无论在波旁王朝还是在奥尔良王朝统治时期，他都能尽心尽力又得心应手地服务国家。夏尔·莫里斯·德·塔列朗是法兰西王国外交家的典型代表——举止随和，诙谐幽默。1838年，夏尔·莫里斯·德·塔列朗去世，终年八十四岁。①

1814年9月13日，四国代表在维也纳聚集，开始通过彼此间非正式会晤解决欧洲问题。会议起草的条约实际只是对四国同盟先前达成的协议进行了记录。

维也纳会议现场

---

① 与会大国的代表不限上述几位。每个国家都有一个由三到四人组成的代表团。威灵顿公爵阿瑟·韦尔斯利和卡斯尔雷勋爵罗伯特·斯图尔特都曾是英国代表，由于拿破仑·波拿巴从厄尔巴岛返回法兰西王国后，英国政府急忙派威灵顿公爵阿瑟·韦尔斯利去指挥军队。同时，不能忘记弗里德里希·冯·根茨（1764—1832），他是反拿破仑·波拿巴宣传最有效（也可能是最多产）的作家。他最初为普鲁士王国服务，1802年转向奥地利帝国。1812年起，他一直被克莱门斯·冯·梅特涅所用。在政治上，两人是分不开的。弗里德里希·冯·根茨是维也纳大会的秘书，也是随后各种会议的秘书。大会第二任秘书是格奥尔格·弗雷德里希·冯·马滕斯，条约汇编的著名编辑，这些条约汇编每年都出版，极具价值。——原注

八国委员会，即英国、俄罗斯帝国、奥地利帝国、普鲁士王国、瑞典王国、西班牙王国、葡萄牙王国和法兰西王国组成的委员会偶尔召开会议，但无事可做。1814年9月23日，夏尔·莫里斯·德·塔列朗抵达维也纳后，发现法兰西王国被排除在四国同盟内部会议外。他对此极其不满，但一直在等待时机。对英国，夏尔·莫里斯·德·塔列朗始终有几分友好，卡斯尔雷勋爵罗伯特·斯图尔特代表的英国也对法兰西王国表示友好。1814年12月24日，大会举行第一次正式会议，卡斯尔雷勋爵罗伯特·斯图尔特和克莱门斯·冯·梅特涅提议，并坚持让法兰西王国参

克莱门斯·冯·梅特涅

加会议，这使俄罗斯帝国和普鲁士王国非常震惊。其内幕是，四国同盟由于波兰和萨克森王国问题发生争执，为寻求和平解决办法，英国和奥地利帝国不得不拉拢法兰西王国站在他们一边，以压制俄罗斯帝国和普鲁士王国联盟的影响。当英国和奥地利帝国提议法兰西王国加入会议时，其他国家不好拒绝，毕竟在签订《第一次巴黎和约》几个月后，法兰西王国已经不是欧洲各国的敌人。此外，夏尔·莫里斯·德·塔列朗还威胁说，如果不把法兰西王国当作大国看待，他在大会上将鼓动小国争夺他们在第一次巴黎会议的地位。因此，俄罗斯帝国和普鲁士王国做出让步，四国委员会成为五国委员会，会议所有决定由五国确定。

1814年最后几个月①，欧洲问题的解决没有实质性进展。洛伊希腾贝格公爵欧仁·德·博阿尔内②给他的护卫写信说，会议没有进行，他们只在那里跳舞。

> 你来得正是时候，如果你喜欢舞会，你会跳个够；没有进行会议，他们只在那里跳舞。这里真有一群君主，个个都在叫喊：和平！正义！均势！赔款！至于我，只是个旁观者。我要求的所有赔偿只是一顶新帽子，因为在每条街的转角处遇到君主都要脱帽行礼，我的帽子都已经磨破。③

洛伊希腾贝格公爵欧仁·德·博阿尔内有理由对眼前的一幕感到惊讶，这群君主和大使们聚集在维也纳的目的是希望在四国会议能听到自己的声音，或者至少自己国家的利益不会被完全忽视：

> 请注意那位优雅、威武，与洛伊希腾贝格公爵欧仁·德·博阿尔内同行的就是沙皇亚历山大一世。那位身材高大而神情威严，手挽着活泼的那不勒斯人的是普鲁士国王腓特烈·威廉三世。那位和蔼可亲，穿着笔挺的

---

① 有一项工作是在大会外完成的，即1814年12月24日英国与美国在根特签订的《英美和平条约》。——原注
② 1796年到1814年，洛伊希腾贝格公爵欧仁·德·博阿尔内担任奥地利帝国军队元帅。——原注
③ 洛伊希腾贝格公爵欧仁·德·博阿尔内：《回忆录》等，沃姆利选编，第2部分，1899年，第263页。——原注

巴伐利亚国王约瑟夫·马克西米利安一世

威尼斯服装的就是奥地利皇帝弗朗茨二世[1]，他是开明专制统治的代表。还有巴伐利亚国王约瑟夫·马克西米利安一世，从坦率的表情就可以看出他心地善良。注意到巴伐利亚国王约瑟夫·马克西米利安一世旁边那位面色苍白，长着鹰钩鼻子的小个子男人了吗？他就是丹麦国王腓特烈六世。他诙谐幽默，机智灵活，常使其他与会君主们兴高采烈，在君主中格

---

[1] 奥地利皇帝弗朗茨二世，1792年到1835年在位。——原注

外引人注目。从其举止和自然流露的来自小王国的幸福来判断，人们绝不会认为他是欧洲一位伟大的独裁者，但他确实是。在哥本哈根，丹麦国王腓特烈六世出行时，他的掌马官手持短枪在前面引路。如果乐意，丹麦国王腓特烈六世可以下令射杀任何臣民。靠在柱子旁边身材魁梧的就是符腾堡国王腓特烈·威廉一世。符腾堡国王腓特烈·威廉一世的身型并没有因宽大的舞服的褶皱而变小。符腾堡国王腓特烈·威廉一世旁边是

丹麦国王腓特烈六世

凯瑟琳·帕夫洛夫娜

他的儿子符腾堡王储威廉一世。符腾堡王储威廉一世来到维也纳,不是因处理公务,而是对奥尔登堡大公夫人凯瑟琳·帕夫洛夫娜的爱慕。这群吵吵嚷嚷的人,要么是欧洲各国在位的君主、大公,要么是来自各国的大人物。除了少数衣着华丽,容易分辨的英国人,没有任何一位的名字是不带爵位头衔的。

除大量社交活动,维也纳会议期间还有许多间谍或情报活动。在这方面,奥地利人占绝对优势。由于在自己的首都,奥地利间谍可动用所有维也纳警察的资源。每天,所有与会代表的废纸篓都会被仔细搜查,搜集到的所有东西必须写成完整的报告,定期向奥地利皇帝弗朗茨二世汇报。

最后，维也纳会议，或者更确切地说是五国委员会，开始处理所有需要解决的事务。大会进展迅速，总体而言一切顺利。在诸多需要解决的问题中，九个问题尤其重要，即萨克森-波兰问题、莱茵河边界问题、比利时-荷兰问题、丹麦-瑞典问题、瑞士中立问题、意大利问题、德意志邦联（德意志重建）问题、国际河流管理和奴隶贸易问题。

其中，萨克森-波兰问题最尖锐。1813年2月28日签订的《卡利什条约》承诺，普鲁士王国可以在北德意志扩张领土，同时暗示俄罗斯帝国可以自由处理波兰问题。此条约成为俄罗斯帝国要求兼并整个波兰的依据，也是普鲁士王国可以得到整个萨克森①的依据。然而，克莱门斯·冯·梅特涅并不希望俄罗斯帝国吞并加利西亚，占领克拉科夫和维斯图拉。卡斯尔雷勋爵罗伯特·斯图尔特也反对俄罗斯帝国的势力过于膨胀，并同情波兰人民的复国诉求。因此，大会四

讽刺漫画：各国君主就欧洲利益进行激烈争夺

---

① 因为萨克森国王腓特烈·奥古斯特一世效忠拿破仑·波拿巴，所以必须受到来自同盟国的惩罚。——原注

萨克森国王腓特烈·奥古斯特一世

大国分为两个阵营：一方是俄罗斯帝国和普鲁士王国，另一方是奥地利帝国和英国。萨克森国王腓特烈·奥古斯特一世很不幸，不仅无权参加决定其王国命运的讨论，还只能留在普莱斯堡①，焦急地等待消息。事实上，萨克森问题几乎导致同盟国间爆发战争。独裁的沙皇亚历山大一世做事向来不喜欢受到阻挠。1814年10月23日，沙皇亚历山大一世对夏尔·莫里斯·德·塔列朗明确表示："在华沙公国，我有二十万大军，让他们来试试把我赶走！我已把萨克森王国送给普鲁士王国。"老谋深算的夏尔·莫里斯·德·塔列朗知道法兰西王国将是解决这

① 现改名为布拉迪斯拉发。——原注

一分歧的决定性因素。正是这个原因，他才代表法兰西王国自信地要求加入四国委员会。也正是这个原因，卡斯尔雷勋爵罗伯特·斯图尔特和克莱门斯·冯·梅特涅支持法兰西王国加入四国委员会。1814年12月24日，夏尔·莫里斯·德·塔列朗表示支持英国和奥地利王国。

其实，在选择支持英国和奥地利王国的同时，夏尔·莫里斯·德·塔列朗等于拒绝大会给予他这位法兰西王国政治家的一次巨大机会。只要夏尔·莫里斯·德·塔列朗支持俄罗斯帝国和普鲁士王国，俄罗斯帝国和普鲁士王国几乎愿意为此牺牲一切。1814年12月29日，普鲁士王国代表卡尔·奥古斯特·冯·哈登贝

卡尔·奥古斯特·冯·哈登贝格

亚历山大一世

格与沙皇亚历山大一世联合提议,如果普鲁士王国吞并萨克森国王腓特烈·奥古斯特一世的所有领土,作为补偿,萨克森国王腓特烈·奥古斯特一世可以在莱茵河左岸建立一个新王国,其领土包括卢森堡公国领地,特雷沃大主教管辖地的一部分,波恩市和普吕姆大教堂区,斯塔沃洛和马尔梅迪,人口达七十万。

克莱门斯·冯·梅特涅和卡斯尔雷勋爵罗伯特·斯图尔特坚决反对这一提议。克莱门斯·冯·梅特涅不希望普鲁士王国通过吞并萨克森王国而变得过分强大；卡斯尔雷勋爵罗伯特·斯图尔特也不愿看到莱茵河左岸建立一个离比利时太近的亲法国家。但人们很难理解为什么夏尔·莫里斯·德·塔列朗也反对这一提议。萨克森国王腓特烈·奥古斯特一世是法兰西王国的忠实朋友，新王国的人民不但是天主教教徒，而且大多数属于高卢民族。新王国将牢记萨克森王国的灭亡，将来必定长期反抗普鲁士王国。事实上，这个新王国必将成为法兰西王国和德意志邦联间一个极佳的缓冲地带，或许可以防止随后几年两国间的冲突。如果夏尔·莫里斯·德·塔列朗现在支持普鲁士王国1814年12月29日的提议，那么英国和法兰西王国将不惜诉诸武力来阻止该提议。因此，他不愿冒这种风险，而是接受英奥两国的提议，虽然这样做似乎同样可能与普鲁士王国和俄罗斯帝国发生战争。

1815年1月3日，为保密起见，卡斯尔雷勋爵罗伯特·斯图尔特亲笔抄写并签订《防卫同盟条约》，克莱门斯·冯·梅特涅和夏尔·莫里斯·德·塔列朗也在该条约上签字。与会各大国同意预备十五万军队，英国和奥地利帝国从以前的死敌变成军事盟友①。夏尔·莫里斯·德·塔列朗摧毁了欧洲针对法兰西王国的联盟，并使法兰西王国摆脱孤立。1815年1月4日，夏尔·莫里斯·德·塔列朗致信路易十八："陛下，现在联盟已经解散了，永远解散了。"②事实上，"法兰西王国得到的只是为维护奥地利帝国的安全，以及为英国政策的胜利而战的荣誉"③。

当时，尽管1815年1月3日的条约是保密的，但沙皇亚历山大一世和卡尔·奥古斯特·冯·哈登贝格早已注意到英国、奥地利帝国与法兰西王国立场一致。但俄罗斯帝国与普鲁士王国不愿再次挑起欧洲战争，所以决定妥协。1815年1月，五国谈判进展比较顺利。最后，五国基本满意谈判结果④。

---

① 条约一直是保密的，直到在巴黎的档案馆里，拿破仑·波拿巴发现了路易十八手中的条约副本，并发表出来，当时正值"百日政变"。在回忆录中，夏尔·莫里斯·德·塔列朗没有提及此事，只表示对1815年1月3日的条约感到自责。夏尔·莫里斯·德·塔列朗与路易十八的通信提供了更多细节。——原注
② 夏尔·莫里斯·德·塔列朗：《回忆录》，第2章，第556页。——原注
③ 乌赛，1815：《第一次复辟》，第1卷，第3章，第2节。——原注
④ 1815年1月5日，卡斯尔雷勋爵罗伯特·斯图尔特给利物浦伯爵罗伯特·詹金森写信说："我有把握认为战争的阴云已经散去。"查尔斯·韦伯斯特：《1813—1815年英国外交》，第282页。——原注

萨克森王国徽章

第一个问题，萨克森-波兰问题。萨克森王国没有被普鲁士王国吞并，仍是一个独立的王国，但失去五分之二的领土，都在其北部地区。萨克森王国的八十万人口划归普鲁士王国[①]，莱比锡仍归萨克森王国，但普鲁士王国对领土的占有并未减少，作为补偿，普鲁士王国获得了威斯特伐利亚和莱茵河地区。

俄罗斯帝国获得的领土最多，因为波兰王室没有提出合法性主张。除波森大公国和包括但泽、托伦在内的西普鲁士划归普鲁士王国，包括塔诺波尔在内的加利西亚划归奥地利帝国，其余的波兰领土全部划归俄罗斯帝国。

第二个问题，莱茵河流域管理问题处理起来并不困难。因为已经与法兰西王国达成和解，所以大会不存在重新分配阿尔萨斯和洛林的领土问题。但还涉及一些以前属于教会的君主或王储的领地，包括美因茨、特雷沃和科隆及其他君主的主教管辖地。拿破仑·波拿巴使这些地区脱离了与教会的关系，被法兰西第一帝国吞并或变为其附庸国。另外，还有许多自由城邦，也沦为拿破仑·波

---

① 萨克森王国被吞并的地区主要包括符腾堡、托尔高和蔡茨。——原注

拿巴要求其领土整齐爱好的牺牲品。除美因茨外,这些地区①全部化归普鲁士王国,成为其下莱茵省。此外,普鲁士王国还获得威斯特伐利亚,主要包括以前明斯特王储主教辖区。

第三个问题,比利时−荷兰问题很快就得到解决,因为该问题是《第一次巴黎和约》的主要议题。在法兰西革命战争前,比利时被称为奥属尼德兰。此时,奥地利帝国既不愿再为这个地理位置偏远、处境危险的地方承担责任,又不能不顾这里。虽然比利时没有提出独立要求,但奥地利帝国绝不让比利时落入法兰西王国手中,因为1814年,法兰西王国恢复其军事优势,已经成为其他欧洲各国的噩梦。小威廉·皮特担任英国首相时曾考虑让普鲁士王国吞并比利时,并

小威廉·皮特

---

① 维也纳会议并没有把美因茨划归哪一国家。法兰西第一帝国曾将美因茨吞并,并且将美因茨与托内尔合并。根据1814年6月3日奥地利帝国与巴伐利亚王国在巴黎缔结的条约,美因茨归巴伐利亚王国所有。但根据维也纳会议后的另一条约,巴伐利亚王国又将美因茨割让给黑森−达姆施塔特,但美因茨要塞同时成为德意志邦联的要塞。——原注

将其视作防御法兰西王国的重要手段,但维也纳会议找到了更好的解决方案。该方案将比利时与荷兰合并为荷兰王国,同时承认古老贵族奥朗日家族掌握荷兰王国主权。联合就是力量,人们希望荷兰与比利时能合力保证欧洲危险地区——莱茵河与斯海尔德河之间地带的安全。

第四个问题,丹麦-瑞典问题。丹麦国王腓特烈六世同时是挪威国王,从地理角度说,现在看来丹麦与挪威联合更好,且令双方满意。但拿破仑战争期间,反法同盟各国粗暴对待丹麦-挪威王国,以致拿破仑战争的最后几年,丹麦-挪威王国将其命运完全交由拿破仑·波拿巴掌控。因此,1814年法兰西第一帝国灭亡后,丹麦也深受其害,不得不把挪威割让给瑞典,只换得一点金钱及包括斯特拉尔松、吕根岛等地在内的瑞典属波美拉尼亚①作为补偿。虽然挪威和瑞典相邻且在同一半岛,但两地间有一片十分广阔险峻的山区相隔,因此挪威与瑞典只是政治方面统一。由于相距太远,丹麦王国将瑞典属波美拉尼亚割让给普鲁士王国,作为交换,丹麦王国获得易北河的劳恩堡公国领地。同时,英国归还了丹麦王国几乎所有失去的殖民地和岛屿,只保留对黑尔戈兰岛的主权。

黑尔戈兰岛

---

① 1814年1月14日,丹麦王国与瑞典王国签订《吉尔条约》。——原注

卡波·伊斯特里亚伯爵乔瓦尼·安东尼奥

从长远看，斯堪的纳维亚问题的解决，普鲁士王国获利最多，以劳恩堡公国领地作为交换，丹麦王国将瑞典属波美拉尼亚割让给了普鲁士王国。但1864年，普鲁士王国以武力夺回劳恩堡公国领地。当时，英国占有丹麦王国的黑尔戈兰岛。但最终，根据1890年的和平条约，黑尔格兰岛也归普鲁士王国所有。这些战利品几乎全部落在普鲁士王国手中，一直保留至今。

第五个问题，瑞士中立问题。在维也纳会议取得的成果中，解决瑞士中立问题取得最持久的效果。在维也纳，五国成立强有力的"瑞士委员会"，专门研究瑞士问题。该委员会的成员有斯特拉特福德·德·雷德克里夫子爵斯特拉特福德·坎宁，他年仅二十八岁，却已经是著名外交家；沙皇的外交官，科孚特岛人卡波·伊斯特里亚伯爵乔瓦尼·安东尼奥；日内瓦学者和政论家弗雷德里克·塞萨

弗雷德里克·塞萨尔·德·拉·阿尔普

尔·德·拉·阿尔普,他曾是沙皇亚历山大一世的导师,要协调瑞士各邦间的许多利益冲突,并起草一项公平的联邦法案,这是一项极其艰巨的任务。但最终,这项任务顺利完成。委员会以1803年拿破仑·波拿巴强加瑞士的《调停决议》作为解决瑞士问题的依据。尽管该决议已经被废除,但现在看来仍不失为一部极具政治家眼光的文件。瑞士问题的最终结果是:维也纳会议不仅承认原瑞士联邦境内十九个古老邦国的领土完整,而且为瑞士联邦新增三个邦国,即瓦莱、纳沙泰尔公国和日内瓦共和国。事实上在法兰西大革命以前,日内瓦曾是一个古老的独立邦国。直到1857年,纳沙泰尔还是普鲁士王国的一个公国。但纳沙泰尔公国加入瑞士联邦后,人们都很诧异在共和联邦中有一个君主制的邦国。另外,参加维也纳会议的八国代表保证新确立的瑞士联邦境内邦国永久中立。为保护日内瓦湖附近瑞士联邦南部边境，中立范围还包括撒丁王国的福西尼和沙布莱。如果发生战争，撒丁王国军队必须撤出该地区，并将其交由瑞士联邦军队驻守①。

第六个问题，意大利问题。拿破仑·波拿巴统治时期，法兰西第一帝国吞并了教皇国、热那亚、皮埃蒙特、威尼斯等地。因此，意大利地理政区大为简化。但拿破仑·波拿巴战败后恢复这些地区原状已经是大势所趋，当时欧洲各国确实也没有别的办法解决意大利问题，于是，意大利昔日各王朝纷纷复辟。教皇

教皇庇护七世

---

① 1860年，撒丁王国将福西尼、沙布莱及萨伏伊等地割让给法兰西第二帝国。如果发生战争，法兰西第二帝国及随后的法兰西第三共和国承担原撒丁王国的义务，须撤出驻军，并交由瑞士军队驻防。1914年到1918年的第一次世界大战就实施了此方案。但1919年6月28日签订的《凡尔赛条约》第435条取消了萨伏伊的中立。——原注

庇护七世，本名巴尔纳巴·尼科洛·玛丽亚·路易吉·基亚拉蒙蒂曾遭拿破仑·波拿巴压迫。尽管1812年，教皇庇护七世曾签订《枫丹白露条约》，屈服于拿破仑·波拿巴，但他支持同盟国的举动对西班牙王国和奥地利帝国两个天主教国家影响巨大。在教皇庇护七世的影响下，西班牙王国与奥地利帝国开始反抗法兰西第一帝国。

教皇庇护七世复辟后，教会管辖的各个城邦恢复原状。同时，奥地利帝国

奥斯特利茨战役

恢复对米兰的统治[1]。威尼斯共和国虽在1797年前是自由和独立的,但没能恢复为共和国。1797年,拿破仑一世根据《坎波福尔米奥条约》将威尼斯共和国割让给奥地利帝国。1805年,奥斯特利茨战役和《布拉迪斯拉发条约》签订后,拿破

---

[1] 自1713年《乌得勒支条约》签订后,米兰一直由奥地利帝国统治。——原注

仑·波拿巴收回威尼斯共和国，并将其并入法兰西第一帝国。维也纳大会上，根据《坎波福尔米奥条约》，克莱门斯·冯·梅特涅坚持要求收回威尼斯共和国，包括1797年奥地利帝国占据的所有陆地和岛屿。因此，除米兰外，奥地利还获得了威尼斯共和国及明乔河以东的达尔马提亚和科托尔湾地区。此外，由于当时小国处境不利，奥地利帝国还获得了前拉古萨共和国领土。1805年被法兰西第一帝国吞并前，拉古萨共和国一直保持独立。除达尔马提亚，奥地利帝国还获得1797年时威尼斯共和国控制的岛屿，但不包括科孚岛、赞特岛、圣莫拉岛、凯法洛尼亚岛、切里戈岛、伊萨卡岛和帕克索岛。1815年11月5日，按照《维也纳会议最后议定书》签订的一项条约，这些岛屿合并为"一个自由独立国家"，由英国"单独直接加以保护"。

根据意大利问题解决方案，除恢复原有领地，撒丁王国只得到前热那亚共和国。热那亚共和国虽然面积较小，但极具价值，那里有美丽的里维埃拉，包括圣雷莫到萨尔扎诺一带地区。其他流亡的意大利王朝，譬如摩德纳的埃斯特王朝，托斯卡纳的洛林-哈布斯堡王朝都相继复辟。但有一个例外，即波旁-帕尔马王朝。当时，波旁-帕尔马王朝以卢卡女公爵玛丽亚·路易莎及其子卡洛斯为代表，但他们没能获得对卢卡共和国①的统治权，因为拿破仑·波拿巴的妻子——奥地利的玛丽·路易丝是奥地利皇帝弗朗茨二世的女儿，所以帕尔玛公国交由奥地利的玛丽·路易丝统治。1847年，帕尔马女公爵奥地利的玛丽·路易丝去世，根据《维也纳会议最后议定书》第九十九条和第一百〇二条规定，帕尔马公国归还波旁王朝，卢卡共和国归还托斯卡纳大公国②。

此外，那不勒斯王国给意大利问题的解决带来了困难。那不勒斯王国是法兰西第一帝国的附庸国，国王若阿基姆·缪拉善理政务。在那不勒斯国王若阿基姆·缪拉领导下，意大利南部的情况较正统的波旁王朝统治时期大为改善。然

---

① 卢卡共和国为拿破仑战争时期被消灭的一个古老共和国。——原注
② 《维也纳会议最后议定书》第九十九条没有规定帕尔马公国的归属问题，直到1817年6月10日，英国、奥地利帝国、法兰西王国、西班牙王国、普鲁士王国和俄罗斯帝国签订条约，才有此规定。随后，该条约成为1819年7月20日签署的《法兰克福条约》的附加条约。——原注

玛丽亚·路易莎及其子卡洛斯

而，维也纳会议要求意大利各地贯彻正统主义原则①，那不勒斯王国自然不能例外，更何况在拿破仑战争期间，英国政府自始至终以其海军力量维护那不勒斯国王斐迪南一世在西西里岛的统治，因此英国政府认为其有义务支持"正统"的波旁王朝的斐迪南一世复辟。但为使那不勒斯国王若阿基姆·缪拉与拿破

---

① 在1814年到1815年的维也纳会议上，由法兰西王国外交部部长夏尔·莫里斯·德·塔列朗提出的一项原则，旨在肯定法兰西大革命前的封建君主制王朝为正统王朝，并恢复其统治权力、政治体制及所属领土等。会后，按照"正统主义"原则，许多国家被推翻的旧王朝卷土重来。这一原则符合所谓"正统"君主的利益，却违背了民族主义和自由主义的精神。

冯·奈佩格伯爵亚当·阿尔伯特

仑·波拿巴分裂，1814年1月11日，克莱门斯·冯·梅特涅通过冯·奈佩格伯爵亚当·阿尔伯特签订条约[1]，确保那不勒斯王位归若阿基姆·拿破仑所有[2]。

那不勒斯国王若阿基姆·缪拉的盲目行动却导致那不勒斯问题自行化解。虽然那不勒斯王国与同盟国各国和解，但没有遵守条约。1815年3月6日夜，维也纳会议各国代表得知1815年3月1日拿破仑·波拿巴从厄尔巴岛返回法兰西的消息后，感到极其震惊。当时卡斯尔雷勋爵罗伯特·斯图尔特已经返回伦敦，由理

---

[1] 格奥尔格·弗里德里希·冯·马腾斯：《条约》（补充，1824年）；《英国政府档案》，第2卷，第9章，第228页；阿尔伯特·索雷尔：《欧洲与法兰西大革命》，第8章，第237页。该条约在那不勒斯签订，代表那不勒斯王国的是德·加洛公爵。——原注

[2] 因为那不勒斯国王若阿基姆·缪拉与拿破仑·波拿巴的妹妹卡罗琳·波拿巴联姻。——原注

查德·特伦奇·克兰卡蒂勋爵代理其在维也纳会议的职务。当那不勒斯国王若阿基姆·缪拉违反与奥地利帝国签署的条约,号召意大利内各邦国一致反抗法兰西王国的消息传来,卡斯尔雷勋爵罗伯特·斯图尔特就明白那不勒斯问题已经自行解决。1815年4月5日,同盟国各国政府向那不勒斯国王若阿基姆·缪拉宣战。1815年5月2日,在托伦蒂诺,那不勒斯国王若阿基姆·缪拉与奥地利帝国军队遭遇,那不勒斯国王若阿基姆·缪拉惨败并痛失王位[①]。随即,那不勒斯国王若阿基姆·缪拉逃往法兰西第一帝国,想效力拿破仑·波拿巴,但遭拿破仑·波

理查德·特伦奇·克兰卡蒂勋爵

---

① 阿尔伯特·索雷尔:《欧洲与法兰西大革命》,第8卷,第436页。——原注

那不勒斯国王若阿基姆·缪拉

拿巴冷漠拒绝。随后,那不勒斯国王若阿基姆·缪拉返回意大利,想卷土重来,但不幸被俘,依照自立法律遭枪毙。于是,波旁王朝的斐迪南一世登上那不勒斯王国的王位。

最后,德意志领土问题值得一提。虽然维也纳会议提出"正统主义"原则,但并不是恢复1803年《雷根斯堡帝国会议议定》,以及1806年神圣罗马帝国解体后取消的,包括教会或非教会的亲王和王储及各自由城市的领土,维也纳会议甚至扩大了"仲裁"原则的范围。因此,普鲁士王国吞并了萨尔姆邦国和萨尔姆-吉尔堡邦国的领土。封建割据制度使德意志政治版图四分五裂，拿破仑·波拿巴使四分五裂的德意志政治版图变得相对简单统一，这一点被维也纳会议保留下来，但德意志没有实现统一，因为神圣罗马帝国已经解体。因此，有必要在德意志地区建立新的政治制度。德意志委员会通过努力，形成《邦联宪法》，这部宪法成为《维也纳会议最后议定书》的第九附件。《邦联宪法》中最重要的有十一条，即第五十三至六十三条，在《维也纳会议最后议定书》中形成一个单独整体。德意志邦联包括三十四个主权国家[1]和四个自由城市，其邦联议会由奥地利帝国主持。1866年，经历五十年的磨难，德意志《邦联宪法》被取消。

维也纳会议还完成另外两项极其重要的工作。一是制定公约，开放国际河流。根据《维也纳会议最后议定书》的第一〇八条到一百一十七条，作为国界或跨越多个国家的河流，从这些河流的可通航处到河口，各国完全自由通航，但必须受沿岸国家警方规章约束并支付必要的费用，收费不得超过维也纳会议召开时的收费标准。从此，欧洲各国永远告别封河政策。以前，譬如斯海尔德河，自1648年《明斯特条约》签订后，一直禁止通航。

维也纳会议完成的第二项重要工作，即不容易解决的奴隶贸易问题。早在1807年，英国废除奴隶贸易。英国政府希望维也纳会议能够要求其他欧洲各国效仿英国的做法。《第一次巴黎和约》已经包含英国与法兰西王国达成的一项协议，大意是两国将在维也纳会议上，尽一切努力促使参会各国废除奴隶贸易[2]。但事实上，维也纳会议最终只是发表一项八国声明，表示普遍废除奴隶贸易是"尤其值得各国注意的事务"。同时补充，"本声明不可预先确定各国最终废除奴隶贸易的恰当时间"。这一声明成为《维也纳会议最后议定书》的第十五附件。

---

[1] 实际包括三十五个主权国家。虽然根据《维也纳会议最后议定书》第四十八条恢复以前莱茵邦联所拥有的黑森-洪堡领土，但直到1816年黑森-洪堡才得到邦联议会的投票权。爱德华·赫兹莱特：《条约中的欧洲地图：1814年以来欧洲政治和领土的变迁》，1875年，巴特沃斯出版社，第58条。——原注

[2] 1814年5月30日，英国与法兰西王国在巴黎签订条约。爱德华·赫兹莱特：《条约中的欧洲地图：1814年以来欧洲政治和领土的变迁》，1875年，巴特沃斯出版社，第1卷，第1条，第20页。——原注

滑铁卢战役

　　1815年6月9日，作为维也纳会议所有工作总结的《维也纳会议最后议定书》仓促起草并签署，因为拿破仑·波拿巴正进军比利时，战争迫在眉睫，欧洲各国会议代表也急于离开维也纳。1815年6月18日，一场决定欧洲整整一百年命运的滑铁卢战役爆发。仅从原文来看，维也纳会议形成的条约有许多缺陷，多处模糊不清。但当时的政治家不像现在的政治家，拥有大规模的秘书处和训练有素的专业人员，可以获得大量统计数据。因此，我们可以认为，与其在《维也纳会议最后议定书》中寻找维也纳解决办法，还不如在各种与维也纳会议相关的文件中寻找。随后，各种相关条约逐步完善并构成《维也纳会议最后议定书》。最后一个相关条约是1819年7月20日签署的著名的《法兰克福条约》。

对维也纳会议最后总决议带来的成就不必夸大其词。一百年后,《维也纳会议最后议定书》已经支离破碎,残缺不全,如1831年比利时脱离荷兰-比利时王国和1859年到1860年意大利基本实现统一,总决议明显受到破坏。但正如《第一次巴黎和约》秘密条款所述,维也纳会议的主要目标是形成"欧洲真正长久的均势体系"。最终,历经五十年,"欧洲真正长久的均势体系"形成。但1871年,德意志帝国吞并阿尔萨斯-洛林,打破这一均势。

《维也纳会议最后议定书》的成就被认为是"复辟"和"正统",但事实并非如此。虽然法兰西第一帝国推翻的君主制已经复辟,但旧的封建制度并没有随之恢复,革命战争中产生的"新欧洲"仍然存在。因此,对维也纳会议的研究进行总结时,正如历史学家阿尔伯特·索雷尔对这场革命所做的著名研究结语中所说，应该向法兰西共和国的人民，尤其是那些革命时期及拿破仑·波拿巴时期的普通士兵表示敬意。"可怜而光荣的魔鬼，追求祖辈们的某种幻想，某种人类精神和肉体的寄托，即迷人的自由及和平。这和平能治愈创伤，平息渴望，安抚病痛，让孩童茁壮成长，花朵四处绽放，世代昌盛。和平能够带来恩慈，也因这恩慈，赢得和平的无名英雄被奉为神圣。因此，这些无名英雄宁愿奋不顾身，粉身碎骨，横尸遍野……"①在纪念这些渺小的法兰西士兵的同时，也不应忘记为同盟国军队作战的士兵，那些在意大利半岛战役中顽强奋斗过，以及为反法同盟对法兰西第一帝国的战争和"百日政变"的辉煌胜利而牺牲在奥斯特利茨和弗里德兰的人们。可以说，正因为这些无名英雄的努力，才有了外交；也正因为这些无名英雄，外交家才拥有永久的依靠。任何理想，只要真诚而不懈努力，终会实现。革命战争期间，尽管法兰西第一帝国和同盟国各国各自的理想相互冲突，但1814年到1815年最终实现和平，证明双方的努力并非徒劳无益。

在维也纳会议中，英国没有特殊利害关系。在《维也纳会议最后议定书》中，找不到任何有关英国土地割让的条款。英国如此克制，是因为通过《第一次巴黎和约》，英国与法兰西王国间的所有争端已经解决。在叙述维也纳会议文章的一个注解中，安托南·德比杜尔尖锐地指出，对英国来说，革命战争的价值在于：英国不仅占领了欧洲的黑尔戈兰岛、马耳他、伊奥尼亚群岛，非洲的好望角殖民地，印度洋的法兰西岛和塞舌尔岛，印度附近的锡兰岛及南亚次大陆的几处领土，还占领了大洋洲的塔斯马尼亚岛，以及西印度群岛中的圣卢西亚岛、多巴哥岛及其他地方。英国作为一个海洋大国，其命运只能取决于军队是否能够有效击沉对方的军舰，占领对方的岛屿。如此，其最终的外交手段才能不用费力而取得胜利。

---

① 阿尔伯特·索雷尔：《欧洲与法兰西大革命》，第8章至结尾。——原注

第 3 章
欧洲协调体系

第1节 《第二次巴黎和约》

维也纳会议结束后的七八年间,欧美重大政治事件接连发生。无论旧世界还是新世界,法兰西大革命点燃的烈火仍在燃烧。欧洲的政治家们时刻关注政治形势的发展,以防他们维护的欧洲共同体系发生灾难。

这一时期,所谓的"神圣同盟"成为欧洲历史舞台的焦点,并引起历史学家的高度关注。但欧洲协调体系的起源——四国同盟——很少引起人们的注意,甚至几乎被历史遗忘。

四国同盟源于《第二次巴黎和约》。读者应该记得,1813年,拿破仑·波拿巴在对欧洲大陆各国的战争中失败,1814年,同盟各国侵入法兰西第一帝国。1814年5月20日,《第一次巴黎和约》签订,波旁王朝复辟,法兰西王国不仅从同盟军手里收回1792年原有边境,还增加许多重要的边境①,并且没有支付任何战争赔款。随后,维也纳会议召开,旨在解决法兰西王国以外的欧洲问题,但会议还没结束,就突然传来拿破仑·波拿巴从厄尔巴岛返回法兰西并复辟法兰西第一帝国的消息。因此,维也纳会议受到毁灭性干扰和威胁。紧接着,滑铁卢战役爆

---

① 增加的重要边境都在东部,即萨尔布吕克、兰道、阿讷西和尚贝里。——原注

百日政变，拿破仑·波拿巴受到军队的热情欢迎

发，法兰西第一帝国战败，法兰西波旁王朝再次复辟。1815年11月20日，法兰西王国与同盟国间签订《第二次巴黎和约》。

由于在"百日政变"①时支持拿破仑·波拿巴，法兰西王国失去在《第一次巴黎和约》中获得的大部分利益。《第二次巴黎和约》以1790年法兰西王国的边境线为依据，向法兰西王国归还领土②。因此，法兰西王国丧失了莫伯日和迪南间的菲利普维尔、萨尔路易和萨尔布吕克，同时还失去兰道要塞及日内瓦湖以南的阿纳西和尚贝里，但继续拥有阿维尼翁和维奈桑。此外，法兰西王国还需支付七亿法郎的战争赔款。部分赔款用来加强欧洲各大国在法兰西王国边境附近的

---

① 必须注意的是从厄尔巴岛返回时，拿破仑·波拿巴逐渐获得法兰西人民拥护。法兰西第一帝国需要和平。拿破仑·波拿巴逐渐恢复权威后，应该会满足和平拥有《第一次巴黎和约》划定的领土，至少暂时如此。这一点可以解释为什么拿破仑·波拿巴从厄尔巴岛返回法兰西第一帝国两个月后才发动滑铁卢战役，因为同盟国不与拿破仑·波拿巴讲和，拿破仑·波拿巴才发动滑铁卢战役。——原注
② 《第一次巴黎和约》以1792年法兰西王国的边境为依据，向法兰西王国归还领土。——原注

要塞，其余赔款被同盟各国政府及遭受法兰西第一帝国破坏的国家瓜分①，五年内，以发行公债的形式，法兰西王国政府分十五次还清这笔战争赔款。这笔战争赔款不计利息。赔款还清前，同盟国派遣十五万军队驻扎在法兰西王国东北部要塞，由法兰西王国供给驻扎费用。同时，法兰西王国必须交还拿破仑战争时期从战败国手中掠夺的艺术品。《第一次巴黎和约》中，同盟国没有要求法兰西王国归还这些艺术品，但《第二次巴黎和约》要求法兰西王国必须归还。法兰西王国觉得归还这些艺术品才是对自己最残酷的惩罚。

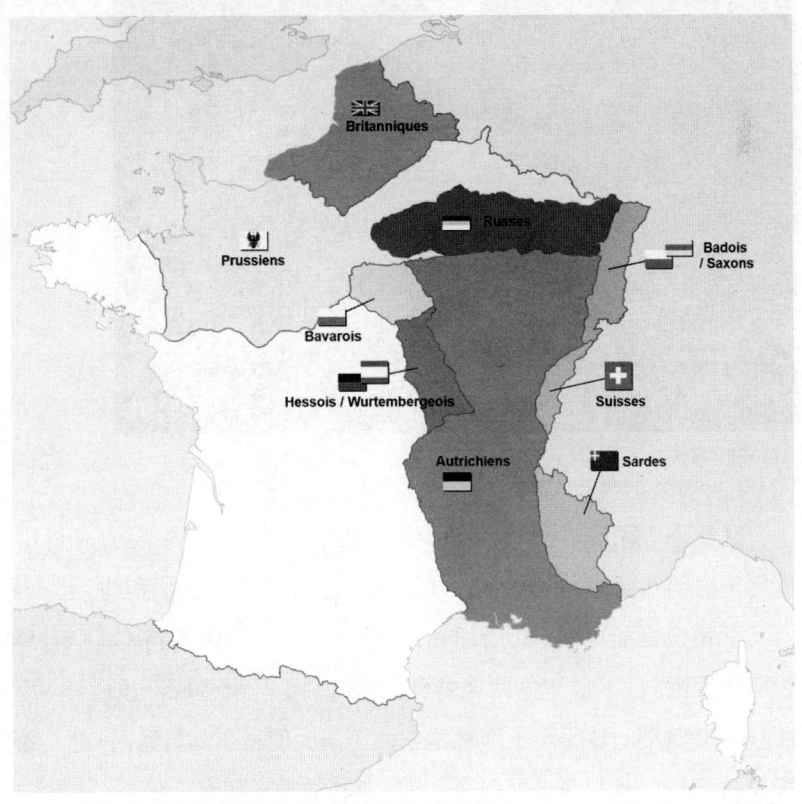

《第二次巴黎和约》签订后各国在法兰西的占领区（Britanniques= 英国；Russes= 俄罗斯；Prussiens= 普鲁士；Bavarois= 巴伐利亚；Badois/ Saxons= 巴多瓦 / 萨克森；Hessois/ Wurtembergeois= 黑森 / 符腾堡；Suisses= 瑞士；Autrichiens= 奥地利；Sardes= 萨迪斯）

① 《第二次巴黎和约第九号议定书》：《英国政府档案》，第3卷，第242页。——原注

阿瑟·韦尔斯利

　　这就是《第二次巴黎和约》。整个和约包含的一系列条约，从讨论、起草到签署历时约八星期。①法兰西人民一直认为《第二次巴黎和约》是一种报复，但实际情况可能更糟。众所周知，格布哈特·莱贝雷希特·冯·布吕歇尔想炸毁耶拿大桥，桥下放置的两颗炸弹已经爆炸，但未造成严重破坏。夏尔·莫里斯·德·塔列朗对普鲁士王国驻法兰西王国大使科尔马男爵冯·德·戈尔茨提出抗议，但无效。威灵顿公爵阿瑟·韦尔斯利的呼吁却有了结果②。但有一点，同盟国完全达成了一致，即不与拿破仑·波拿巴达成任何协议。1815年7月15日，作为

---

① 1815年9月20日，同盟各国的要求通过条约大纲提交路易十八，1815年11月20日，签订主要条约。——原注
② 约翰·R.霍尔：《波旁王朝复辟》，第5章。——原注

战俘,拿破仑·波拿巴在罗什福尔投降。1815年8月2日,英国、奥地利帝国、俄罗斯帝国和普鲁士王国签署条约①,大意是由英国办理法兰西第一帝国皇帝拿破仑·波拿巴监禁前的事务,四国同盟与法兰西王国必须在监禁地点各派驻一名专员。因此,拿破仑·波拿巴被流放到圣赫勒拿岛,在三大国②及法兰西王国政府各自派驻的专员监视下度过余生③。1821年5月5日,拿破仑·波拿巴去世,终年五十一岁零九个月。

拿破仑·波拿巴被流放到圣赫勒拿岛

---

① 该条约参见《英国政府档案》,第3卷,第200页。毫无疑问,拿破仑·波拿巴无条件投降,安托南·德比杜尔承认这一点。安托南·德比杜尔:《外交史》,第1章,第72页。另见约翰·霍兰德·罗斯:《拿破仑·波拿巴研究》,第8章。监禁拿破仑·波拿巴每年一万两千英镑的开支似乎都由英国支付。——原注

② 普鲁士王国不愿为其监视拿破仑·波拿巴的专员支付费用,所以没有派代表前往圣赫勒拿岛。——原注

③ 监视一词可能不是很恰当,因为圣赫勒拿岛总督赫德森·洛是绝不允许那些专员见到前皇帝拿破仑·波拿巴的。参见罗斯伯里:《拿破仑·波拿巴:最后阶段》,第11章。——原注

必须承认《第二次巴黎和约》的解决方案令人满意。普鲁士王国的代表卡尔·奥古斯特·冯·哈登贝格和威廉·冯·洪堡对阿尔萨斯提出主权要求,但遭到拒绝。随后的历史证明,法兰西王国占有阿尔萨斯是欧洲政治均势的需要。拿破仑·波拿巴以为英国想从其手中攫取一两个岛屿,他说:"他们要把巴达维亚留给荷兰人,把波旁岛留给法兰西人,真是太荒唐。"[①]在《第二次巴黎和约》达成前各同盟国坚持先解散法兰西王国军队。这一提议得到法兰西王国政府的同意,但法兰西王国政府遭遇重重困难,六星期后才完成解散军队的任务[②]。1814

路易十八

[①] 约翰·霍兰德·罗斯:《拿破仑·波拿巴研究》,第41章。1814年8月13日,卡斯尔雷勋爵罗伯特·斯图尔特与法赫尔签订条约。根据条约,英国必须将其1803年1月1日占有的除好望角、德梅拉拉、埃塞奎博和伯比斯以外的非洲殖民地归还荷兰。——原注

[②] 譬如一些法兰西王国的士兵手持武器,坚决抵制解散军队。——原注

古维翁·圣西尔元帅

年,路易十八承诺不再建立征兵制度。但1817年,古维翁·圣西尔元帅《陆军法》恢复征兵制度,并持续到1871年。

在《第二次巴黎和约》主条约签订不满一星期,即1815年11月26日,克莱门斯·冯·梅特涅离开巴黎,计划携家人前往意大利度假。克莱门斯·冯·梅特涅似乎非常满意在巴黎工作期间的短暂生活,当时他住在位于圣奥诺雷法堡的德尼·德克雷家楼上的公寓内,可俯瞰香榭丽舍大街。

从阳台上看这座巨大的城市，高入云间的塔顶在夕阳下熠熠生辉，我对自己说："当有关拿破仑·波拿巴、格布哈特·莱贝雷希特·冯·布吕歇尔及渺小的我的所有印记从地球上消失后，太阳每天仍会升起，与这些塔顶交相辉映。"这是永恒的自然规律。物质永恒，但我们这些自认为重要的可怜的人类，活着只是被历史的洪流所裹挟，最终像流星一样消失！但至少离开人世时，我们可以带着曾做过一些善事的记忆。从这个意义上讲，我可不愿与拿破仑·波拿巴交换。[1]

这是一个大外交家的反思！

第2节 神圣同盟与四国同盟

战争结束后，通过签订一系列条约，欧洲问题得以解决，政治家们开始思考如何使这一方案能持久发生作用。沙皇亚历山大一世的计划已经完成，即各国君主承诺以基督教的仁爱精神彼此相待。沙皇亚历山大一世的这一计划可以追溯到1804年。毫无疑问，沙皇亚历山大一世是诚恳的[2]。他是一位利己主义者，多愁善感，富有同情心，极易冲动。神圣同盟正是他这种智慧和复杂的性情的产物。沙皇亚历山大一世的计划得到俄罗斯外交家伯克哈特·克吕德纳男爵的遗孀芭芭拉·冯·克吕德纳男爵夫人的热捧。芭芭拉·冯·克吕德纳男爵夫人是位小说家，中年后成为敬虔主义者。在提交给各同盟国前，芭芭拉·冯·克吕德纳男爵夫人在巴黎修订了将于1815年9月26日签署的《神圣同盟宣言》中的"神圣同盟"草稿。

《神圣同盟宣言》由序言和三项条文组成。序言指出，鉴于过去三年所发生的事件，俄罗斯帝国、奥地利帝国和普鲁士王国三国君主深感有必要根据基

---

[1] 克莱门斯·冯·梅特涅：《回忆录》（英译本），第2卷，1880年，第612页。——原注
[2] 埃米尔·布儒瓦：《简明外交史》，第2卷，第20章。书中写得最巧妙，使读者相信沙皇亚历山大一世只是想得到法兰西王国的支持，挽回他在维也纳会议上因为萨克森-波兰问题而丧失的颜面。——原注

芭芭拉·冯·克吕德纳男爵夫人

督教的神圣真理处理彼此关系。三国君主郑重声明,本条约的唯一目的就是向全世界表明这一决心。宣言第一条声称,三国君主承诺彼此以同胞相待,并在任何情况下相互援助;第二条劝诫各自国家的人民践行普世救主的教义;第三条邀请其他大国接受此宣言。法兰西王国及大多数欧洲国家同意加入神圣同盟。英国摄政王乔治四世①礼貌地回应了这一邀请,但拒绝加入。乔治四世的理由是英国宪法不允许英国加入神圣同盟。这是事实,《神圣同盟宣言》是以三国君主的名义发表的宣言,不是三国政府间的正式条约。如果宣言签字邀请直接提交

① 全名乔治·奥古斯塔斯·弗雷德里克。

利物浦伯爵罗伯特·詹金森

英国政府,那么英国首相利物浦伯爵罗伯特·詹金森可能难以拒绝。但无论如何,英国是不会在《神圣同盟宣言》上签字的,因为英国需要的不是抽象原则,而是更具体的东西。

所谓具体的东西就是《同盟条约》。《同盟条约》是英国、俄罗斯帝国、奥地利帝国与普鲁士王国互相保障1815年《维也纳会议最后议定书》。这一著名条约源于一年前各国共同协商起草的文件。1814年春,拿破仑·波拿巴加强防御,抵抗同盟国入侵。1814年2月，奥地利帝国和普鲁士王国的军队即将战败，被迫退回莱茵河对岸。由于军事的失败，同盟国在政治上也出现分歧。实际上，克莱门斯·冯·梅特涅已经向拿破仑·波拿巴单独提出和解①。1814年2月28日，英国驻沙蒂永代表阿伯丁伯爵乔治·戈登②正与法兰西第一帝国外交阿尔芒·科兰古

阿伯丁伯爵乔治·戈登

---

① 受克莱门斯·冯·梅特涅委托完成这一秘密使命的是艾什泰哈齐男爵。阿尔伯特·索雷尔：《欧洲与法兰西大革命》，第8章，第289页。——原注
② 阿伯丁伯爵乔治·戈登（1784—1860），1852年到1855年担任英国首相。

阿尔芒·科兰古侯爵

侯爵进行谈判。谈判期间，阿伯丁伯爵乔治·戈登曾致信正在同盟国军队总司令部所在地肖蒙的卡斯尔雷勋爵罗伯特·斯图尔特：

> 我不能时常向您说明那些软弱无能的欧洲统治者们的真实想法。朗格勒①所谓的《四国议定书》充满怀疑和仇恨。一次微小的胜利就能使他们团结起来，但遇到失败的严峻考验时，他们必然土崩瓦解。您的工作起了很大作用，我毫不怀疑您将继续帮助他们。离开您，他们是不可能存在的。②

---

① 1814年1月29日，《四国议定书》在朗格勒签订。——原注
② 《卡斯尔雷勋爵罗伯特·斯图尔特的信》，第3系列，第1章，第298页。——原注

卡斯尔雷勋爵罗伯特·斯图尔特深知当时形势危急。各大国间没有签订共同的防卫盟约，只有几个国家分别签订双边互助协约，如1813年2月28日俄罗斯帝国与普鲁士王国签订的《卡利什条约》，1813年10月8日奥地利帝国与巴伐利亚王国签订的《里德条约》，以及英国与其他协同作战国家间签订的补贴协议。卡斯尔雷勋爵罗伯特·斯图尔特希望通过不懈努力，各国能在这些条约的基础上签订一个共同条约。1814年3月1日，卡斯尔雷勋爵罗伯特·斯图尔特成功推动了反法同盟四国签订《肖蒙条约》。《肖蒙条约》包括三个单独条约，即英国与奥地利帝国、英国与普鲁士王国、英国与俄罗斯帝国的条约。每项单独条约的缔约国都同意以下几条规定：第一，尽一切可能反对拿破仑战争；第二，不单独与共同敌人谈判；第三，一旦法兰西王国重新挑起战争并攻击任何一个缔约国，其他缔约国就各派六万士兵，援助遭到攻击的缔约国。同时，《肖蒙条约》还保留"与法兰西王国和解后，各缔约国仍要协调一致，保障欧洲各国间和平"的权利。即在法兰西王国重新发动战争的情况下，派兵六万的协议并不妨碍在最后和平会议上建立更广泛的安全保障制度。

战争结束后，1815年11月20日，《第二次巴黎和约》签订。同日，英国、俄罗斯帝国、奥地利帝国和普鲁士王国签订《四国同盟》。《四国同盟》正式重申《肖蒙条约》中规定的原则。根据《四国同盟》，各缔约国承诺：第一，拥护与法兰西王国签订的《第二次巴黎和约》；第二，任何缔约国遭受法兰西王国攻击时，其他缔约国必须派兵六万进行支援；第三，恢复定期高层会晤。由各国君主或大使定期出席高层会晤，协商维护各国共同利益，促进各国和平与繁荣及维护整个欧洲和平的有效方案。

因此，与《神圣同盟宣言》相比，英国提出的《四国同盟》更加具体和实际。《神圣同盟宣言》是基督教情感的表达，三位君主空泛的"无论何时何地三国都要互相援助"的承诺对各缔约国而言毫无意义，因为《神圣同盟宣言》的第二条没有提出援助的具体条件。《神圣同盟宣言》不过是所谓的"协约"，是"谅解"而不是要求任何缔约国严格履行其承诺的契约。

1815年11月20日签订的《四国同盟》与《神圣同盟宣言》完全不同。首先，

《四国同盟》是切实的契约，有实行共同防卫的具体条件。按照这些条件，一旦发生战争，任何缔约国就可要求其他缔约国派兵六万增援。第二，《四国同盟》保障的不是维也纳会议规定的所有条款，而是一项特殊且有范围的条约，即1815年11月20日同盟国在巴黎与法兰西王国签订的《第二次巴黎和约》。四国有必要保障执行维也纳会议条约，而维也纳会议的条约还需通过一系列条约完善，只能放弃这一计划。但与法兰西王国签订的《第二次巴黎和约》是欧洲政治体系的基本规则，必须不惜一切代价维护。因此，在有限和可行的范围内，《四国同盟》为1815年签订的《第二次巴黎和约》提供了保障[①]。第三，《四国同盟》承诺各缔约国定期举行会议，欧洲协调制度开始形成。

为结束1792年到1815年的战争，卡斯尔雷勋爵罗伯特·斯图尔特做出巨大努力，其意义在于：第一，确保执行战胜国对战败国施加的各项条约；第二，建立欧洲协调制度，为随后发生的一系列危机提供和平解决方案，避免战争再次发生。从这两方面看，卡斯尔雷勋爵罗伯特·斯图尔特的解决方案与1914年到1918年世界大战结束时协约国采用的方案不相上下。譬如，1919年6月28日签署的《法英美防守同盟条约》从未生效。虽然为挽救战争危机，各国签订了《国际联盟盟约》，但不幸的是，1920年夏天，新的战争爆发，各国没有利用这一盟约化解危机。如果比较1815年的和解协议与1919年的协议对两次战争中战败国的影响，那么前者带来的正面影响更大。1815年，法兰西王国严格履行和平条约，并且在三年内恢复了元气，重新成为欧洲国家体系中的重要成员。

[①] 《四国同盟》中有一条为1814年4月11日签署的《枫丹白露条约》提供了具体的保障，即取消拿破仑·波拿巴及其家人继承法兰西第一帝国皇位的权利。——原注

第 4 章

亚琛会议

虽然被同盟国军队占领，负担战争赔款，但1815年后，法兰西王国迅速恢复实力。1818年6月5日，英国驻荷兰王国公使理查德·特伦奇·克兰卡蒂勋爵报告称，奥地利帝国政府建议召开同盟国会议，讨论法兰西王国的状况，特别是延长同盟国军队占领法兰西王国时间的问题。听到这一消息后，卡斯尔雷勋爵罗伯特·斯图尔特或许并不感到意外。大约三星期后，卡斯尔雷勋爵罗伯特·斯图尔特收到英国驻美国大使查尔斯·巴戈特爵士的来信，信中提及查尔斯·巴戈特爵

查尔斯·巴戈特爵士

约翰·昆西·亚当斯

士与美国国务卿约翰·昆西·亚当斯的谈话。约翰·昆西·亚当斯希望了解英国政府对西班牙王国与西属南美殖民地争端的态度。当然,美国对解决这一问题抱有极大兴趣。1818年6月29日,约翰·昆西·亚当斯表示希望能与英国携手解决这一争端,以防止欧洲各国在中南美洲的扩张,同时避免与英国发生冲突。卡斯尔雷勋爵罗伯特·斯图尔特虽然表示支持美方建议,但并不热心参与其中。在致约翰·昆西·亚当斯的信中,美国副国务卿爱德华·库克的看法十分准确地表达出卡斯尔雷勋爵罗伯特·斯图尔特的观点和态度。根据1818年8月28日书信的原文,爱德华·库克说,他希望接受法兰西王国加入《四国同盟》中的"四大国联盟",也希望英国、俄罗斯帝国、普鲁士王国、奥地利帝国及法兰西王国与南美国家一起享有"平等的商业权利"。如果能达到最后一个条件,"就会有结果",即西班牙王国与其殖民地将会达成和解①。

显然,克莱门斯·冯·梅特涅对这次同盟国会议寄予厚望,并且同意沙皇亚历山大一世维护和平的基本原则,但他很不喜欢沙皇亚历山大一世惯用"道德和政治传教的手段……以致密使和信徒四处出没"②。俄罗斯帝国驻法兰西王国大使波茨措·迪·博尔哥在巴黎似乎总是能够打听到法兰西王国内阁的

波茨措·迪·博尔哥

---

① 参见《卡斯尔雷勋爵罗伯特·斯图尔特信》,第3系列,第3章,第442页、第445页、第468页、第472页。——原注
② 克莱门斯·冯·梅特涅:《回忆录》,第3章,第163页。——原注

查尔斯·威廉·瓦内

消息。在其他国家,例如奥地利帝国、意大利境内各邦国及西班牙王国,都有一批俄罗斯帝国政府的秘密间谍在打探消息,这一切使欧洲大陆各国的高级外交官十分紧张。对此,卡斯尔雷勋爵罗伯特·斯图尔特曾警告弟弟查尔斯·威廉·瓦内和理查德·特伦奇·克兰卡蒂勋爵:"我希望你们都可以学习一下我的冷漠态度。"①

在四国同盟中的四国与法兰西王国在预定地点亚琛召开会议前,四国已经安排好,只讨论与法兰西王国直接相关的所有问题。此次大会只是为澄清《第二次巴黎和约》的和解协议。1818年9月20日,所有与会成员聚集亚琛。英国参加会议的代表有外相卡斯尔雷勋爵罗伯特·斯图尔特、驻法同盟军总司令威灵顿

---

① 《卡斯尔雷勋爵罗伯特·斯图尔特的信》,第3章,第330页。——原注

公爵阿瑟·韦尔斯利和印度殖民事务首席长官乔治·坎宁,俄罗斯帝国的代表是沙皇亚历山大一世、卡波·伊斯特利亚伯爵乔瓦尼·安东尼奥和卡尔·涅谢尔罗迭伯爵[①],奥地利帝国代表是皇帝弗朗茨二世、首相克莱门斯·冯·梅特涅与大会秘书长弗里德里希·冯·根茨,普鲁士王国的代表是国王腓特烈·威廉三世、卡尔·奥古斯特·冯·哈登贝格和阿尔布雷希特·冯·伯恩斯托夫伯爵,法兰西王国

乔治·坎宁

---

① 卡尔·涅谢尔罗迭伯爵是俄罗斯帝国的一位年轻而富有经验的外交家。蒂尔西特谈话后,他参与讨论最高政策。维也纳会议条约有他的签名。——原注

黎塞留公爵阿尔芒·埃马努埃尔

的代表是黎塞留公爵阿尔芒·埃马努埃尔、外交部官员约瑟夫·德·雷尼瓦尔及负责法兰西王国赔款事务的官员克劳德·马里·穆尼耶。

亚琛会议的重要内容是讨论有关同盟国撤离驻法军队的问题。根据1815年11月20日签订的《第二次巴黎和约》，法兰西王国必须向同盟国赔偿七亿法郎，分十五次付清，平均每次支付四千六百六十六万六千六百六十六法郎。法兰西王国政府需在1816年3月31日前支付第一笔赔款。以此类推，连续五年，每四个月法兰西王国政府需缴纳一次赔款。直到亚琛会议召开，法兰西王国政府一直按时缴纳规定的赔款。会上，黎塞留公爵阿尔芒·埃马努埃尔提议法兰西王国政府一次性支付全部剩余赔款。剩余赔款共计两亿六千五百万法郎,其中一亿法郎由法兰西王国政府以发行公债的形式支付,1818年9月22日起计息。其余一亿六千五百万法郎分九次,后来改为十二次,通过向两家英国私营金融机构霍普和巴林借贷现金支付。1815年11月30日前,同盟国驻军撤出法兰西王国领土。法兰西王国政府继续向同盟国驻军提供军饷、衣物和装备,直到同盟国驻军全部撤出为止。

新的赔款办法如下:亚琛会议召开前,法兰西王国政府已经支付八期赔偿,总额为三亿六千八百万法郎。法兰西王国政府还需支付三亿三千二百万法郎,才能还清全部七亿法郎的赔款。如果能在1820年11月30日前还清全部赔款,那么法兰西王国就不必支付利息。结果,法兰西王国立即提出发行一亿法郎的带息公债,并在一年内支付一亿六千五百万法郎的现金,总额为二亿六千五百万法郎①。此外,考虑到驻法同盟军可能受到法兰西王国国内革命思想的感化,各国似乎愿意做出妥协,将各自驻法军队立即撤离。

1818年10月9日,亚琛会议签订的条约体现了这种财政及军事方面的解决方案。这份条约一方为英国、奥地利帝国、俄罗斯帝国和普鲁士王国,另一方为法兰西王国。1818年11月4日,四国同盟又向法兰西王国政府发出一份集体照会。照会指出,四国认为亚琛会议条约象征欧洲全面和平的最终实现。照会最后还邀请法兰西王国与四国同盟联合起来,为法兰西王国和全人类的利益共同出谋划策。这一邀请立即生效。在照会中,各同盟国特别提到黎塞留公爵阿尔芒·埃马努埃尔,并邀请他参加此次会议的审议工作。法兰西王国政府不失时机,立即接受这份集体照会的要求。

在1818年11月各国分裂前,四国同盟在亚琛会议取得巨大成就。亚琛会议意味着1792年到1815年战争彻底结束。这次会议重新规定法兰西王国承担的战争责任,并承认法兰西王国成为欧洲协调体系中平等、正式的成员。从此,欧洲协调体系的成员不再是四国,而是五国。诚然,由于仍然对法兰西王国不信任,1818年11月1日,英国、奥地利帝国、俄罗斯帝国和普鲁士王秘密续签《四国同

---

① 根据《第二次巴黎和约》,到期法兰西王国应支付三亿三千二百万法郎赔款。——原注

盟》①。但续签的《四国同盟》以后从没真正发挥影响,因为法兰西王国正式公开加入欧洲协调体系后,立即发挥出与其他四国同等重要的影响力,而其他四国由于意大利、南美及希腊问题出现隔阂,关系日渐疏远。

---

① 《四国同盟》是根据1814年3月1日签署的《肖蒙条约》和1815年11月20日签署的《第二次巴黎和约》签订的。1818年11月1日续订的条约参见安托南·德比杜尔:《外交史》,第1章,第121页。——原注

第 5 章

旧大陆与新大陆

　　1818年到1823年，为确保欧洲国家政治体系的稳定，克莱门斯·冯·梅特涅试图使神圣同盟成为欧洲正式的政治指导机构，但这一构想没有正式条约为依托。1815年11月20日签署的《四国同盟》只保障《第二次巴黎和约》的执行，并没有提及欧洲各国内部的组织问题，而且英国政府一再声明不干涉任何主权国家的内部事务。因此，克莱门斯·冯·梅特涅只能动之以情。1817年8月20日，在给卡尔·涅谢尔罗迭伯爵的信中，克莱门斯·冯·梅特涅写道："这个伟大而高尚的神圣同盟，比所有条约都有价值，而且能为圣皮埃尔神父希望建立的永久福利提供长期保障。"[①]圣皮埃尔神父是勒内·笛卡尔的门徒。1713年，圣皮埃尔神父提出维护永久和平的计划。这一计划引起人们的关注，但他的计划与其说像《神圣同盟宣言》，还不如说像《国际联盟盟约》。

　　克莱门斯·冯·梅特涅的构想明显带有强制性。他于1821年写道："我什么都不惧怕，唯一惧怕的是不能辨别真善……三十年来，懦夫们把邪恶当作最大的善良，而这种邪恶今天第一次受到公开打击。或许在历史上，我们再也找不到如此可悲的卑鄙小人，他们整天碌碌无为，做着蠢事。天哪！当最后审判日来临时，我们将遭受怎样的咒骂？但那一天最终会来临，那一天或许在2440年。如果那时，一位可敬的人，在杂货店内的无数字条中发现了我的名字，那么他一定会

[①] 克莱门斯·冯·梅特涅：《回忆录》，第3章，第69页到第70页。——原注

惊讶，在一个遥远的时代，在那些自认为已经达到文明顶点的人中，竟有一位比同时代的人头脑清醒的人。"①

克莱门斯·冯·梅特涅这些自傲的话缺乏依据，因为他没能镇压西班牙王国、法兰西王国及南美洲的宪政者，维护和平。在德意志各邦国内，他也几乎没有取得任何成功。甚至直到生命结束时，在意大利和奥地利帝国，他只能亲眼看到自己构筑的欧洲政治体系轰然倒塌。1848年欧洲革命爆发后，他逃往英国布莱顿避难。或许这时他才觉悟，如果自己能适时顺应时代，做出适当让步，那么他一生试图通过武力来防止的革命就不会像火山一样爆发。

沙皇亚历山大一世支持克莱门斯·冯·梅特涅的政治主张。这位自由派君主曾一度保持其慷慨大度。1818年2月，根据《维也纳条约》第一条，沙皇亚历

讽刺漫画：1848年欧洲革命中的克莱门斯·冯·梅特涅

---

① 克莱门斯·冯·梅特涅：《回忆录》，第2章，第483页、第485页。——原注

亚历山大·斯托尔扎

山大一世同意给予波兰一部宪法①。但在亚琛会议上，沙皇亚历山大一世改变态度，极力敦促各国镇压西班牙属美洲殖民地的叛乱。同时，亚历山大·斯托尔扎撰写了一本关于德意志形势的小册子，声称德意志即将发生革命。这本小册子对沙皇亚历山大一世产生了影响。亚历山大·斯托尔扎是罗马尼亚人，因其对希腊问题的观点让他在1815年维也纳会议上获得沙皇亚历山大一世的赏识。与此同时，还有几件事影响了沙皇亚历山大一世的态度。第一件事，1817年10月，亚琛会议召开前，德意志学生在瓦特堡举行会议，纪念宗教改革发生三百周年及莱比锡战役胜利四周年。这次会议十分具有煽动性。学生们烧毁了一些专制

---

① 奥地利帝国和普鲁士王国对波兰人民做出了同样承诺，但没有履行这一义务。——原注

奥古斯特·冯·科策比遭到卡尔·路德维希·桑德暗杀

主义的教科书。第二件事，1819年3月23日，在曼海姆，德意志著名剧作家奥古斯特·冯·科策比遭到卡尔·路德维希·桑德暗杀。奥古斯特·冯·科策比是沙皇亚历山大一世的政治文学特工，其工作是向沙皇亚历山大一世报告德意志的政治和舆论情况。这一系列事件使沙皇亚历山大一世这位多愁善感的独裁者开始严重质疑自己的自由主义思想。与此同时，克莱门斯·冯·梅特涅利用弗里德里希·冯·根茨的妙笔，旁敲侧击，促使沙皇亚历山大一世向专制主义转变。

毫无疑问，此时的沙皇亚历山大一世已经转向专制主义，但普鲁士王国给克莱门斯·冯·梅特涅制造了一些麻烦。在德意志各邦国中，奥地利帝国实力最强大。普鲁士王国虽然处于劣势，但一直与奥地利帝国对峙，是奥地利帝国不容忽视的竞争对手。1819年7月30日，克莱门斯·冯·梅特涅采取大胆行动，与普鲁士国王腓特烈·威廉三世在特普利茨会晤，并威胁说奥地利帝国要完全退出德意志邦联。普鲁士王国不得不向奥地利帝国妥协，由此可以预见三十一年后普鲁士王国在奥尔米茨投降时遭受的耻辱。

前期准备工作就绪，克莱门斯·冯·梅特涅的政策才能够在德意志多数邦国生效。1819年8月7日，德意志邦联会议在波希米亚的卡尔斯巴德举行。参加会议的有奥地利帝国、普鲁士王国、巴伐利亚王国、巴登大公国、拿骚公国、符腾堡公国、梅克伦堡-什未林大公国、黑森选侯和萨克斯-魏玛公国的代表。本次德意志邦联会议通过一系列著名法令，唯一反对这些法令的是符腾堡公国会议代表斐迪南·冯·温齐戈罗德，因为此时，符腾堡公国的君主已经颁布政治上比较开明的宪法。这一系列法令中的一条规定，德意志邦联境内的每所大学都应有一名督导监督校内政治课程教学，督导由大学所在邦国的君主任命。此外还规定，没有官方授权的学生团体必须解散。这些法令要求建立新闻出版审查制度。这一系列法令中最严厉的一条是在美因茨成立专门委员会，负责侦查可疑革命运动。美因茨委员会的目的是追查过去的一切。被委员会指定者，只要有嫌疑，都会被委员会各国政府逮捕。《卡尔斯巴德法令》后来由法兰克福议会改为邦联法律。这个荒谬的美因茨委员会，尽管发挥了德意志人追究到底的精神，

漫画：讽刺《卡尔斯巴德法令》限制言论自由

到1822年年底,共完成三十四卷报告,但似乎对个人的惩罚并不十分严厉,也没发现什么危险的阴谋。

通过这一系列法令,克莱门斯·冯·梅特涅将德意志各邦国团结起来,共同拥护他的高压政策,并为召开下次欧洲大会做了充分的准备。1820年,在奥地利帝国西里西亚特罗保召开欧洲大会。这年,欧洲革命运动频发,使骄傲自满的克莱门斯·冯·梅特涅突然变得悲观。在加的斯的莱昂岛,有一支西班牙军队在等候船被运往南美。1820年1月1日,这支军队兵变,要求恢复1812年宪法。1820年7月2日,那不勒斯王国的诺拉及阿韦利诺也发生类似兵变。接二连三的兵变严重打击了克莱门斯·冯·梅特涅。弗里德里希·冯·根茨写道:"自从我认识克莱门斯·冯·梅特涅以来,从没有见过他像昨天那样受到如此巨大的打击。"面对意大利潜在的政治运动,1820年1月25日,特罗保会议召开①。

《外交政策史手册》的作者、著名历史学家埃米尔·布儒瓦认为,当时极力主张召开欧洲会议的是沙皇亚历山大一世。为促成俄罗斯帝国与法兰西王国结盟,摧毁奥地利帝国,沙皇亚历山大一世正处心积虑使欧洲列强卷入一场全面战争。埃米尔·布儒瓦还认为,这次欧洲会议的"目的与其说是为镇压革命运动,还不如说为破坏和平。这是特罗保会议各参会国按照沙皇亚历山大一世的要求共同计划的阴谋"②。拿破仑·波拿巴称沙皇亚历山大一世为"狡猾的拜占庭人",蒂尔西特的阴谋家。沙皇亚历山大一世思维怪诞,多愁善感,没人敢保证他不会推行让欧洲列强卷入战争的计划。但这种说法令人难以置信。有种更可信的说法是,在神圣同盟下,沙皇亚历山大一世促使欧洲列强公开宣布实施一种警察制度,以控制欧洲局势③。最终,克莱门斯·冯·梅特涅利用灵活的外交手腕,帮助本次欧洲会议克服巨大困难,并使其顺利召开。出席本次欧洲会议的有俄罗斯帝国代表沙皇亚历山大一世、卡波·伊斯特里亚伯爵乔万尼·安东尼奥和卡尔·涅谢尔罗迭伯爵,奥地利帝国代表弗朗茨二世、克莱门斯·冯·梅特涅、弗里德里希·冯·根茨、勒贝尔岑和梅西,普鲁士王国代表腓特烈·威廉三

---

① 1818年亚琛会议决定召开另一次会议讨论欧洲事务。——原注
② 埃米尔·布儒瓦:《回忆录》,第2章,第636页。——原注
③ 安托南·德比杜尔持有此看法。安托南·德比杜尔:《外交史》,第1章,第148页。——原注

弗朗茨二世

世、卡尔·奥古斯特·冯·哈登贝格和阿尔布雷希特·冯·伯恩斯托夫伯爵。英国政府没有派专门代表,而由英国驻奥地利帝国大使查尔斯·威廉·瓦内[①]作为代表参加会议。同英国一样,法兰西王国派沙皇亚历山大一世的朋友,法兰西王国驻俄罗斯帝国大使德拉费罗纳伯爵奥古斯特及路易十六时代重要的外交家、克莱门斯·冯·梅特涅的崇拜者卡拉曼侯爵弗朗索瓦·约瑟夫分别从彼得堡及维也纳赶来参加会议,这使沙皇亚历山大一世十分恼怒。最终,在本次欧洲会议中,

---

① 卡斯尔雷勋爵罗伯特·斯图尔特的弟弟。——原注

五国组成的欧洲协调体系宣告破裂,英国和法兰西王国的代表不参加任何干涉独立国家命运的表决。克莱门斯·冯·梅特涅得到普鲁士王国的支持,轻松战胜沙皇亚历山大一世,获得神圣同盟三国同意,由奥地利帝国干预那不勒斯革命。1820年11月13日,会议闭幕,并起草决议,反对任何国家改变宪法,避免对其邻国的政治秩序构成威胁。1820年12月8日,俄罗斯帝国发出通告,任何因叛乱而改变国内政权的国家,将不再是欧洲协调体系的成员。如果一国宪法的改变对其邻国的政治秩序构成威胁,欧洲大国必须采取措施制止。这份通告首先建议通过友好谈判的方式解决问题。如果谈判失败,这份通告建议通过武力来纠正一国宪法。在对神圣同盟的君主为防止欧洲无政府状态爆发的真诚愿望给予应有赞扬的同时,必须承认,他们的制度阻碍了政治的发展,而且从长远看,恰恰可能引发无政府状态的大爆发。作为对沙皇亚历山大一世通告的回应,卡斯尔雷勋爵罗伯特·斯图尔特坚决反对干预原则。

  特罗保会议后,1821年1月8日到3月12日,在萨沃的莱巴赫又举行了一次短暂而重要的会议。奥地利皇帝弗朗茨二世偕同其外交克莱门斯·冯·梅特涅参加了这次会议,沙皇亚历山大一世也出席了这次会议①。这次会议的核心问题是:向其臣民宣誓忠于新宪法后,那不勒斯国王斐迪南一世来参加会议的目的表面上是要调解那不勒斯人民与列强间的关系,实际是为违背诺言,破坏新宪法寻求帮助。最终,会议②决定废除那不勒斯王国宪法,并授权奥地利帝国使用武力"执行"会议决定。因此,就有了弗雷蒙将军领导的短暂战役。那不勒斯国王斐迪南一世跟随奥地利帝国军队回国,恢复了专制,那不勒斯的间谍和被禁者也被释放。事实似乎总是证明克莱门斯·冯·梅特涅是正确的。会议闭幕前,撒丁国王突然请求援助,因为撒丁王国也爆发了革命运动。事实上,为防止这类事件再次发生,奥地利帝国的军队早已驻扎在伦巴第,奥地利帝国的讨伐军越过提

---

① 沙皇亚历山大一世受克莱门斯·冯·梅特涅观点左右,几乎已完全成为专制主义者。当时沙皇亚历山大一世的顾问卡波·伊斯特里亚伯爵乔瓦尼·安东尼奥却徒劳地与这种倾向做斗争:"在圣水里,卡波·伊斯特里亚伯爵乔万尼·安东尼奥像魔鬼一样扭动,但他确实在圣水里,什么也做不了。"引自克莱门斯·冯·梅特涅:《回忆录》,第3章,第480页。——原注
② 由神圣同盟三国,即奥地利帝国、普鲁士王国和俄罗斯帝国组成。——原注

那不勒斯国王斐迪南一世

契诺河。1821年4月8日,奥地利帝国军队在诺瓦拉速战速决,他们驱散革命者,占领都灵、皮埃蒙特,随后恢复了旧制。莱巴赫会议起草了一份对欧洲各国政府的通告。1821年5月,莱巴赫会议结束。通告指出,欧洲联盟的目的是维护欧洲各大国间的各项条约及欧洲各国的普遍和平与繁荣。欧洲各国立法和行政上有益和必要的变更只能"从上帝托付的那些有责任心的当权者的自由意志出发,经过他们深思熟虑后采取开明的行动"。英法两国没有参与起草这份通告。约瑟夫·德·雷尼瓦尔写道:"因为援助各国君主,所以奥地利帝国获得很多报酬。"英国代表卡斯尔雷勋爵罗伯特·斯图尔特写道:"通过几项条约,特罗保会议形

斐迪南七世

成三国同盟,三国同盟展现出与我们完全不同的新态度。我想,他们已经秘密签订了条约。"①

然而,神圣同盟对欧洲各地革命的镇压并不顺利。神圣同盟虽然可以暂时镇压意大利革命,但其他地区的革命随时会爆发。莱巴赫会议期间,有消息说曾在俄罗斯帝国军队服役的亚历山大·伊普西兰蒂将军已经越过普鲁特河进入摩尔达维亚。他在摩尔达维亚宣布起义,反对奥斯曼土耳其帝国,并要求希腊独立。西班牙并没爆发革命,但革命者已经获得成功,斐迪南七世被迫做出让步,

---

① A.菲利普引自《欧洲联盟》,第232页。克莱门斯·冯·梅特涅的直接目的是压制意大利小国的权利,与其在德意志所实施的政策一样。"我们1819年7月在特普利茨和卡尔斯巴德同时开始工作,1821年便可完成。"引自克莱门斯·冯·梅特涅:《回忆录》,第3章,第527页。——原注

实行宪政。在精力充沛的埃瓦里斯托·圣米格尔①帮助下,斐迪南七世在马德里做了立宪君主。在19世纪的西班牙王国,"政治将领"拥有重要地位,埃瓦里斯托·圣米格尔是西班牙王国最早的"政治将领"之一。

在新世界,南美洲正燃烧着反抗西班牙王国的革命之火。1816年7月9日,根据《图库曼公约》,阿根廷各省建立独立联邦。1817年,约瑟夫·弗朗西亚成为巴拉圭独裁者,其独裁统治长达二十三年。1813年,"解放者"西蒙·玻利瓦尔在

约瑟夫·弗朗西亚

---

① 1785年,埃瓦里斯托·圣米格尔出生在西班牙北部海岸的希洪,曾为自己的国家与拿破仑·波拿巴作战;1823年在与昂古莱姆公爵路易·安托万的战斗中受伤;埃瓦里斯托·圣米格尔还曾与卡洛斯派作战,1862年去世,是西班牙元帅。——原注

西蒙·玻利瓦尔

委内瑞拉建立专制统治。1819年8月17日,西蒙·玻利瓦尔取得博亚卡战役胜利,解放了哥伦比亚。何塞·圣马丁是一名西班牙军官,出生在拉普拉塔。1821年,阿根廷独立后,何塞·圣马丁又为解放秘鲁而斗争。在墨西哥,奥古斯丁·伊蒂比德将军根据1821年8月的《科多瓦条约》,先逼迫西班牙属墨西哥总督胡安·奥多诺古给予墨西哥自治权。随后,1822年5月,奥古斯丁·伊蒂比德将军任墨西哥第一帝国皇帝[1]。与此同时,巴西的政权也发生类似变化,但显得更有规律。约翰

---

[1] 奥古斯丁·伊蒂比德将军是墨西哥首位皇帝,第二位皇帝即四十年后的艾奥杜克·马西米兰与他一样,在其统治地位动摇时遭到暗杀。——原注

六世是布拉甘扎王室①的首领,拿破仑·波拿巴征服葡萄牙后,逃往里奥避难。1821年,约翰六世返回里斯本,留下儿子佩德罗一世在巴西摄政。1822年5月,佩德罗一世宣告巴西独立并称帝。

神圣同盟②密切注视西班牙王国及其殖民地的形势变化。奇怪的是,沙皇亚历山大一世一方面通过俄罗斯帝国驻法兰西王国大使波茨措·迪·博尔哥在巴黎支持宪政,另一方面又通过俄罗斯帝国驻西班牙王国大使布尔加里在马德

约翰六世

---

① 自1822年到1889年同时控制巴西的一个葡萄牙统治者王朝(1640—1910)。
② 确切说,只是沙皇亚历山大一世,因为奥地利帝国和普鲁士王国都不重视新大陆的政治形势。——原注

约瑟夫·德·维莱尔伯爵

里支持反对宪政派。事实上,沙皇亚历山大一世想派遣俄罗斯帝国军队前往西班牙,帮助斐迪南七世恢复专制统治,但约瑟夫·德·维莱尔伯爵不希望俄军途径法兰西王国前往西班牙。

1821年12月22日,约瑟夫·德·维莱尔伯爵接替黎塞留公爵阿尔芒·埃马努埃尔担任法兰西王国首相。与黎塞留公爵阿尔芒·埃马努埃尔一样,约瑟夫·德·维莱尔伯爵效忠法兰西王国波旁王朝的君主,但没有黎塞留公爵阿尔芒·埃马努埃尔思想开明。在约瑟夫·德·维莱尔伯爵的倡议下,法兰西王国开始加强中央政府自身权力。"复辟时代是官吏的黄金时代,复辟时代的官吏代表保王党,长期掌握法兰西王国的政权。"①由于国民议会议员选举受到严格控制,约瑟夫·德·维莱尔伯爵虽然拥有足够的政治能力限制保皇派,保皇派的势

---

① 埃米尔·布儒瓦:《近代法国》,第1章,第41页。——原注

力仍在稳步扩大。此时,法兰西王国各地都在爆发革命。首先,索米尔陆军学校的学员举行会议,支持居住在奥地利帝国的拿破仑二世。与此同时,贝尔福、新布赖萨赫、斯特拉斯堡和拉罗谢尔等地的军官也发动了一些小规模的叛乱。由于十分担心西班牙王国内的革命波及自己,法兰西王国的保皇派以保护南部免受黄热病的侵袭为由,派兵驻扎在比利牛斯山脉沿线各省,形成一条"卫生警戒线"。不久,法兰西王国的保皇派又开始讨论武装干涉西班牙王国。1822年10月

拿破仑二世

查理·菲利克斯

中旬,正是在革命运动接连发生,在新、旧大陆都提出武力干涉革命运动的情况下,作为亚琛大会及特罗保会议系列会议之一的第三次会议在维罗纳召开①。

参加此次会议的有奥地利皇帝弗朗茨二世、俄罗斯沙皇亚历山大一世、普鲁士国王腓特烈·威廉三世、撒丁王国国王查理·菲利克斯、那不勒斯国王斐

---

① 1818年9月的亚琛大会,1820年10月的特罗保大会,1821年1月在莱巴赫举行的会议可以看作特罗保大会的结束。——原注

迪南一世，以及托斯卡纳大公、帕尔马女公爵玛丽·路易丝和摩德纳公爵。此外，以克莱门斯·冯·梅特涅为首的多国高级外交官也参加了这次会议。法兰西王国外交团以其外交马蒂厄·蒙莫朗西公爵为首。马蒂厄·蒙莫朗西公爵曾参加美国独立战争，是1789年三级会议成员，与他同行的还有夏多布里昂子爵弗朗索瓦-勒内。法兰西王国驻英国大使夏多布里昂子爵弗朗索瓦-勒内是位雄辩的作家，著有《基督教真谛》。英国的主要会议代表是威灵顿公爵阿瑟·韦尔斯利、卡斯尔雷勋爵罗伯特·斯图尔特、查尔斯·威廉·瓦内。卡斯尔雷勋爵罗伯特·斯图尔特刚被封为侯爵，并被任命为英国第一代表，1822年8月12日，在赴维罗纳前夜，卡斯尔雷勋爵罗伯特·斯图尔特自杀身亡。乔

弗朗索瓦-勒内

治·坎宁继任英国外交大臣。由于不赞成克莱门斯·冯·梅特涅的外交政策，乔治·坎宁留在英国国内。

维罗纳大会主要讨论欧洲的两大问题：西班牙问题和意大利问题。马蒂厄·蒙莫朗西公爵故作声势，声称法兰西王国不能坐视西班牙王国处于无政府状态，要派军队越过比利牛斯山脉武装干涉西班牙王国。夏多布里昂子爵弗朗索瓦-勒内也提议武力解决西班牙问题，其富有诗意的想象力构思的计划，不仅可以安抚西班牙保王派的利益，还能威吓叛乱的西班牙属殖民地，使他们成为波旁王朝君主统治下的邦联。神圣同盟三国奥地利帝国、俄罗斯帝国和普鲁士

马蒂厄·蒙莫朗西公爵

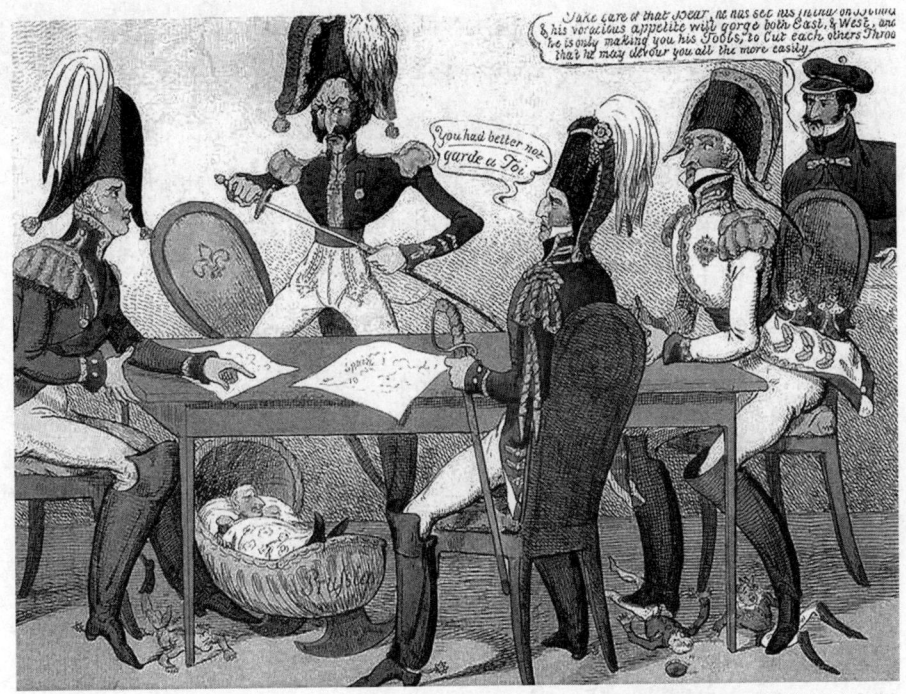

对维罗纳大会的讽刺性描绘

王国支持法兰西王国的提案。1822年11月19日,神圣同盟三国向西班牙王国议会发出武装干预西班牙王国的最后通牒。这一通牒导致各国驻西班牙王国大使撤出马德里。只有英国袖手旁观,通过威灵顿公爵阿瑟·韦尔斯利宣布英国政府拒绝武装干预西班牙王国的提议。

西班牙问题的激烈争论使意大利问题被搁置一边。克莱门斯·冯·梅特涅建议在皮亚琴察设立委员会,就像著名的美因茨委员会一样,专门负责侦察潜在革命阴谋。这一计划遭到教皇国代表枢机主教朱塞佩·马里亚·斯皮纳的反对。他用令人难忘的语言提醒维罗纳大会各参会代表"有多少人憎恨奥地利帝国,在被奥地利帝国的压迫下,意大利发出呻吟"。维罗纳会议仅在这一方面讨论意大利问题。此外,维罗纳会议虽然提及希腊问题,但没能详细讨论希腊问题。事实上,神圣同盟三国不敢讨论希腊问题,因为在克莱门斯·冯·梅特涅眼中,希腊人是反对合法权威的叛徒,但在沙皇亚历山大一世心中,希腊人与俄罗斯人同样信奉东正教,希腊人正在为自己的生存而奋斗。因此,希腊参会代表到达安科纳①后,就前往维罗纳参加会议。1822年12月14日,维罗纳会议结束。

历史进入关键的1823年,大西洋两岸风云变幻,欧洲协调体系随之解体。谨慎的法兰西王国首相约瑟夫·德·维莱尔伯爵受到夏多布里昂子爵弗朗索瓦-勒内的控制。1823年年初,夏多布里昂子爵弗朗索瓦-勒内接替马蒂厄·蒙莫朗西公爵担任法兰西王国外交大臣。1823年1月28日,路易十八向西班牙王国政府议会宣战。夏多布里昂子爵弗朗索瓦-勒内欣喜若狂,他写信给法兰西王国驻英国大使波利尼亚克伯爵朱尔·德·波利尼亚克说:"现在,我们已经从被压制的不

波利尼亚克伯爵朱尔·德·波利尼亚克

---

① 其领导人是安德鲁·梅塔克萨,希腊著名政治家之一,从某种程度上说是亲俄派,1860年去世。——原注

昂古莱姆公爵路易·安托万

幸中解放出来。我们在欧洲的军事地位已经恢复。"[1]1823年3月，路易十八的侄子昂古莱姆公爵路易·安托万作为最高指挥官，率领一支法兰西王国的军队入侵西班牙王国。1823年5月24日，这支军队占领马德里。1823年8月31日，昂古莱姆公爵路易·安托万与西班牙王国议会[2]签订《特罗卡德罗条约》。根据《特罗卡德罗条约》，西班牙王国议会无条件交出西班牙国王斐迪南七世。

---

[1] 埃米尔·布儒瓦：《近代法国》，第1章，第56页。——原注
[2] 西班牙王国议会已经携同西班牙国王退到加的斯。——原注

在法兰西王国军队武力的保护下,斐迪南七世返回西班牙王国首都马德里,恢复专制统治。

当法兰西王国将领昂古莱姆公爵路易·安托万率领大获全胜的法兰西王国的军队返回巴黎时,波旁王朝深受法兰西人民欢迎。但最终,法兰西王国与西班牙王国都为这次军事行动及《特罗卡德罗条约》付出高昂的代价。如果斐迪南七世始终效忠1812年的宪法,那么西班牙王国或许可以避免随后超过四十年的卡洛斯战争[①]。西班牙王国也不需要各种暴力革命,更不会有19世纪30年代到19世纪70年代的惨痛历史,法兰西王国也很可能不会陷入"霍亨索伦[②]继承西班牙王位候选人资格"的问题中,以致西班牙王国动乱的结束直接导致普法战争爆发。

法兰西王国凭武力擅自入侵西班牙,并引以为荣。对此,克莱门斯·冯·梅特涅无动于衷。他写信给弗里德里希·冯·根茨说:"这次军事行动及法兰西王国军队在西班牙的胜利并没有使我感到任何不安。这次军事行动不会引起全面战争。"[③]事实上,克莱门斯·冯·梅特涅能从这次军事行动获利,因为这次军事行动将法兰西王国对希腊叛乱分子的同情和支持转移开来。但在法兰西王国中,有人看到的不仅仅是西班牙战场。夏多布里昂子爵弗朗索瓦-勒内一心想把自己的办法推广到南美洲,沙皇亚历山大一世也希望通过武力维护南美洲的安全。然而,有位外交官决心捍卫新大陆的自由和独立,使其开放并与欧洲通商,但不想让其遭受欧洲的武力干涉。这位外交官就是乔治·坎宁。在拿破仑战争中期,乔治·坎宁发挥过巨大作用。但1809年,与卡斯尔雷勋爵罗伯特·斯图尔特决斗后,乔治·坎宁离开英国外交部,直到1822年,其伟大对手卡斯尔雷勋爵罗伯特·斯图尔特去世后,乔治·坎宁才重回英国外交部,担任外交大臣。此时,乔治·坎宁已经进入他一生辉煌的最后阶段,他也获得展示自己才智的大好时机。

[①] 卡洛斯战争指西班牙波旁王朝内部争夺王位的战争。一方为拥护卡洛斯(1788—1855)及其后代争取西班牙王位者,另一方为拥护西班牙女王、斐迪南七世三岁的长女伊莎贝拉二世(1830—1904)者。

[②] 普鲁士王国及德意志帝国统治家族,其统治从1701年开始,1918年结束。

[③] 埃米尔·布儒瓦:《外交政策史手册》,第2章,第694页。——原注

预见法兰西王国在南美的野心后，乔治·坎宁希望与年轻而强大的美国结盟。1812年到1814年的战争记忆仍令美国人痛苦不已，与那场战争相关的一系列棘手问题还没有解决，但英美两国的关系在不断加强。英国驻美国大使斯特拉特福德·德·雷德克里夫子爵斯特拉特福德·坎宁①是19世纪，甚至可以说是任何时代优秀的外交家。斯特拉特福德·德·雷德克里夫子爵斯特拉特福德·坎宁与美国国务卿约翰·昆西·亚当斯共同努力，逐步消除英美关系间存在的种种问题。与此同时，美国驻英国大使理查德·拉什也极其热衷促进这两个盎格鲁-撒克逊国家间的关系。

理查德·拉什

---

① 斯特拉特福德·德·雷德克里夫子爵斯特拉特福德·坎宁是英国外交大臣和首相乔治·坎宁的堂弟。

詹姆斯·门罗

  1823年8月3日，法兰西军队还在入侵西班牙。乔治·坎宁就致信美国国务卿约翰·昆西·亚当斯，提议英美联合，控制法兰西王国在新大陆的扩张步伐。作为美国政府对乔治·坎宁的回应，1823年12月2日，美国总统詹姆斯·门罗向国会提交了一份宣言，这就是著名的《门罗宣言》，其原文如下：

  在上届会议开始时我就说过，西班牙王国与葡萄牙王国正在谨慎地努力改善各自国家人民的状况。到目前为止，几乎没有必要说，两国努力的结果与当初的预期大不相同。地球上的那一地区①与我们交往密切,因为我们的祖先来自那里,自然会时常关注那个地区所发生的各种事件。美国人民最重感情,希望大西洋彼岸同胞自由、快乐。我们从来没有参加欧洲各国的历次战争,我们的国策也不允许我们参加这样的战争。只有当我们的权利受到侵犯或受到严重威胁时,我们才会做好自卫准备,奋起抗争。但西半球的政治、社会运动与我们有直接关系,其原因肯定为一切明白公正人士所共见。从根本上,同盟各国的政治制度与美国的政治制度不同。各国政府是这种区别的根源。我们的政治制度是用鲜血和财富换来的,是最有见识公民的智慧造就的。在这种政治制度下,我们享受到史无前例的幸福。为捍卫我们的制度,我们全国人民都愿做出贡献。

我们是开诚布公的,考虑到我们同欧洲列强间的友好关系,我们宣告,如果欧洲列强企图将自己的政治制度推广到西半球的任何地区,我们认为这种行为威胁到我们的和平与安全。对任何欧洲国家现有的殖民地或属地,我们没有干涉过,并且不会干涉。但有些政府已经宣布独立并维持至今,基于伟大的动机和公正的原则,我们已经承认这些国家。如果任何欧洲国家,为压迫而干涉这些国家,或用其他方法控制这些国家,那么我们认为这种行为对美国不友好。

这些新成立国家的政府与西班牙王国的战争,在承认这些新政府独立时我们就已经宣告保持中立。如果战争形势没有发生改变,那么我们将始终严守中立;如果发生改变,那么届时依据对形势的判断,并且出于保证这些国家安全的需要,美国政府将做相应的改变。

但南、北美洲与欧洲的情况明显不同,同盟各国如果要将其政治制度扩展到南、北美洲的任何一地区,必然会危及我们的和平幸福。②

实际上,这一宣言宣称:第一,美国对欧洲政治不感兴趣,也不会干涉欧洲

---

① 指欧洲。——原注
② 《英国政府档案》,1824年,第11卷,第4页。——原注

政治。第二，对新大陆的政治，美国要求欧洲各国政府采取同样的态度，即如果任何欧洲国家想干涉或将自己的政治制度扩展到美洲，美国都将采用战争手段反抗。第三，美国不会干涉欧洲列强现有殖民地或附属国的地方事务。《门罗宣言》的后半部分与美国政府承认西班牙王国在美洲的殖民地并不矛盾，因为直到1822年4月，詹姆斯·门罗总统才承认这些脱离母国西班牙王国并成立共和国的国家为主权国家。

门罗主义是世界近代史的关键观点之一。但一般人不知道的是，《门罗宣言》是经英国政府同意后才发表的，甚至可能是英国的建议。几乎可以肯定的是，如果法兰西王国不接受美国的《门罗宣言》，并且派遣海军运兵去援助西班牙在美洲的军队，英国舰队必定会支持美国，驱逐法军。事实上，依赖海上交通的英国与美国一样，都十分关心美洲是否被其他国家统治。由于这些原因，一位美国作家称"门罗主义"一直是"建立在英国海军提供的强大保护之上的"[1]。

乔治·坎宁已经达到目的。宪政运动虽然在西班牙王国以失败告终，但在南美洲取得成功。大约在《门罗宣言》发表六周前，1823年10月17日，英国政府已经向拉丁美洲各主要城市派驻领事。在南美洲，日益减少的西班牙王国军队控制力逐渐削弱。1824年12月8日，在秘鲁阿亚库乔，西班牙王国在美洲殖民地的最后一战也告失利。1825年2月2日，英国政府与阿根廷联邦政府正式建立友好关系，签订互通贸易和海运的条约，并承认阿根廷联邦政府完全独立[2]。与此同时，乔治·坎宁承认巴西独立。葡萄牙国王约翰六世的妻子卡洛塔·华金娜王后意志坚强且诡计多端，不愿看到其长子佩德罗一世统治下的巴西脱离葡萄牙王国，她和次子米格尔[3]试图逼迫腐朽昏庸的约翰六世退位，以便独掌大权。法兰西王国驻葡萄牙王国大使海德·德·纳维尔男爵让·纪尧姆抓住机会，取代葡萄牙王国的老盟友，确立法兰西王国在葡萄牙王国的

---

[1] 欧文·威斯特：《直接交易还是古老的怨恨》，伦敦，1920年，第115页。——原注
[2] 《拉普拉塔条约》，1825年2月2日。《英国外交部档案》，第93条，第3-1号。爱德华·赫兹莱特：《商业条约》，第3章，第44页。——原注
[3] 后来，米格尔对葡萄牙王国的影响是致命的。——原注

卡洛塔·华金娜王后

势力。海德·德·纳维尔男爵让·纪尧姆极力想将巴西从葡萄牙独立这一争端提交法兰西王国政府解决，甚至向约翰六世提议从西班牙王国调遣法军进驻葡萄牙王国①。得到这一消息后，乔治·坎宁立刻采取了行动。1814年到1816年，乔治·坎宁曾任英国驻葡萄牙王国大使，十分熟悉葡萄牙王国的事务。乔治·坎宁威胁撤销对葡萄牙王国的援助，并向约瑟夫·德·维莱尔伯爵提出不干涉原则。约瑟夫·德·维莱尔伯爵试图缓和法兰西王国外交大臣夏多布里昂子爵弗朗索瓦-勒内的锐进。1824年12月，约瑟夫·德·维莱尔伯爵召回海

---

① 此时，葡萄牙王国还驻有一些法兰西王国的军队。——原注

德·德·纳维尔男爵让·纪尧姆。最终,法军既没有进驻里斯本,也没有像夏多布里昂子爵弗朗索瓦-勒内真正希望的那样进驻巴西。

就在神圣同盟的干预政策即将在欧洲成为铁的事实之时,由于西班牙、美洲及巴西问题,神圣同盟面临破裂。因此,在英国议会下议院,乔治·坎宁骄傲地宣布:

> 如果法兰西王国占领西班牙,那么为避免其占领产生的影响,我们是否有必要封锁加的斯?不,我不这样认为,我想在另一个半球寻求物质补偿。想到我们祖先知道的西班牙,我抱定决心,如果法兰西王国占领西班牙,那绝不是包括"印度群岛"的西班牙。我创造了一个新世界,用以改变旧世界的力量对比。[①]

[①] 《乔治·坎宁演说》,第6卷,第111页。1826年12月12日,乔治·坎宁就乔治四世的演讲发表的演说。——原注

第 6 章

希腊独立

多瑙河和爱琴海间的地区通常称为巴尔干地区。从19世纪早期起,巴尔干地区就成为欧洲外交事务中的一个重要地区。1815年,在米洛什·奥布列诺维奇领导下,塞尔维亚人获得自治。与此同时,希腊也抱有同样的期望。在维也纳会

米洛什·奥布列诺维奇

议上，沙皇亚历山大一世及卡波·伊斯特利亚伯爵乔瓦尼·安东尼奥曾提出过希腊的独立问题，但欧洲各国意见存在分歧。譬如，奥地利帝国希望保证奥斯曼土耳其帝国领土完整，这自然遭到沙皇亚历山大一世的反对。因此，希腊独立问题被搁置。

1821年，希腊形势发生巨大变化。1821年3月6日，在俄罗斯国帝国服役的希腊人亚历山大·伊普西兰蒂将军越过普鲁特河，试图在摩尔达维亚及瓦拉几亚发动反对奥斯曼土耳其帝国的叛乱。起初，亚历山大·伊普西兰蒂将军率领的叛乱虽然取得一些成功，但最终被奥斯曼土耳其帝国剿灭，亚历山大·伊普西兰蒂将军被迫逃往特兰西瓦尼亚边境。无论如何，克莱门斯·冯·梅特涅都不会支持希腊独立。因此，克莱门斯·冯·梅特涅严守中立，并将亚历山大·伊普西兰蒂

亚历山大·伊普西兰蒂将军越过普鲁特河

穆罕默德·阿里

将军囚禁在蒙卡茨。直到1827年,亚历山大·伊普西兰蒂将军获释。1828年,亚历山大·伊普西兰蒂将军在维也纳去世。

突袭罗马尼亚激发了希腊人民的勇气,伯罗奔尼撒半岛等地相继爆发起义。此时,奥斯曼土耳其帝国政府陷入困境。奥斯曼土耳其帝国政府既要应付对波斯的战争,又面临在约阿尼纳的埃及总督穆罕默德·阿里的叛乱①。由于种种原因,沙皇亚历山大一世十分同情希腊,但沙皇亚历山大一世受到神圣同盟的约束。因此,对希腊事务,特罗保会议和维罗纳会议没有采取任何行动。许多志

---

① 波斯战争直到1823年7月28日签订《埃尔祖鲁姆条约》才告结束。穆罕默德·阿里1822年2月5日被杀。格奥尔格·弗里德里希·冯·马腾斯《新秘密文件汇编》,第6卷,第1部分,第282页。——原注

乔治·戈登·拜伦勋爵

愿者致力于希腊独立运动,如《1821年皮埃蒙特革命》的作者圣罗莎伯爵圣托雷·安尼巴莱·德·罗西·波梅罗勒和科莱尼奥,反对法兰西王国君主制复辟的流亡者夏尔·尼古拉·法维耶上校,英国的乔治·戈登·拜伦勋爵、托马斯·科克伦勋爵、理查德·丘奇爵士及其他人士,但欧洲各国政府没有参与其中。

1821年到1825年,希腊人民争取独立的运动大获成功。1822年,希腊人制定宪法,选举亚历山德罗斯·马夫罗科扎托斯为总统,并成立立法机构。日内瓦、巴黎及伦敦分别成立希腊委员会。此时,欧洲的公众舆论主要受学者们的影响,这些学者大多倾向支持希腊独立,他们的主张获得各方面的支持。在巴黎,受过高等教育的人们,特别是那些受到压迫但日益壮大的自由党人,更对希腊充满同情。事实上,德·保罗·诺瓦耶侯爵极力主张派十字军对奥斯曼土耳其帝国进行讨伐。英国所有的政治家，无论来自保守党还是自由党，都在伊顿、哈罗、威斯敏斯特及牛津或剑桥接受过传统教育。外交政策与其他政府事务一样，极易受到公众舆论的影响。人们越来越明显地看到，即使一个世纪以来一直与奥斯曼土耳其帝国交战或面临交战的俄罗斯帝国政府不采取任何行动，公众舆论也会迫使英国及法兰西帝国在希腊问题上采取行动。当奥斯曼土耳其苏丹马哈茂德二世寻求实力强大的埃及总督穆罕默德·阿里的军队给予援助时，西欧的公众舆论变得更加激烈。1825年2月，埃及总督穆罕默德·阿里的儿子易卜

苏丹马哈茂德二世

易卜拉欣帕夏

拉欣帕夏①率领埃及军队在摩里亚半岛②登陆时,战况更加激烈,希腊独立运动几乎陷入绝望境地。乔治·坎宁虽然希望通过外交行动切实帮助希腊,但仍严守中立。1825年12月1日,意志薄弱的沙皇亚历山大一世去世,沙皇亚历山大一世的弟弟尼古拉一世继承皇位,形势从此略显明朗。

沙皇尼古拉一世年轻无畏,俄罗斯帝国的传统外交政策促使他不得不支持希腊独立运动。此外,俄罗斯帝国和奥斯曼土耳其帝国间一直存在摩擦,因为奥斯曼土耳其政府从来没有真正执行1812年5月28日签署的《布加勒斯特条约》第六条关于奥斯曼土耳其帝国军队全部撤离摩尔达维亚的规定。

乔治·坎宁是"皮特传统"的坚定维护者。"皮特传统"主张保证奥斯曼土

---

① 易卜拉欣帕夏(1789—1848),埃及总督穆罕默德·阿里的长子,1848年任埃及总督。——原注
② 即伯罗奔尼撒半岛。——原注

耳其帝国领土完整,并且对希腊人民争取自由的斗争深表同情。因此,乔治·坎宁面临两难境地。这两个任务都十分艰巨。一方面,乔治·坎宁必须争取俄罗斯帝国的同意,与英国一起推动希腊争取自由。另一方面,乔治·坎宁又要防止俄罗斯帝国对奥斯曼土耳其帝国宣战,通过战争手段支持希腊独立。

因此,乔治·坎宁选派威灵顿公爵阿瑟·韦尔斯利前往莫斯科交涉,试图解决这一难题。威灵顿公爵阿瑟·韦尔斯利是强硬的保守派,没有丝毫同情希腊人民争取自由的诉求,即使希腊人民的起义军是由塞莫皮莱和萨拉米斯英雄们的后裔组成。威灵顿公爵阿瑟·韦尔斯利的人生目标就是履行自己的职责。因此,当乔治·坎宁请求他接受赴彼得堡的使命时,他欣然应允并承诺不辱使命。

派威灵顿公爵阿瑟·韦尔斯利前往莫斯科是乔治·坎宁的最佳选择。威灵顿公爵阿瑟·韦尔斯利是个伟大的贵族,他率领的军队军纪严明,是当时著名的将军,自然受到俄罗斯帝国军官的重视。1826年2月6日,威灵顿公爵阿瑟·韦尔斯利抵达彼得堡。此时,俄罗斯帝国和奥斯曼土耳其帝国关系极度紧张,战争一触即发。俄罗斯帝国驻奥斯曼土耳其帝国大使已经从君士坦丁堡撤出,俄罗斯帝国政府即将向奥斯曼土耳其帝国政府发出最后通牒。事实上,俄罗斯帝国外交大臣卡尔·涅谢尔罗迭伯爵谎称对奥斯曼土耳其帝国的最后通牒已经发出[①],试图赶走威灵顿公爵阿瑟·威尔斯利。然而,威灵顿公爵阿瑟·韦尔斯利立场坚定。见到继位不久的沙皇尼古拉一世后,威灵顿公爵阿瑟·韦尔斯利为沙皇尼古拉一世分析与奥斯曼土耳其帝国的战争可能带来的种种不利影响。譬如,奥斯曼土耳其帝国政府可能煽动俄罗斯帝国境内的穆斯林起义。此外,欧洲各国对俄罗斯帝国与奥斯曼土耳其帝国的战事也不会袖手旁观。对威灵顿公爵阿瑟·韦尔斯利的分析,沙皇尼古拉一世有所赞同。第二次会面时,沙皇尼古拉一世向威灵顿公爵阿瑟·韦尔斯利表示,俄罗斯帝国将与英国一起行动,防止俄罗斯帝国与奥斯曼土耳其帝国爆发战争。因此,1826年4月4日,在俄罗斯帝国首都莫斯科,卡尔·涅谢尔罗迭伯爵、俄罗斯帝国驻英国大使克里斯多夫·海因

---

① 1826年3月17日,俄罗斯帝国政府向奥斯曼土耳其帝国政府发出最后通牒,但奥斯曼土耳其帝国政府有六周时间考虑。——原注

里希·冯·利芬亲王与威灵顿公爵阿瑟·韦尔斯利起草并签订协议。根据这份协议，由英国和俄罗斯帝国向奥斯曼土耳其帝国提出调停[1]。如果奥斯曼土耳其帝国接受英国和俄罗斯帝国两国调停，那么英国和俄罗斯帝国两国将以协议第一条，即"希腊获得自治，但须向奥斯曼土耳其苏丹纳贡"为原则展开进一步协商。如果奥斯曼土耳其帝国不接受调停，那么今后在希腊问题的解决上，英国和俄罗斯帝国两国可以继续按照协议第三条，即自治加纳贡的原则进行协商。根据协议第六条，这份协议还需送交法兰西王国、奥地利帝国及普鲁士王国等欧

克里斯多夫·海因里希·冯·利芬亲王

---

[1] 此时，希腊已经请求调停。——原注

沙皇尼古拉一世

洲其他各国政府,并请各国与俄罗斯帝国共同保障调解希腊与奥斯曼土耳其帝国间争端的条约[1]。

《彼得堡议定书》签署后,威灵顿公爵阿瑟·韦尔斯利与沙皇尼古拉一世成为好朋友。这份议定书立即送交欧洲各大国政府,但除法兰西王国外,这份协议书没有获得欧洲其他大国的支持。1827年7月6日,在伦敦,英国、法兰西王国、

---

[1] 不要求英国对该条约做出保障,"因为英国不能保障该条约"。笔者不清楚威灵顿公爵阿瑟·韦尔斯利为何要在该议定书中加入此项说明,只有一种可能是,只要他在说明中不提及"保障"一词,他将与此事毫无关系。——原注

俄罗斯帝国三国签订正式条约。条约还规定，如果奥斯曼土耳其帝国拒绝调停，欧洲各大国将派领事前往希腊，尽力防止双方冲突，"但不参加任何敌对行动"。根据这份正式条约的附加条约第二条规定，这些规定和执行说明将一同发送签约各国驻地中海东部累范特的海军上将处签字。三国海军将合作解决争端，防止希腊与奥斯曼土耳其帝国间冲突扩大。

《伦敦条约》是乔治·坎宁的最后一项重要工作。1827年4月，利物浦伯爵罗伯特·詹金森因病辞去英国首相后，乔治·坎宁接任英国首相。1827年8月8日，乔治·坎宁去世。戈德里奇子爵弗雷德里克·约翰·罗宾逊继任首相，达德利伯爵约翰·威廉·沃德担任外交大臣。

戈德里奇子爵弗雷德里克·约翰·罗宾逊

夏尔·尼古拉·法维耶

希腊形势变化加剧。希腊要生存就必须得到援助。1826年4月22日,迈索隆吉的驻军英勇作战,企图突破奥斯曼土耳其帝国军队的防线。但最终迈索隆吉的驻军失败,易卜拉欣占领迈索隆基。1827年6月5日,夏尔·尼古拉·法维耶上校防守的雅典卫城失陷,夏尔·尼古拉·法维耶上校被迫投降。英国驻奥斯曼土耳其帝国大使斯特拉特福德·德·雷德克里夫子爵斯特拉特福德·坎宁极力劝说奥斯曼土耳其帝国政府接受三国提出的调停建议。在海德拉,斯特拉特福德·德·雷德克里夫子爵斯特拉特福德·坎宁曾与亚历山德罗斯·马大罗科扎托斯讨论过这一问题,但要说服奥斯曼土耳其帝国接受调停变得更加困难,因为奥斯曼土耳其军队正处于优势。雅典卫城遭受围攻时,虽然斯特拉特福德·德·雷德克里夫子爵斯特拉特福德·坎宁请求奥斯曼土耳其帝国苏丹马哈茂德二世发布法令,禁止轰炸古代纪念碑,但奥斯曼土耳其帝国没有接受其调停建

议。随着雅典卫城失守，整个希腊被奥斯曼土耳其帝国完全占领。此时，正是英国、法兰西王国及俄罗斯帝国三国在1827年7月6日签订《伦敦条约》后一个月。

在海军上将爱德华·科德林顿爵士的指挥下，英国、法兰西王国、俄罗斯帝国三国联合舰队，封锁了奥斯曼土耳其帝国舰队所在的纳瓦里诺湾。结果，希腊独立运动虽然在大陆失败了，但在各岛继续存在。希腊的大陆地区遭到严重打击，尤其是纳瓦里诺湾周围的村庄，就在英国、法兰西王国及俄罗斯帝国三国联合舰队的眼皮下被摧毁。1827年10月20日，爱德华·科德林顿爵士命令联合

纳瓦里诺湾战役

舰队进驻纳瓦里诺海湾,目的是与奥斯曼土耳其帝国军队的指挥部谈判,以促使其结束对希腊的打击,但交战双方都预料到会有一次战斗。果然,奥斯曼土耳其帝国军队首先开火,战斗正式打响。在战斗中,奥斯曼土耳其帝国的二十九艘军舰沉没。"自1774年勒班陀战役以来,奥斯曼土耳其帝国的海军从没有经历过这样的惨败。"①

---

① 威廉·米勒:《奥斯曼土耳其帝国》,1913年,第98页。——原注

英王乔治四世

纳瓦里诺战役后,英国仍然坚守"中立"。由代表宣读的英王乔治四世在1828年1月29日的讲话中有以下一段奇妙的文字。这段文字无疑出自威灵顿公爵阿瑟·韦尔斯利:

> 尽管联合舰队作战英勇,但海军竟然与古老的友邦发生这样的冲突,我王陛下深感遗憾。但他深信,这一不幸事件不会导致进一步的敌对行动,也不会妨碍和平化解奥斯曼土耳其帝国政府与希腊人民间的现有分歧。①

---

① 《英国议会记事录》:第18条,第3页。——原注

纳瓦里诺战役的消息传来,弗雷德里克·约翰·戈德里奇勋爵下台,威灵顿公爵阿瑟·韦尔斯利继任英国首相。威灵顿公爵阿瑟·韦尔斯利利用纳瓦里诺战役的胜利成功劝说穆罕默德·阿里在亚历山大省签订公约,要求埃及军队撤出摩里亚半岛。直到1829年8月6日,这份公约才正式达成。该公约生效前,法兰西王国就派遣尼古拉·约瑟夫·迈松将军带领一万四千名士兵前往摩里亚半岛。法兰西王国军队几乎毫不费力,就让奥斯曼土耳其帝国和埃及的军队撤退。

然而,最后还是依靠俄罗斯帝国才结束希腊独立战争。多年来,由于《布加勒斯特条约》的执行问题,俄罗斯帝国与奥斯曼土耳其帝国之间一直存在摩擦。1826年,双方几乎发生战争。如前文所述,为避免俄罗斯帝国单方面与奥斯曼土耳其帝国发生战争,乔治·坎宁与威灵顿公爵阿瑟·韦尔斯利代表英国与俄

尼古拉·约瑟夫·迈松将军远征摩里亚半岛

罗斯帝国签订《彼得堡议定书》。随后，1826年10月7日，俄罗斯帝国与奥斯曼土耳其帝国签订《阿克曼公约》。除确认《布加勒斯特条约》外，这份条约还详细规定如何保护多瑙河流各公国及塞尔维亚特权。

因此，在纳瓦里诺战役后，如果马哈茂德二世能够保持克制，奥斯曼土耳其帝国与俄罗斯帝国间的战争就可以避免，并且可以得到英国、法兰西王国、俄罗斯帝国三国签订的《伦敦条款》给予的优惠条件，即希腊可以自治，但须向奥斯曼土耳其帝国纳贡。然而，马哈茂德二世意不在此。他想利用1826年俄罗斯帝国与波斯帝国间的战争拒绝接受《伦敦条约》的条件。毫无疑问，马哈茂德二世这样做，自然不仅是因为表达对英国、法兰西王国、俄罗斯帝国三国军事行动的愤怒[1]，还因为他明白，克莱门斯·冯·梅特涅在暗中与英国、法兰西王国及俄罗斯帝国三国作对。然而，俄罗斯帝国与波斯帝国的战争毕竟已经结束，按照1828年2月22日签署的《图尔克曼恰伊条约》，波斯帝国向俄罗斯帝国割让埃里

签订《图尔克曼恰伊条约》

---

[1] 马哈茂德二世的做派虽然不像一位政治家，但情有可原。——原注

汉斯·卡尔·冯·迪比奇将军

温和纳希切万两省。对此,马哈茂德二世更加愤怒,坚决否认《阿克曼公约》。对奥斯曼土耳其帝国,沙皇尼古拉一世已经准备采取军事行动。1828年4月26日,俄罗斯帝国正式向奥斯曼土耳其帝国宣战。

1828年,对俄罗斯帝国来说,与奥斯曼土耳其帝国的战争进展并不顺利。1829年,形势略有好转,1829年8月20日,汉斯·卡尔·冯·迪比奇将军率军进入哈德良堡,打通进入君士坦丁堡的道路。汉斯·卡尔·冯·迪比奇将军率军继续前进,占据了埃诺斯-米迪亚防线。一个世纪后,此防线在外交中占有极其重要

汉斯·卡尔·斐迪南·冯·穆弗林

的地位①。奥斯曼土耳其帝国的军队因战败不得不求和，斯特拉特福德·德·雷德克里夫子爵斯特拉特福德·坎宁似乎也相信，汉斯·卡尔·冯·迪比奇将军此时已经精疲力竭。俄罗斯帝国的军队如果遇到顽强抵抗，那么只能撤退。普鲁士王国驻奥斯曼土耳其帝国大使卡尔·斐迪南·冯·穆弗林将军②借机出面呼吁俄罗斯帝国与奥斯曼土耳其帝国和解。1829年9月14日，俄罗斯帝国与奥斯曼土耳其帝国签署《哈德良条约》，这是19世纪奥斯曼土耳其帝国丧失主权和领土最多的条约之一。③

多瑙河两公国，即瓦拉几亚与摩尔达维亚，实际已经从奥斯曼土耳其帝国获得独立。两公国的君主由自行选举产生，为终身制，但如果任何一公国君主去

---

① 赫尔穆特·冯·毛奇：《俄土战争》。——原注
② 汉斯·卡尔·斐迪南·冯·穆弗林曾是军人，后来成为政治家和历史学家。——原注
③ 根据该条约，俄罗斯帝国获得整个多瑙河三角洲、黑海的波蒂和高加索的阿哈尔齐赫。——原注

世，那么该公国必须向奥斯曼土耳其帝国进贡。按照条约第十条，希腊也获得独立。奥斯曼土耳其帝国政府宣布接受1827年7月6日签署的《伦敦条约》，承认希腊自治，但须向奥斯曼土耳其帝国纳贡。此外，奥斯曼土耳其帝国还承认随后在1829年3月22日签订的《三国议定书》，界定希腊边界。除失去希腊外，根据《三国议定书》第三条，奥斯曼土耳其帝国还将向俄罗斯帝国割让多瑙河三角洲。

俄罗斯帝国战胜奥斯曼土耳其帝国后，希腊的处境相当安全。埃及军队离开摩里亚半岛。在与俄罗斯帝国的战争中，奥斯曼土耳其帝国的军事力量遭到严重削弱，奥斯曼土耳其帝国的威望也因《哈德良条约》的签署遭到破坏。因此，尽管该条约只保证希腊遵守《伦敦条约》条款，即希腊获得自治并向奥斯曼土耳其帝国纳贡，但希腊拒绝接受这些条款。断断续续进行了几个月的伦敦会议又召开了。出席会议的有英国外交大臣阿伯丁伯爵乔治·戈登，俄罗斯帝国驻英国大使克里斯多夫·海因里希·冯·利芬亲王，以及法兰西王国驻英国大使皮埃尔·蒙莫伦西-拉瓦尔。此时，英国的观点超越《伦敦条约》条款的范围，认为奥斯曼土耳其帝国已经没有任何抵抗能力，将希腊作为奥斯曼土耳其帝国的附属国，就如瓦拉几亚及摩尔达维亚这两个附属国一样，只会给俄罗斯帝国提供机会干预奥斯曼土耳其帝国。1830年2月3日，阿伯丁伯爵乔治·戈登、克里斯多夫·海因里希·冯·利芬亲王和皮埃尔·蒙莫伦西-拉瓦尔三位政治家正如在文件中所言，"经过漫长而艰难的谈判"签订议定书，确认希腊独立。根据议定书第八条希腊领土包括埃维亚岛、魔岛、斯基罗斯岛和基克拉泽斯群岛，以及欧洲大陆上的摩里亚半岛，科林斯湾（以北自斯派尔西奥斯河河口至阿斯普罗波塔莫斯河河口地区）。希腊由君主行使主权，但君主不得是英国、法兰西、俄罗斯王室成员。三国中任何一国军队要进入希腊，必须征得其他两国同意[①]。

1830年2月11日，萨克森-科堡和哥达的利奥波德王子接受新王位，但几周后便放弃了。据说他是受到自1827年起一直担任希腊总统的卡波·伊斯特里业伯爵乔瓦尼·安东尼奥的影响而改变主意。1831年10月9日，在纳夫普利亚圣斯皮

---

① 这就是1916年英国、法兰西王国、俄罗斯帝国三国占领萨洛尼卡的合法依据。爱德华·赫兹莱特：《商业条约》，第2卷，第149条：摘要中略去了《三国议定书》的基本条款。全文见《英国政府档案》，第17章，第191页，以及凯克斯和莫厄特：《重要条约》，第120页。——原注

里登教堂外,卡波·伊斯特里亚伯爵乔瓦尼·安东尼奥被康斯坦丁·马夫罗米哈利斯和乔治·马夫罗米哈利斯暗杀。随后,希腊爆发内战。1832年2月,英、法、俄三国将希腊王位授予巴伐利亚菲尔-赫伦国王的次子奥托王子。1832年5月7日,英国、法兰西王国、俄罗斯帝国三国和巴伐利亚王国在伦敦签订条约,对巴伐利亚王国的王位继承权做出规定。除将1830年2月3日签署的议定书中规定的岛屿交给希腊的同时,新的三国条约还进一步扩大希腊的领土,即东起沃洛湾,西到阿尔塔湾一带地区归希腊所有。除彭塔堡(由奥斯曼土耳其帝国保留到1912年),阿卡尔纳尼亚的其余地方也归希腊所有[1]。

---

[1] 1832年7月21日,奥斯曼土耳其帝国在君士坦丁堡签订公约,承认了这些规定。——原注

第7章

东方与西方

1830年前，欧洲不存在明确的"东方问题"，尽管在小威廉·皮特当政、拿破仑·波拿巴统治及希腊独立战争时期也曾提出这一问题。从广义上讲，"东方问题"指如何处理奥斯曼土耳其帝国的问题。1839年7月2日，在法兰西王国国民议会演讲时，弗朗索瓦·皮埃尔·纪尧姆·基佐对"东方问题"的回答是"为维持欧洲的均势，正确的政策应当是保持奥斯曼土耳其帝国领土的完整。但如果环境或形势所迫，奥斯曼土耳其帝国分裂，它的某省脱离这一古老帝国，那么我们的正确立场应该是，支持分离出来的地区成为新独立的主权国家。与此同时，确保这些新独立的国家在国际关系中占有一席之地，以维持新的欧洲均势体系，并取代不复存在的旧体制"[①]，这是对"东方问题"最好的解释。根据这一解释并加以观察就可以发现，在过去一百年，英法两国政治家的政策是明确而健全的。

从法兰西王国的立场看，"东方问题"既有普遍性，也有特殊性。就普遍性而言，如弗朗索瓦·皮埃尔·纪尧姆·基佐前面所说，就是当前所谓的君士坦丁堡问题。特殊性与奥斯曼土耳其帝国的一部分，即埃及问题[②]，或亚历山大省的问题有关。1830年到1840年，"东方问题"，即君士坦丁堡和亚历山大省的问题

---

① 弗朗索瓦·皮埃尔·纪尧姆·基佐：《法兰西近代史回忆录》，1861年，第4卷，第330页、第331页。——原注
② 地中海与北非海岸是法兰西王国最感兴趣的地方。——原注

全面凸现,并对五大国的关系产生极大影响,甚至导致从1839年到1840年产生令人难忘的重大危机。欧洲战争,即英国与法兰西王国的战争几乎爆发。

此时,奥斯曼土耳其帝国苏丹马哈茂德二世意志坚定,是位有主见的改革者,但他的手下,埃及的穆罕默德·阿里更加强大。起初,埃及的穆罕默德·阿里曾是阿尔巴尼亚的烟草商,土耳其军队的上校。随后,他担任埃及总督。希腊独立战争期间,奥斯曼土耳其苏丹马哈茂德二世曾向这位部下求援。如果没有欧洲各国的干涉,埃及的穆罕默德·阿里的军队几乎可以完全击败叛乱的希腊革命党武装。希腊战争结束后,埃及的穆罕默德·阿里统治克里特岛,但他认为奥斯曼土耳其帝国苏丹马哈茂德二世没有给予他足够的回报。他的目的至少是让埃及独立。

> 与奥斯曼土耳其帝国的情形相比,埃及的穆罕默德·阿里为埃及沾沾自喜。有法兰西王国的军官为他组建军队,造船者为他重建海军,医师为他培训医生。他是埃及唯一的地主,唯一的制造商,也是唯一的承包商。此时,埃及就像暴君法老统治时代一样,人的生命是微不足道的。

埃及的穆罕默德·阿里轻易找到与奥斯曼土耳其帝国开战的理由。1832年,埃及的穆罕默德·阿里的儿子埃及的易卜拉欣帕夏率军占领叙利亚,并向小亚细亚挺进。1832年12月21日,埃及的易卜拉欣帕夏的军队击败奥斯曼土耳其帝国的军队,在科尼埃俘虏了奥斯曼土耳其帝国军队的首领,打通了前往君士坦丁堡的道路。

对埃及的穆罕默德·阿里的背叛,马哈茂德二世极其愤怒。马哈茂德二世曾扬言,如果谁能提着埃及的穆罕默德·阿里的首级来见他,那么他就将君士坦丁堡和整个帝国都让给谁。在向英国求助无效后[①],马哈茂德二世决心迈出重要

[①] 马哈茂德二世向斯特拉特福德·德·雷德克里夫子爵斯特拉特福德·坎宁发出想与英国结盟的请求。"最近,他们直接向我提议结盟,先是努里·埃芬迪,然后是奥斯曼土耳其帝国苏丹马哈茂德二世本人……他们的直接目的是让埃及的穆罕默德·阿里臣服。"《英国外交部档案·奥斯曼土耳其》,1823年8月9日。——原注

的一步,这一步几乎导致他失去君士坦丁堡和整个帝国。他不打算向埃及的穆罕默德·阿里妥协,而是向俄罗斯帝国请求军事援助。对此,沙皇尼古拉一世欣然接受。1833年2月,俄罗斯帝国舰队进入博斯普鲁斯海峡。与此同时,还有一支俄罗斯帝国军队驻扎在博斯普鲁斯海峡的亚洲海岸。不久,另外五千名俄罗斯帝国军队士兵在靠近君士坦丁堡欧洲一侧的拜科德里登陆。

因此,内部明争暗斗的奥斯曼土耳其帝国正在发生一场外交战。在这场外交战中,俄罗斯帝国驻奥斯曼土耳其帝国大使馆轻而易举赢得胜利。的确,有一段时间,欧洲各国的努力似乎都进展顺利。俄罗斯帝国军队示威及欧洲各国驻奥斯曼土耳其帝国大使外交活动的目的都在奉劝埃及的穆罕默德·阿里不要提出过分要求。1833年春,埃及的穆罕默德·阿里同意与奥斯曼土耳其苏丹马哈茂德二世和解,但条件是必须获得叙利亚和阿达那的统治权,同时拥有埃及总督世袭继承权[①]。

但俄罗斯帝国军队及军舰并没有离开奥斯曼土耳其帝国的海域。大名鼎鼎的尼古拉·奥尔洛夫亲王的行为就像奥斯曼土耳其帝国的大总督,令西方各国驻奥斯曼土耳其帝国大使有所担心。1833年7月月初,俄罗斯帝国军队最终撤离奥斯曼土耳其帝国,但立刻就有人开始怀疑俄罗斯帝国军队并没有空手而归。

果然,这些怀疑得到证实。1833年7月8日,在即将离开时,尼古拉·奥尔洛夫亲王与奥斯曼土耳其帝国外交大臣及军队参谋总长在博斯普鲁斯海峡南岸的安吉阿尔·伊斯克利西宫签订了一份同盟条约。

《安吉阿尔-伊斯克利西条约》[②]分明文和密约两部分。直到1834年2月,这份条约明文和密约两部分的相关条款才正式提交英国外交部[③]。在西方各国

---

① 这一解决办法有时被称为《屈塔希亚和约》,但笔者找不到任何具体的公约。奥斯曼土耳其帝国苏丹马哈茂德二世发布勒令,承认埃及的穆罕默德·阿里对叙利亚和阿达那的统治,1833年3月到1833年4月,奥斯曼土耳其帝国苏丹马哈茂德二世做出让步,承认埃及的易卜拉欣帕夏拥有对阿达那的征税权。格奥尔格·弗里德里希·冯·马腾斯:《新秘密文件汇编》,第16卷,第1部分,第17页到第18页。——原注
② 又名《温卡尔-伊斯凯莱西条约》。
③ 帕默斯顿子爵亨利·约翰·坦普尔致约翰·庞森比子爵的信,1834年2月15日。《英国外交部档案·奥斯曼土耳其》,第234页。——原注

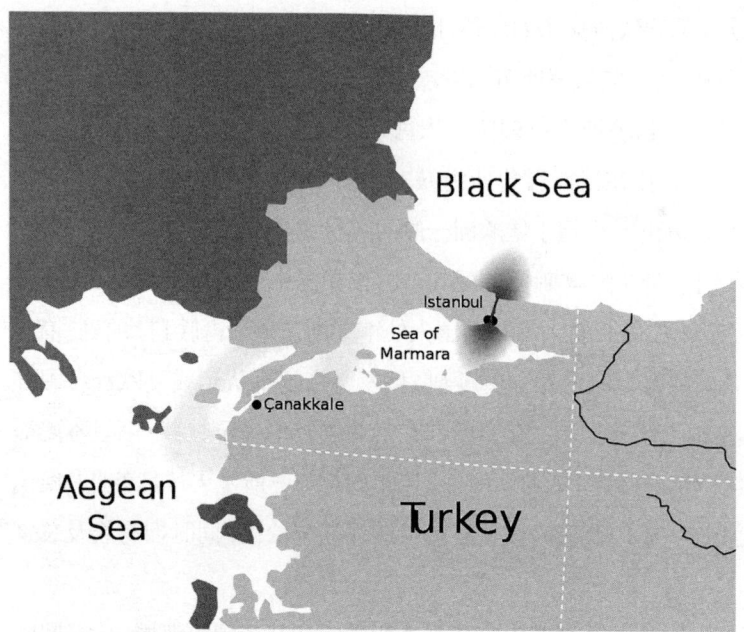

《安吉阿尔－伊斯克利西条约》，俄罗斯帝国海军可以自由出入达达尼尔海峡（Black Sea＝黑海；Aegean Sea＝爱琴海；Istanbul＝伊斯坦布尔；Sea of Marmara＝马尔马拉海；Çanakkale＝恰纳卡莱；Turkey＝土耳其）

眼中，这份条约明文部分的条款已经无法接受，因为其中包括俄罗斯帝国与奥斯曼土耳其帝国间为期八年的共同防御联盟。密约条款更加令人无法接受，原文如下：

> 为免除奥斯曼土耳其帝国政府关闭达达尼尔海峡形成的开支及可能造成的不便，俄罗斯沙皇不会要求奥斯曼土耳其帝国承担援助俄罗斯帝国的义务。根据条约明文条款的互助原则，免除奥斯曼土耳其帝国必要时须向俄罗斯帝国提供援助的义务，奥斯曼土耳其帝国政府只需保证对俄罗斯帝国以外的军舰关闭达达尼尔海峡。也就是说，不允许除俄罗斯帝国外任何国家的军舰以任何借口进入达达尼尔海峡。[1]

---

[1] 原文见爱德华·赫兹莱特：《商业条约》，第2章，第168条。——原注

尽管直到1834年春，俄罗斯帝国政府才宣布《安吉阿尔-伊斯克利西条约》中的相关条款，但西欧各国并不是一无所知。1833年7月25日，消息灵通的《先驱晨报》驻君士坦丁堡记者向《先驱晨报》的伦敦总部递交了一份《安吉阿尔-伊斯克利西条约》相当准确的明文条款摘要。1834年8月21日，《先驱晨报》发布了这份摘要。1834年10月16日，《先驱晨报》又发布该条约密约条款的摘要。这一消息引起英国议会及伦敦、巴黎的普遍关注。事实上，1833年9月，新任奥斯曼土耳其帝国外交大臣出于爱国之情，将这份条约的明文和密文部分提交给英国驻奥斯曼土耳其帝国大使庞森比子爵约翰·庞森比[①]。得到这一消息后，帕默斯

庞森比子爵约翰·庞森比

[①] 庞森比子爵约翰·庞森比致帕默斯顿子爵亨利·约翰·坦普尔的信。《英国外交部档案·奥斯曼土耳其》，1833年9月15日，第224页。事实上，1833年7月10日，英国驻奥斯曼土耳其帝国大使馆译员皮萨尼听到俄罗斯帝国与奥斯曼土耳其帝国签署《安吉阿尔-伊斯克利西条约》的风声。皮萨尼报告，《英国外交部档案·奥斯曼土耳其》，1833年7月10日。——原注

亨利·约翰·坦普尔

顿子爵亨利·约翰·坦普尔没有激动。他指示庞森比子爵约翰·庞森比告知奥斯曼土耳其帝国政府，如果奥斯曼土耳其帝国政府愿意，那么按照《安吉阿尔-伊斯克利西条约》，在需要的时候，英国地中海舰队可以代替俄罗斯帝国舰队向奥斯曼土耳其帝国给予援助[①]。与此同时，法兰西王国政府也态度坚决。1833年10月，法兰西王国外交大臣维克托·布罗伊公爵路易-维克多-皮埃尔-雷蒙致信法兰西王国驻俄罗斯大使尼古拉·约瑟夫·迈松，"俄罗斯帝国政府向全欧洲公开宣布，在奥斯曼土耳其帝国的事务中，俄罗斯帝国要独霸专权，并将其确定为国际法则"[②]。

---

① 帕默斯顿子爵亨利·约翰·坦普尔致庞森比子爵约翰·庞森比的信。《英国外交部档案·奥斯曼土耳其》，1834年3月10日。——原注
② 弗朗索瓦·皮埃尔·纪尧姆·基佐：《法兰西近代史回忆录》，第384页，第4章（历史片段）。——原注

在奥斯曼土耳其帝国的事务方面,英国和法兰西王国绝不能容忍俄罗斯帝国实施霸权。但不幸的是,俄罗斯帝国得到另外两个大国——奥地利帝国和普鲁士王国的某种认可。中欧小城市时常会发生这样的事情,"在某个小镇,其半野蛮的名字第一次在新闻传播者的耳中回响"①。奥地利帝国和普鲁士王国对俄罗斯帝国的这种认可,正是从奥地利帝国、普鲁士王国和俄罗斯帝国非正式场合得到的。此时,要特别关注波希米亚小镇慕尼黑-格拉茨。1833年9月10日至1833年9月20日,在慕尼黑-格拉茨,沙皇尼古拉一世和卡尔·涅谢尔罗迭伯

卡尔·涅谢尔罗迭伯爵

---

① 奥松维尔:《1830—1848年法兰西王国政府政治外交史》,1850年,第1章,第41页。——原注

腓特烈·威廉四世

爵,奥地利皇帝弗朗茨二世和克莱门斯·冯·梅特涅及普鲁士王储腓特烈·威廉四世召开会议。这次会议重申俄罗斯帝国、奥地利帝国和普鲁士王国有权向其同盟各国提供援助,并补充:"今后,在没有被请求援助的情况下,不允许任何国家干涉别国间的相互援助。"同时,沙皇尼古拉一世向对《安吉阿尔-伊斯克利西条约》不满的克莱门斯·冯·梅特涅保证,如果俄罗斯帝国需要引用该条约,那么必须先接受奥地利帝国的调解。即使有这条限制,《安吉阿尔-伊斯克利西条约》仍然是欧洲的一个危险:"事实上,形势和意图是一回事。"①

---

① 弗朗索瓦·皮埃尔·纪尧姆·基佐:《法兰西近代史回忆录》,第4章,第53页。——原注

在反对俄罗斯帝国在奥斯曼土耳其帝国的意图上，英国与法兰西王国立场完全一致。但如何解决其他"东方问题"，两国存在明显分歧。正是英国与法兰西王国间的分歧使最终解决1839年到1840年的问题变得异常困难。

英国与法兰西王国的分歧已经多年没有出现。直到1839年，英国与法兰西王国的分歧才开始显现。马哈茂德二世即将进攻埃及的穆罕默德·阿里，因为科尼埃战役，马哈茂德二世永远不能宽恕埃及的穆罕默德·阿里。时任英国外交大臣帕默斯顿子爵亨利·约翰·坦普尔一方面急于遏制埃及的穆罕默德·阿里的势力，另一方面又时刻寻求机会挑战俄罗斯帝国根据《安吉阿尔−伊斯克利西条约》所获得的达达尼尔海峡使用权。当看到奥斯曼土耳其帝国政府与埃及的穆罕默德·阿里间再次出现争端时，帕默斯顿子爵亨利·约翰·坦普认为如果此时不废除《安吉阿尔−伊斯克利西条约》，那么最终，俄罗斯帝国必将执行该条约①。由于痛恨已经将势力扩展到阿拉伯半岛的埃及的穆罕默德·阿里，马哈茂德二世曾主动建议英国军队占领亚丁。结果，英国军队很快就占领了亚丁②。当时让−德−迪厄·苏尔特元帅担任法兰西王国首相，认为在君士坦丁堡帕默斯顿子爵亨利·约翰·坦普尔逼迫奥斯曼土耳其苏丹马哈茂德二世向埃及的穆罕默德·阿里开战。由于奥拉斯·塞巴斯蒂亚尼将军休假，弗朗索瓦·阿道夫·布尔克内代理法兰西王国驻英国大使一职。弗朗索瓦·阿道夫·布尔克内曾前往英国外交部向帕默斯顿子爵亨利·约翰·坦普尔表达对英国的不满。帕默斯顿子爵亨利·约翰·坦普尔向弗朗索瓦·阿道夫·布尔克内保证自己给庞森比子爵约翰·庞森比的命令是要尽力维护和平。弗朗索瓦·阿道夫·布尔克内说庞森比子爵约翰·庞森比或许并没有按照帕默斯顿子爵亨利·约翰·坦普尔的指示执行命令。听到此话，帕默斯顿子爵亨利·约翰·坦普尔当即按响铃声，命令将庞森比子爵

---

① 正如法兰西王国人民所断言，帕默斯顿子爵亨利·约翰·坦普尔煽动马哈茂德二世攻击埃及的穆罕默德·阿里是完全不真实的。参见《英国外交部档案·奥斯曼土耳其》，1834年8月23日，帕默斯顿子爵亨利·约翰·坦普尔致庞森比子爵约翰·庞森比的信，庞森比子爵约翰·庞森比警告奥斯曼土耳其帝国政府，如果奥斯曼土耳其帝国挑起战争，英国和法兰西王国不会提供援助。——原注

② 1839年年初，监察委员会根据与亚丁苏丹签订的《亚丁条约》，命令印度总督占领亚丁。《英国外交部档案·奥斯曼土耳其》，第384条。——原注

让-德-迪厄·苏尔特

约翰·庞森比过去四个月的信和英国驻开罗领事詹姆斯·坎贝尔上校过去两年的信拿来。这些信都可以证明英国政府对奥斯曼土耳其帝国和平的影响[1]。从此事可以看出帕默斯顿子爵亨利·约翰·坦普尔的工作态度，他似乎对英国外交部的所有事务都了如指掌，并且能及时掌握所有信的内容。

如果奥斯曼土耳其苏丹马哈茂德二世与埃及的穆罕默德·阿里间真的爆发战争，那么有一点让-德-迪厄·苏尔特和帕默斯顿子爵亨利·约翰·坦普尔是一

---

[1] 弗朗索瓦·皮埃尔·纪尧姆·基佐《法兰西近代史回忆录》，第4章，第333页到第335页（弗朗索瓦·阿道夫·布尔克内致让-德-迪厄·苏尔特的信，1839年7月9日）。弗朗索瓦·皮埃尔·纪尧姆·基佐认为，帕默斯顿子爵亨利·约翰·坦普尔并不愿发生战争，他与生活在同一时期且熟知的帕默斯顿子爵亨利·约翰·坦普尔及其他英国政治人物认为英国政府绝不会使用狡猾欺诈的手段。比较埃米尔·布儒瓦：《近代法国》，第7章。——原注

致的，即如果战争期间，根据《安吉阿尔-伊斯克利西条约》，俄罗斯帝国派舰队进入君士坦丁堡，那么英国与法兰西王国必定会向俄罗斯帝国开战①。因为俄罗斯帝国政府清楚这一点，所以他们选择和平解决。1839年6月17日，俄罗斯帝国外交大臣卡尔·涅谢尔罗迭伯爵向俄罗斯帝国驻英国大使波茨措·迪·博尔哥②致信，表示希望避免危机，以免引起《安吉阿尔-伊斯克利西条约》问题。从圣彼得堡，尤利克·约翰·克兰里卡德勋爵也发来同样的消息。但这场危机来得非常迅速。1839年6月21日，在幼发拉底河以西的内谢布村附近，连战连胜的埃及的易卜拉欣帕夏击败奥斯曼土耳其帝国军队，九千名奥斯曼土耳其帝国

内谢布村战役中的奥斯曼土耳其帝国指挥官

---

① 弗朗索瓦·皮埃尔·纪尧姆·基佐：《法兰西近代史回忆录》，第4章，第338页。——原注
② 波茨措·迪·博尔哥原为俄罗斯帝国驻法兰西王国大使。此时，他调任为俄罗斯帝国驻英国大使。——原注

军队士兵被俘。1839年7月1日，奥斯曼土耳其帝国军队战败的消息还没传到君士坦丁堡，马哈茂德二世驾崩了。与此同时，奥斯曼土耳其帝国的海军上将将其舰队移交给亚历山大省的埃及的穆罕默德·阿里。"三星期的时间，奥斯曼土耳其帝国就接连失去君主、陆军和海军。"①

此时，近东局势无疑十分严峻，欧洲的平衡有被打破的危险。五国政府一致同意，必须联合行动，解决危机，绝不允许年轻且毫无外交经验的奥斯曼土耳其苏丹阿卜杜勒·迈吉德一世和埃及的穆罕默德·阿里自行解决纷争。此时，俄罗斯帝国并没有根据《安吉阿尔-伊斯克利西条约》提出任何权利要求，只是据此起草了一份联合照会：

阿卜杜勒·迈吉德一世

---

① 弗朗索瓦·皮埃尔·纪尧姆·基佐：《法兰西近代史回忆录》，第4章，第342页。——原注

德·阿尔班·鲁森

> 今天上午,签字人收到各自政府指示。谨通知奥斯曼土耳其帝国,五大国就东方问题已经达成一致。在没有五国同意的情况下,奥斯曼土耳其帝国必须终止一切单方面决定,等候五国对此事磋商的结果。①

1839年7月27日,以德·阿尔班·鲁森上将为首的五国驻奥斯曼土耳其帝国大使分别向奥斯曼土耳其帝国政府呈交照会。因此,为整个欧洲的利益,五国共同行动。这次共同行动中,在欧洲协调问题方面,法兰西王国走在其他大国前面。

---

① 弗朗索瓦·皮埃尔·纪尧姆·基佐:《法兰西近代史回忆录》,第4章,第348页。——原注

但此时，英国与法兰西王国间的分歧开始凸显。事实上，1839年7月27日照会中所谓的"一致"根本没有保证。1839年6月17日，就在向奥斯曼土耳其帝国政府提交照会前，在英国外交部，英国外交大臣帕默斯顿子爵亨利·约翰·坦普尔与法兰西王国大使弗朗索瓦·阿道夫·布尔克内曾有一次会晤。帕默斯顿子爵亨利·约翰·坦普尔提出，五国与奥斯曼土耳其帝国的谈判应从两方面进行，在确保埃及的穆罕默德·阿里获得埃及总督世袭继承权的同时，必须要求埃及的穆罕默德·阿里从叙利亚撤军。这正是法兰西王国政府不愿看到的。法兰西王国所希望的是，穆罕默德·阿里能够统治叙利亚，从而寻求法兰西王国的援助。俄罗斯帝国不愿看到在法兰西王国的保护下，埃及的穆罕默德·阿里的势力扩张至奥斯曼土耳其帝国的托罗斯山脉，或者企图破坏1830年以来就已经存在的英法联盟。因此，俄罗斯帝国这次选择支持英国。为此，1839年秋，奥拉斯·塞巴斯蒂亚尼将军返回法兰西王国驻英国大使馆，与俄罗斯特使菲利普·冯·布伦纳男爵展开一场正式的外交斗争。菲利普·冯·布伦纳男爵是卡尔·涅谢尔罗迭伯爵专门派来处理这场危机的。奥拉斯·塞巴斯蒂亚尼将军坚定、冷静、沉着，有远见卓识，但有点迟钝，寡言少语，不擅写作。菲利普·冯·布伦纳男爵是在俄罗斯帝国外交部的传统熏陶下成长起来的，训练有素，机智，坚韧而不固执，从不咄咄逼人或急躁，博学健谈，撰写报告迅速熟练，善于察言观色。通过让步、含蓄的表达和评论，菲利普·冯·布伦纳男爵能阐明自己的意图。这是两位十分精明的19世纪外交家形象。①

奥拉斯·塞巴斯蒂亚尼将军十分清楚奥斯曼土耳其帝国的形势，他警告法兰西王国首相让–德–迪厄·苏尔特，如果继续坚持支持埃及的穆罕默德·阿里对叙利亚的要求，那么在外交上，法兰西王国将会被孤立。但让–德–迪厄·苏尔特准备冒此风险，他故意说，如果四国执意要联合行动，那么法兰西王国绝不阻拦。这样的联盟是违背常理的，也不会长久②。

让–德–迪厄·苏尔特自以为英国和俄罗斯帝国③不会这样联合行动，但他们

---

① 弗朗索瓦·皮埃尔·纪尧姆·基佐：《法兰西近代史回忆录》，第4章，第359页。——原注
② 弗朗索瓦·皮埃尔·纪尧姆·基佐：《法兰西近代史回忆录》，第4章，第366页。——原注
③ 此时，在外交方面，奥地利帝国和普鲁士王国追随俄罗斯帝国。——原注

菲利普·冯·布伦纳男爵

同意了。英国和俄罗斯帝国再次结为同盟，但英国外交大臣帕默斯顿子爵亨利·约翰·坦普尔不愿冷淡法兰西王国[①]，他秘密告诉奥拉斯·塞巴斯蒂亚尼将军，俄罗斯帝国与英国已经达成谅解。奥拉斯·塞巴斯蒂亚尼将军将这一消息转告给巴黎。听到这一消息，让-德-迪厄·苏尔特犹如遭受晴天霹雳。此时，他面临两种选择，要么放弃对埃及的穆罕默德·阿里的保护及其对叙利亚的要求，要么看着法兰西王国继续被欧洲协调体系排除在外。但此时，让-德-迪厄·苏尔特似乎缺少冷静，想再次尝试英国对法兰西王国的支持。他召回了奥拉斯·塞巴斯蒂亚尼将军，并派弗朗索瓦·皮埃尔·纪尧姆·基佐担任法兰西王国驻英国大使。

[①] 弗朗索瓦·皮埃尔·纪尧姆·基佐没有理由替英国说话，弗朗索瓦·皮埃尔·纪尧姆·基佐《回忆录》，第4卷，第26章。——原注

弗朗索瓦·皮埃尔·纪尧姆·基佐

　　弗朗索瓦·皮埃尔·纪尧姆·基佐是法兰西王国最优秀的公众人物之一。他既是学者、政治家,也是外交活动家。在索邦神学院①所做的《欧洲文明史》的演讲发表后,他的《欧洲文明史》已经成为经典著作。通过对英国历史,特别是对英格兰内战及资产阶级革命的深刻研究,弗朗索瓦·皮埃尔·纪尧姆·基佐对英国人及英国政治有了更深刻的了解。尽管他一直在公共教育部工作,但他已经称得上是法兰西王国最负盛名且熟悉英国事务的政治家。作为法兰西王国中最熟悉英国的人,弗朗索瓦·皮埃尔·纪尧姆·基佐从来没有去过英国,"我从没到过英国,也从没有做过外交家"。1840年2月27日,弗朗索瓦·皮埃尔·纪尧姆·基佐途经多佛前往伦敦。当时法兰西王国驻英国大使馆就在曼彻斯特广场赫特

---

① 巴黎大学的前身。

福德大厦。弗朗索瓦·皮埃尔·纪尧姆·基佐的任务无疑是十分艰巨的,他既要努力与英国保持友好关系,又要设法保住法兰西王国在五大国协调体系中的地位。与此同时,作为一个不可或缺的条件,他还要为穆罕默德·阿里力争其对叙利亚的统治,这是让–德–迪厄·苏尔特的指示[①]。

新任法兰西王国驻英国大使弗朗索瓦·皮埃尔·纪尧姆·基佐很快就与英国政府及社会各界领袖人物取得了联系。他发现帕默斯顿子爵亨利·约翰·坦普尔十分坦率、友好。弗朗索瓦·皮埃尔·纪尧姆·基佐谨慎地指出,埃及的穆罕默德·阿里的情况值得各大国考虑,因为在与奥斯曼土耳其帝国的冲突中,埃及的穆罕默德·阿里并不是侵略者。因此,英国外交部发生有趣的一幕。弗朗索瓦·皮埃尔·纪尧姆·基佐说,最初,在埃及境内的安塔普,奥斯曼土耳其政府与埃及的穆罕默德·阿里势力发生冲突。帕默斯顿子爵亨利·约翰·坦普尔称不相信弗朗索瓦·皮埃尔·纪尧姆·基佐所说。于是,帕默斯顿子爵亨利·约翰·坦普尔去找地图。弗朗索瓦·皮埃尔·纪尧姆·基佐拿出自己带来的地图。这是一幅当时在哥达出版的地图[②],地图上清楚地显示安塔普在萨–朱尔河埃及一侧。有多少国家的命运因地图模糊或遗漏面临危险。但这一次,地图确定无疑。帕默斯顿子爵亨利·约翰·坦普尔只好放弃这一理由,但仍然坚持自己的立场,即必须压制埃及的穆罕默德·阿里的势力。1840年3月1日接替让–德–迪厄·苏尔特担任法兰西王国首相的阿道夫·梯也尔也坚持不肯让步。

弗朗索瓦·皮埃尔·纪尧姆·基佐已经开始感受到法兰西王国将要陷入孤立,他一时捉摸不透各国驻伦敦的外交使团对这一问题的态度。普鲁士王国驻英国大使海因里希·冯·比洛男爵态度十分友好,经常与弗朗索瓦·皮埃尔·纪尧姆·基佐见面,并一起谈论哲学、文学和政治。但海因里希·冯·比洛男爵对自己的健康状况过度紧张,无论刮风还是起雾、太热还是太冷,有同伴还是独处,这些都使他烦躁不安,这甚至导致他生病。从奥地利驻英国大使菲利普·冯·诺伊曼男爵处,弗朗索瓦·皮埃尔·纪尧姆·基佐也得不到任何消息。菲利普·冯·诺

---

① 弗朗索瓦·皮埃尔·纪尧姆·基佐:《法兰西近代史回忆录》,第5章,第27页。——原注
② 当时,哥达以地图出版著称。——原注

阿道夫·梯也尔

伊曼男爵完全受克莱门斯·冯·梅特涅影响，是大外交家克莱门斯·冯·梅特涅的忠实仆人。菲利普·冯·诺伊曼男爵有头脑，言谈谨慎，举止庄重，但闭口不谈奥地利帝国政府对这一事件的态度。在长达六星期的时间里，俄罗斯帝国驻英国大使菲利普·冯·布伦纳男爵有意躲避弗朗索瓦·皮埃尔·纪尧姆·基佐。

1840年3月12日，弗朗索瓦·皮埃尔·纪尧姆·基佐致信阿道夫·梯也尔，告知阿道夫·梯也尔自己与帕默斯顿子爵亨利·约翰·坦普尔的谈话结果，并说如果法兰西王国继续支持埃及的穆罕默德·阿里，那么就必须退出欧洲协调体系。阿道夫·梯也尔与让-德-迪厄·苏尔特一样，态度强硬地告诉弗朗索瓦·皮埃尔·纪尧姆·基佐："这种局面既不是你造成的，也不是我造成的。我们不能与这件事有任何牵连。"①与让-德-迪厄·苏尔特一样,阿道夫·梯也尔也在冒险,他认为有两种可能。第一种可能,"埃及的穆罕默德·阿里极力抵制任何从他手中夺取叙利亚的联合行动"。第二种可能,"企图对他施加一切强制手段都是徒劳的"②。但后来发生的事件很快就证明阿道夫·梯也尔严重误判了形势。

1840年4月,奥斯曼土耳其帝国驻法兰西王国大使努里·埃芬迪来到伦敦,向英国外交部和其他四国大使提交了一份照会,提到奥斯曼土耳其帝国愿意以授予埃及总督的世袭继承权为条件,与埃及的穆罕默德·阿里达成和解。1840年4月12日,在荷兰大使馆的一次招待会上,弗朗索瓦·皮埃尔·纪尧姆·基佐被私下告知,英国、俄罗斯帝国、奥地利帝国和普鲁士王国的全权代表一致同意对奥斯曼土耳其帝国提交的照会予以答复。1840年4月13日,弗朗索瓦·皮埃尔·纪尧姆·基佐收到帕默斯顿子爵亨利·约翰·坦普尔的一封信:

> 我亲爱的大使:
>
> 兹呈上本人给努里·埃芬迪照会的答复一份。您是否愿意做出同样的答复?

英国对奥斯曼土耳其帝国照会的答复并没有提到将埃及的穆罕默德·阿里限制在埃及。阿道夫·梯也尔指示弗朗索瓦·皮埃尔·纪尧姆·基佐不要对奥斯曼土耳其帝国的照会做出任何答复。在致弗朗索瓦·皮埃尔·纪尧姆·基佐的信中,阿道夫·梯也尔写道:"这种无休止的辩论是多余的。"帕默斯顿子爵亨利·约翰·坦普尔的好意遭到拒绝。普鲁士王国驻英国大使、奥地利帝国驻英国大使及威灵顿公爵阿瑟·韦尔斯利致信帕默斯顿子爵亨利·约翰·坦普尔,同意照会不用提及将埃及的穆罕默德·阿里限制在埃及。

1840年5月及1840年6月,"东方问题"不再是弗朗索瓦·皮埃尔·纪尧姆·基佐外交事务的重点,他忙于英国与那不勒斯王国间的一场商业纠纷。

---

① 阿道夫·梯也尔致让-德-迪厄·苏尔特的信,1840年3月21日,见弗朗索瓦·皮埃尔·纪尧姆·基佐:《法兰西近代史回忆录》,第4章,第63页。——原注
② 弗朗索瓦·皮埃尔·纪尧姆·基佐:《法兰西近代史回忆录》,第5章,第63页。——原注

路易·腓力一世

通过友好的外交方式,他帮助两国缓和了纷争。1840年5月4日,通过书信,阿道夫·梯也尔指示弗朗索瓦·皮埃尔·纪尧姆·基佐请求英国政府同意将拿破仑·波拿巴的骨灰从圣赫勒拿岛运回法兰西王国。看到拿破仑·波拿巴的遗风仍在,路易·腓力一世王位不稳,对这一请求,弗朗索瓦·皮埃尔·纪尧姆·基佐略感惊讶,便立刻去找帕默斯顿子爵亨利·约翰·坦普尔。听到这一请求后,帕默斯顿子爵亨利·约翰·坦普尔似乎有点吃惊,嘴角掠过一丝淡淡的微笑,但很快就收敛了。帕默斯顿子爵亨利·约翰·坦普尔礼貌地接受了这一请求,并承诺将其提交英国内阁。1840年5月6日,英国内阁同意了向法兰西王国归还拿破仑·波拿巴的骨灰,并且将这一结果通知法兰西王国驻英国大使馆。

这段时间，关于"东方问题"，法兰西王国驻英国大使馆与英国外交部没有任何交涉。因此，弗朗索瓦·皮埃尔·纪尧姆·基佐有时间扩大他在英国的社交圈，特别是与荷兰勋爵亨利·爱德华·福克斯及其夫人玛丽·奥古斯塔·考文垂的关系。荷兰大使馆这对夫妇的家成了英国自由党人的社交中心。除这对夫妇，弗朗索瓦·皮埃尔·纪尧姆·基佐结识了刚刚从英国驻西班牙王国大使馆回国的克拉伦登伯爵乔治·威廉·弗雷德里克·维利尔斯，以及亨利·兰斯多恩勋爵。弗朗索瓦·皮埃尔·纪尧姆·基佐从没遇到过比亨利·兰斯多恩勋爵更加开明、慷慨和明智的贵族。另外，弗朗索瓦·皮埃尔·纪尧姆·基佐还结识了自由党的主

亨利·兰斯多恩勋爵

查尔斯·格雷

要人物格雷伯爵查尔斯·格雷、罗伯特·皮尔,以及阿伯丁伯爵乔治·戈登。弗朗索瓦·皮埃尔·纪尧姆·基佐钦佩阿伯丁伯爵乔治·戈登高尚的品格、责任心和一心为公的精神。与此同时,弗朗索瓦·皮埃尔·纪尧姆·基佐认识的人当中还包括亨利·哈勒姆、托马斯·巴宾顿·麦考利、西德尼·史密斯及其他在"政治生活边缘"的著名作家。闲暇时,弗朗索瓦·皮埃尔·纪尧姆·基佐游览了伊顿。在伊顿,他遇见了爱德华·克雷文·霍特里。弗朗索瓦·皮埃尔·纪尧姆·基佐还参观了拉格比,遇见了托马斯·阿诺德,并对托马斯·阿诺德印象深刻。除了教育机构,弗朗索瓦·皮埃尔·纪尧姆·基佐还参观在诺伍德的一所贫困儿童学校。作为一名虔诚的新教徒,他对英国的宗教也产生了极大的兴趣。

1840年5月月底,新任奥斯曼土耳其帝国驻英国大使切基布·埃芬迪到达伦敦。阿道夫·梯也尔指示弗朗索瓦·皮埃尔·纪尧姆·基佐不要与这位大使会面。阿道夫·梯也尔说："如果不同意他们的意见，他会向你重演宫女们的愚蠢把戏，因为'东方问题'不是只靠英国政府与奥斯曼土耳其帝国驻英国大使就能解决的。"

但阿道夫·梯也尔错了。1840年7月17日，帕默斯顿子爵亨利·约翰·坦普尔邀请弗朗索瓦·皮埃尔·纪尧姆·基佐来到英国外交部，并向弗朗索瓦·皮埃尔·纪尧姆·基佐详细宣读了一份照会。这份照会说：考虑到法兰西王国拒绝加入，英国、奥地利帝国、俄罗斯帝国和普鲁士王国四国已经缔结条约，具体解决奥斯曼土耳其苏丹阿卜杜勒·迈吉德一世与埃及的穆罕默德·阿里间的争端。1840年7月15日，这一重要的四国条约已经成为事实，而法兰西王国竟不在其中。

1840年7月15日的条约包括一项附加条约，是英国、俄罗斯帝国、奥地利帝国及普鲁士王国四国与奥斯曼土耳其帝国在伦敦签订的。条约规定应该终止奥斯曼土耳其苏丹阿卜杜勒·迈吉德一世与埃及的穆罕默德·阿里间的战争，允许埃及的穆罕默德·阿里拥有埃及总督世袭继承权及对阿克里和叙利亚南部的终身统治权。如果十天内埃及的穆罕默德·阿里不接受此条件，那么他只拥有埃及统治权。如果二十天内埃及的穆罕默德·阿里仍不服从，那么将取消他拥有的一切权利。通过限制埃及的穆罕默德·阿里，四国对其施加压力。如果埃及军队靠近君士坦丁堡，那么应奥斯曼土耳其苏丹阿卜杜勒·迈吉德一世的邀请，四国应该采取必要措施保护奥斯曼土耳其苏丹阿卜杜勒·迈吉德一世[1]。该条约第四条维持"奥斯曼土耳其帝国的旧制"，即在和平时期，奥斯曼土耳其帝国政府禁止外国战舰进入达达尼尔海峡[2]。

四国签订条约的消息极大地打击了法兰西王国的自尊心。虽然条约礼节性地通知了法兰西王国，但法兰西王国政府认为，条约完成前应该邀请其签字，

---

[1] 这部分条约说明俄罗斯帝国实际上放弃了根据《安吉阿尔-伊斯克利西条约》独自保护君士坦丁堡的权力。——原注
[2] 1840年7月15日的条约引文中有一声明：四国的动机是维护奥斯曼土耳其帝国的独立和领土完整，并确保欧洲和平。声明最初虽然没有对奥斯曼土耳其帝国的领土完整做出保证，但表达了四国的意图，并且在某种程度上成为他们的义务。——原注

尽管众所周知，法兰西王国是不会签字的。对此，阿道夫·梯也尔予以承认[1]。为什么帕默斯顿子爵亨利·约翰·坦普尔行动如此迅速而神秘？通过法兰西王国驻奥斯曼土耳其帝国大使德·蓬图瓦，阿道夫·梯也尔曾单独进行谈判，要求奥斯曼土耳其帝国按照法兰西王国的建议与埃及的穆罕默德·阿里和解。阿道夫·梯也尔告诉弗朗索瓦·皮埃尔·纪尧姆·基佐在叙利亚问题上不要向帕默斯顿子爵亨利·约翰·坦普尔让步。阿道夫·梯也尔期待着听到在君士坦丁堡，德·蓬图瓦帮助双方实现和解，以及埃及的穆罕默德·阿里得到叙利亚的消息。等到条约签订后，阿道夫·梯也尔再用既成事实对付帕默斯顿子爵亨利·约翰·坦普尔。但庞森比子爵约翰·庞森比听到法兰西王国在君士坦丁堡谈判的风声[2]，并将这一消息转告伦敦[3]。法兰西王国首相阿道夫·梯也尔本想抢在帕默斯顿子爵亨利·约翰·坦普尔前面，解决奥斯曼土耳其苏丹阿卜杜勒·迈吉德一世与埃及的穆罕默德·阿里间的问题。不料，帕默斯顿子爵亨利·约翰·坦普尔看穿了阿道夫·梯也尔的把戏[4]，捷足先登，抢先在1840年7月15日签订条约。面对既成事实，阿道夫·梯也尔怒火冲天，开始动员军队。突然间，战争的乌云笼罩在英吉利海峡和莱茵河地区的上空。

与此同时，叙利亚的情形也迅速发生变化。埃及的穆罕默德·阿里拒绝1840年7月15日签署条约中的条件。在黎巴嫩，英国驻奥斯曼土耳其帝国大使庞森比子爵约翰·庞森比已经发起反对埃及的穆罕默德·阿里的运动[5]。1840年9

---

[1] 致法兰西王国外交代表的照会，1840年8月6日。原文见奥松维尔：《1830—1848年法兰西王国政治外交史》，第1章，第167页。——原注
[2] 当时，在君士坦丁堡，可以花钱买到任何秘密。——原注
[3] "直接解决奥斯曼土耳其苏丹阿卜杜勒·迈吉德一世与埃及的穆罕默德·阿里的问题似乎已经不远了。"弗朗索瓦·皮埃尔·纪尧姆·基佐：《法兰西近代史回忆录》，第5章，第229页。——原注
[4] 1840年5月和6月，法兰西王国驻奥斯曼土耳其帝国大使科斯特写信给艾哈迈德·泰蒂亲王，敦促他让奥斯曼土耳其帝国政府与埃及的穆罕默德·阿里单独达成协议。在艾哈迈德·泰带亲王知情的情况下，庞森比子爵约翰·庞森比得到这两封信的副本。这两封信的副本现收在《英国外交部档案·奥斯曼土耳其》，第394条。——原注
[5] 如果埃及的易卜拉欣帕夏继续推进，极易引起全体叙利亚人反抗其政府。我可以为黎巴嫩人民做出回答……庞森比子爵约翰·庞森比致帕默斯顿子爵亨利·约翰·坦普尔的信，《英国外交部档案·奥斯曼土耳其》，1840年6月23日，第394条。——原注

查尔斯·内皮尔爵士

月2日,英国海军上将查尔斯·内皮尔爵士轰炸并占领贝鲁特。不久,在奈赫雷尔凯尔卜,查尔斯·内皮尔爵士率领奥斯曼土耳其帝国的军队大胜埃及军队。1840年9月14日,奥斯曼土耳其苏丹阿卜杜勒·迈吉德一世宣布废除埃及总督。法兰西王国认为,此时不战,更待何时。

阿道夫·梯也尔或许从来没有想过加入战争。路易·腓力一世如果有办法阻止战争,那么也绝不同意这场战争。勇敢而学识渊博的法兰西王国驻奥地利帝国大使路易·德·圣奥莱尔伯爵企图缓和局势。阿道夫·梯也尔曾向路易·德·圣奥莱尔伯爵承认:"使法兰西王国卷入一场单独与整个欧洲的战争,必然导致可怕的后果。"①在"东方问题"上，四国达成一致，颇似1814年签订《肖蒙条约》时的反法同盟。但埃及的穆罕默德·阿里被废黜埃及总督的消息似乎使法兰西人民更加疯狂。法兰西王国境内征兵办公室人满为患，人们时刻期待着战争的爆发。与此同时，德意志也发生类似情形。如同1813年一样，德意志民族再次表现得像一个团结而有觉悟的民族，准备抵御法兰西王国的入侵。但帕默斯顿子爵亨利·约翰·坦普尔认为战争不会发生，并认为那些富有的工业家和企业家能扭转形势，使事态朝着和平方向发展②。

要做到这一点，就必须谨慎，不能引起法兰西王国的反感，因为他们曾提出确保叙利亚归埃及的穆罕默德·阿里所有，但现在甚至连穆罕默德·阿里在埃及的统治都将废除。对法兰西王国来说，这确实是一记耳光。但在与弗朗索瓦·皮埃尔·纪尧姆·基佐的谈话中，为缓和此事对法兰西王国的影响，帕默斯顿子爵亨利·约翰·坦普尔称，奥斯曼土耳其帝国政府废黜埃及的穆罕默德·阿里只是一种恐吓手段。如果埃及的穆罕默德·阿里顽固到底，那么就给他点颜色看看③。因此，在亚历山大省，亚历山大·克洛纳·瓦莱夫斯基得到命令后，劝告埃及的穆罕默德·阿里理智行事，并指出他无论如何都无法与四国军队对抗④。

1840年10月8日，法兰西王国向英国提出和解。和解协议的实际内容如下，

---

① 埃米尔·布儒瓦：《近代法国》，第1章，第218页。——原注
② "我认为和平将得到维护，因为路易·腓力一世极其反对战争。"马姆斯伯里：《前任大使回忆录》，1884年，第1章，第122页，日期为1841年9月11日。——原注
③ 其实，帕默斯顿子爵亨利·约翰·坦普尔已经做好战争准备，1840年9月22日，在给英国驻西班牙王国大使达林男爵兼布尔沃男爵亨利·布尔沃的信中，帕默斯顿子爵亨利·约翰·坦普尔说："我知道你是善于措辞的，请尽可能用最友好和善的语言告诉阿道夫·梯也尔，如果法兰西王国想开战，我们也不拒绝。"见伊夫林·阿什利：《帕默斯顿子爵亨利·约翰·坦普尔的生活和信》，第1章，第379页。布尔沃男爵亨利·布尔沃负责巴黎事务。1840年10月8日，帕默斯顿子爵亨利·约翰·坦普尔在写给英国驻法兰西王国大使格兰维尔伯爵格兰维尔·利文森-高尔的信中用更平和的语气说："至于声明，法兰西王国如果能够友好交流，缓和当前局势，我们愿意以同样的态度来解决遇到的问题。"同上，第1章，第385页。——原注
④ 事实上，即使埃及的穆罕默德·阿里对付奥斯曼土耳其帝国，能够坚持多久都令人怀疑，更不用说奥斯曼土耳其帝国有外国军队援助。埃及的穆罕默德·阿里手下有十九万六千士兵，仅靠三百万人口供给，并且这些人已经被剥削得穷困潦倒。见庞森比子爵约翰·庞森比致帕默斯顿子爵亨利·约翰·坦普尔的信，引自《英国外交部档案·奥斯曼土耳其》，1840年6月5日，第394条。——原注

亚历山大·克洛纳·瓦莱夫斯基伯爵

如果英国和其他三国能保证埃及的穆罕默德·阿里的家族拥有埃及总督世袭继承权,那么法兰西王国不再支持埃及的穆罕默德·阿里同时拥有叙利亚。但1840年10月8日的照会并没有表述得如此清楚,而是以类似最后通牒的形式说明法兰西王国坚持埃及由埃及的穆罕默德·阿里统治,并且在这一点上绝不让步。如果其他各国愿意根据1840年7月15日的条约①解决问题,法兰西王国愿意加入。②

这或许是各大国所希望的。宣告罢黜埃及的穆罕默德·阿里或许只是想促使其理智行事。这或许是英国海军上将查尔斯·内皮尔爵士的见解,因为在贝鲁

---

① 即埃及继续由埃及的穆罕默德·阿里统治。——原注
② 照会原文见弗朗索瓦·皮埃尔·纪尧姆·基佐:《历史片段》,第5章,第505页。——原注

特,其军队大获全胜。1840年11月3日攻占阿克里后①,他率领舰队抵达亚历山大省。1840年11月27日,他迫使埃及的穆罕默德·阿里的代表博格斯·巴伊签订了一项非常鲁莽的协议,就像英国经纪人常签的协议②。这份协议要求埃及的穆罕默德·阿里以保留他拥有埃及总督世袭权为条件撤出叙利亚,实际与1840年10月8日法兰西王国照会要求的条件一致。欧洲各大国同意维护查尔斯·内皮尔爵士的协议。1841年最初几个月,弗朗索瓦·阿道夫·布尔克内作为法兰西王国代表,参与协商解决奥斯曼土耳其帝国的问题。经过几个月协商,奥斯曼土耳其帝国的问题圆满解决③。1841年2月12日,在欧洲各大国的劝诱下,奥斯曼土耳其帝国政府发布敕令,承认埃及的穆罕默德·阿里埃及总督的世袭权,但这权利不能在叙利亚和克里特行使。在伦敦会议上,英国、法兰西王国、奥地利帝国、普鲁士王国、俄罗斯帝国与奥斯曼土耳其帝国签订解决欧洲问题的最后协定,并定在1841年7月13日发布。最后协定重申维持奥斯曼土耳其帝国的旧制,即在和平时期,奥斯曼土耳其帝国必须禁止任何外国军舰通过达达尼尔海峡和博斯普鲁斯海峡。于是,俄罗斯帝国在《安吉阿尔-伊斯克利西条约》中的特权被取消。1840年7月15日签署的"四国条约"虽然没有被废除,但被"六国条约"所取代。法兰西王国重新成为欧洲协调体系成员之一④。

---

① 法兰西人民认为阿克里是不会被攻破的。阿克里被占领引起了前所未有的震动。——原注
② 奥松维尔:《1830—1848年法兰西王国政治外交史》,第1章,第196页。查尔斯·内皮尔协议原文见格奥尔格·弗里德里希·冯·马腾斯:《新秘密文件汇编》,第15章,第489页。——原注
③ 1840年10月20日,阿道夫·梯也尔内阁下台。阿道夫·梯也尔想在国会讲话时采取强硬态度,而国王想路易·腓力一世缓和退让。由于阿道夫·梯也尔坚持自己的观点,路易·菲利普一世免去其职务,并让让-迪厄·苏尔特重新组阁。弗朗索瓦·皮埃尔·纪尧姆·基佐辞去法兰西王国驻英国大使职务,回到巴黎担任法兰西王国外交大臣。——原注
④ 《剑桥英国外交政策史》,第2卷,第4章,第1节。——原注

第8章

比利时王国和西班牙王国

第1节 比利时

1830年到1840年,除了面临"东方问题",欧洲各国还被比利时王国与西班牙王国的问题困扰,但比利时王国与西班牙王国的问题从没有引发全面战争。最终,比利时王国与西班牙王国的问题得到有效解决,并且经受住时间的考验。

虽然在法律层面上,维也纳会议形成的比利时与荷兰联盟没有解散,但实际上,1830年8月25日,这一联盟已经解散。当天,在巴黎七月革命的影响下,比利时爆发自治运动。由于受到荷兰王国政府的强烈反对,比利时人民的自治要求变为独立要求。1830年10月4日,比利时成立临时政府,这一行动违背了1815年签署的《第一次巴黎和约》,因为比利时的独立要求需要得到欧洲各国的同意。对欧洲各国来说,比利时独立会使他们的安全受到严重威胁,因为比利时的独立可能给法兰西王国提供一个打破1815年欧洲各国在法兰西王国东北边境建立的屏障的机会。

如何解决比利时问题是个难题。在解决这一问题的过程中,路易·腓力一世实行新的君主制,大获成功,并且确立了他在欧洲的威望。

面对这些难题,法兰西王国新政府毫不犹豫,大胆尝试,提出一项决定一个国家未来命运的原则。时任法兰西王国外交大臣路易·马蒂厄·莫莱确定了法兰西王国新的外交方针。无论在公众面前还是在他的私人书信中，他都正式宣布采取所谓的"不干预"原则。①

按照斯特拉特福德·德·雷德克里夫子爵斯特拉特福德·坎宁的解释，这一著名原则来自受过拿破仑·波拿巴外交训练的路易·马蒂厄·莫莱向海因里希·威廉·韦特男爵②发出的警告，如果普鲁士王国派兵进入比利时，那么法兰西王国会立即出兵前往比利时。这一警告起到了应有的作用。几乎同时，1830年10月15日，法兰西王国驻英国大使夏尔·莫里斯·德·塔列朗与英国外交大臣阿伯丁伯爵乔治·戈登签订一项草案，通过外交手段，夏尔·莫里斯·德·塔列朗使路易·腓力一世得到欧洲各国承认。按照这一草案，与比利时问题直接相关的英国和法兰西王国同意这一问题由五大国共同解决。

在伦敦，五大国召开比利时问题会议，由阿伯丁伯爵乔治·戈登主持。北方政府③反对比利时脱离荷兰王国。由于对比利时受压迫的同情，又由于担心荷兰王国的扩张对自己造成军事威胁，法兰西王国赞成比利时脱离荷兰王国。从自身利益出发，英国政府赞成将荷兰王国作为屏障防备法兰西王国，但对比利时人民的民族独立和宪政愿望，英国也深感同情。1830年11月，法兰西王国派布雷松伯爵夏尔·约瑟夫④，英国派卡特赖特前往比利时，实际等于承认比利时临时政府为独立政府。同月，英国保守党政府下台，自由党党魁格雷伯爵查尔组阁，帕默斯顿子爵亨利·约翰·坦普尔任外交大臣。因此，比利时问题的解决掌握在帕默斯顿子爵亨利·约翰·坦普尔手中。但事实上，解决比利时问题的方针已经由阿伯丁伯爵乔治·戈登确定。

面对北方三国政府的反对，即使1830年7月俄属波兰没有发生严重叛乱，英

---

① 奥松维尔：《1830—1848年法兰西王国政治外交史》，第1章，第18页。——原注
② 海因里希·威廉·韦特男爵，普鲁士著名外交家，1824年到1837年任普鲁士王国驻法兰西王国大使。——原注
③ 当时对奥地利王国、普鲁士王国和俄罗斯帝国政府的称呼。——原注
④ 布雷松伯爵夏尔·约瑟夫以后成为法兰西王国驻普鲁士王国大使。——原注

奥斯特罗文卡战役

国与法兰西王国协定能如此迅速保证比利时独立依然令人怀疑。俄属波兰的叛乱导致东欧战争,波兰人民英勇奋战。1831年5月,在奥斯特罗文卡战役中,波兰起义军战败,俄属波兰叛乱结束。波兰的叛乱使三国对比利时问题的注意力转移,并为英国和法兰西王国解决比利时问题提供了自由的空间。

在帕默斯顿子爵亨利·约翰·坦普尔领导下,阿伯丁伯爵乔治·戈登召集的伦敦会议继续努力解决比利时问题。1830年12月20日,大会五大国承认比利时独立。1831年,随着新年的到来,伦敦会议工作的议题也在不断扩大。1831年1月20日,伦敦会议同意新独立的比利时应与瑞士一样成为中立国。英国和法兰西王国越来越多地掌控整个比利时问题的解决,因为除波兰叛乱,教皇所辖各国和意大利各公国也爆发革命,尽管这些革命都没有成功。因此,作为1815年维也纳会议条约中规定对意大利复辟旧政权提供保障的国家,奥地利帝国的注意力完全转移了。

强烈反对欧洲解决比利时问题方案的有荷兰国王威廉一世。他当然不愿失

荷兰国王威廉一世

去维也纳会议获得的一半领土。作为荷兰国王威廉一世的亲戚，普鲁士国王腓特烈·威廉三世肯定支持他的观点。法兰西王国强烈支持比利时的要求，但欧洲各国怀疑法兰西王国对比利时的用意，因为经过几年的战争，比利时才把法兰西王国赶出安特卫普。幸运的是，无论对比利时、法兰西王国，还是欧洲各国来说，有位强有力的人继承了路易·菲利普一世执政最初几年缺乏决断的内阁，这个人就是众议院议长卡西米尔·皮埃尔·佩里耶。

虽然在法兰西大革命时当过兵，但卡西米尔·皮埃尔·佩里耶是一位真正的商人。在银行业，他发了大财。1831年3月13日出任总理时，卡西米尔·皮埃尔·佩里耶已经五十四岁。他身材高大，威风凛凛，充满激情。他的品格给所有他的同事，甚至路易·腓力一世本人都留下深刻印象。卡西米尔·皮埃尔·佩里耶实行的政策是，对内维持秩序，对外维护和平。公平地说，在最后十三个月的生命中，他完成了这些目标①。

卡西米尔·皮埃尔·佩里耶

---

① 英勇无畏是卡西米尔·皮埃尔·佩里耶的主要品质，在一个容易受到公众舆论影响的国家，他从没有动摇过。"只要想到屈从于大众的喜好都会使他汗颜。"参见蒂罗·丹然：《七月王朝史》，第1章，第406页。——原注

利奥波德王子

根据英国的提议，1831年6月4日，比利时议会选举萨克森-科堡和哥达公国的利奥波德王子①为国王。1831年6月26日，由英国、法兰西王国、奥地利帝国、俄罗斯帝国和普鲁士王国五国代表在伦敦签订的《十八项条约》，为解决比利时问题奠定了基础。条约第九条规定，比利时王国为中立国，其境内河流与运河自由通商，并划定了比利时王国的边界。1831年7月9日，比利时王国议会接受这一规定比利时王国为中立国的条约。"保持中立确实对比利时王国有利，但我们的议会并不希望中立，甚至是反对中立的。因此，中立是强加给比利时王国。"②

---

① 萨克森-科堡和哥达公国的利奥波德王子曾经接受，但后来拒绝希腊王位。——原注
② 利奥波德国王致维多利亚女王的信，1856年2月15日。引自《维多利亚女王的信》，1908年版，第3章，第172页。——原注

但荷兰国王威廉一世仍然反对分裂他的领土。1831年8月1日,他公开斥责被劝诱与比利时王国签订的停战协定,并派军击退利奥波德国王率领的军队。这支荷兰王国的军队几乎到达布鲁塞尔。对此,法兰西王国首相卡西米尔·皮埃尔·佩里耶立刻采取行动,在艾蒂安·莫里斯·热拉尔将军率领下,五万法军士兵越过法兰西王国与比利时王国边界,占领布鲁塞尔,荷兰王国的军队不得不撤退。

法兰西王国闪电般无情的军事行动惊动了伦敦会议。但1831年8月20日,将布鲁塞尔从荷兰王国的军事威胁中解救出来后,法兰西王国军队迅速撤离,

艾蒂安·莫里斯·热拉尔将军

整个事件很快得以平息,伦敦会议中的障碍被清除,伦敦会议迅速完成其议题。1831年10月24日,伦敦会议提出二十四项草案。1831年11月,这二十四项草案并入众所周知的1831年11月15日签署的《伦敦条约》。签署《伦敦条约》的一方是英国、法兰西王国、奥地利帝国、普鲁士王国与俄罗斯帝国,另一方是比利时王国。

《伦敦条约》划定了比利时王国的领土。荷兰王国保留原联合王国北部的七个省及马斯特里赫特要塞。林堡和卢森堡为比利时王国及荷兰王国共有,卢森堡市所在的卢森堡东部归荷兰王国所有。卢森堡东部虽然不在荷兰王国境内,但将作为分离的大公国存在,荷兰国王为其大公。斯海尔德河河口左右两岸仍归荷兰王国所有。

荷兰王国政府没有接受1831年11月15日的《伦敦条约》,安特卫普仍处在荷兰王国军事占领下。尽管卡西米尔·皮埃尔·佩里耶已经去世,[①]但继任的让-德-迪厄·苏尔特首相延续了卡西米尔·皮埃尔·佩里耶的内阁体制。在英国的批准及英国和法兰西王国舰队的协助下,艾蒂安·莫里斯·热拉尔再次率军跨越比利时王国与法兰西王国的边界,包围安特卫普的卫城。1832年12月20日,荷兰王国驻军历经苦战后,被迫投降,比利时王国的独立及1831年11月15日《伦敦条约》所规定的比利时王国边界都成为事实[②]。虽然条约规定已经生效,但在国际上,比利时王国仍然面临许多困难。英国与法兰西王国封锁了荷兰海岸,但荷兰王国仍不愿妥协。1837年后,荷兰王国与比利时王国的关系才逐渐正常。1832年到1837年,比利时王国与荷兰王国的关系出现了一种奇怪的情形,这种情形既不完全是法律层面上的,也不仅仅是事实层面上的。荷兰王国政府没有明确承认比利时王国的权利,只是在帕默斯顿子爵亨利·约翰·坦普尔及夏尔·莫里斯·德·塔列朗的劝诱下,1833年5月21日,荷兰王国与比利时王国签订条约,同意不再与比利时王国对抗,并保证斯海尔德河完全自由通航。这一解

---

① 1832年5月16日,卡西米尔·皮埃尔·佩里耶去世。——原注
② 为使新独立的比利时王国得到国际认可,英国政府要求奥斯曼土耳其帝国政府接受一位比利时王国特使,这一点令人好奇。参见帕默斯顿子爵亨利·约翰·坦普尔致庞森比子爵约翰·庞森比的信,引自《英国外交部档案·奥斯曼土耳其》,1834年7月11日。——原注

西尔万·范德韦耶

决办法虽然并不十分令人满意,但要归功于所有相关各方的忍耐,尤其是荷兰王国驻英国大使所罗门·德代尔,以及比利时王国驻英国大使西尔万·范德韦耶的谦和忍让。凡是与西尔万·范德韦耶接触过的人都对他称赞有加。1839年4月19日,荷兰政府与五国签订《伦敦条约》,比利时问题得以解决。这份条约包含并取代了1831年11月15日签署的《伦敦条约》,并且一直作为国际法规,保障比利时王国的独立地位,直到1919年6月28日签署的《凡尔赛条约》第三十一条将其废除为止[1]。

1839年3月19日,荷兰王国及比利时王国与五大国总共签订了三项与比利时问题相关的条约。第一项由包括英国、奥地利帝国、普鲁士王国、法兰西王国

---

[1] 德意志承认:1839年4月19日签署的《伦敦条约》确定了比利时王国战前的地位,但该条约已经不再适应形势的发展,同意将其废除,而立即承认并遵守协约各国或其中任何一个国家与比利时王国、荷兰王国两国政府缔结的条约,以取代1839年的条约。——原注

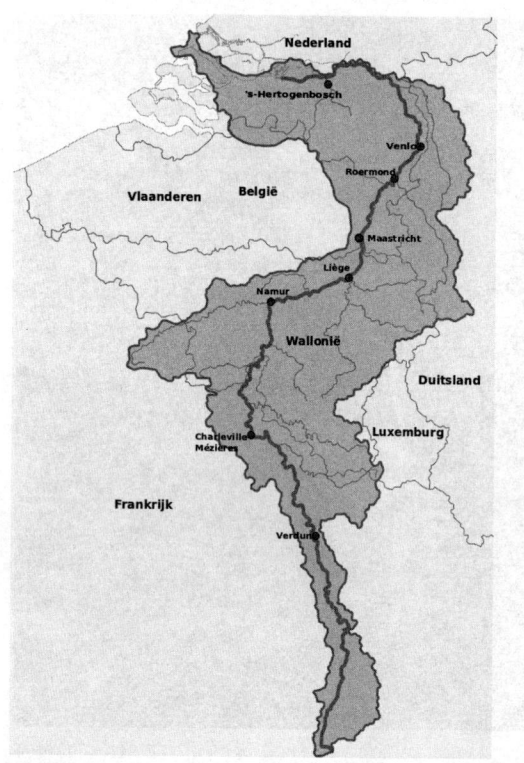

默兹河流域示意图（Nederland= 荷兰；'s-Hertogenbosch= 斯海尔托亨博斯；Venlo= 芬洛；Roermond= 鲁尔蒙德；Vlaanderen= 弗拉芒大区；België= 比利时；Maastricht= 马斯特里赫特；Liège= 列日；Namur= 那慕尔；Wallonië= 瓦罗尼；Duitsland= 德意志；Luxemburg= 卢森堡；Charleville= 沙勒维尔；Mézières= 梅济耶尔；Frankrijk= 弗兰克赖克；Verdun= 凡尔登）

和俄罗斯帝国在内的五国与荷兰王国签订，按照该条约第三条，荷兰王国承认解散已经分裂八年的联合王国。该条约包括二十四项附加条约，划定了荷兰王国与比利时王国的边界，规定了荷兰王国与比利时王国公债的分担，[①]以及斯海尔德河和默兹河的通航等问题，其中包括比利时王国的中立问题。条约附件第七条规定："根据第一、二、四条，确定比利时王国独立并保持永久中立，并且对所有国家保持中立。"与此同时，主约第二条声明，所有附加条约均由五国君主担保。

---

① 根据条约第十三条，比利时王国担负每年五百万荷兰币付息公债。——原注

第二项条约由荷兰王国与比利时王国签订,以维护两国间的和平友好关系。第三项条约由英国、奥地利帝国、普鲁士王国、法兰西王国与俄罗斯帝国签订。其目的是为附加条约各项提供保障,并使附加条约第七条关于比利时王国中立的条款得到五国条约的双重保障。

第2节　伊比利亚半岛问题

对欧洲来说,1830年到1840年确实是一个纷乱的年代,除了"东方问题"、比利时问题,还有意大利、西班牙及葡萄牙革命。此外,由于独裁者胡安·曼努埃尔·德·罗萨斯①的高压政策,法兰西王国与阿根廷邦联也产生争端。

胡安·曼努埃尔·德·罗萨斯

---

① 从1833年到1852年,胡安·曼努埃尔·德·罗萨斯独裁统治阿根廷邦联。——原注

玛丽亚二世

伊比利亚半岛问题虽然存在宪政运动的因素，但实际上是由争夺王位引起的。葡萄牙王国的问题比较容易解决。1807年，当拿破仑·波拿巴派让-安多什·朱诺将军率兵进入葡萄牙时，为自身安全，葡萄牙王室跨越大西洋来到里约热内卢，直到1821年，他们才返回葡萄牙。但直到1826年葡萄牙国王约翰六世在里斯本去世，葡萄牙王储佩德罗还继续留在巴西，并在巴西称帝。佩德罗的女儿玛丽亚二世成为葡萄牙女王。玛丽亚二世的叔叔米格尔企图争夺葡萄牙王位，这引发葡萄牙王国的内战。

西班牙王国问题的起因与葡萄牙王国问题的起因相似。1833年9月29日，西班牙国王斐迪南七世驾崩。按照当时的法律，王位继承者应该是斐迪南七世的女儿伊莎贝拉二世。因为当时伊莎贝拉二世只有三岁,所以只能由她的母亲玛丽亚·克里斯蒂娜摄政。国王斐迪南七世的弟弟卡洛斯以女性不能继承王位的法典为依据,就像葡萄牙王国的米格尔,要求取代伊莎贝拉二世成为国王,结果在西班牙王国引发了一场血腥的内战。

除了西班牙王国和葡萄牙王国本身,只有两个国家对伊比利亚半岛发生的事件感兴趣。这两个国家就是英国和法兰西王国。法兰西王国是西班牙王国的邻邦,英国作为西班牙王国与葡萄牙王国的老朋友,在半岛战争中关系更密切。对西班牙王位之争,英国和法兰西王国都支持女性一方。在葡萄牙王国,实际上,英国可以自由选择,但还是选择支持玛丽亚二世。与带有浓重天主教色彩的

卡洛斯

伊莎贝拉二世

专制主义者卡洛斯派和米格尔派相比,总体而言,伊莎贝拉二世和玛丽亚二世更加支持宪政运动,她们的统治理念也更带进步主义色彩。

  伊比利亚半岛面积不小,仅凭外交手段难以解决王位争端,只能通过内战解决,但外交可以促进争端结束。因此,帕默斯顿子爵亨利·约翰·坦普尔向伊莎贝拉二世和玛丽亚二世提议与英国联盟。伊莎贝拉二世和玛丽亚二世接受了提议。1834年1月英国、西班牙王国与葡萄牙王国签订《三国同盟条约》。条约刚签订,对此一无所知的夏尔·莫里斯·德·塔列朗就听到了消息。夏尔·莫里斯·德·塔列朗非常恼怒。事实上,法兰西王国政府一直企图单方面解决伊比利亚半岛问题①。为尽力挽回局面，夏尔·莫里斯·德·塔列朗要求法兰西王国加入三国联盟。因此，1834年4月22日，《三国同盟条约》变成《四国同盟条约》。

对《四国同盟条约》的重要性，后来的历史学家似乎有些夸大其词。与其说《四国同盟条约》是英国与法兰西王国意志统一的标志，还不如说是这两国分歧的开始。英国与法兰西王国在半岛的竞争相当危险，这一联盟看似有益，但实际作用有限。在葡萄牙王国，1833年，经过在葡萄牙王国海军服役的英国海军副将查尔斯·内皮尔爵士指挥的圣文森特角战役，以及特塞拉公爵维拉·弗洛尔指挥的塔古斯山谷战役，玛丽亚女王最终获得葡萄牙王位。《四国同盟条约》预示着米格尔争夺王位已经毫无希望。1834年5月24日签订的《埃沃拉公约》要求

米格尔

---

① 为防止这样的情形发生，帕默斯顿子爵亨利·约翰·坦普尔与西班牙王国、葡萄牙王国签订《三国同盟条约》。——原注

米格尔终身离开伊比利亚半岛,又规定为米格尔提供养老保障。虽然此后生活贫穷,但米格尔拒不接受这份养老保障。

西班牙内战持续时间较长。《四国同盟条约》的第一条只规定西班牙王国和葡萄牙王国的军队必须相互合作,英国在海军方面只能通过武力封锁对西班牙王国和葡萄牙王国提供援助。路易·腓力一世只能做"与其他三个协约国共同商定同意的事情"。对这样吝啬的条件,路易·腓力一世是不会遵守的。1836年3月18日,当英国邀请路易·腓力一世参与解决西班牙王国争端时,路易·腓力一

德·莱西·埃文斯上校

世正忙于其子与奥地利公主的联姻，尽管最终这门婚事没有谈拢。作为卡洛斯派，克莱门斯·冯·梅特涅自然对路易·腓力一世表示同情。于是，路易·腓力一世拒绝英国的邀请。时任法兰西王国首相阿道夫·梯也尔增加招募国外志愿军的人数，以便援助西班牙王国。最终，阿道夫·梯也尔被路易·腓力一世免职。1836年9月，法兰西王国招募的这批志愿军被派往阿尔及利亚。1835年，经英国政府批准，西班牙王国政府招募了一支英国志愿军。在德·莱西·埃文斯上校的带领下，这支英国志愿军前往西班牙。这支英国志愿军战况良好，但1838年，战争还没结束，这支志愿军就返回英国。1840年，在巴尔多梅罗·埃斯帕特罗将军努力下，伊莎贝拉二世王位逐渐稳固①。英国外交②努力的主要目的是减轻内战的恐怖，尤其是要阻止双方屠杀俘虏③。

第3节 西班牙王室婚姻事件

1830年以来，英国和法兰西王国表面上一直保持着友好关系，但这种关系并不十分稳固，也曾有过中断。譬如，1846年的西班牙王室婚姻问题使英国和法兰西王国走向决裂。其实，早在1844年，法兰西王国曾派兵讨伐摩洛哥。同年，在逮捕英国传教士、英国驻塔希提岛领事普里查德时，英国与法兰西王国就有摩擦。因煽动当地人反抗法兰西王国的统治，普里查德被捕。在摩洛哥战争中，

---

① 这场斗争实际上是由卡洛斯麾下的一位将军拉斐尔·马罗托结束的。1839年8月31日，拉斐尔·马罗托将军擅自与代表玛丽亚·克里斯蒂娜政府的巴尔多梅罗·埃斯帕特罗缔结《贝尔加拉公约》，按照该公约，拉斐尔·马罗托的军队必须缴械，但允许加入玛丽亚·克里斯蒂娜政府军队。在幕后，英国促成签订这一公约。对此，伦敦德里侯爵查尔斯·斯图尔特和阿伯丁伯爵乔治·戈登都在上议院公开反对克拉伦登伯爵乔治·威廉·弗雷德里克·维利尔斯，谴责他不应该唆使卡洛斯麾下的将军拉斐尔·马罗托倒戈。但克拉伦登伯爵乔治·威廉·弗雷德里克·维利尔斯为自己和拉斐尔·马罗托做了很好的辩解。参见《英国议会记事录》，第52卷，1840年，第544页到第579页。——原注
② 以1833年到1839年英国驻西班牙王国大使克拉伦登伯爵乔治·威廉·弗雷德里克·维利尔斯为主要代表。——原注
③ 除利用英国常驻西班牙大使外，1835年4月27日，英国还派了一名专门代表艾略特勋爵促成交战双方签订《洛格罗尼奥条约》，以使西班牙王国内战交战双方公平对待和交换俘虏。参见爱德华·赫兹莱特：《条约中的欧洲地图：1814以来欧洲政治和领土的变迁》，1875年，巴特沃斯出版社，第2章，第176条。——原注

摩洛哥战争,法军与摩洛哥人交战

因为法兰西王国对丹吉尔的轰炸威胁到英国殖民地直布罗陀,所以英国政府表现得特别敏感。但获胜后,路易·腓力一世十分谨慎,1844年9月10日签订《丹吉尔条约》给予摩洛哥政府十分宽容的条款,普里查德事件他处理得也十分谨慎。针对英国政府的抗议,法兰西王国政府同意支付赔偿金,但法兰西王国的公众舆论反应强烈,认为这是卑鄙的屈服,以致路易·腓力一世只能自掏腰包支付

赔偿金[1]。尽管如此,法兰西人民仍然认为路易·腓力一世在讨好英国政府,以致路易·腓力一世在法兰西王国国内的地位受到削弱。另一方面,在西班牙王室婚姻问题上,对英国政府,路易·腓力一世十分强硬,导致英国与法兰西王国的友好关系瓦解,也间接削弱了他在国内的权力。

---

[1] 弗朗索瓦·皮埃尔·纪尧姆·基佐:《法兰西近代历史回忆录》,第7章,第107页。——原注

腓力五世

要理解西班牙王室婚姻问题,就必须清楚从1700年以来,西班牙王国一直由波旁王朝统治。尽管根据1713年3月15日签署的《乌得勒支条约》第六条,法兰西王国承认欧洲公法禁止西班牙王国与法兰西王国王位由同一人担任,但他们仍然为此感到自豪。自1700年,波旁王朝腓力五世继承西班牙王位以来,直到1833年伊莎贝拉二世成为女王,西班牙王位都由男性继承。经历了"卡洛斯王位继承战争",1845年伊莎贝拉二世已经到婚嫁年龄[①]。无论是伊莎贝拉二世本人,还是欧洲各国,都关注她的婚嫁人选。欧洲各国外交官关注的自然是对外

---

① 伊莎贝拉二世出生于1830年10月10日。——原注

的一面,但法兰西王国希望看到伊莎贝拉二世能够与波旁家族的成员联姻,延续波旁王朝的血脉。波旁家族有几个分支,有许多男性后代。英国政府同意伊莎贝拉二世与科堡家族的王子联姻,并希望这一计划像科堡家族的君主们在英国和比利时王国推动宪政一样,可以促进西班牙王国推行宪政。但伊莎贝拉二世的一个妹妹路易丝公主让问题变得更加复杂,因为如果伊莎贝拉二世婚后没有子女,路易丝公主的后代将继承王位。

路易丝公主

罗伯特·皮尔爵士

有人认为，如果罗伯特·皮尔爵士领导的英国保守党政府能继续执政，那么西班牙王室婚姻问题会很容易解决。1840年，在伦敦，法兰西王国外交大臣弗朗索瓦·皮埃尔·纪尧姆·基佐与阿伯丁伯爵乔治·戈登结交。弗朗索瓦·皮埃尔·纪尧姆·基佐对阿伯丁伯爵乔治·戈登充满信任。阿伯丁伯爵乔治·戈登真诚地致力于和平事业，并且待人诚恳，以致法兰西王国政府准备不再像以往那样在两国关系中对英国有所保留。法兰西王国普遍认为英国政治家比实际看上去要狡猾精明得多，所以很少从表面上理解英国政治家说的话，但弗朗索瓦·皮埃尔·纪尧姆·基佐和阿伯丁伯爵乔治·戈登间并不存在这样的情况。

1843年9月，维多利亚女王前往厄镇，拜访路易·腓力一世，这是自亨利八世登基以来英王第一次访问法兰西王国。1844年路易·腓力一世回访英国。1845年9月，在英国外交大臣阿伯丁伯爵乔治·戈登的陪同下，维多利亚女王再次前往厄镇。路易·腓力一世由弗朗索瓦·皮埃尔·纪尧姆·基佐陪同，接见维多利亚女王。他们讨论了西班牙王室，即伊莎贝拉二世和路易莎公主未来的婚姻问题。伊莎贝拉二世有好几位婚配候选人，都是波旁家族的王子，但在厄镇，路易·腓

维多利亚女王

加的斯公爵弗朗西斯科

力一世和维多利亚女王只讨论了两位,即伊莎贝拉二世的表兄加的斯公爵弗朗西斯科[①]及其兄长塞维利亚公爵恩里克斯。在政治上,加的斯公爵弗朗西斯科趋向保守势力,并且据说他身体虚弱,不能生育[②]。而塞维利亚公爵恩里克斯倾向进步主义,或者说自由主义,且身体健康。因此,英国同意塞维利亚公爵恩里克斯作为伊莎贝拉二世的王夫候选人。

---

① 加的斯公爵弗朗西斯科是弗朗西斯科·保拉的儿子,弗朗西斯科·保拉是西班牙国王查理四世的次子。——原注
② 在马德里,到处都有这种传言。参见达林男爵兼布尔沃男爵亨利·布尔沃致帕默斯顿子爵亨利·约翰·坦普尔的信,《英国外交部档案·西班牙王国》,1846年9月2日,第699条。伊莎贝拉二世与塞维利亚公爵恩里克斯结婚刚一个月后,就有人说她不能生育。但在帕默斯顿子爵亨利·约翰·坦普尔最私密的信中从来没有提到这一消息。达林男爵兼布尔沃男爵亨利·布尔沃后来亲自见过加的斯公爵弗朗西斯科后说道:"我对他在有些方面渐生好感,并非如别人所想。"引自《英国外交部档案·西班牙王国》,1846年9月22日,第699条。——原注

路易·腓力一世和弗朗索瓦·皮埃尔·纪尧姆·基佐都表示同意选择塞维利亚公爵恩里克斯。对路易丝公主的婚事,他们都明确表示,待伊莎贝拉二世结婚生育后,再为路易丝公主精心寻找合适的夫婿,目前还没有必要讨论与法兰西王国的王子联姻。①

显然,不可否认的是法兰西王国政府认为伊莎贝拉二世与她的妹妹路易丝公主的婚事不应同时进行,但在厄镇弗朗索瓦·皮埃尔·纪尧姆·基佐说得十分清楚,法兰西王国坚决反对科堡家族与西班牙王室联姻。阿伯丁伯爵乔治·戈登也曾向弗朗索瓦·皮埃尔·纪尧姆·基佐保证,英国政府不会支持科堡王子作为候选人。"至于科堡家族的候选人,你大可放心,英国绝不会承认,也不会支持。"②

法兰西王国承诺,路易丝公主与法兰西王子的婚礼不会与伊莎贝拉二世的婚礼同时进行,这一点毫无疑问。在回忆录中极力为自己的政策辩解时,弗朗索瓦·皮埃尔·纪尧姆·基佐也不否认这一点③。但在厄镇做出承诺后,经过再三考虑,弗朗索瓦·皮埃尔·纪尧姆·基佐认为这样做不能充分保障法兰西王国的利益。因此,对科堡家族后代作为伊莎贝拉二世王夫候选人的条件,他决定加以说明。1846年2月27日,弗朗索瓦·皮埃尔·纪尧姆·基佐起草了一份备忘录声明:

> 如果伊莎贝拉二世与科堡利奥波德王子,或除腓力五世后代以外的任何王子有成婚的可能,或即将成婚,法兰西王国政府将考虑退出所有契约,并有权要求伊莎贝拉二世或路易丝公主与安托万·蒙庞西耶公爵④成婚。⑤

---

① 参见1845年9月8日阿伯丁伯爵乔治·戈登给罗伯特·皮尔爵士的信,引自《维多利亚女士的信》,第14章。——原注
② 转述自1846年9月14日路易·腓力一世给比利时王后路易丝·玛丽·泰蕾兹·夏洛特·伊莎贝拉·德·奥尔良的信。参见《回忆录》,第19页。——原注
③ 弗朗索瓦·皮埃尔·纪尧姆·基佐:《法兰西近代历史回忆录》,第8章,第226页。——原注
④ 路易·腓力一世的小儿子。——原注
⑤ 弗朗索瓦·皮埃尔·纪尧姆·基佐:《法兰西近代历史回忆录》,第8章,第254页。——原注

这份备忘录提交到法兰西王国驻英国大使路易·德·圣·奥莱尔伯爵。1846年3月6日,路易·德·圣·奥莱尔伯爵前往英国外交部,向阿伯丁伯爵乔治·戈登宣读这份备忘录。以惯有的礼貌和耐心听完后,阿伯丁伯爵乔治·戈登对伊莎贝拉二世没有结婚生育以前,路易丝公主不能有婚约,以及完全禁止科堡家族的后代作为伊莎贝拉二世王夫候选人的协议表示反对。阿伯丁伯爵乔治·戈登只是同意英国政府不支持科堡家族的后代作为伊莎贝拉二世的王夫候选人,但不能因此干涉伊莎贝拉二世的选择配偶的权利。

1846年6月,《谷物法》废除后,英国保守党政府下台,自由党组阁。罗素伯爵约翰·罗素担任首相,帕默斯顿子爵亨利·约翰·坦普尔担任外交大臣。路

约翰·罗素

塞维利亚公爵恩里克斯

易·腓力一世、弗朗索瓦·皮埃尔·纪尧姆·基佐及法兰西人民普遍不喜欢也不信任帕默斯顿子爵亨利·约翰·坦普尔,尤其是1839年到1840年"东方问题"解决后,他们认为帕默斯顿子爵亨利·约翰·坦普尔肯定在玩弄法兰西王国,为伊莎贝拉二世选择一位科堡家族的王子结婚。

  法兰西人的这些猜疑并非没有依据。仔细阅读帕默斯顿子爵亨利·约翰·坦普尔的信就可以看出,对伊莎贝拉二世所有王夫候选人的品格他都不满意,并且认为科堡家族的王子很可能成为候选人。但同时,帕默斯顿子爵亨利·约翰·坦普尔认为加的斯公爵弗朗西斯科的兄长塞维利亚公爵恩里克斯是伊莎贝拉二世最合适的王夫人选[①]。但帕默斯顿子爵亨利·约翰·坦普尔的首要任务是

---

① 帕默斯顿子爵亨利·约翰·坦普尔致达林男爵兼布尔沃男爵亨利·布尔沃的信,《英国外交部档案·西班牙王国》,1846年7月24日,第694条。——原注

不惜一切代价，根据《乌得勒支条约》确立的原则，确保法兰西王位与西班牙王位分离。他可以默许伊莎贝拉二世嫁给波旁家族的某一王子，路易丝公主嫁给路易·腓力一世的儿子及路易丝公主的婚礼应该在伊莎贝拉二世结婚生子后举行，这都是严格按照《厄镇协议》进行的。但英国已经同意不支持科堡家族王子的候选资格。因此，当帕默斯顿子爵亨利·约翰·坦普尔提到科堡的利奥波德王子的名字时，英国政府并没有什么不光彩的地方，因为这是在法兰西王国政府完全知情的情况下提出的，但帕默斯顿子爵亨利·约翰·坦普尔的态度是错误的。

尽管帕默斯顿子爵亨利·约翰·坦普尔的办法是公开的，但同样的办法，对英国驻西班牙大使达林男爵兼布尔沃男爵亨利·布尔沃来说并不容易。达林男爵兼布尔沃男爵亨利·布尔沃知道伊莎贝拉二世与科堡家族的联姻不会遭到英国的反对。因此，当摄政的玛丽亚·克里斯蒂娜王太后因为其女儿伊莎贝拉二世

亨利·布尔沃

玛丽亚·克里斯蒂娜

与科堡家族王子的婚姻而接近科堡家族时,达林男爵兼布尔沃男爵亨利·布尔沃并没有干涉玛丽亚·克里斯蒂娜王太后。

> 我认为自己没必要对玛丽亚·克里斯蒂娜王太后的做法发表意见,但我做了充分说明,伊莎贝拉二世与科堡家族联姻不是英国的意图。由于这个原因,在伊莎贝拉与科堡家族联姻这件事上,西班牙王室不要期望得到英国的支持。但我也说过,对于合理且没有异议的婚姻,法兰西国王是不可能永远反对的。①

此事发生在帕默斯顿子爵亨利·约翰·坦普尔上任前不久,阿伯丁伯爵乔

---

① 达林男爵兼布尔沃男爵亨利·布尔沃:《帕默斯顿子爵亨利·约翰·坦普尔传》,第3章,第223页到第224页。——原注

治·戈登任外交大臣时。当得知达林男爵兼布尔沃男爵亨利·布尔沃干涉西班牙王室接触科堡王子,阿伯丁伯爵乔治·戈登严厉斥责他并告知了弗朗索瓦·皮埃尔·纪尧姆·基佐。这事自然引起法兰西人民的猜疑,他们认为帕默斯顿子爵亨利·约翰·坦普尔任外交大臣后,不会像阿伯丁伯爵乔治·戈登那样坦率对待他们。此时,阿伯丁伯爵乔治·戈登和帕默斯顿伯爵亨利·约翰·坦普尔可以通过召回达林男爵兼布尔沃男爵亨利·布尔沃,并安排别人取代达林男爵兼布尔沃男爵亨利·布尔沃英国驻西班牙王国大使的职务,如深受法兰西人民信赖的克拉伦登伯爵乔治·威廉·弗雷德里克·维利尔斯担任这一职务。最终,达林男爵兼布尔沃男爵亨利·布尔沃还是留在了马德里。此时,敢于冒险的法兰西王国驻西班牙王国大使布雷松伯爵夏尔·约瑟夫感到英国政府确实想达到其目的。因此,如果可能的话,那么他可以先下手。事实上,达林男爵兼布尔沃男爵亨利·布尔沃和布雷松伯爵夏尔·约瑟夫一直在互相诋毁。在这场斗争中,布雷松伯爵夏尔·约瑟夫取得他外交生涯中最辉煌的成就,尽管最终结果令人失望。

　　布雷松伯爵夏尔·约瑟夫密切关注着事态的发展①。最初,伊莎贝拉二世的母亲玛丽亚·克里斯蒂娜王太后倾向达林男爵兼布尔沃男爵亨利·布尔沃的观点,但随后转向支持布雷松伯爵夏尔·约瑟夫。她对伊莎贝拉二世与加的斯公爵弗朗西斯科的婚姻并不满意,甚至怀疑加的斯公爵弗朗西斯科的生育能力。但如果这场婚姻成功,那么她就不会以伊莎贝拉二世婚后是否会生育来决定路易丝公主与安托万·蒙庞西耶公爵的婚姻了。因此,布雷松伯爵夏尔·约瑟夫提出一个大胆的方案。如果这个办法可行,那么估计安托万·蒙庞西耶公爵②的后代可以获得西班牙王位。1846年7月12日,布雷松伯爵夏尔·约瑟夫亲自向摄政的玛丽亚·克里斯蒂娜王太后提议,如果伊莎贝拉二世嫁给加的斯公爵弗朗西斯科,法兰西王国政府将同意路易丝公主与安托万·蒙庞西耶公爵同时成婚。

---

① 1846年4月3日,布雷松伯爵夏尔·约瑟夫得知伊莎贝拉二世刚到结婚年龄,便给巴黎发了一封电报:两小时前,伊莎贝拉二世刚到结婚年龄。英国驻法兰西王国大使约翰·考利设法得到电报的副本,并立即交给英国外交部。参见《英国外交部档案·西班牙王国》,1846年4月8日。——原注
② 路易·腓力一世五个儿子中最小的一个,1890年去世,留有后代。——原注

听到布雷松伯爵夏尔·约瑟夫的方案后，路易·腓力一世的本能反应是按照自己在厄镇给阿伯丁伯爵乔治·戈登做出的承诺，否定了过于热心的布雷松伯爵夏尔·约瑟夫的想法。1846年7月20日，路易·腓力一世致信弗朗索瓦·皮埃尔·纪尧姆·基佐说："正式的否定是不可少的，对伊莎贝拉二世和路易丝公主同时结婚这一点必须立即明确予以否定……"①但就在路易·腓力一世设法履行诺言的那一天，帕默斯顿子爵亨利·约翰·坦普尔给法兰西王国驻英国大使雅尔纳克递交了一份一天前发给英国驻西班牙大使达林男爵兼布尔沃男爵亨利·布尔沃的同样的文件。这份文件提到伊莎贝拉二世配偶的三位可能人选，科堡家族利奥波德王子、加的斯公爵弗朗西斯科和塞维利亚公爵恩里克斯②。文件中特别提到科堡家族王子的名字，这使路易·腓力一世感觉自己受到帕默斯顿子爵亨利·约翰·坦普尔的戏弄，认为自己现在已经不受《厄镇协议》的约束。因此，路易·腓力一世致信弗朗索瓦·皮埃尔·纪尧姆·基佐说："对这份令人震惊的可耻文件，我们必须做好准备，予以还击。"③

　　帕默斯顿子爵亨利·约翰·坦普尔1846年7月19日的文件不但激怒了路易·腓力一世，而且英国驻西班牙大使达林男爵兼布尔沃男爵亨利·布尔沃似乎一样愤怒，不是因为文件中对伊莎贝拉二世与科堡家族王子联姻的建议，而是因为文件中对西班牙王国政府专制统治的谴责，尽管帕默斯顿子爵亨利·约翰·坦普尔交代达林男爵兼布尔沃男爵亨利·布尔沃不要将文件的这部分呈交给西班牙王国政府。弗朗索瓦·皮埃尔·纪尧姆·基佐说服路易·腓力一世不要将自己否认伊莎贝拉二世与路易丝公主同时结婚的观点发给布雷松伯爵夏尔·约瑟夫。与此同时，布雷松伯爵夏尔·约瑟夫也说服西班牙王国政府同意与法兰西王室同时举行婚礼。1846年9月14日，西班牙王国议会通过了与法兰西

---

① 路易·腓力一世致弗朗索瓦·皮埃尔·纪尧姆·基佐的信，1846年7月20日和7月24日。参见奥松维尔：《1830—1848年法兰西王国政治外交史》，第2章，第157页、第169页。——原注
② 1846年7月19日文件。文件中包含一些言辞，极其蔑视西班牙王国缺乏宪政。参见《英国议会记事录》，1847年，第69卷，第280页。但文件注明这部分不必交给西班牙政府。文件全文见《英国外交部档案·西班牙王国》，第694条。——原注
③ 1846年7月25日。奥松维尔：《1830—1848年法兰西王国政治外交史》，第2章，第165页。——原注

王室同时举行婚礼的决定①。尽管帕默斯顿子爵亨利·约翰·坦普尔极力反对，1846年10月8日，伊莎贝拉二世与加的斯公爵弗朗西斯科，路易丝公主与安托万·蒙庞西耶公爵的婚礼同时举行。

  很少有人能预料到西班牙王室婚姻的结局。伊莎贝拉二世与加的斯公爵弗朗西斯科的后代至今还在统治西班牙王国。路易丝公主与安托万·蒙庞西耶公爵也有后代，但离西班牙王位很远。路易·腓力一世的后代在西班牙的统治两年内就终结了，法兰西王位与西班牙王位的联合永无可能。整个西班牙王室婚姻事件的结果是，英国与法兰西王国友好关系被打破。帕默斯顿子爵亨利·约翰·坦普尔与路易·腓力一世反对摧毁波兰克拉科夫共和国的抗议无效。1846年11月6日，因违反《维也纳条约》第六条，波兰克拉科夫共和国，这个不幸的小国家受到奥地利帝国、俄罗斯帝国和普鲁士王国的联合镇压。

---

① 达林男爵兼布尔沃男爵亨利·布尔沃认为西班牙议会的批准没有多大的意义。他告诉帕默斯顿子爵亨利·约翰·坦普尔，西班牙议会议员成员只是些争夺地盘和冒险求利的人。达林男爵兼布尔沃男爵亨利·布尔沃致帕默斯顿子爵亨利·约翰·坦普尔的信，《英国外交部档案·西班牙王国》，1846年9月18日，第699条。——原注

第9章

分裂的年代：德意志邦联与奥地利帝国

第1节 革命

有人说，1848年到1849年，外交在欧洲只发挥了次要作用[①]，因为这一时期欧洲各国有的已经爆发革命，有的面临革命的威胁，所以各国政府自顾不暇，根本没有时间与他国政府打交道。在法兰西王国，社会主义运动的试验走向失败，欧洲其他地区的民族主义运动也都在失败中挣扎。由于这些都是各国的内部问题，外交家们只能袖手旁观。1850年到1851年，奥地利帝国与普鲁士王国旷日持久、不分胜负的斗争，很大程度上也是德意志内部问题，与国际关系没有直接关系。

法兰西革命始于1848年2月22日的暴乱。1848年2月24日，年迈的国王路易·腓力一世让位给他的孙子巴黎伯爵路易·腓力·阿尔伯特，但无力挽救当时的形势。当天，路易·腓力一世不得不逃往翁弗勒尔，然后逃往英国。在巴黎，法兰西第二共和国宣布成立，并建立以阿方斯·德·拉马丁为临时领导人的新政府，这位伟大诗人还兼任法兰西第二共和国的外交部部长。

[①] 安托南·德比杜尔：《从维也纳会议到柏林会议期间的欧洲外交史：1814—1878》，第2章，第1页。——原注

阿方斯·德·拉马丁

　　1848年革命既是资产阶级革命，又是工人革命。这次革命受到1792年理想的激发，尽管不那么激烈，但其目的是希望帮助其他国家获得自由。1848年3月5日，法兰西第二共和国刚成立，阿方斯·德·拉马丁就向欧洲发表宣言称，法兰西第二共和国绝不侵略别国，但同时宣告，如果法兰西第二共和国受到挑衅，将不惜应战。另外他还补充说："在法兰西第二共和国看来，在法律层面上，1815年签署的《第一次巴黎和约》已经不复存在，但法兰西第二共和国承认这些条约所规定的领土范围，并以此作为与其他国家关系的基础和起点。"①

---

① 宣言的全文见阿方斯·德·拉马丁：《1848年革命史》，巴黎，1849年，第2章，第3页到第41页。——原注

1815年签署的《第一次巴黎和约》再一次受到考验。这份条约所规定的领土划分体系摇摇欲坠，几近崩溃，但奇迹般得以恢复。在很大程度上，这应归功于奥地利政治家费利克斯·施瓦岑贝格亲王的努力。

　　巴黎革命似乎预示着其他国家酝酿多年革命的爆发。最早爆发社会运动的是慕尼黑，但没有成功，因为这次社会运动只是巴伐利亚国王路德维希一世对

路德维希一世

洛拉·蒙特斯

洛拉·蒙特斯的迷恋引发的。随着洛拉·蒙特斯遭到驱逐,慕尼黑的革命也随之停息。波兰革命规模更加宏大。1848年3月到1848年4月,奥地利帝国、俄罗斯帝国和普鲁士王国派遣大批军队前往波兰各自辖区镇压革命。但德意志内部问题的解决并没有如此简单,要求推行宪政的呼声此起彼伏。比起大国,小国更容易受到公众舆论的左右,做出让步。但真正给正统主义带来打击的是1848年3月13日爆发的维也纳革命。结果,克莱门斯·冯·梅特涅逃往荷兰。随着这位智慧之神的下台,哈布斯堡王朝的统治也土崩瓦解。在丹尼尔·马宁的领导下,威尼斯人民驱逐了奥地利帝国驻军,重新建立威尼斯共和国。在伦巴第首府米兰,虽然有约瑟夫·拉德茨基·冯·拉德兹将军顽强抵抗,但最终,奥地利帝国驻军被驱逐出境。1848年3月24日,撒丁王国国王查理·阿尔伯特向意大利人民发出呼吁,要求他们加入争取自由的战争。无论在附近还是在国外,哈布斯堡家族的统治都无比艰难。两次维也纳革命被镇压后,奥地利帝国又接连爆发两次革命[①]。波希米亚地区也爆发革命,但对奥地利帝国最严重的打击来自匈牙利。仅仅一个

约瑟夫·拉德茨基·冯·拉德兹

---

① 1848年10月6日爆发最后一次革命。——原注

拉约什·科苏特

月,奥地利帝国在匈牙利的统治几乎完全被摧毁,匈牙利成立了拉约什·科苏特领导下的国民政府,组建了约瑟夫·扎卡里亚斯·拜姆、阿尔图尔·格尔盖伊将军领导下的强大军队。

奥地利帝国一直动荡不安,其存在依赖各种力量的平衡。此时,这种平衡已经被打破。法兰西第二共和国将站在意大利一边,这一点似乎已经在预料之中。奥地利帝国驻英国大使亚历山大·门斯多夫–普利伯爵将自己对法兰西第二共和国的观点告知了马姆斯伯里伯爵詹姆斯·哈里斯[1]。

---

[1] 克莱门斯·冯·梅特涅:《回忆录》,1848年3月8日,第1章,第229页。——原注

虽然被压迫者值得同情,但必须承认,在帝国统治即将土崩瓦解时,奥地利帝国仍能恢复稳定,这应该被看作历史上的一个奇迹。1848年6月17日,奥地利帝国陆军元帅温迪施-格雷茨亲王阿尔弗雷德一世率军轰炸并攻入布拉格。1848年10月31日,温迪施-格雷茨亲王阿尔弗雷德一世夺回维也纳。1848年11月,奥地利皇帝斐迪南一世最后一次,或许是最重要的一次执政:1848年11月21日,他从奥地利帝国驻那不勒斯王国大使馆召回时年四十八岁的费利克斯·施瓦岑贝格亲王,并任命其为外交大臣。

阿尔弗雷德一世

弗朗茨·约瑟夫一世

新任奥地利帝国外交大臣费利克斯·施瓦岑贝格亲王立刻显示出其影响力。刚一上任，他就劝说毫无作为的奥地利皇帝弗朗茨二世下台，并支持奥地利皇帝弗朗茨二世的侄子，十八岁的弗朗茨·约瑟夫一世继位。与此同时，在意大利，奥地利帝国军队大获全胜。约瑟夫·拉德茨基·冯·拉德兹将军率军重新占领米兰。奥地利帝国军队全面包围威尼斯的起义军。事实证明，奥地利帝国内各民族间的敌视是可以被利用的。譬如，克罗地亚总督约瑟普·耶拉契奇伯爵就曾领导克罗地亚人民反对匈牙利革命。

但给匈牙利革命带来致命打击的既不是约瑟普·耶拉契奇伯爵,也不是温迪施-格拉茨亲王阿尔弗雷德一世,而是俄罗斯帝国军队。1848年夏,与欧洲其他地区一样,摩尔达维亚和瓦拉几亚也爆发革命运动。俄罗斯帝国派军占领两地。如果匈牙利民族起义成功,那么必然会引发罗马尼亚民族运动,俄罗斯帝国也将无法维持境内各诸侯国的领土完整。如果这样,俄罗斯帝国在巴尔干地区的所有扩张领土的目的将遭受致命打击。沙皇尼古拉一世或许受到这一推论影响。与此同时,他还有一个更主要的动机,即帮助陷入困境的奥地利帝国年轻的

约瑟普·耶拉契奇伯爵

伊万·费奥多罗维奇·帕斯克维奇亲王

君主弗朗茨·约瑟夫一世。1849年5月,俄罗斯帝国军队越过边界进入匈牙利。此时,匈牙利起义军受到奥地利帝国军队、克罗地亚总督军队及俄罗斯帝国军队三方夹击,被迫投降。1849年8月13日,在特兰西瓦尼亚的维拉戈斯,阿尔图尔·格尔盖伊将军及其部队向俄罗斯帝国军队总司令伊万·费奥多罗维奇·帕斯克维奇亲王投降。

第2节 帝国的皇冠

奥地利帝国的统治再一次恢复平静。在费利克斯·施瓦岑贝格亲王机智而强有力的领导下,曾经内外交困的奥地利帝国重新开始有效运作。此时,奥地利帝国与普鲁士王国的斗争开始了。

由于邦联改革问题,奥地利帝国与普鲁士王国的矛盾日渐严重。1806年,旧的神圣罗马帝国解体,取而代之的是维也纳会议上成立的一个松散的德意志邦联。德意志邦联设有议会,议会代表由所有德意志境内邦国组成。议会总票数为十七票,其中奥地利帝国及其他大国各占一票,小邦国占二分之一票、四分之一

费利克斯·施瓦岑贝格亲王

票或六分之一票。根据《维也纳条约》第五十七条规定,奥地利帝国的代表为德意志邦联永久主席。

维也纳会议召开后的四十年,这部德意志《邦联宪法》一直行之有效。如果奥地利帝国和普鲁士王国意见一致,那么这部宪法的执行是极其有效的。譬如,在新闻审查等方面法令的执行。但在德意志邦联内,自由主义舆论群体正在日益壮大,他们希望建立一种更能代表人民的政治制度。大学教授和文人人数众多,充满热情,多持自由主义思想。19世纪中期,在舆论方面,几乎可以肯定,自由主义将占上风。

邦联改革虽然不是官方运动,但不无成效。法兰西王国二月革命后,改革运动开始有条不紊地推进。首先,1848年3月5日,一自发的政论家委员会会议在海德堡召开。接着,1848年3月31日,德意志境内各邦国立法机关选举约五百名议员在法兰克福召开会议,筹备全德意志国民议会的选举和召开。选举如期举行。1848年5月18日国民议会在法兰克福举行会议。下一步是制定宪法,以取代《维

海德堡

利奥波德·冯·兰克

也纳条约》确立的宪法,并为德意志邦联选举一位强有力的领导。显然,这位领导应该是出自普鲁士王国,而不应是出自1815年以来一直保守现状的奥地利帝国。因为普鲁士王国不但国力强大,而且其自由党势力已经壮大。

德意志邦联内的改革运动不仅是场自由主义运动,还带有强烈的民族主义色彩。利奥波德·冯·兰克带领杰出的历史学家,将他们广泛而深入的研究灌输给所有德意志人民,让德意志人民知道伟大的德意志历史及辽阔的德意志领土。此时,德意志人才知道,阿尔萨斯和洛林曾都属于神圣罗马帝国。1848年1月20日,丹麦国王克里斯蒂安八世去世,腓特烈七世继位,宣布将石勒苏益格公国和荷尔斯泰因公国并入丹麦王室世袭领地,而不是继续让这两个诸侯国各自为政。1848年4月,经德意志民族主义者同意,普鲁士王国军队入侵这两个公

约翰大公

国,甚至包括日德兰半岛①。直到1848年8月26日,欧洲各国在马尔默才达成长期休战协定。

1848年,由于奥地利革命运动仍在继续,法兰克福国民议会的各项工作才得以顺利开展。德意志帝国皇帝还没有确定,但一位军人出身、支持自由主义观点的人物,即神圣罗马帝国皇帝利奥波德二世的儿子奥地利的约翰大公可以作为德意志帝国的代表。即便如此,费利克斯·施瓦岑贝格亲王并不认为任命哈布斯堡家族后代为代表就意味着奥地利帝国能够成为新邦联的领导。因此,费利克斯·施瓦岑贝格亲王向法兰克福议会发出通告,表示奥地利帝国,包括其在德

---

① 日德兰半岛是欧洲北部的半岛,位于北海和波罗的海之间,构成丹麦王国国土的大部分。

意志邦联和非德意志邦联的所有领土，即匈牙利、克罗地亚、伦巴第及其他领土，强烈要求加入新邦联。但1849年1月14日，自由主义者、普鲁士王国的支持者海因里希·冯·加格恩男爵主持的法兰克福议会只同意奥地利帝国在德意志邦联内的领土加入新邦联。这个办法一方面满足了奥地利民族主义运动的需求，另一方面也防止了奥地利帝国势力过度扩张。

随后，事态开始迅速发展。1849年3月12日，法兰克福议会明确提出将新邦联的皇位授予普鲁士国王腓特烈·威廉四世。普鲁士王国政府面临重大抉择，但从长计议，经过再三考虑，普鲁士国王腓特烈·威廉四世拒绝接受新邦联的王位。此时，奥地利帝国仍在与匈牙利强大的起义军对峙。普鲁士国王腓特烈·威

海因里希·冯·加格恩男爵

奥托·西奥多·冯·曼托菲尔

廉四世不愿与奥地利帝国发生战争,更不愿在此时接受德意志自由宪政党人授予他的皇冠,因为以这种方式建立的帝国必然会实行严格的议会制,并通过内阁制度对帝国议会,而不是对皇帝负责。另外,一些贵族政客,即跨党派的利奥波德·冯·格拉赫将军、法学家海因里希·冯·格拉赫、奥托·西奥多·冯·曼托菲尔及当时还不太知名的奥托·冯·俾斯麦使普鲁士国王腓特烈·威廉四世进一步强化他的观点。1849年4月28日,经过再三犹豫,普鲁士国王腓特烈·威廉四世拒绝接受皇位。

不过,这位对接受新邦联皇位态度不明的君主的历史并没有结束。在奥尔米茨，普鲁士国王腓特烈·威廉四世将再次出现在历史舞台。但此刻，人们看到普鲁士国王腓特烈·威廉四世还没有重新陷入宗教历史神秘的虚幻境界，而是极其清醒的。

> 我认出了他的身影。他之所以拒绝如此重要的职务，是因为怯懦。①

伟大的德意志自由主义革命运动的试验就此结束。1849年6月18日，转移到斯图加特的法兰克福议会余党被维滕贝格的军队驱散。

第3节　奥尔米茨

普鲁士国王腓特烈·威廉四世拒绝德意志新邦联的皇位后，普鲁士王国企图获得德意志邦联内有限的领导地位，或者更确切地说，企图在德意志邦联内有限领地获得领导地位。但在结束短暂而非凡的外交官生涯前，费利克斯·施瓦岑贝格亲王用他机智的外交手腕摧毁了普鲁士王国的企图。

1849年夏初，德意志人民对宪政的呼声日益高涨。1849年5月，萨克森爆发起义。在普鲁士王国两个营的帮助下，萨克森王国政府镇压了这次起义。汉诺威王国也发生类似起义，同样受到镇压。普鲁士国王腓特烈·威廉四世感觉自己身处风口浪尖。在心腹、狂热的反立宪主义者约瑟夫·马丽亚·冯·拉多维茨的推动下，普鲁士国王腓特烈·威廉四世迈出决定性的一步，即决定建立普鲁士王国有限统治的德意志联邦。1849年5月26日，在柏林，普鲁士王国与萨克森王国、汉诺威王国成立三王同盟。在这一同盟基础上，德意志北部和中部各邦国成立了以普鲁士王国为首的联盟。1850年3月20日，从普鲁士王国及其附属国选举产生的同盟议会在爱尔福特召开会议。因此，这一计划获得成功。

但普鲁士王国主持下的爱尔福特议会并没有取得比法兰克福国民议会更大的成功。在俄罗斯帝国援助下镇压匈牙利革命后，费利克斯·施瓦岑贝格亲王开

---

① 但丁·阿利吉耶里：《地狱》，第3章，第69页。——原注

弗里德里希·斐迪南·冯·博伊斯特伯爵

始用神秘莫测的手段动摇普鲁士王国领导的同盟的基础。德意志邦联中的中等国家,如萨克森王国、汉诺威王国、巴伐利亚王国及符腾堡王国,不愿受普鲁士王国控制,便成为费利克斯·施瓦岑贝格亲王可利用的盟友,尤其是萨克森王国老练的外交大臣弗里德里希·斐迪南·冯·博伊斯特伯爵选择帮助费利克斯·施瓦岑贝格亲王。弗里德里希·斐迪南·冯·博伊斯特伯爵的目的是让萨克森王国不受普鲁士王国和奥地利帝国的干涉,并在这两个强大的竞争者间建立中部德意志联盟。在巴伐利亚王国外交大臣冯·德·普福尔腾男爵路德维希·卡尔·海因里希的帮助下,这一计划得以实现。1850年2月27日,巴登大公国、巴伐利亚王国和萨克森王国成立三国联盟。因此,1850年3月的爱尔福特议会失败早已注定。

1850年4月26日,费利克斯·施瓦岑贝格亲王对在德意志邦国内,普鲁士王国采用的联盟政策发起猛烈攻击,邀请所有德意志主权邦国派代表参加法兰克福全民议会。因为在法律层面,根据《维也纳条约》第五十六条设立的旧的德意志邦联议会仍然有效。德意志邦联议会如期召开,邦联议会主席由奥地利帝国担任。普鲁士王国虽然表示抗议,但认为必须派代表出席。

当时,黑森-卡塞尔爆发起义,黑森-卡塞尔选侯不得不逃离。由于奥地利帝国是"正统主义"的支持者,黑森-卡塞尔选侯赞同与支持奥地利帝国。在奥地利帝国的影响下,法兰克福议会颁布法令,派遣德意志邦联军队帮助黑森-卡塞尔选侯复辟。但在德意志邦联军队到达前,普鲁士王国已经派兵抢先进入黑森-卡塞尔选侯领地,并声称,作为爱尔福特联盟的首领,普鲁士王国有权恢复该地秩序。1850年11月8日,在富尔达附近对峙几天后,普鲁士王国军队与由巴伐利亚王国及奥地利帝国军队组成的德意志邦联军队在布朗泽尔发生冲突。幸运的是,只有几名奥地利帝国士兵及一匹普鲁士王国军马受伤,这次冲突也成为有名的历史事件。事实上,普鲁士国王腓特烈·威廉四世已经决定退位,他不愿为争夺德意志邦联的霸权而挑起战争。1850年11月1日,普鲁士王室在柏林召开

1850年的富尔达

重要会议。前普鲁士国王腓特烈·威廉二世之子勃兰登堡伯爵弗里德里希·威廉极力主张与奥地利帝国进行谈判。1850年11月6日,勃兰登堡伯爵弗里德里希·威廉去世,但他已经履行了自己的职责。最终,普鲁士国王腓特烈·威廉四世决定和解,并命令普鲁士王国军队从黑森撤退。

费利克斯·施瓦岑贝格亲王大胆出击,不失时机向普鲁士王国军队发起进攻。1850年11月25日,费利克斯·施瓦岑贝格亲王发出最后通牒,要求四十八小时内,普鲁士王国同意巴伐利亚王国与奥地利帝国组成的邦联军队占领卡塞尔。这次鲁莽的进攻竟然取得惊人的成功。普鲁士国王腓特烈·威廉四世提议立即派代表与费利克斯·施瓦岑贝格亲王就此事进行协商,但富有远见卓识的费利克斯·施瓦岑贝格亲王其实早就赢了。1850年11月29日,费利克斯·施瓦岑贝格亲王与奥托·西奥多·冯·曼托菲尔在奥尔米茨会晤,并签订《奥尔米茨条约》。根据这一条约,普鲁士王国和奥地利帝国同意遣散各自军队,但普鲁士王国必须先行遣散。普鲁士国王腓特烈·威廉四世放弃爱尔福特同盟计划。德意志邦联继续存在,奥地利帝国担任邦联议会主席。当初,普鲁士王国拒绝法兰克福自由派授予它领导德意志邦联的职务,现在想要夺取却惨遭失败。直到1919年,《奥尔米茨条约》一直是普鲁士王国历史上一段耻辱的记忆。

第4节 德累斯顿

1850年12月,德意志邦联在德累斯顿召开会议,1848年到1850年的革命时期随之结束。普鲁士王国政府仍处在无足轻重的地位。在回忆录中提到德累斯顿会议的两种不同的情形时,羽翼渐丰的奥托·冯·俾斯麦写道,"在一楼,费利克斯·施瓦岑贝格亲王有侍者伺候,用的是银器,喝的是香槟","普鲁士王国大使在二楼的房间只有职员,喝的是水"[①]。但在德累斯顿会议上,奥地利帝国并没有得到其想要的一切。当最终清算结束时,奥地利帝国虽然还是旧德意志邦联的领导,但其统治范围不包括非德意志邦联领土。

---

① 奥托·冯·俾斯麦:《反思与回忆》,第3章至结尾。——原注

因此，德意志邦联基本保持维也纳会议的解决方案。自始至终，德意志问题都被视为纯粹的德意志邦联内部事务，与其他欧洲各国无关。但法兰西第二共和国总统查理-路易-拿破仑·波拿巴[①]并不这么认为。1851年3月5日，通过法兰西第二共和国外交部，他向《维也纳条约》签约各国发出通告称，不经维也纳会议签字八国的同意，德意志邦联的结构是不能改变的。但很遗憾，在随后的二十年，人们遗忘了这一基本事实。

查理-路易-拿破仑·波拿巴

---

① 即法兰西第二帝国皇帝拿破仑三世。

从1848年到1850年，有一事实显而易见，奥地利帝国重获新生。但遗憾的是，一位使奥地利帝国获得新生的伟大人物没能获得新生。1852年4月5日，德意志邦联的又一位缔造者、奥地利帝国最后一位伟大人物费利克斯·施瓦岑贝格亲王去世，终年五十二岁。

第10章

克里米亚战争

人们对克里米亚战争各持己见,即使当前的观点也在不断修正中。从1914年的欧洲大战来看,1854年英国及法兰西第二帝国与俄罗斯帝国的战争可以说是一个错误。瓜分奥斯曼土耳其帝国领土,并将奥斯曼土耳其人赶出欧洲可能是更好的选择。克里米亚战争后,一个明显的事实是,虽然背信弃义的奥斯曼土耳其帝国被各协约国完全击败,但各协约国发现仍有必要让其留在君士坦丁堡。

另外,还有一个明显的事实是,无论什么原因导致克里米亚战争的爆发,英国参战的目的,就是为保障1840年7月15日四国签订的《伦敦条约》,因为在该条约的序文中,四国声称愿意维护奥斯曼土耳其帝国的领土完整。

仅从英国的历史来看,克里米亚战争显得突出,是因为克里米亚战争是维多利亚时期唯一一次大战,但这次战争几乎没有影响到这一时期的和平安全。克里米亚战争的政治意义在于再次确认了英国外交部支持奥斯曼土耳其帝国的传统。对法兰西第二帝国而言,克里米亚战争是法兰西第二帝国一段不大光彩的辉煌时期,是拿破仑三世统治时期最后一次"外交活动保持了自己的体面"[1]。这一时期,拿破仑三世的政策显得坚定而富有远见。拿破仑三世外交手段强硬,并且在外交方面取得了成功。

---

[1] 皮埃尔·德·拉·戈尔斯:《法兰西第二帝国史》,巴黎,普隆·努里公司,第1章,第216页。——原注

克里米亚战争前期的外交活动分为三个阶段：第一阶段外交活动集中在圣地问题；第二阶段外交活动集中在希腊东正教堂保护问题；第三阶段则集中在第一次维也纳会议。

第1节 圣 地

自1841年第二次奥斯曼帝国与埃及的危机发生后，最早笼罩在东方的战争阴云源自当时巴勒斯坦地区天主教教徒与东正教教徒的争端。随后，这一争端引起欧洲各国政府的注意。

自从十字军远征以来，法兰西王国就一直自认为是来自叙利亚和巴勒斯坦朝圣者的保护者。到了近代，1740年，在与法兰西王国谈判的投降书中，奥斯曼土耳其帝国承认了法兰西王国的这一要求[1]。18世纪，随着俄罗斯帝国的发展，叙利亚和巴勒斯坦的东正教会势力开始抬头，并将沙皇视作其保护者。东正教教会的教徒想极力争取天主教教会教徒的优越地位。

但直到1850年，东正教教徒与天主教教徒的争端才真正引起欧洲各国政府的注意。1850年5月28日，法兰西第二共和国驻奥斯曼土耳其帝国大使雅克·奥皮克将军向奥斯曼土耳其帝国外交部提交声明，要求将东正教教徒在奥斯曼土耳其帝国境内抢占的神殿归还天主教教徒。最令天主教教徒不满的是，除了东正教教徒不允许他们进入伯利恒[2]的主诞堂，还从耶稣诞生圣槽的石窟上搬走一颗存在多年、被朝圣者极其崇敬的银星。

雅克·奥皮克将军离开君士坦丁堡后，谈判由德拉瓦莱特侯爵夏尔继续进行。1866年，这位经验丰富的外交家将再次登上历史舞台。与此同时，俄罗斯帝国驻奥斯曼土耳其帝国大使弗拉基米尔·帕夫洛维奇·季托夫对奥斯曼土耳其

---

[1] 1740年5月25日奥斯曼土耳其帝国与法兰西王国签订投降书。这份投降书规定法兰西王国皇帝无权保护叙利亚和巴勒斯坦基督徒，但在法兰西国王的保护下，国外基督徒可以在奥斯曼土耳其帝国境内旅行。奥斯曼土耳其帝国投降书的重要部分，请查阅皮埃尔·阿尔班：《重要条约》，1912年，第128页。——原注

[2] 伯利恒，耶稣诞生地，是耶路撒冷向南六英里的一市镇。

德拉瓦莱特侯爵夏尔

帝国政府施加压力。据说此事使奥斯曼土耳其人感到困惑而有趣，但引起沙皇尼古拉一世及关注外交事务的俄罗斯帝国上层阶级人士的极大不满。

1852年，保罗-阿尔芒·沙勒梅尔-拉库尔接替德拉瓦莱特侯爵夏尔，担任法兰西第二帝国驻奥斯曼土耳其帝国大使，但东正教教徒与天主教教徒的争端仍没有得到解决。对此事的处理，奥斯曼土耳其帝国政府的方法并不恰当。奥斯曼土耳其帝国政府一方面公开发表敕令保护法兰西第二帝国的教徒，另一方面又给俄罗斯帝国政府递交秘密敕令，支持东正教教徒。但圣地问题不久就被保护奥斯曼土耳其帝国境内的希腊东正教教徒的问题所掩盖。此事十分紧迫。因此，英国驻奥斯曼土耳其帝国大使斯特拉特福德·德·雷德克里夫子爵斯特

保罗-阿尔芒·沙勒梅尔-拉库尔

拉特福德·坎宁直接找到保罗-阿尔芒·沙勒梅尔-拉库尔，敦促其刻立即解决圣地问题。此时，与在奥斯曼土耳其帝国境内的希腊东正教教徒问题相比，圣地归属问题已经不再是主要问题，法兰西第二帝国应该做出让步[①]。因此，在斯特拉特福德·德·雷德克里夫子爵斯特拉特福德·坎宁的帮助下，保罗-阿尔芒·沙勒梅尔-拉库尔劝告土耳其政府在1853年5月4日发布敕令，恢复天主教教徒和东正教教徒发生纠纷前的状态，允许拉丁教教徒出入伯利恒教堂，并将银星放回圣槽石窟中。

圣地问题就此结束。三方面的原因导致这一事件的重要性：第一，圣地问题使欧洲各国的注意力自1841年以来再次转移到君士坦丁堡。第二，圣地问题表明，除非欧洲文明终结，君士坦丁堡将一直是欧洲的焦点。第三，圣地问题使

[①] 参见1853年4月4日与1853年4月20日斯特拉特福德·德·雷德克里夫子爵斯特拉特福德·坎宁致克拉伦登伯爵乔治·威廉·弗雷德里克·维利尔斯的信。《英国议会记事录》，1854年，第71卷，第164页，第155页。——原注

骄傲的独裁者沙皇尼古拉一世或多或少陷入难堪，这对解决下一个问题是十分不利的。

第2节 对希腊东正教教堂的保护

第二个问题更加严重。研究法兰西第二帝国的历史学家称，"整体而言，圣地问题是严肃的。但就细节来说，这并非宗教问题，只是祷告仪式的争议，甚至某些方面显得滑稽"[①]。在这方面，法兰西人民非常明智，没有参与争端。斯特拉特福德·德·雷德克里夫子爵斯特拉特福德·坎宁与英国外交大臣克拉伦登伯爵乔治·威廉·弗雷德里克·维利尔斯的通信表明，英国人民对此事也并不关心。事实上，对圣地争端中法兰西第二帝国的态度，作为19世纪公众舆论忠实代表的《泰晤士报》持反对意见。

但对希腊东正教教堂的保护问题完全不同。作为主要的东正教国家，俄罗斯帝国政府认为自己有责任保护希腊东正教教徒的利益。1853年，奥斯曼土耳其帝国境内有多达一千一百万希腊东正教教徒。但根据国际法，俄罗斯帝国无权干涉奥斯曼土耳其帝国的内政。根据1774年7月21日签署的《库楚克开纳吉条约》第十四条，俄罗斯帝国只有权保护在加拉太修建的希腊东正教教堂[②]。

1853年2月23日，从俄罗斯帝国驻奥斯曼土耳其帝国大使阿列克谢·费奥多罗维奇·奥尔洛夫处，欧洲各国驻奥斯曼土耳其帝国的外交使团得到消息，俄罗斯帝国将立即派遣特使来到奥斯曼土耳其帝国。君士坦丁堡的外交使团感到非常吃惊。这位特使正是亚历山大·谢尔盖耶维奇·缅什科夫亲王，是俄罗斯帝国统治阶层内部的核心人物，曾在俄罗斯帝国政界、陆军和海军中担任最高职务，并且担任过芬兰总督，还在俄罗斯帝国与奥斯曼土耳其帝国战争时期担任黑海舰队司令及海军大臣。

---

① 皮埃尔·德·拉·戈尔斯：《法兰西第二帝国史》，巴黎，普隆·努里公司，第1章，第141页。——原注
② 《库楚克开纳吉条约》第14条。爱德华·赫兹莱特：《条约中的欧洲地图：1814以来欧洲政治和领土的变迁》，巴特沃斯出版社，1875年，第3章，第2011页。——原注

亚历山大·谢尔盖耶维奇·缅什科夫

这样一位高级别政治人物来到奥斯曼土耳其帝国，必然预示着重大事情即将发生。不出所料，亚历山大·谢尔盖耶维奇·缅什科夫亲王到达时，他的随行人员像沙皇的随从，随行的职员像俄罗斯帝国宫廷人员一样能干。亚历山大·谢尔盖耶维奇·缅什科夫亲王态度傲慢，盛气凌人。他嘴上说要专门拜访奥斯曼土耳其帝国的君主，但经过奥斯曼土耳其帝国外交大臣敞开的办公室的门时，他有意避而不见，其行为引起奥斯曼土耳其帝国的强烈不满，以致沙皇尼古拉一世对亚历山大·谢尔盖耶维奇·缅什科夫亲王十分不满，派人取代了亚历山大·谢尔盖耶维奇·缅什科夫亲王的职位。

亚历山大·谢尔盖耶维奇·缅什科夫亲王到达君士坦丁堡时，碰巧英国和法兰西第二帝国驻奥斯曼土耳其帝国大使都在休假，他们的职务分别由维桑·贝内代蒂伯爵①和休·亨利·罗斯上校②代理。在分别给各自政府的信中，英国及法兰西第二帝国驻奥斯曼土耳其帝国的代理大使分别表达了极度的担忧。法兰西第二帝国外交大臣爱德华·德律安·德·勒尤伊斯理智稳健，十分重视这些消息。尽管法兰西第二帝国驻英国大使亚历山大·克洛纳·瓦莱夫斯基伯爵③再三提醒此事的危险性，但英国外交大臣克拉伦登伯爵乔治·威廉·弗雷德里克·维

维桑·贝内代蒂伯爵

---

① 1870年，维桑·贝内代蒂伯爵因担任法兰西第二帝国驻普鲁士王国大使而出名。——原注
② 在英属印度历史上，休·亨利·罗斯上校以休·罗斯爵士或斯特拉斯奈恩勋爵之名被人们熟知。——原注
③ 在1840年到1841年的巴尔干危机中，亚历山大·克洛纳·瓦莱夫斯基伯爵曾担任驻开罗领事，熟悉东方形势。——原注

利尔斯对此事毫不关心。最终,唯一一位仍活跃在政坛的维也纳会议时期的政治家,俄罗斯帝国首相卡尔·涅谢尔罗迭伯爵揭露了此事的真相。他对英国驻俄罗斯帝国大使乔治·汉密尔顿·西摩爵士表示,俄罗斯帝国对奥斯曼土耳其帝国董桂平政府没有任何不满,亚历山大·谢尔盖耶维奇·缅什科夫亲王只是要处理"一些特殊的个人要求……这是每位大使日常事务所需"[1]。但没人相信俄罗斯帝国派最高级别官员前往君士坦丁堡只是为解决一些琐碎的个人问题。

这一谜团很快就被解开。1853年3月22日,在与奥斯曼土耳其帝国政府的官员会晤时,亚历山大·谢尔盖耶维奇·缅什科夫亲王要求奥斯曼土耳其帝国苏丹阿卜杜勒·迈吉德一世扩大俄罗斯在《库楚克开纳吉条约》中所获得的权利,并确认俄罗斯沙皇为奥斯曼土耳其帝国境内东正教教徒的保护者,沙皇的这一地位将得到两国政府签订的正式条约保护。1853年4月5日,斯特拉特福德·德·雷德克里夫子爵斯特拉特福德·坎宁结束度假,立刻发现休·亨利·罗斯上校的提醒是正确的,此事关乎奥斯曼土耳其帝国的独立问题。

保持奥斯曼土耳其帝国的独立正是斯特拉特福德·德·雷德克里夫子爵斯特拉特福德·坎宁坚持的观点[2],他去找保罗-阿尔芒·沙勒梅尔-拉库尔,劝其在圣地问题上尽可能做出让步,如上文提到的,这是次要问题。但对《库楚克开纳吉条约》问题,英国与法兰西第二帝国必须采取强硬措施。亚历山大·谢尔盖耶维奇·缅什科夫亲王这次使命的结果是,1853年5月18日,奥斯曼土耳其帝国苏丹阿卜杜勒·迈吉德一世采取"自愿行动",承认其境内东正教教徒的豁免权和特权,但拒绝与俄罗斯帝国签订双边条约,因为这样的条约将为俄罗斯帝国永久干预奥斯曼土耳其帝国提供依据。1853年5月22日,亚历山大·谢尔盖耶维奇·缅什科夫亲王离开君士坦丁堡。

---

[1] 1853年3月24日,乔治·汉密尔顿·西摩爵士致克拉伦登伯爵乔治·威廉·弗雷德里克·维利尔斯的信。《英国议会记事录》,1854年,第71卷,第118页。——原注

[2] 斯特拉特福德·德·雷德克里夫子爵斯特拉特福德·坎宁绝不会盲目支持奥斯曼土耳其帝国,1830年以来,他对奥斯曼土耳其帝国的政策是英国外交部必须采取明确的方针防止奥斯曼土耳其帝国土崩瓦解,并保持奥斯曼土耳其帝国领土完整,他对每项政策的执行都有明确的态度,但不想使这些政策变得混乱。参见《土耳其东部问题备忘录》,《英国外交部档案·奥斯曼土耳其》,1832年12月19日,第211条。——原注

第3节 第一次维也纳会议

1853年，历史的舞台已经从君士坦丁堡转移到了维也纳。奥地利帝国虽然称不上巴尔干地区的大国，但毫无疑问已经是多瑙河地区的大国，并极其重视东方问题。奥地利首相卡尔·斐迪南·冯·布奥尔·绍恩施泰因伯爵平凡而略带贵族气质，固执而自以为是，但无恶意。他深受克莱门斯·冯·梅特涅影响，坚信危机终会平息。卡尔·斐迪南·冯·布奥尔·绍恩施泰因伯爵认为采取谨慎的外交手段欧洲事务就能得到解决，但他缺乏克莱门斯·冯·梅特涅的能力来实现这一目标。年迈的克莱门斯·冯·梅特涅仍在幕后操纵奥地利帝国的外交政策，他写给卡尔·斐迪南·冯·布奥尔·绍恩施泰因伯爵的信[①]更增强了卡尔·斐迪南·冯·布奥尔·绍恩施泰因伯爵对欧洲和平计划的信心。

卡尔·斐迪南·冯·布奥尔·绍恩施泰因

---

① 克莱门斯·冯·梅特涅：《回忆录》，第8章，第348页、第350页。——原注

1853年仲夏，卡尔·斐迪南·冯·布奥尔·绍恩施泰因伯爵召集各国驻奥地利帝国大使在其官殿讨论如何解决奥斯曼土耳其帝国的危机①。随后几个月，会议反复召开，这就是后来所谓的维也纳会议。卡尔·斐迪南·冯·布奥尔·绍恩施泰因伯爵担任会议主席。对如何解决此次危机，会议进行了认真而有效的讨论。本次会议的任务是找到一种既不妨碍奥斯曼土耳其帝国独立，又能满足俄罗斯帝国要求的方案。此时，形势非常紧迫，由于奥斯曼土耳其帝国拒绝签订条约，沙皇尼古拉一世已经命令军队占领瓦拉几亚和摩尔达维亚公国领地。1853年6月3日，俄罗斯帝国的第一支军队已经越过普鲁特河。由于在瓦拉几亚和摩尔达维亚公国没有驻军，奥斯曼土耳其帝国无力抵抗。事实上，1848年，俄罗斯帝国占领瓦拉几亚和摩尔达维亚公国的一些领地后，并未完全撤军②。俄罗斯帝国对瓦拉几亚和摩尔达维亚公国领地的占领并不完全是一种战争行为，因为根据1829年9月14日《阿德里安堡条约》，奥斯曼土耳其帝国虽然对瓦拉几亚和摩尔达维亚公国领地拥有主权，但在瓦拉几亚和摩尔达维亚公国，俄罗斯帝国享有特殊地位。但显然，沙皇尼古拉一世的要求使战争又逼近了一步。

1853年7月27日，卡尔·斐迪南·冯·布奥尔·绍恩施泰因伯爵官殿会议最后审议并通过一份照会。该照会实际由拿破仑三世起草，并通过在维也纳的弗朗索瓦·阿道夫·布尔克内递交给卡尔·斐迪南·冯·布奥尔·绍恩施泰因伯爵的。照会中最主要的部分是有关奥斯曼土耳其帝国承认俄罗斯帝国的权利：

无论何时，俄罗斯沙皇对奥斯曼土耳其帝国境内的希腊东正教及其教堂的特权提出保护，奥斯曼土耳其帝国绝不拒绝，并郑重声明予以承认，以证明奥斯曼土耳其帝国对其境内基督教臣民传统而长久的仁慈。③

---

① 俄罗斯帝国驻奥地利帝国大使迈恩多夫是卡尔·斐迪南·冯·布奥尔·绍恩施泰因的内兄，没有出席会议。——原注
② 根据1849年5月1日的《巴尔塔·利曼公约》，俄罗斯帝国承诺"在恢复上述边界的安宁后"撤离公国领地，但条约的执行十分复杂，并由于种种原因推迟执行，直到1854年，俄罗斯帝国驻军还留在摩尔达维亚。安托南·德比杜尔：《从维也纳会议到柏林会议期间的欧洲外交史：1814—1878》，剑桥大学出版社，1923年，第2章，第38页。——原注
③ 照会法文原文见金莱克：《克里米亚的入侵》，伦敦，1863，第1章，第501页。——原注

沙皇尼古拉一世立即接受了这一照会，卡尔·斐迪南·冯·布奥尔·绍恩施泰因伯爵暗自庆幸会议成功，以为自己解决了这场危机。当照会送达君士坦丁堡时，深得奥斯曼土耳其帝国政府信赖的斯特拉特福德·德·雷德克里夫子爵斯特拉特福德·坎宁立刻建议奥斯曼土耳其帝国政府接受照会。在做了某些修改后，奥斯曼土耳其帝国将修改过的照会退给维也纳会议①。

此时，奥斯曼土耳其帝国的做法无疑遭到欧洲舆论的反对，因为在维也纳会议上，欧洲各国大使做出了他们认为公平的解决办法，俄罗斯帝国能够接受，为什么奥斯曼土耳其帝国不能接受？但1853年9月20日，俄罗斯帝国向法兰西第二帝国外交大臣爱德华·德律安·德·勒尤伊斯递交了一份文件，即《对奥斯曼土耳其帝国修改维也纳照会的意见》②。结果，欧洲舆论立刻转而支持奥斯曼土耳其帝国。这份由卡尔·涅谢尔罗迭伯爵起草的文件表明，俄罗斯帝国对《维也纳照会》的要求，比各国大使认为的更加强硬。对此，爱德华·德律安·德·勒尤伊斯与英国驻法兰西第二帝国大使考利伯爵亨利·韦尔斯利看法一致③。

由于俄罗斯帝国拒绝接受奥斯曼土耳其帝国对《维也纳照会》的修改，俄罗斯帝国与奥斯曼土耳其帝国间的战争一触即发。俄罗斯帝国正在多瑙河地区集结军队，君士坦丁堡正处在战争的狂热中。斯特拉特福德·德·雷德克里夫子爵斯特拉特福德·坎宁虽然认为奥斯曼土耳其帝国不应给俄罗斯帝国做出让步，但奉劝奥斯曼土耳其帝国不要宣战④。1853年9月26日，奥斯曼土耳其帝国举行大会，正式向俄罗斯帝国宣战。此时，奥斯曼土耳其帝国完全陷入孤立无援的境地。

---

① 经奥斯曼土耳其帝国修改的照会是："无论何时，如果俄罗斯沙皇对奥斯曼土耳其帝国境内希腊东正教及其教堂的特权提出保护，奥斯曼土耳其帝国将继续维护其自觉给予境内希腊东正教及其教堂的特权，并郑重声明予以承认……"很明显，最重要的补充是"自觉"一词。——原注
② 该文件只为沙皇提供信息，不慎递交维也纳，从维也纳递交各国政府，又不慎流入柏林一家报纸。见《克里米亚战争外交研究》，俄国官方出版，1882年译本，第1章，第214页到第217页。——原注
③ 考利伯爵亨利·韦尔斯利对克拉伦登伯爵乔治·威廉·弗雷德里克·维利尔斯说"俄罗斯帝国对《维也纳照会》的说明与维也纳大会的本意完全不同。"1853年9月20日，《英国议会记事录》，1854年，第71卷，第545页。——原注
④ 斯坦利·莱恩·普尔：《斯特拉特福德·德·雷德克里夫子爵斯特拉特福德·坎宁传》，第2章，第291页。——原注

第4节 法兰西第二帝国与英国联盟

　　法兰西第二帝国与英国政府都认为奥斯曼土耳其帝国领土的完整性正面临威胁,虽然他们同意通过进一步谈判化解危机,但既然奥斯曼土耳其帝国已经宣战,他们就绝不允许奥斯曼土耳其帝国被打败、被瓜分或沦为俄罗斯帝

锡诺普海战

国的保护国。1853年10月2日,法兰西第二帝国与英国的舰队同时停泊在贝西卡湾。1853年10月25日,法兰西第二帝国和英国的舰队分别越过达达尼尔海峡,这符合1841年7月13日签署的《伦敦海峡公约》。这份公约规定奥斯曼土耳其帝国只在和平时期关闭海峡。1853年11月27日,奥斯曼土耳其帝国的一支舰队运载士兵和军用物资前往巴统。在锡诺普附近,这支舰队遇到俄罗斯帝国海军上将纳希莫夫的舰队，结果全军覆没。这一消息在法兰西第二帝国和英国引起人们强烈愤慨。人们之所以愤慨并不是因为锡诺普战役是不合理的战争行为①，而是因为对停泊在比科斯湾、为奥斯曼土耳其帝国提供保护的法兰西第二帝国和英国舰队来说，这是直接的藐视。代表英国民族战斗精神的《泰晤士报》宣称，现在，英国四十年来享有的和平几乎要被打破了。阿伯丁伯爵乔治·戈登的内阁当然不希望发生战争，但此时战争已经不可避免，除非他们明确选择约翰·布赖特主张的贵格会人生观。

英国内政大臣帕默斯顿子爵亨利·约翰·坦普尔认为英国绝不能忍受屈辱，其强硬立场无疑得到英国人的一致赞同。当时的回忆录中没有任何记录表明拿

约翰·布赖特

① 事实上，没有人真的认为锡诺普战役存在不合理行为。——原注

约瑟夫·亚历山大·许布纳伯爵

破仑三世极其好战。在奥地利外交家约瑟夫·亚历山大·许布纳伯爵看来，拿破仑三世倾向和平，但肯定要与英国行动一致。1854年1月4日，法兰西第二帝国与英国的舰队离开比科斯湾，进入黑海①。但直到1854年2月4日，帕维尔·德米特里耶维奇·基谢廖夫伯爵才离开俄罗斯帝国驻法兰西第二帝国大使馆，其同事俄罗斯帝国驻英国大使菲利普·冯·布吕诺伯爵也持护照离开伦敦。即便如此，和平也不是没有任何希望。帕维尔·德米特里耶维奇·基谢廖夫伯爵和菲利普·冯·布吕诺伯爵接到命令，不得远离俄罗斯帝国大使馆。因此，在布鲁塞尔和法兰克福，他们停留了一段时间。1854年2月20日，乔治·汉密尔顿·西摩爵士

---

① 斯特拉特福德·德·雷德克里夫子爵斯特拉特福德·坎宁致克拉伦登伯爵乔治·威廉·弗雷德里克·维利尔斯的信，1863年1月5日，《英国议会记事录》，1854年，第71卷，第808页。——原注

与巴泰勒米·多米尼克·雅克·德·卡斯泰尔巴雅克也分别离开了英国和法兰西第二帝国驻俄罗斯帝国大使馆[①]。1854年2月27日，一名信使向俄罗斯帝国政府递交了法兰西第二帝国及英国政府的最后要求，即俄罗斯帝国必须撤离公国，但没有得到答复。1854年3月27日及1854年3月28日，法兰西第二帝国和英国相继宣战，只有俄罗斯帝国政府没有宣战。其实，早在1854年3月12日，英国和法兰西第二帝国就与奥斯曼土耳其帝国签订了三国同盟条约。

第5节　西摩谈话

经常有人提出疑问，克里米亚战争究竟是不是一个错误。对这个问题，只能用另外一个问题来回答，即奥斯曼土耳其帝国是否值得保护。对此，人们各持己见。但如果大家都认为俄罗斯帝国不该瓜分奥斯曼土耳其帝国，那么就必须同时承认，除了战争别无他法。克里米亚战争真正开始前，俄罗斯帝国对1854年2月17日罗素伯爵约翰·罗素在英国下议院的讲话存有异议。作为回复，英国政府将有关"东方问题"的所有文件作为议会文书发表出来[②]。这些文件中记录了沙皇尼古拉一世和英国驻圣彼得堡大使乔治·汉密尔顿·西摩爵士间有名的谈话。第一次对话在1853年1月9日晚，海伦娜女大公的宫殿集会上。在私下谈话中，沙皇尼古拉一世提及自己与英国政府的良好关系，以及与令人敬仰的阿伯丁伯爵乔治·戈登长达四十年的友谊。随着谈话的深入，乔治·汉密尔顿·西摩爵士请求沙皇尼古拉一世就"奥斯曼土耳其帝国问题发表些许意见，以平息各国的忧虑"。因此，沙皇尼古拉一世"坦率而毫不犹豫"地说道：

> 奥斯曼土耳其帝国形势十分混乱，整个国家似乎正在土崩瓦解，这

---

① 1854年2月13日，卡尔·涅谢尔罗迭伯爵向乔治·汉密尔顿·西摩爵士提供护照。乔治·汉密尔顿·西摩爵士接受了护照，但在英国驻俄罗斯帝国大使馆只待了一个星期，《英国议会记事录》，斯特拉特福德·德·雷德克里夫爵斯特拉特福德·坎宁致克拉伦登伯爵乔治·威廉·弗雷德里克·维利尔斯的信，1863年1月5日，1854年，第71卷，第933页、第944页。——原注
② 《英国议会记事录》，1854年，第71卷，第835页及之后几页。《英国议会记事录》全卷比其他文件或许包括更多历史上最重要的外交文件。——原注

将是很大的不幸,重要的是,英俄两国应该就此事达成良好谅解,在未告知对方之前,双方均不应采取任何决定性的步骤。①

这些谈话十分重要,并有许多暗示。在整个谈话过程中,乔治·汉密尔顿·西摩爵士都表现得极其灵活和谨慎,言辞委婉,以致沙皇尼古拉一世说了一句十分著名的话:

> 我们所要对付的是一个病人——一个病入膏肓的病人。

第二次谈话发生在1853年1月14日,沙皇尼古拉一世召唤乔治·汉密尔顿·西摩爵士私下会面时,对乔治·汉密尔顿·西摩爵士说,俄罗斯帝国对待这个"病人"即便不是非常宽容,也已经足够宽容了,他继续说道:

> 尽管我们都希望此人能长生不老,但他可能突然死在我们手上。因此,我想告诉你的是,与其临时造成混乱,甚至爆发欧洲战争,不如事先做好后事准备……
>
> 现在,我想以一位朋友和君子的身份和你谈话。如果英国与我能就此事达成谅解,其余的事对我来说无关紧要……坦白地说,如果英国想占据君士坦丁堡,我是绝不允许的。我认为你并无此意,但现在最好说清楚。至于我,同样不会将君士坦丁堡据为己有,成为那里的主人,或者占领者,但我不能这么说。当然也可能发生这样的情况:如果事先没有规定,一切顺其自然,那么或许由于环境因素,我可能不得不占领君士坦丁堡。②

---

① 谈话原文是法语,乔治·汉密尔顿·西摩爵士报告上这一段谈话用的是英语。乔治·汉密尔顿·西摩爵士致罗素伯爵约翰·罗素的信,1853年1月11日。《英国议会记事录》,1854年,第71卷,第835页到第846页。——原注
② 上述谈话是从乔治·汉密尔顿·西摩爵士的法语报告原文复制的。——原注

沙皇尼古拉一世的意图明确。实际上，他向英国提议、商定占领君士坦丁堡，并瓜分奥斯曼土耳其帝国。当乔治·汉密尔顿·西摩爵士前来告辞时，沙皇尼古拉一世要求乔治·汉密尔顿·西摩爵士将自己的意见转达给英国政府。1853年2月20日，沙皇尼古拉一世再次谈及这一问题。当听到乔治·汉密尔顿·西摩爵士说在奥斯曼土耳其帝国的末日还没来临前，英国拒绝讨论奥斯曼土耳其帝国的继承问题时，沙皇尼古拉一世表示遗憾，并宣告奥斯曼土耳其帝国将彻底灭亡：

> 我告诉你，病人生命垂危，我们绝不能临时因此事而手足无措。我们必须达成某种谅解。我确信，如果我能与贵国重臣，如阿伯丁伯爵乔治·戈登交谈十分钟，他非常了解我……我们应该能达成谅解。

1853年2月21日，沙皇尼古拉一世与乔治·汉密尔顿·西摩爵士举行第四次谈话。尼古拉一世断言奥斯曼土耳其帝国的灾难即将来临，并且声称已经着手规划大致瓜分奥斯曼土耳其帝国的计划。塞尔维亚与保加利亚独立，并处在俄罗斯帝国的保护下。沙皇尼古拉一世说："至于埃及，我完全明白这一领土对英国的重要性。我只能说，如果奥斯曼土耳其帝国灭亡后要对其进行瓜分，英国可以占领埃及，我绝不反对。"面对诱人的奖赏，乔治·汉密尔顿·西摩爵士不为所动，他说，英国只希望"英属印度与英国间的交通是安全便利的"。1853年4月19日，两人的谈话仍无进展。

沙皇尼古拉一世与乔治·汉密尔顿·西摩爵士的谈话没有继续进行。这些谈话非常清楚地表明，在奥斯曼土耳其苏丹阿卜杜勒·迈吉德一世去世或奥斯曼土耳其帝国发生危机时，沙皇尼古拉一世企图瓜分奥斯曼土耳其帝国的领土。正如1853年2月21日，乔治·汉密尔顿·西摩爵士给罗素伯爵约翰·罗素的报告中提到的，沙皇尼古拉一世认识到，俄罗斯帝国必须通过与英国协商才能达到瓜分奥斯曼土耳其帝国的目的。因此，沙皇尼古拉一世提议与英国分享战利品，但将法兰西第二帝国排除在外。当英国拒绝瓜分奥斯曼土耳其帝国的计划时，骄傲专横的沙皇尼古拉一世决定一意孤行。作为回应，英国发动了克里米亚战争。

1853年2月英国与俄罗斯帝国谈判和1914年7月英国与德意志帝国的谈判有惊人的相似之处。通过乔治·汉密尔顿·西摩爵士给予英国巨大贿赂,沙皇尼古拉一世损害了法兰西第二帝国的利益。1914年,通过英国驻德意志帝国大使爱德华高慎爵士,德意志首相向英国行贿,同样损害了法兰西第三共和国的利益。在这两次事件中,英国都坚持其外交原则,拒绝参与任何旨在打破欧洲均势的阴谋,而法兰西是这一均势的重要组成部分。

第6节 第二次维也纳会议

克里米亚战争参战双方都表现出英雄主义精神,并且在战争过程中坚决遵循荣誉及人道主义的要求。1855年9月8日,英国军队与法兰西第二帝国军队占领塞瓦斯托波尔,克里米亚战争实际已经结束。奥斯曼土耳其帝国、法兰西第二帝国、英国及萨丁王国的同盟军已经达到其军事目的。俄罗斯帝国军队坚守

围攻塞瓦斯托波尔的法军

坚守塞瓦斯托波尔的俄军

塞瓦斯托波尔，最终无力抵抗。为不损耗其军事实力，俄罗斯帝国随即撤军。这清楚地表明，同盟军只有提出不失名誉的和解，俄罗斯帝国才会接受。

事实上，1856年3月，即英国军队与法兰西第二帝国军队占领塞瓦斯托波尔将近六个月后，同盟军与俄罗斯帝国才正式开始进行和平谈判，协商停战协议。但早在攻陷塞瓦斯托波尔前，各中立国家及交战国的外交家们就已经开始讨论和平条款，并达成和解的意向。

在和解过程中，需要解决的第一个困难是俄罗斯帝国对瓦拉几亚和摩尔达维亚公国的占领，正是这一问题导致俄罗斯帝国与奥斯曼土耳其帝国的战争。在两名英国志愿者[①]的指挥下，奥斯曼土耳其帝国奋力坚守锡利斯特里亚。最终，俄罗斯帝国军队围攻失败，多瑙河地区战局朝着有利于奥斯曼土耳其帝国的方向发展。与此同时，奥地利帝国调集军队，防止其在多瑙河和特兰西瓦尼亚

---

① 巴拉德中尉和奈史密斯中尉。——原注

边境各省被俄罗斯军队占据。这一时期,普鲁士王国紧随奥地利帝国。1854年4月20日,普鲁士王国与奥地利帝国签订条约,保障彼此领土安全,并且一致要求俄罗斯帝国从多瑙河各省撤军。普鲁士王国虽然同意签订这一条约,但表现并不积极。俄罗斯帝国想占据瓦拉几亚和摩尔达维亚公国的目标已经很明了,但普鲁士王国与英国的关系开始逐渐疏远。普鲁士王国调回了在英国社会颇受欢迎的克里斯蒂安·查尔斯·约西亚斯·冯·本森,由亲俄派贵族卡尔·冯·格勒本将军继任普鲁士王国驻英国大使。要求俄罗斯军队撤离瓦拉几亚和摩尔达维亚公国领土的文件被普鲁士王国政府推迟向俄罗斯帝国军队发送,目的是希望驻扎

克里斯蒂安·查尔斯·约西亚斯·冯·本森

亚历山大·米哈伊洛维奇·戈尔恰科夫亲王

在多瑙河地区的俄罗斯军队能够占领锡利斯特里亚①。1854年6月3日,当信使带着奥地利帝国与普鲁士王国签订的条约离开维也纳时,俄罗斯帝国军队还在围攻锡利斯特里亚,但奥斯曼土耳其帝国的国旗仍在那里的上空飘扬。接下来是惯常的推诿,这是卡尔·涅谢尔罗迭伯爵及其最杰出的学生亚历山大·米哈伊洛维奇·戈尔恰科夫尤其擅长的技巧。直到1854年8月7日,沙皇尼古拉一世才正式宣布俄罗斯军队撤离瓦拉几亚和摩尔达维亚公国的领地。事实上,自1854年7月7日在久尔久战败后,由于军事原因,俄罗斯帝国军队已经开始逐步从瓦拉几亚和摩尔达维亚公国撤军。

---

① 安托南·德比杜尔:《从维也纳会议到柏林会议期间的欧洲外交史:1814—1878》,第2章,第117页。——原注

1854年8月7日,俄罗斯帝国已经完全从瓦拉几亚和摩尔达维亚公国的领地撤军①,但沙皇尼古拉一世并没有放弃要求奥斯曼土耳其帝国政府承认俄罗斯帝国对奥斯曼土耳其帝国统治下的东正教臣民有特别保护权,同盟军也没有进一步迫使俄罗斯帝国服从他们的要求,甚至没有同盟军的士兵在克里米亚半岛登陆。但由于奥地利帝国正在采取措施申请加入同盟国,因此,俄罗斯帝国受到欧洲更多国家的反对。1854年8月8日,英国驻奥地利帝国大使威斯特摩兰子爵约翰·费恩及法兰西第二帝国驻奥地利帝国大使弗朗索瓦·阿道夫·布尔克内与

约翰·费恩

---

① 1854年6月14日,奥地利帝国与奥斯曼土耳其帝国签订条约,奥地利帝国有权占领瓦拉几亚和摩尔达维亚公国领地直到战争结束,并且奥地利帝国已经派军前往,驻扎在这两个公国。根据1856年3月30日的《巴黎条约》第二十一条,奥地利帝国驻军必须从所有被占领地撤军。第二十一条专门提到了奥地利帝国与奥斯曼土耳其帝国签订的条约。——原注

卡尔·斐迪南·冯·布奥尔·绍恩施泰因伯爵交换公文。公文的内容即是1854年12月28日公布的著名的"维也纳四点"。"维也纳四点"包括：第一，由英国、法兰西第二帝国、俄罗斯帝国、奥地利帝国、普鲁士王国对处在奥斯曼土耳其帝国宗主权下多瑙河地区的摩尔达维亚、瓦拉几亚和塞尔维亚三公国实行集体保护；第二，多瑙河航行自由；第三，对1841年7月13日签署的条约做如下修改，奥斯曼土耳其帝国的存在与欧洲均势体系密切相关，应当结束俄罗斯帝国在黑海地区国占据的优势；第四，俄罗斯帝国放弃对奥斯曼土耳其帝国境内东正教教徒的单独保护权。1854年9月14日，英国、法兰西第二帝国与奥斯曼土耳其帝国的军队在克里米亚登陆。1854年9月20日、1854年10月25日、1854年11月5日，英国军队、法兰西第二帝国军队以及奥斯曼土耳其帝国军队分别在阿勒马、巴拉

阿勒马战场上的英军

英军与俄军在巴拉克拉瓦交战

克拉瓦和英克曼获得胜利,这些胜利激发了奥地利帝国的骑士精神。1854年12月2日,卡尔·斐迪南·冯·布奥尔·绍恩施泰因伯爵与英国及法兰西第二帝国签订《同盟条约》。根据这一条约,如果一年内,各方在"维也纳四点"基础上无法达成和解,奥地利帝国必须主动与英国及法兰西第二帝国就"达到同盟目标的有效手段"进行协商[①]。这就是在克里米亚战争中奥地利帝国所做的一切,其外交方面对英国及法兰西第二帝国几乎没有任何帮助,甚至不能缩短战争片刻。在克里米亚战争中,英国及法兰西第二帝国的军队苦战到底。1855年9月,英国及法兰西第二帝国的军队占领塞巴斯托波尔。第二次维也纳会议真正的成就是在沙皇尼古拉一世帮助平息匈牙利革命后,验证了费利克斯·施瓦岑贝格亲王的预言,总有一天奥地利帝国会因为其忘恩负义而震惊全世界。

1855年1月7日,俄罗斯帝国接受"维也纳四点"作为谈判的基础。因此,一

---

① 爱德华·赫兹莱特:《条约中的欧洲地图:1814年以来欧洲政治和领土的变迁》,巴特沃斯出版社,1875年,第2章,第252条。——原注

段时间内,克里米亚战争交战双方似乎有望在维也纳达成和解。1855年3月15日,在卡尔·斐迪南·冯·布奥尔·绍恩施泰因伯爵主持下,和平会议开幕。

维也纳会议持续近两个半月,但毫无成效。出席会议的不仅有各同盟国驻奥地利帝国的大使,如英国驻奥地利帝国大使威斯特摩兰子爵约翰·费恩及法兰西第二帝国驻奥地利大使弗朗索瓦·阿道夫·布尔克内,还有英国殖民大臣罗素伯爵约翰·罗素和法兰西第二帝国外交大臣爱德华·德律安·德·勒尤伊斯。俄军与同盟军的战斗还没结束,交战双方也没有签订停战协定。俄罗斯帝国驻奥地利帝国大使亚历山大·米哈伊洛维奇·戈尔恰科夫亲王以正式成员的身份参加了谈判。

"维也纳四点"的前两点,即有关多瑙河地区各公国保护和多瑙河航行问题得到俄罗斯帝国的承认。第三点,奥斯曼土耳其帝国的安全问题,由于涉及限制俄罗斯帝国在黑海的军事力量,亚历山大·米哈伊洛维奇·戈尔恰科夫亲王再三犹豫后,最终拒绝接受。这样做不无道理,正如亚历山大·米哈伊洛维奇·戈尔恰科夫亲王所说,俄罗斯帝国作为一个大国,只有在战败后,才会同意限制军力,此时"我们还没到这一步"。亚历山大·米哈伊洛维奇·戈尔恰科夫亲王机智有礼,维也纳会议召开前,他还说过:"我们还没战败,我仍将以大国的名义发言。"这都是事实,由于俄罗斯帝国拒绝使黑海保持中立,同盟军只能继续战斗,直到俄罗斯帝国改变主意,最终证明各同盟国获胜。但奥地利帝国没有参与其中,卡尔·斐迪南·冯·布奥尔·绍恩施泰因伯爵看似强大,立下豪言壮语,却没有行动。最终,戴着眼镜、穿着黑衣的加富尔伯爵卡米洛·本索冲进会场。1855年1月26日,加富尔伯爵卡米洛·本索签订条约,加入英国与法兰西第二帝国的同盟,并派遣一万五千名撒丁王国士兵离开热那亚前往克里米亚。

第7节 巴黎会议

1855年9月8日,外交家亚历山大·米哈伊洛维奇·戈尔恰科夫亲王的堂兄米哈伊尔·德米特里耶维奇·戈尔恰科夫将军从塞巴斯托波尔撤军,各国感到和

米哈伊尔·德米特里耶维奇·戈尔恰科夫

平即将来临。卡尔·斐迪南·冯·布奥尔·绍恩施泰因伯爵想恢复其外交领导地位。有一年夏天，在加施泰因附近的戈林度假时，卡尔·斐迪南·冯·布奥尔·绍恩施泰因伯爵遇到弗里德里希·斐迪南·冯·博伊斯特伯爵，对他说："奥地利现在是多瑙河公国的拥有者。"[①]法兰西第二帝国已经厌倦战争，准备和解，但帕默斯顿子爵亨利·约翰·坦普尔绝不会屈服于奥地利帝国的利己主义而牺牲同盟军的胜利成果，他早已经预见到奥地利帝国政府企图破坏和平[②]。

每一场战争都有许多中立国家愿意出面调停。克里米亚战争也一样，有两位德意志小邦国的大臣出面调解。当时，德意志境内的这些小邦国也有自

[①] 弗里德里希·斐迪南·冯·博伊斯特伯爵：《回忆录》（英译本），1887年，第1章，第141页。——原注

[②] 参见1856年1月24日给时任英国驻奥地利帝国大使乔治·汉密尔顿·西摩爵士的特殊信函。伊夫林·阿什利：《帕默斯顿子爵亨利·约翰·坦普尔的生活和信》，1876年版，第2章，第106页。——原注

路德维希·卡尔·海因里希

己的政策与精神,它们大多不愿受普鲁士王国与奥地利帝国的控制。碰巧多年来,罗曼诺夫家族大都与德意志小国王室联姻。因此,巴伐利亚王国外交大臣冯·德·普福尔腾男爵路德维希·卡尔·海因里希和萨克森王国外交大臣弗里德里希·斐迪南·冯·博伊斯特伯爵才能够在法兰西第二帝国与俄罗斯帝国间进行有效调解。经过两位大使的努力,俄罗斯帝国同意和解,但条件是不支付战争赔偿,也不割让领土。法兰西第二帝国提出,如果黑海能够中立,就同意和解。英国也不愿轻易让步,帕默斯顿子爵亨利·约翰·坦普尔明确向法兰西第二帝国政府表示,英国将继续单独与奥斯曼土耳其帝国一起战斗,这绝不是凭空威胁。占领塞巴斯托波尔时,英国军队正处于最佳状态,特别是在武器和军备方面。最后,交战各国同意在巴黎进行议和。交战各国以"维也纳四点"为基础,增加了修改摩尔达维亚边界的规定。由于对"东方问题"极度关注,又是和解计划的倡导者,奥地利帝国也成为大会成员。

1856年2月25日，巴黎大会召开。1856年4月18日，本次会议闭幕。出席会议的代表有法兰西第二帝国外交大臣亚历山大·克洛纳·瓦莱夫斯基伯爵及法兰西第二帝国驻奥地利帝国大使弗朗索瓦·阿道夫·布尔克内。英国代表为外交大臣克拉伦登伯爵乔治·威廉·弗雷德里克·维利尔斯和英国驻法兰西第二帝国大使考利伯爵亨利·韦尔斯利。奥地利帝国代表为首相卡尔·斐迪南·冯·布奥尔·绍恩施泰因伯爵和奥地利帝国驻法兰西第二帝国大使约瑟夫·亚历山大·许布纳伯爵。撒丁王国代表为首相加富尔伯爵卡米洛·本索和撒丁王国驻法兰西第二帝国公使埃马努埃莱·维拉玛里纳侯爵。参加本次会议的还有奥斯曼土耳其帝国首相穆罕默德·埃明·阿里帕夏。俄罗斯帝国代表为阿列克谢·费奥多罗

穆罕默德·埃明·阿里帕夏

维奇·奥尔洛夫和菲利普·冯·布吕诺伯爵。虽然没有直接参与克里米亚战争，但作为1841年《海峡公约》签字国，1865年3月16日普鲁士王国参加了有关黑海中立化及其他问题的讨论，并且在各项条约上签了字。亚历山大·克洛纳·瓦莱夫斯基伯爵当选为巴黎会议主席，当时负责外交部政治事务的维桑·贝内代蒂伯爵担任会议秘书长。

由于几乎不涉及法律工作及数据统计，也无须进行历史、财政及民族等方面问题的详细探究，巴黎大会轻松完成各项任务。第一项任务是达成停战协议。根据相关协议，停战持续到1856年3月31日。会议通常隔日举行一次，1856年3月14日，法兰西第二帝国皇后欧仁妮·德·蒙蒂若即将分娩。因此，会议一切事务搁置。1856年3月14日到1856年3月18日，大会暂停。3月16日，法兰西皇子拿破仑·欧仁·路易·让·约瑟夫·波拿巴出生。1856年3月18日，本次大会代表纷纷前往杜伊勒里宫探望新出生的法兰西皇子。1856年3月30日13时30分，在法兰西第二帝国外交部，各国签订条约。

最终，各国达成和解。俄罗斯帝国不必支付战争赔款。按战前领土范围，奥斯曼土耳其帝国恢复领土。但有一个例外，即根据条约第二十条，俄罗斯帝国将

巴黎大会的各国代表

欧仁妮·德·蒙蒂若与皇子拿破仑·欧仁·路易·让·约瑟夫·波拿巴

比萨拉比亚沿普鲁特河下游到多瑙河最北端河口一带领土割让摩尔达维亚公国。因此,俄罗斯帝国失去根据1829年签署的《阿德里安堡条约》获得的多瑙河三角地带,以及基利亚河口北岸与普鲁特河下游东岸的领土。虽然俄罗斯帝国割让领土,但条约中没有任何强迫的意图。条约第二十条只是说明,俄罗斯帝国修订比萨拉比亚边界是为与同盟国交换克里米亚的城镇①。正如后来，弗朗索瓦·阿道夫·布尔克内对弗里德里希·斐迪南·冯·博伊斯特伯爵所说："1856年3月30日的条约没有明显地表明谁是胜利者，谁是失败者。"②

条约第十一条确定黑海中立，并且向所有国家商船开放，但禁止任何国家军舰进入黑海。对此，条约第十三条规定在黑海海岸，俄罗斯帝国与奥斯曼土耳其帝国不得设立任何海陆军工厂。

对俄罗斯帝国这样的大国来说，这项禁令是极大的制约。俄罗斯帝国如此轻易接受这一条款，是否真如精明的弗里德里希·斐迪南·冯·博伊斯特伯爵在写给卡尔·涅谢尔罗迭伯爵的信中所说："禁止一个拥有八千万人口的帝国在自己的水域拥有战舰，是违背常理的。"③事实上，这项禁令仅维持了十五年。

黑海中立是项特殊条款，目的是保障奥斯曼土耳其帝国不受俄罗斯帝国的威胁。对此，条约第七条是项普通条款。这一条款宣告，奥斯曼土耳其帝国加入欧洲公法及欧洲协调体系，以此保证奥斯曼土耳其帝国的独立及领土完整。

条约第九条规定，所有签字国声明放弃一切共同或单独干涉奥斯曼土耳其帝国政府与其臣民关系的权利。因此，俄罗斯帝国对奥斯曼土耳其帝国的保护权问题得以解决。与此同时，各国接受1856年2月18日，奥斯曼土耳其苏丹阿卜杜勒·迈吉德一世出于自发意志发布的敕令："一贯关心臣民福祉。"与其他敕令一样，这份敕令包含一系列令人敬佩的改革措施，如信仰自由、平等纳税等。但如果没有列强对这份敕令的保障，只按照奥斯曼土耳其苏丹阿卜杜勒·迈吉德一世的个人意志施行，那么这份敕令也就毫无价值。

第十五条扩大了《维也纳条约》有关国际河流自由航行的权利，规定多瑙河对所有国家开放。为方便通航，成立了由包括英国、奥地利帝国、法兰西第二帝国、俄罗斯帝国、普鲁士王国、撒丁王国及奥斯曼土耳其帝国在内的所有条约签

---

① 条约第二十条规定"为了交换该条约第四条所列城镇、港口和领土，更加充分地保障多瑙河航行自由，俄罗斯沙皇同意修订俄罗斯帝国在比萨拉比亚的边界，新的边界从黑海开始。……"——原注
② 弗里德里希·斐迪南·冯·博伊斯特伯爵：《回忆录》，伦敦，1887年，第1章，第144页。——原注
③ 弗里德里希·斐迪南·冯·博伊斯特伯爵：《回忆录》，伦敦，1887年，第1章，第142页。——原注

字国组成的国际管理委员会，负责疏通多瑙河河口及伊萨克恰以下所有必要的技术工作。

条约第二十二条保障在奥斯曼土耳其帝国宗主权下，瓦拉几亚和摩尔达维亚公国的所有特权，任何担保国都无权对瓦拉几亚和摩尔达维亚公国行使单独保护权。与此同时，这一条还确认塞尔维亚大公国的特权，并由签约各国集体对其提供保障。

最后，根据和平预备条款中与"维也纳四点"合并的一项规定，条约对各国处理欧洲一般事务也做出规定。其中一项条款与主约合并，具有与主约各条相同的效力。根据此项规定，俄罗斯帝国承诺不在阿兰群岛设立任何军事设施，以保障瑞典王国首都斯德哥尔摩的安全。

大会的第二个问题是讨论如何通过调解防止战争发生。政治家们认为，如果即将交战双方将争端提交第三方仲裁，即使仲裁不能完全化解双方的矛盾，那么经过拖延，双方经过冷静思考，战争或许可以避免。1856年4月14日，欧洲各国在巴黎会议签订的第二十三号议定书中表达了这一愿望："国与国出现严重分歧时，在动用武力前，只要情况允许，可以诉诸某一友好国家进行调解。"根据此议定书，1866年与1870年英国政府分别呼吁采用第三方仲裁的方法进行调解，但均无结果①。

这次巴黎大会通过的比较有效的一项文件是《航海法宣言》。利用这一机会，欧洲各国解决了战时中立贸易这一长期存在的问题。英国又一次受到各国攻击，但像往常一样，英国政府极力为《航海法宣言》辩解，以免失去其一直行使的权利，即禁止中立国与其交战国进行海上贸易。到这次巴黎大会召开时，法兰西还没有摆脱1780年及1800年"武装中立"的阴影。即便英国最终失去部分禁止中立贸易的权利，但在封锁对方军舰及私掠船②方面也有所收获。因为英国海军极其强大，在海上，英国海军足以对交战另一方的船进行有效封锁，无须私

---

① 在巴黎大会上，议定书的"愿望"是由克拉伦登伯爵乔治·威廉·弗雷德里克·维利尔斯提出的。根据《巴黎条约》第八条，奥斯曼土耳其帝国与任何签约国间的争端均须强制使用该"愿望"。如果出现危机，在动用武力前，争端各方必须将有关问题提交其他缔约方审议。——原注
② 指战时特准掠捕对方商船的武装民船。

掠船进行援助。1856年4月16日，各国签订《巴黎宣言》，内容包括：第一，应当废除私掠船行为。第二，中立国的船可以运载交战国用品，禁运品除外。第三，不得没收交战国船内的中立国货物，禁运品除外。第四，海上封锁的约束力必须是有效的，即必须动用足够兵力防止交战各国进入对方海岸。还有一件事必须注意。1856年4月8日，在解决俄罗斯帝国与奥斯曼土耳其帝国的问题后，巴黎会议的代表们正在随意讨论欧洲事务，克拉伦登伯爵乔治·威廉·弗雷德里克·维利尔斯突然猛烈抨击意大利的政治形势。虽然没有通过任何决议，但关于意大利的政治形势，克拉伦登伯爵乔治·威廉·弗雷德里克·维利尔斯的言论及亚历山大·克洛纳·瓦莱夫斯基比较温和的评论都记录在"议定书"上。因此，意大利问题又摆在欧洲各国政治家面前。

第 2 部分

意大利的统一

第 11 章

意大利：从维也纳会议到 1848 年革命的失败

拿破仑战争期间，意大利部分地区被法兰西第一帝国吞并，部分地区建立"罗马王国"，由法兰西第一帝国直接控制，那不勒斯和西西里王国由若阿基姆·缪拉统治，但处在法兰西第一帝国控制范围内。事实上，意大利此时虽然在政治上没有成为一个真正的统一体，但至少在近代，它第一次在一定程度上达到政治上的统一。整个亚平宁半岛实行的都是开明的法兰西第一帝国式的管理。来自意大利各地的士兵加入拿破仑·波拿巴的军队共同作战，甚至在中世纪无数次领土分裂中从没消失的民族意识也变得更加强烈而鲜明。

维也纳会议上，欧洲各国彻底清除了法兰西第一帝国在意大利的势力，却使意大利受另一个强国——奥地利帝国的控制。奥地利帝国不仅获得伦巴第[①]，还得到意大利地区领土广阔的威尼斯。各国归还了1797拿破仑·波拿巴根据《坎波福尔米奥条约》给予奥地利帝国的巨大贿赂。

在许多方面，意大利已经恢复到18世纪时的状态。教皇庇护七世复辟了教皇国，以那不勒斯国王斐迪南一世为代表的旧的波旁王朝也恢复了对两西西里王国的统治[②]。哈布斯堡王朝的一个后代分支再次统治了托斯卡纳地区。埃斯特

[①] 1715年到1797年，奥地利帝国曾统治伦巴第。——原注
[②] 1816年，那不勒斯国王斐迪南一世宣布那不勒斯王国与两西西里王国合并，成为两西西里王国，斐迪南一世成为第一任国王。

玛丽·路易丝皇后

家族回到摩德纳公国进行统治。帕尔马公国留给拿破仑·波拿巴的第二任妻子奥地利的玛丽·路易丝皇后统治[①]。撒丁-萨伏依王国夺回皮埃蒙特,并且将其并入包括斯佩齐亚的古老的热那亚共和国。因此,中世纪意大利城市国家仅剩圣马力诺共和国。

两西西里岛王国包括西西里岛及亚平宁半岛南部大陆,其北部边界距离罗马只有五十到六十英里。教皇国占据意大利中部大部分地区,向北延伸至波河,大致分为以下几个部分:第一,罗马居中的圣彼得继承产业;第二,翁布里亚;第三,位于亚平宁山脉的亚得里亚海边的马尔凯的安科纳地区;第四,博洛

---

① 1847年,奥地利的玛丽·路易丝去世后,公国归波旁公爵查理二世所有。——原注

尼亚、拉韦纳、弗利和费拉拉的教皇公使属地。教皇国的总面积在一万五千到一万六千平方英里之间，人口三百万，实行仁爱守旧的专制统治，没有颁布宪法。随着时间的推移，这一政权越来越不符合时代的要求。

托斯卡纳大公国是意大利中部另一大国，有着悠久的佛罗伦萨美第奇家族及18世纪实施开明君主专制的哈布斯堡家族曾统治过这里。摩德纳公国及帕尔马公国变得微不足道，因为一系列条约的签订，这两个公国实际已经成为奥地利帝国的附庸国。波河以北唯一独立的邦国是撒丁王国，其领土有萨伏依、现属法兰西第三共和国的尼斯、皮埃蒙特，并且一直向东延伸到提契诺，包括波河以南，处于亚平宁山脉与热那亚湾间的热那亚群岛南部领土。提契诺以东是伦巴第，即米兰。伦巴第人口众多，土地肥沃，由曼托瓦、加尔达渔村、维罗纳和莱尼亚戈构成著名的四边形炮台保护。伦巴第和威尼斯以明乔河为界。

法兰西第二帝国向意大利北部扩张的野心仍然令人担忧。或许在战略上，将奥地利帝国领土扩展到阿尔卑斯山脉南部的想法是十分合理的。但19世纪的经验表明，欧洲的安全并没有受到法兰西第二帝国的威胁。维也纳会议对意大利的严格划分导致的结果是，随后五十年，意大利政治动乱接连不断，各邦国都实行专制统治，并且都没有宪法①。

1815年到1848年，在一些学者和文人的倡导下，意大利民族精神被唤醒。体弱多病的天才贾科莫·莱奥帕尔迪优美而极度伤感的诗歌更加激发了意大利人民对现状的不满。1837年，政治曙光到来前，年轻的诗人贾科莫·莱奥帕尔迪在那不勒斯去世。亚历山德罗·曼佐尼伯爵的著名历史小说，1825年出版的《约婚夫妇》使17世纪的意大利变得家喻户晓。温琴佐·焦贝蒂是一位神父，哲学家，政治家，其1843年的著作《意大利人的道德和公民卓越》使意大利人民认识到，自己的国家虽然四分五裂，受人压迫，但仍然是一个伟大的民族。到1843年，从米兰到那不勒斯歌剧院里的意大利观众都声称朱塞佩·威尔第是属于意大利全民族的伟大作曲家。当他们欢呼"威尔第万岁"的时候，实际上等于欢呼

---

① 1847年到1848年，除奥地利帝国控制各省及两西西里王国外，意大利境内所有邦国都有了钦定宪法。——原注

朱塞佩·马志尼

"意大利国王维托里奥·埃曼努埃尔二世万岁"。更重要的影响来自热那亚的朱塞佩·马志尼,他点燃了意大利人民的爱国热情。1831年,朱塞佩·马志尼在马赛创立"青年意大利党"①,它是在"烧炭党"秘密协会基础上改进而来的。从那时起,朱塞佩·马志尼就成为意大利统一运动不屈不挠的组织者和宣传者。他不遗余力,历尽艰辛,百折不回,牺牲一切,为追求意大利的解放和统一,甚至放弃热爱的共和主义。

这就是革命前的意大利,一个分为许多小国,在君主专制统治下基本安定的地区。然而,但丁·阿利吉耶里和尼科洛·马基雅维利渴望意大利全民族统一

---

① 克莱门斯·冯·梅特涅让朱塞佩·马志尼离开意大利。——原注

的思想激励着所有意大利人。正在这时,新教皇庇护九世上任,其工作似乎就是阻止革命到来,以免威胁到他的国家。

1846年,乔瓦尼·玛丽亚·马斯塔伊-费雷蒂①当选教皇,时年五十四岁。三十五岁时,他成为大主教。1824年,他曾代表教皇国政府访问智利。他所受的教育、他的政治经验,以及旅行经历都为他后来成为一名政治家创造了条件。因为他倾向自由主义,所以奥地利帝国非常惧怕他的激进思想,并反对他当选教皇。但由于带着奥地利帝国政府指示的米兰大主教晚了十二个小时才到达罗马,此时,乔瓦尼·玛丽亚·马斯塔伊-费雷蒂当选教皇已经成为既定事实。

庇护九世

① 教皇庇护九世。

教皇庇护九世立刻就表现出自己是热衷改革的教皇。1848年3月，教皇庇护九世颁布《基本法》，为教皇国建立了由两院组成的立法机关，两院成员分别由提名和选举产生。顿时，他成了意大利的偶像，受到朱塞佩·马志尼及其他改革者的热烈拥护。事实上，如果教皇庇护九世能全身心投入到革命运动，那么肯定会成为意大利国家民主联盟的领导人。但要达到这个目的，教皇庇护九世就必须参加对奥地利帝国的民族战争。教皇庇护九世是不会这样做的。

最早发起意大利统一运动的是撒丁王国国王查理·阿尔伯特。1848年2月，法兰西王国爆发革命，路易·腓力一世退位。随后，维也纳也爆发革命，保守主义最坚定的拥护者克莱门斯·冯·梅特涅逃亡。意大利革命的时机已经成熟。

撒丁王国国王查理·阿尔伯特

库斯托扎战役

1848年3月，撒丁王国国王查理·阿尔伯特号召所有意大利爱国人士加入他的军队，并且向奥地利帝国宣战。米兰和威尼斯已经揭竿而起，并且赶走了当地的奥地利帝国驻军。当撒丁王国国王查理·阿尔伯特率军越过提切诺河时，即便是参加过拿破仑战争，已经八十岁的奥地利英雄约瑟夫·拉德茨基·冯·拉德兹元帅也难以抵挡撒丁王国军队的进攻。在明乔河的戈伊托，约瑟夫·拉德茨基·冯·拉德兹元帅指挥的军队战败，不得不放弃佩斯基耶拉要塞，退守维罗纳。但1848年7月，约瑟夫·拉德茨基·冯·拉德兹元帅得到大批奥地利帝国援军，发起反攻。1848年7月25日，在维罗纳西南十英里的库斯托扎，他率军击溃了撒丁王国的军队。1848年8月4日，约瑟夫·拉德茨基·冯·拉德兹的军队再次占领米兰。

战争初期，撒丁王国国王查理·阿尔伯特的军队步步为营，成功击退奥地利帝国的军队时，教皇庇护九世似乎被意大利争取民族自由的激情感动。乔瓦

马米亚尼伯爵泰伦齐奥

尼·杜兰多将军率领教皇国军队驻扎在教皇公使领地。乔瓦尼·杜兰多将军是一位爱国者,与解放时期的许多士兵一样,曾在西班牙王国和葡萄牙王国的宪政军队中服役。约瑟夫·拉德茨基·冯·拉德兹元帅在戈伊托战败后,乔瓦尼·杜兰多将军主动出击,越过波河,向威尼斯进军,切断了奥地利帝国军队的运输线。此时,教皇庇护九世手下的一位开明政治家、罗维雷的马米亚尼伯爵泰伦齐奥想趁机加入对奥地利帝国的战争,迫使教皇庇护九世完全投入到意大利民族运动中去。但教皇庇护九世不愿这么做,既然选择背弃未来,就只能维持旧政权。教皇庇护九世下令召回乔瓦尼·杜兰多将军,但乔瓦尼·杜兰多将军宁愿选择到撒丁王国军队继续作战也不愿放弃。意大利统一运动似乎面临失败。1848年8月9日,撒丁王国国王查理·阿尔伯特欣然接受英国和法兰西第二共和国政府调解达成的停战协议[1]。

---

[1] 尼科梅德·比安基:《意大利欧洲外交史》,1869年,第5章,第317页到第320页。——原注

教皇庇护九世拒绝向奥地利帝国宣战,导致出现罗马问题。1848年11月,教皇国爆发革命。教皇庇护九世不得不逃往两西西里王国的加埃塔,宣布成立共和国。1849年3月,受到罗马革命胜利的鼓舞,撒丁王国国王查理·阿尔伯特又重新拿起武器,但1849年3月23日,仅战斗四天后,在诺瓦拉,撒丁王国国王查理·阿尔伯特的军队被老练的约瑟夫·拉德茨基·冯·拉德兹元帅彻底击败。

诺瓦拉战役的失败标志着第一次意大利独立战争的结束,但在意大利仍有许多事情亟待解决。在朱塞佩·马志尼和朱塞佩·加里波第领导下,罗马共和国

朱塞佩·加里波第

违抗教皇庇护九世。在英勇的达尼埃莱·马宁领导下,威尼斯继续抵抗奥地利帝国军队的围攻。对意大利革命还没有进行清算,正因为如此,外交史才有东西可记载,即所谓"偃武修文"。

第 12 章

对 1848 年革命的清算

1849年3月23日，当撒丁王国军队在诺瓦拉战败时，罗马共和国的军队仍然战斗力十足。在威尼斯，达尼埃莱·马宁的军队还没战败。此外，撒丁王国的军队和奥地利帝国的军队还处在僵持状态。但显然，战斗已经不会持续太久。在维也纳，奥地利帝国的军队即将战胜匈牙利的起义军。在意大利，约瑟夫·拉德茨基·冯·拉德兹元帅的军队已经占据极大的优势，意大利革命正在走向失败。唯一的问题是，这次革命的失败对意大利民族解放运动是致命的，但是意大利的民族解放运动还有东山再起的希望。

撒丁王国要做的第一件事是必须停止与奥地利帝国作战，这是不到最后时刻不得不接受的极苛刻的条件。为达到停战，撒丁王国国王查理·阿尔伯特采取关键的一步。在诺瓦拉遭受失败的那天夜晚，撒丁王国国王查理·阿尔伯特主动宣告退位。他曾为把意大利从奥地利帝国的压迫中解放出来而战，现在却为这一事业而殉道。隐退到葡萄牙王国数月后，1849年7月28日，撒丁王国国王查理·阿尔伯特在波尔图去世。

撒丁王国国王查理·阿尔伯特向来以奥地利帝国为敌，但继承其王位的维托里奥·埃曼努埃尔二世没有这样的偏见。即位时，维托里奥·埃曼努埃尔二世二十九岁，不苟言笑，性格孤僻。他憎恨都灵宫廷的繁文缛节，经常去阿尔卑斯

阿德莱德女大公

山脉的家乡打猎。作为一名士兵，在1848年和1849年的战争中，撒丁王国国王维托里奥·埃曼努埃尔二世表现得积极勇敢，但他没有参与过任何政治活动。撒丁王国国王维托里奥·埃曼努埃尔二世的家庭与奥地利帝国和托斯卡纳大公国的宫廷都有联系，他本人是托斯卡纳大公利奥波德二世的侄子，与奥地利的阿德莱德女大公联姻。因为这些关系，加上英国与法兰西第二共和国对其外交上的支持，他才能够在不遭受重大损失的情况下与奥地利帝国讲和。

撒丁王国国王维托里奥·埃曼努埃尔二世需要做的第一件事是达成停战协议，为此他必须付出高昂的代价。根据1849年3月26日签署的公约，奥地利帝国将占领提契诺和塞西亚河间的撒丁王国领土，并且派兵驻守亚历山德里亚要塞。如果这样，将证明撒丁王国外交的彻底失败，并且再无作战的可能。

但撒丁王国国王维托里奥·埃曼努埃尔二世的政府不愿屈服。虽然撒丁王国国王维托里奥·埃曼努埃尔二世的军队作战失败,但并没有失去威望。阿道夫·梯也尔说:"皮埃蒙特人以为自己是诺瓦拉战役的获胜者吗?"事实上,他们似乎真是这么认为的。撒丁王国新任内阁总理马西莫·达·阿泽利奥也没有表现出任何想做被征服者的打算。

正是马西莫·达·阿泽利奥将自己的国家从困境中解救出来的。1798年,马西莫·达·阿泽利奥出生在都灵一个古老贵族家庭。早年,他曾参加意大利民族解放运动。他的父亲曾担任撒丁王国驻教皇国大使。作为一名山水画家,马西

马西莫·达·阿泽利奥

维托里奥·埃曼努埃尔二世

莫·达·阿泽利奥在罗马小有成就，他创作的历史小说激发了意大利人的民族精神。1848年战争期间，马西莫·达·阿泽利奥在维琴察战役中受伤。撒丁王国国王维托里奥·埃曼努埃尔二世请求他担任首相时，他的伤口还没痊愈。意大利人认为马西莫·达·阿泽利奥是一位热心的爱国者和渴望民族自由的人。因为马西莫·达·阿泽利奥是贵族，思想不偏激，没有参加任何秘密政治团体，也没参与任何阴谋活动，所以奥地利帝国政府对马西莫·达·阿泽利奥没有恶意。马西莫·达·阿泽利奥直率、慷慨、勇敢、坚定、有教养，是领导撒丁王国摆脱困境的最佳人选。

事实上，有一个可以让奥地利帝国比撒丁王国更容易接受的和解办法。奥地利帝国虽然赢得了这场战争，但统治并不稳固。匈牙利人民的革命还没平息，威尼斯仍在抵抗奥地利帝国的入侵，罗马共和国还在违抗教皇庇护九世。法兰西的革命党对意大利表示深切的同情。早在一年前,即1848年3月5日,法兰西的革命党就发表著名宣言,声明《维也纳条约》不复存在,这份条约规定的国境线必须彻底修订。皮埃蒙特一直被法兰西第二共和国军界及政界视为其与奥地利帝国的缓冲地带。在奥地利帝国与撒丁王国战争的整个过程中,法兰西第二共和国的军队一直驻守在阿尔卑斯山脉一带。最终,奥地利帝国不得不与英国外交部进行交涉。当时,帕默斯顿子爵亨利·约翰·坦普尔领导下的英国外交部公开对意大利及匈牙利表示同情,帕默斯顿子爵亨利·约翰·坦普尔充满激情的演说及相关文件让人感觉似乎英国随时都有对奥地利帝国动用武力的可能。

不出所料,在及时权衡利弊后,接替克莱门斯·冯·梅特涅奥地利帝国首相职位的费利克斯·施瓦岑贝格亲王决定停止与撒丁王国的战争,并以恢复战前状况为条件寻求与撒丁王国和解。奥地利帝国军队将从意大利撒军,结束匈牙利战争,为随后解决意大利问题赢取了时间①。因此,经过英国与法兰西第二共和国的调解,撒丁王国与奥地利帝国和解。根据1849年8月6日签署的《米兰条约》,撒丁王国不用割让领土,只需向奥地利帝国支付七千五百万法郎的赔款。奥地利帝国政府原本希望以废除已故撒丁王国国王查理·阿尔伯特1848年颁布的宪法作为交换条件减少撒丁王国的赔款,但撒丁王国国王维托里奥·埃曼努埃尔二世拒绝接受这笔交易。即便如此,撒丁王国议会仍然认为与奥地利帝国和解的代价太大,拒绝批准《米兰条约》。这导致撒丁王国议会被解散两次,直到温和派占据多数议席,这一条约才在撒丁王国议会通过。1849年12月20日,撒丁王国批准接受《米兰条约》。

在军事上,如果意大利第一次解放战争遭遇失败,那么在政治上,意大利获得了巨大成功。教皇庇护九世实际已经无力承担统一意大利的责任,统一意大利唯一可能的领袖是撒丁王国,他们为这一事业承担了一切风险。此外,撒丁王国国王维托里奥·埃曼努埃尔二世坚决拒绝废除自由宪法,赢得了共和派爱国者的尊重和信任。从此,撒丁王国作为意大利唯一自由和真正独立的国家,成为所

---

① 皮埃尔·德·拉·戈尔斯认为,如果当时费利克斯·施瓦岑贝格亲王没有去世,"他无疑会接纳或使其弱小的对手即撒丁王国屈服"。皮埃尔·德·拉·戈尔斯:《法兰西第二帝国史》,第2章,第267页。——原注

诺瓦拉战役

有爱国者的避难所和集结点。在《米兰条约》签订前,马西莫·达·阿泽利奥就想迅速扩大领土,吞并帕尔马公国及皮亚琴察,并与托斯卡纳大公国建立关税同盟①。正是这种几经考验的精神,最终使意大利人民在罗马实现完全统一。

1849年,意大利发生了两大事件,即诺瓦拉战役和保卫罗马共和国。现在要讨论的是第二件事,正因为这件事,罗马被法兰西第二共和国占领,意大利的统一受到阻碍,拿破仑三世企图削弱奥地利帝国,打破维也纳体系的目的被粉碎。

1848年3月5日发表的《拉马丁宣言》体现了法兰西第二共和国革命党对意大利爱国者的同情和善意。但作为法兰西第二共和国政府,这种关心表现在外交上主要是针对皮埃蒙特和伦巴第的。诺瓦拉战役使法兰西第二共和国为皮埃蒙特的安全担心,因为它是伦巴第的重要屏障。为防止法兰西王国对意大利北

---

① 1849年7月16日文件。皮埃尔·德·拉·戈尔斯:《法兰西第二帝国史》,第2章,第268页比较尼科梅德·比安基:《意大利欧洲外交史》,第5章,第589页。马西莫·达·阿泽利奥致帕默斯顿子爵亨利·约翰·坦普尔的信,1850年7月6日。——原注

部领土扩张的野心复燃,维也纳会议有意将奥地利帝国的军队安置在伦巴第。法兰西第二共和国自然不愿让奥地利帝国再靠近意大利。因此,诺瓦拉战役后,法兰西第二共和国通过议案,为保证皮埃蒙特的完整,法兰西第二共和国的军队或许有必要占领意大利的某些地区①。拿破仑三世利用这一权利做了他极不平凡的政治生涯中最令人震惊的一件事。1848年12月,拿破仑三世当选为法兰西第二共和国总统,很大程度上这是他获得了国内天主教教徒的选票并获得教徒阶层支持的结果。他既不能冒犯教皇绝对权力派,也不愿让奥地利帝国恢复教皇庇护九世在罗马的权威,更不愿让奥地利帝国占领意大利大部分领土。因此,由拿破仑三世的元帅尼古拉·乌迪诺的儿子夏尔·乌迪诺将军率领的远征军被派往奇维塔韦基亚。1849年4月25日,夏尔·乌迪诺将军在奇维塔韦基亚登

夏尔·乌迪诺

① 1849年3月30日。——原注

陆后,立即向罗马发起进攻,但遭到罗马守军的拼死抵抗。1849年4月30日,法兰西第二共和国的军队被击退。随后,夏尔·乌迪诺将军等待后续增援。与此同时,还有三方力量,即奥地利帝国、两西西里王国及西班牙王国的军队,为恢复教皇庇护九世的荣耀,从不同方向向罗马逼近。

拿破仑三世惯用迂回手段,对一个政治事件通常至少会准备两种策略。这次,他派遣法兰西第二共和国外交界富有经验的斐迪南·德·莱塞普与罗马共和国政府进行谈判。斐迪南·德·莱塞普熟练地完成他最后一次外交使命,成功与朱塞佩·马志尼签订协约。依据此协约,1849年5月31日,法兰西第二共和国的军队对罗马实行保护,但不占领罗马。这样,法兰西第二共和国的军队将罗马从奥地利帝国及两西西里王国军队的控制下解救出来。

但这一协约不久就遭到破坏。1849年5月中旬,法兰西第二共和国议会举行选举,同情教皇派的议员人数增加。拿破仑三世看到了登上皇位的机会。因此,他不再重用斐迪南·德·莱赛普[①],否认与朱塞佩·马志尼签订的协约,并命令夏尔·乌迪诺将军进攻罗马。经过1849年6月的防守,罗马沦陷,朱塞佩·马志尼与朱塞佩·加里波第不得不逃往亚平宁山脉。通过武力,法兰西第二共和国重新建立教皇国政府。从此,法兰西第二共和国开始长期占领罗马。

罗马沦陷后,在达尼埃莱·马宁领导的起义军坚守五个月后,1849年8月24日,威尼斯沦陷,达尼埃莱·马宁将他伟大的一面永远留给世人。后来,他成为一名教师,在巴黎去世。

---

① 从此,斐迪南·德·莱塞普再也没从事外交工作。——原注

第13章
困扰欧洲的意大利问题

"意大利自建"是撒丁王国国王查理·阿尔伯特在其1848年的宣言中提出的,但这一政策没能成功。意大利统一运动的第二阶段是1859年的战争。这一次,在外交方面,意大利做了精心准备。无论是驱逐奥地利帝国,调节共和派、联邦制拥护者及意大利境内各地的地方利益,还是对付意大利统一的一大障碍,即教皇国的权力,都需要强有力的盟友援助及欧洲舆论的支持。经过加富尔伯爵卡米洛·本索的不懈努力,这些必备条件都已经具备。即便如此,作为一个中等国力的国家,撒丁王国面临的困难似乎难以克服,但除了外交和战争,运气也是极其重要的因素。皮埃尔·德·拉·戈尔斯说:"我们不知道哪种因素最重要,到底是当事者的聪明才智决定了整个事件,还是令人难以置信的运气起了关键作用。"①

决定意大利命运的正是加富尔伯爵卡米洛·本索。但很少有人能认出那个时代的这位大外交家,这位矮小、壮实、近视眼、穿着黑衣的皮埃蒙特的议会代表。加富尔伯爵卡米洛·本索虽然身材矮小,但举止沉稳,和蔼可亲,是和他从事同类工作的人中最具雄心抱负,也是思想最深刻的一位。1810年,加富尔伯爵卡米洛·本索出生在都灵。与年轻时的皮埃蒙特贵族一样,他在军队接受教育,并

---

① 皮埃尔·德·拉·戈尔斯:《法兰西第二帝国史》,第2章,第262页。——原注

加富尔伯爵卡米洛·本索

且曾是工兵少尉。1831年,他离开军队后就再没有从军。加富尔伯爵卡米洛·本索虽然体力不足,但头脑灵活。通过阅读、交谈和旅行,他获得渊博的知识,并且深谙人事,办事井井有条。在日内瓦、巴黎和伦敦,加富尔伯爵卡米洛·本索感觉最自在,但他鄙视许多在国外生活的意大利人,称这种人为"空谈的思想家"。回到皮埃蒙特后,加富尔伯爵卡米洛·本索借钱购买土地进行耕种,想从中获利。在这件事上,他就像做任何事一样尽心尽力。在铁路建筑、灌溉计划和银行业,加富尔伯爵卡米洛·本索也同样在行。随后,他很快又转向新闻业。1847

年，他在都灵创办《光复报》，支持英国的自由君主立宪制模式。这一思想对撒丁国国王查理·阿尔伯特颁布《基本法》产生极大影响。在第一次意大利解放战争中，加富尔伯爵卡米洛·本索没有机会表现出其政治才能。1850年，他加入马西莫·达·阿泽利奥的内阁，担任农业大臣。1852年，加富尔伯爵卡米洛·本索成为撒丁王国首相。此前，加富尔伯爵卡米洛·本索早已下定决心，要成为统一的意大利王国首相[1]。皮埃尔·德·拉·戈尔斯将加富尔伯爵卡米洛·本索经过长期努力把撒丁王国变成统一的意大利王国所做的计划及完成的过程清楚地划分为三个步骤[2]。第一个步骤是制造一个"意大利问题"。第二个步骤是向欧洲郑重宣布"意大利问题"。第三个步骤是寻求一个强大盟国的帮助，以便迅速驱逐奥地利帝国在意大利的势力来解决"意大利问题"。虽然每一步都面临极大困难，但每一步都取得圆满成功。

　　第一步或许最简单，但同样需要付出极大的努力。加富尔伯爵卡米洛·本索上任撒丁王国首相时，意大利问题还没出现。1850年前的英国报纸很少报道意大利受压迫的情形，所以英国民众在1848年到1849年的战争期间无法确定应该更同情奥地利帝国还是撒丁王国。乔治·梅瑞狄斯的小说《维特多利亚》虽然是后来创作的，但代表着一位亲历战争、积极拥护自由者的观点。这部小说还描绘出一幅奥地利帝国军队与意大利爱国者战斗的生动画面。但1850年后，意大利问题日见凸显，并且开始听到欧洲寻求解决问题办法的呼声。这在很大程度上是外交努力的结果，也是政治家对新闻记者的鼓励和引导的结果。这一政策从马西莫·达·阿泽利奥担任首相时开始实行。加富尔伯爵卡米洛·本索继任首相后，继续灵活执行这一政策。都灵成为来自那不勒斯、罗马、佛罗伦萨、伦巴第、威尼斯等地，无法在自己邦国生活的意大利爱国者的避难所，都灵人都为同胞真实和想象中的不满感到愤怒，期望欧洲为他们所受的不公正待遇进行裁决。意大利人善于口头及书面表达，许多在都灵避难的意大利爱国者都受过良

---

[1] 菲利波·萨塞蒂：《已出版和未出版的信》，第1卷，第287页；皮埃尔·德·拉·戈尔斯：《法兰西第二帝国史》，第2章，第278页。——原注

[2] 菲利波·萨塞蒂：《已出版和未出版的信》，第2卷，第287页；皮埃尔·德·拉·戈尔斯：《法兰西第二帝国史》，第2章，第278页、第285页。——原注

好教育，其中有些人成为优秀的《泰晤士报》和《晨报》及对欧洲大陆自由派产生很大影响的《比利时独立报》等报社的外国记者。作为首相，加富尔伯爵卡米洛·本索只是向这些欧洲著名报纸的意大利籍记者提供自己可能提供的鼓励与帮助，但无须支付报酬，就得到了他们撰写的新闻报道。

在这场竞赛中，奥地利帝国根本没有机会获胜。用文字进行攻击当然要比口头辩护容易。况且，奥地利帝国辩护的无非是其专制主义、官僚政治及宗教的党同伐异。此外，奥地利帝国也没有像都灵那批悠闲而能写的避难者一样的文人记者。英国和法兰西第二帝国也无人愿听奥地利帝国的任何说辞。因此，当时只要读过维多利亚时代报纸的人，都知道意大利遭受的压迫。《泰晤士报》和《晨报》中有关意大利的报道被仔细摘录下来，刊登在加富尔伯爵卡米洛·本索在都灵创办的报纸上，以便激发那些缺乏爱国热情的同胞对加富尔伯爵卡米洛·本索工作的支持。

这些欧洲著名报社记者对意大利受压迫状况的描述激起了欧洲各国人民对意大利的同情，更使意大利得到各国政府的同情。英国自由党议员大都有良好的教养，游历各国，了解罗马、那不勒斯和威尼斯的真实情况，憎恨奥地利帝国保守的宗教统治及其带有官僚主义、军国主义色彩的政权。碰巧，1852年至1863年担任英国驻撒丁王国大使的詹姆斯·哈德森爵士对加富尔伯爵卡米洛·本索的观点十分赞同，并在加强撒丁王国政府与英国政府内阁间的关系上给予一切可能的帮助。由于强大的教会党派的阻止，法兰西第二帝国对撒丁王国提供援助存在困难。与此同时，法兰西第二帝国的军队仍驻守罗马，但法兰西第二帝国皇帝拿破仑三世本人一向同情"青年意大利党"。尽管拿破仑三世的对外官方政策对加富尔伯爵卡米洛·本索不利，但其内部秘密政策①是支持撒丁王国的。在撒丁王国驻法兰西第二帝国大使埃马努埃莱·维拉玛里纳侯爵给加富尔伯爵卡米洛·本索的公文中就清楚地表明了这一点。

在媒体和外交圈制造出"意大利问题"后，下一步，加富尔伯爵卡米洛·本索向欧洲各国政治家明确提出"意大利问题"。克里米亚战争正好为他提供了这个

---

① 对撒丁王国，拿破仑三世一直有秘密政策。——原注

詹姆斯·哈德森爵士的漫画形象

机会。克里米亚战争与撒丁王国并无利害关系,但撒丁王国只想证明自己是欧洲强国之一。既然所有欧洲文明国家都有义务和责任关心"东方问题",并且能够在"东方问题"上保持一致,那么,撒丁王国也希望欧洲各国能够同样公平对待"意大利问题"。

根据1854年3月12日签署的《同盟条约》,英国与法兰西第二帝国必须对俄罗斯帝国宣战。战争初期,同盟军进展并不顺利。到1854年秋,英军兵力已经不足,士兵的招募严重滞后。英国需要援军,而在英国和法兰西第二帝国,人们得知加富尔伯爵卡米洛·本索也想参加战争,英国政府也正好需要强悍的皮埃蒙特军队的援助,因为他们已经适应恶劣的克里米亚气候。但加富尔伯爵卡米洛·本索不愿只作为援军参战,撒丁王国一定要做与英国和法兰西第二帝国平等的同盟国,成为同盟国正式成员,参加最后的和平会议。最终,1854年12月13日,撒丁王国得到好消息,在詹姆斯·哈德森爵士递交给加富尔伯爵卡米洛·本索的文件中,克拉伦登伯爵乔治·威廉·弗雷德里克·维利尔斯请求撒丁王国加入法兰西第二帝国与英国的同盟。加富尔伯爵卡米洛·本索打算提出几个条件,

克拉伦登伯爵乔治·威廉·弗雷德里克·维利尔斯

阿方索·费雷罗·拉·马尔莫拉将军

他特别希望战后同盟各国能够对"意大利问题"加以考虑。但考虑到奥地利帝国也可能加入对俄罗斯帝国的战争,英国和法兰西第二帝国政府拒绝了克拉伦登伯爵乔治·威廉·弗雷德里克·维利尔斯的请求。因此,加富尔伯爵卡米洛·本索和撒丁王国国王维托里奥·埃曼努埃尔二世决定毫无保留且无条件地加入对俄罗斯帝国的战争。他们甚至没有接受补贴,只接受了英国二百万英镑的贷款。1855年1月26日,加富尔伯爵卡米洛·本索与英国和法兰西第二帝国签订《同盟条约》。随即,在阿方索·费雷罗·拉·马尔莫拉将军率领下,一万五千名精兵强

特拉克蒂尔大桥战役

将从热那亚登船前往克里米亚。在相当长一段时间内,撒丁王国军队几乎无仗可打,但1855年8月16日,他们在特拉克蒂尔大桥战役中大显威风。

1856年2月及1856年4月,巴黎会议分别召开两次会议,结束了克里米亚战争。撒丁王国作为会议正式代表参加会议,法兰西第二帝国外交大臣亚历山大·克洛纳·瓦莱夫斯基伯爵直截了当地对加富尔伯爵卡米洛·本索说:"你果真聪明,竟然能够参与和你无关的事。"参加大会的撒丁王国代表除加富尔伯爵卡米洛·本索本人,还有埃马努埃莱·维拉玛里纳侯爵,英国代表有外交大臣克拉伦登伯爵乔治·威廉·弗雷德里克·维利尔斯和驻英国驻法兰西第二帝国大使考利伯爵亨利·考利。对意大利统一计划,克拉伦登伯爵乔治·威廉·弗雷德里克·维利尔斯表示同情。法兰西第二帝国代表有亚历山大·克洛纳·瓦莱夫斯基伯爵及法兰西王国驻奥地利帝国大使弗朗索瓦·阿道夫·布尔克内,他们都不赞同加富尔伯爵卡米洛·本索的政策。会议秘书长为法兰西第二帝国外交部成员维桑·贝内代蒂伯爵。他是意大利解放运动的坚定支持者,但当时他的影响力并不大。给予加富尔伯爵卡米洛·本索鼓励的只有法兰西第二帝国皇帝拿破仑三世。在与加富尔伯爵卡米洛·本索的几次谈话中[①]，拿破仑三世都表示对意大利的未来充满希望。拿破仑三世还承诺，在签订完最后条约后，他将向大会提出"意大利问题"。

　　1856年3月30日，《巴黎条约》正式签订。1856年4月8日，巴黎会议主席亚历山大·克洛纳·瓦莱夫斯基伯爵发表了关于欧洲事务的讲话，讲话中几次提到意大利问题，但都是轻描淡写，一带而过。对"意大利问题"的讨论即将结束时，高贵温和的自由党贵族克拉伦登伯爵乔治·威廉·弗雷德里克·维利尔斯开始讲话，对撒丁王国以外的其他意大利邦国的政府展开激烈的控告。因为奥地利会

19世纪中期的拿破仑三世

---

① 大部分时间都是撒丁王国首相加富尔伯爵卡米洛·本索在说话。——原注

议代表卡尔·斐迪南·冯·布奥尔·绍恩施泰因伯爵和约瑟夫·亚历山大·许布纳伯爵本人在场，所以奥地利帝国没有受到直接指责，但克拉伦登伯爵乔治·威廉·弗雷德里克·维利尔斯对教皇、两西西里王国和意大利境内的其他公国的政府的态度进行了赤裸裸地揭露，使在场的外交家们大为震惊，加富尔伯爵卡米洛·本索生平第一次感到如此激动。会议结束后，他迫切请求英国与撒丁王国联合参加未来对奥地利帝国的战争。之后，克拉伦登伯爵乔治·威廉·弗雷德里克·维利尔斯很快恢复了镇静，重新变成人们眼里那位温文尔雅且得体的外交家。英国没有与撒丁王国签订任何条约。拿破仑三世也没有做出任何决定，只是最后与加富尔伯爵卡米洛·本索分别的时候，一向沉默寡言的拿破仑三世对加富尔伯爵卡米洛·本索说："我有种不祥的预感，这种和平不会持续太久。"这就是在巴黎会议上，加富尔伯爵卡米洛·本索得到的唯一回答。作为对仍然驻守在塞瓦斯托波尔的撒丁王国阿方索·费雷罗·拉·马尔莫拉将军率领的精悍部队的回报，这样的结果实在令人难以接受。但这样的暗示或许已经足够，在欧洲，"意大利问题"已经引起轰动，撒丁王国已经明显获得英国同情。与此同时，这也意味着在道德上，奥地利帝国政府开始受到英国舆论的鄙视。对此，19世纪所有欧洲大使无不惧怕并极力避免自己的政府受到道义的谴责。最终，加富尔伯爵卡米洛·本索着手联合拿破仑三世，准备共同进攻奥地利帝国。

第14章

第二次意大利解放战争

拿破仑三世总给人一种神秘感，几乎没人认为他是个真正伟大的人，但说他肤浅也不恰当。他沉默寡言，但好多大事他都参与其中并表现出相当的能力。他富于想象，即便在其余生的最后几年，他仍有胆量和勇气去尝试做曾经梦想的事情。"一个人能够做梦寐以求的事，就是人生的成功。"在这方面，拿破仑三世确实有所成就。他曾梦想成为法兰西帝国皇帝，也曾梦想帮助意大利实现统一，并且他的这两个梦想都已经实现。三十岁时，在撰写的《拿破仑的理想》一书中，拿破仑三世解释说，拿破仑·波拿巴给自己设定并完成的目标之一[①]就是重新建立一个自由独立的意大利民族[②]。1831年，二十三岁的拿破仑三世参加了罗马涅的革命。在此次战役中，他唯一在世的长兄一病不起。后来，拿破仑三世加入瑞士自由联邦，在伯尔尼做过炮兵上尉。我们确实没有理由怀疑拿破仑三世对民族自由的真诚态度，虽然他是为达到自己的目的，但他对民族自由的真诚态度还无法超越他对法兰西人民自由的束缚的企图。此外，毫无疑问，他参加1859年的意大利统一战争，是因为他看到，法兰西人民的注意力如果能够被转移到国外战场，那么对他登上皇位是十分有利的。最后，他那夹杂些许商业目的

---

① 直到拿破仑·波拿巴统一意大利的事业遭到欧洲反动列强的极力阻挠。——原注
② 拿破仑三世：《拿破仑的理想》，第4章。——原注

费利切·奥尔西尼

的浪漫主义思想,驱使他希望从战争中得到一些实质的利益。事实上,在这次意大利统一战争中,拿破仑三世确实为法兰西第二帝国获得了尼斯和萨伏伊两地。然而,加富尔伯爵卡米洛·本索并非没有看透拿破仑三世沉默寡言掩盖下的真实动机,他反而利用拿破仑三世每一个动机将其引入战争。

1858年1月14日,费利切·奥尔西尼企图暗杀拿破仑三世。这是拿破仑三世第四次从意大利爱国者手中死里逃生。几个星期后,《帝国报》发表了费利切·奥尔西尼在狱中写的一封信,信中说:"只要意大利不实现独立,欧洲的和平及陛下的安宁都将是妄想。"信的结尾还说:"愿陛下不要拒绝一位爱国者临死前最后的愿望,拯救我的国家,二千五百万人民子子孙孙都会祝福陛下。"这封信的全文是费利切·奥尔西尼的辩护人朱尔·法夫尔在审判时宣读的。遭到处决前,为意大利,费利切·奥尔西尼向拿破仑三世写了第二封请愿书。接着,费利切·奥尔西尼高呼着"意大利万岁"被公开处决。在这件事上,拿破仑三世的个人勇气确实令人敬佩。虽然人们对费利切·奥尔西尼投出的炸弹记忆犹新,但拿破仑三世仍不带护卫,乘着车或骑着马在巴黎穿行。对拿破仑三世的暗杀激起的兴奋和罪犯临死前的呼吁,唤起了意大利及法兰西民众对干预政策的支持,而当时干预政策或许已经形成。

顺便说一句,必须注意,在意大利以外的其他地方,费利切·奥尔西尼事件也引起了强烈反响。因为这一暗杀是在伦敦酝酿的,所以导致英国与法兰西第

朱尔·法夫尔

德比伯爵爱德华·史密斯-斯坦利

二帝国彼此之间的强烈不满。1858年1月20日,亚历山大·克洛纳·瓦莱夫斯基伯爵在一封著名的信中对此事提出抗议。为应对法兰西第二帝国政府的抗议,帕默斯顿子爵亨利·约翰·坦普尔向议会提交了一项针对"阴谋暗杀"的法案,但这会使英国不再成为国外爱国者的避难所,因此这一法案遭到英国议会的反对。帕默斯顿子爵亨利·约翰·坦普尔的政府下台。德比伯爵爱德华·史密斯-斯坦利和本杰明·迪斯雷利相继担任英国首相,但时间不长。在面对英国针对"阴谋暗杀"的法案时,法兰西第二帝国政府表现出的克制值得称赞。为安抚英国民众的情绪,法兰西第二帝国政府派遣克里米亚战争中有名的马拉科夫公爵埃马布勒-让-雅克·佩利西耶接替让-吉尔贝·维克托·费林·佩尔西尼担任法兰西王国驻英国大使。最终,这一事件结束,再也没有有关"阴谋暗杀"的法案的任何消息。

与此同时,奥地利帝国和撒丁王国的关系变得紧张。应该承认,对加富尔伯爵卡米洛·本索的不断挑衅,奥地利帝国政府已经表现出极大耐心。1856年年底到1857年年初,奥地利皇帝弗朗茨·约瑟夫一世对意大利各邦国进行访问,对当

马拉科夫公爵埃马布勒-让-雅克·佩利西耶

马克西米利安·约瑟夫大公

地老百姓实施怀柔政策。与此同时,他还任命弟弟马克西米利安·约瑟夫大公为伦巴第-威尼斯王国的总督。对此,加富尔伯爵卡米洛·本索极其苦恼。因此,他利用撒丁王国的报纸对奥地利帝国发起前所未有的恶毒攻击,以致两国政府间进行简单外交交锋后,1857年2月,卡尔·斐迪南·冯·布奥尔·绍恩施泰因伯爵将奥地利帝国驻撒丁王国大使召回,加富尔伯爵卡米洛·本索也召回撒丁王国驻奥地利帝国大使。1858年与1859年,奥地利帝国与撒丁王国断绝了外交关系。

此时,撒丁王国仍然没找到盟国帮助其完成伟大事业。因为英国政府同时与撒丁王国政府及奥地利帝国政府都保持友好关系,所以无法给予撒丁王国额外帮助。此外,英国政府还时常建议奥地利帝国首相卡尔·斐迪南·冯·布奥尔·绍恩施泰因伯爵对撒丁王国保持温和态度,并且对奥地利帝国国内进行改革。卡尔·斐迪南·冯·布奥尔·绍恩施泰因伯爵认真地、礼貌地听取了这些建议。1858年5月,亨利·科诺到达都灵。在巴黎会议期间,亨利·科诺曾结识加富尔伯爵卡米洛·本索。亨利·科诺是拿破仑三世的老朋友。1846年,他曾帮助拿破仑三世逃离哈姆的军事监狱。亨利·科诺是非正式外交家,拿破仑三世将其视作秘密政策的代理人。到达都灵后,亨利·科诺拜访了加富尔伯爵卡米洛·本索,称拿破仑三世要在普隆比耶尔逗留一个月,并称此地离撒丁王国边界很近。其实,普隆比耶尔是埃皮纳勒以南十四英里孚日山脉的一个小温泉所在地,距

亨利·科诺

离撒丁王国并不近。但法兰西第二帝国的外交不是法兰西第二帝国外交部的外交，而是拿破仑三世个人的外交，因为他总是通过暗示及双关语进行工作。对亨利·科诺的这个暗示，加富尔伯爵卡米洛·本索心领神会。虽然没有收到进一步的邀请，但1858年7月，加富尔伯爵卡米洛·本索还是动身前往普隆比耶尔。撒丁王国首相加富尔伯爵卡米洛·本索是一位和蔼的单身中年男子，有很多朋友，这次出行看起来更像是一次短暂的度假旅行，况且每年这位勤奋工作的政治家都会有一次这样的旅行。这次，加富尔伯爵卡米洛·本索来到瑞士。他的旅途轻松愉快，沿途有时他与朋友一起享受着阿尔卑斯山脉的新鲜空气和美景，有时轻松阅读，自娱自乐。他曾说要远离那些政客，去大山呼吸新鲜空气。现在，他完全做到了，并且十分享受这次瑞士之旅。但让加富尔伯爵卡米洛·本索倍感高兴的是从日内瓦的一封来信。信中，拿破仑三世的助手说拿破仑三世非常乐意与加富尔伯爵卡米洛·本索会面。1858年7月20日晚，加富尔伯爵卡米洛·本索乘火车到达普隆比耶尔。随即，他驱车到达旅馆。1858年7月21日11时，他和拿破仑三世按约定时间会面，他们的谈话一直持续到15时。根据加富尔伯爵卡米洛·本索回忆，拿破仑三世直截了当地谈起他们共同关心的问题，并且提出他将对奥地利帝国宣战，条件是撒丁王国必须找到一个合理的外交借口。拿破仑三世的真正目的是将撒丁王国的领土"从阿尔卑斯山脉扩大到亚得里亚海"，将整个亚平宁半岛统一成教皇管辖的联邦。作为对拿破仑三世提供帮助的回报并使撒丁王国领土增加的补偿，撒丁王国国王维托里奥·埃曼努埃尔二世须将萨伏伊和尼斯割让给法兰西第二帝国。除了对割让尼斯领土保留自己的意见，加富尔伯爵卡米洛·本索接受了拿破仑三世的其他条件。1858年7月21日傍晚，拿破仑三世与加富尔伯爵卡米洛·本索共同乘马车经过普隆比耶尔附近的一片树林。拿破仑三世一边亲自驾驶马车，一边提出让撒丁王国国王维托里奥·埃曼努埃尔二世的女儿萨伏伊的玛丽亚·克洛蒂尔达公主与拿破仑三世亲意大利的堂弟拿破仑·波拿巴亲王[①]联姻。对这一建议，加富尔伯爵卡米洛·本索称自己无法决定。回到都

---

① 拿破仑·波拿巴亲王(1822—1891)，并非法兰西第一帝国皇帝拿破仑·波拿巴。他本名为拿破仑·约瑟夫·夏尔·保罗·波拿巴。1853年，拿破仑三世赐予他拿破仑·波拿巴亲王的头衔。

玛丽亚·克洛蒂尔达与拿破仑·波拿巴亲王

灵后,加富尔伯爵卡米洛·本索劝说撒丁王国国王维托里奥·埃曼努埃尔二世同意这桩婚事。作为古老的萨伏伊家族首领,撒丁王国国王维托里奥·埃曼努埃尔二世尽管不反对与法兰西第二帝国结成军事联盟,但对与波拿巴家族的花花公子联姻丝毫不感兴趣。但对这两件事,他都不得不接受。

普隆比耶尔事件不是常规的外交谈判,而是蓄意破坏欧洲和平的阴谋。虽然普隆比耶尔事件的消息没有公开发布,但奥地利帝国必然清楚。1859年的新年招待会上,拿破仑三世特意给奥地利帝国驻法兰西第二帝国大使约瑟夫·亚历山大·许布纳伯爵说过一句有名的话:"我很遗憾奥地利帝国与法兰西第二帝国政府间的关系不如以前那样友好。但请你转告奥地利帝国皇帝陛下,我个人对奥地利帝国的态度从没改变。"在任何欧洲宫廷中,以这样的语气讲话,明显流露出警告的意味。更重要的是,在没有言论自由的法兰西第二帝国,皇帝所说的每一个字在沉闷的空气中都显得格外清晰①。与此同时,加富尔伯爵卡米洛·本索仍在继续鼓动各方及公众舆论反对奥地利帝国及教皇的统治。在安东尼奥·福加扎罗的《小小的古老世界》中,意大利人民对奥地利帝国的满腔怒火得到生动体现。1859年1月,很少参与政治的撒丁国王维托里奥·埃曼努埃尔二世受到激励,在宣布撒丁王国议会开幕时说:"我们的处境并不是没有危险,因

安东尼奥·福加扎罗

---

① 皮埃尔·德·拉·戈尔斯:《备忘录》,第2章,第381页。——原注

安特希尔男爵奥多·罗素

为我们一方面要遵守《维也纳条约》，另一方面，对意大利许多地方人民痛苦的呻吟，我们不能视而不见。"这些话就像一声号角。随后，撒丁王国政府发行了一笔五千万里拉的巨额公债，至少在当时和平时期这一发行金额是巨大的。与此同时，巴黎发行了一本半官方的小册子《拿破仑三世与意大利》①，战争似乎已经不可避免。只有奥地利帝国拒绝接受挑衅，才能阻止奥地利帝国与意大利的敌对行动。撒丁王国和法兰西第二帝国不能进攻奥地利帝国，因为他们无法在欧洲其他国家面前做出解释。1858年1月，加富尔伯爵卡米洛·本索自信地告诉到访都灵的安特希尔男爵奥多·罗素，他将迫使奥地利帝国先开战，而且已经指定1859年5月15日为战斗打响的日期。试想，奥地利帝国真的会犯这样一个令人难以置信的错误吗？

---

① 这本小册子阐述了民族主义理论，特别提到了意大利。——原注

马姆斯伯里伯爵詹姆斯·哈里斯

一直以来，英国外交部都在努力避免撒丁王国与奥地利帝国的战争。但如果说拿破仑三世想找到发动战争的理由很难，那么英国外交部要阻止战争的爆发则更加困难，因为英国外交部找不到战争爆发的原因。在巴黎，考利伯爵亨利·韦尔斯利与亚历山大·克洛纳·瓦莱夫斯基伯爵进行了多次交谈。对拿破仑三世的政策，亚历山大·克洛纳·瓦莱夫斯基伯爵并不赞同，但仍然表现得很理智。而英国驻法兰西第二帝国大使考利伯爵亨利·韦尔斯利对拿破仑三世也无计可施。最坚定的和平维护者应该是马姆斯伯里伯爵詹姆斯·哈里斯。当时，他在德比伯爵爱德华·史密斯−斯坦利领导的政府担任外交大臣。1859年2月，马姆斯伯里伯爵詹姆斯·哈里斯建议英国出面在各国间进行调解。他还提出四项建议，作为解决争端的基础。第一，结束所有国外军队对教皇国的占领。第二，伦巴第–威尼斯王国进行行政改革。第三，修订奥地利帝国束缚意大利境内各邦国的条约。第四，恢复奥地利帝国与撒丁王国间的良好关系。在维也纳，考利伯爵亨利·韦尔斯利展开外交斡旋。卡尔·斐迪南·冯·布奥尔·绍恩施泰因伯爵同意接受这四项建议，并且提供书面保证，承诺奥地利帝国绝不首先攻击撒丁王国。与此同时，俄罗斯帝国驻法兰西第二帝国大使帕维尔·德米特里耶维奇·基谢廖夫伯爵也向法兰西第二帝国外交部提议召开欧洲会议，集体解决"意大利问题"。但奥地利帝国更倾向于让英国出面调解，因为召开国际会议更像法庭的

帕维尔·德米特里耶维奇·基谢廖夫伯爵

撒丁王国示意图

判决,而调解可以给争端双方提供一种私下解决问题的方式。如果奥地利帝国被带到欧洲法庭前,那么必定会丧失其对意大利的控制权。

  与此同时,撒丁王国已经完成军事准备。1859年3月9日,撒丁王国发出军队动员令。但即使撒丁王国的军队已经做好作战准备,撒丁王国政府也不能无端向奥地利帝国发起进攻。此时,奥地利帝国政府还是抱着强硬但不置可否的态度。英国正式接受了俄罗斯帝国召开国际会议的建议,但要求会议不得讨论任何重新划分意大利领土的问题,并且不得邀请包括撒丁王国在内的意大利境内所有邦国参加这次国际会议。最后一个条件不足为奇,因为按照公正平等的原则,同意撒丁王国参加会议,也就必须同意意大利境内所有其他邦国参加会议。更进一步说,如果意大利境内所有邦国都出席会议,那么奥地利帝国将迫使除撒丁王国外的意大利境内其他所有邦国都支持奥地利帝国。

有一段时间，国际大会看似即将召开。奥地利帝国接受英国提出的条件，同意召开国际会议，但同时要求撒丁王国解除军队动员令。奥地利帝国的这一附加条件并不过分，因为大家都是为和平而参加这次会议，撒丁王国也就没有必要进行军事动员。为争取和平，亚历山大·克洛纳·瓦莱夫斯基伯爵尽了最大的努力。1859年4月18日，亚历山大·克洛纳·瓦莱夫斯基伯爵致电英国政府称，如果英国允许意大利境内各邦国参加会议，他将劝说撒丁王国解除武装。"如果你的回答是肯定的，我将立即致电都灵"。英国外交部立即回电表示同意。1859年4月18日晚，亚历山大·克洛纳·瓦莱夫斯基伯爵的建议就传到都灵。收到电报后，加富尔伯爵卡米洛·本索心情沉重，难以言状，但他还是理智的。1859年4月19日，加富尔伯爵卡米洛·本索致电英国及法兰西第二帝国政府，表示撒丁王国政府接受建议，并且由这次国际会议确定解除撒丁王国武装的条件。准备如此之久的意大利解放战争，其间克服了种种障碍，投入了极大耐心，眼看这一切努力就要付之东流。但就在当日，奥地利帝国政府由于过度兴奋，还没听到撒丁王国做出让步的消息，就发出了最后通牒。

很难确定究竟是什么原因，促使这么多年来一直在耐心方面表现得堪称楷模的卡尔·斐迪南·冯·布奥尔·绍恩施泰因伯爵采取这致命的一步，他极有可能是按照奥地利皇帝弗朗茨·约瑟夫一世的命令行事。奥地利皇帝弗朗茨·约瑟夫一世虽然很少干预政治，但他阴险又强硬。有一点是清楚的，1859年4月24日，英国驻奥地利帝国大使奥古斯塔斯·洛夫特斯勋爵前往鲍尔普拉兹，将撒丁王国解除武装的消息告知了卡尔·斐迪南·冯·布奥尔·绍恩施泰因伯爵，并对这件事能够和平解决表示祝贺。但卡尔·斐迪南·冯·布奥尔·绍恩施泰因伯爵沉重地告诉他，1859年4月21日晚，奥地利帝国政府已经将其要求撒丁王国立即解除武装的最后通牒派人送往都灵。尽管如此，如果在信使还没有离开伦巴第以前将其拦截，那么局势应该还能挽回，但奥地利帝国统治者太骄傲了，他们坚决拒绝收回最后通牒。对法兰西第二帝国驻奥地利帝国临时代理大使，卡尔·斐迪南·冯·布奥尔·绍恩施泰因伯爵说："如果你们认为我们会收回那已经迈出的一步，那么你们就根本不了解我们奥地利人。"

当加富尔伯爵卡米洛·本索在都灵收到奥地利帝国信使凯勒斯伯格男爵和卡斯基·德·圣克罗塞伯爵送来的奥地利帝国要求撒丁王国立即解除武装的最后通牒时,激动得难以言表。应欧洲大国的一致要求解除武装是一回事,接受奥地利帝国专横的要求是另外一回事。这是加富尔伯爵卡米洛·本索多年来梦寐以求的时刻,毕竟就在一小时前,他以为这一刻永远不会到来。但此刻,加富尔伯爵卡米洛·本索仍然保持冷静,不动声色且礼貌地送走了两位奥地利帝国的使节。随后,加富尔伯爵卡米洛·本索利用最后通牒所允许的三天期限着手处理了与即将到来的战争相关的各项紧急事务。到最后期限时,加富尔伯爵卡米洛·本索会见了两位奥地利帝国的使节,并且向他们宣布撒丁王国拒绝接受奥地利帝国的要求。结果,率先发动战争的恰恰是奥地利帝国。奥地利帝国政府成了欧洲秩序真正的挑衅者。与此同时,法兰西第二帝国皇帝拿破仑三世也打消疑虑,并且立即准备支援其受到攻击的盟友,即撒丁王国。

第 15 章

《比利亚弗兰卡条约》

加富尔伯爵卡米洛·本索拒绝接受奥地利帝国政府的最后通牒是1859年4月23日，由奥地利帝国使节从都灵致电告知奥地利帝国政府的。在欧洲调解即将取得成功的时候突然发动战争，奥地利帝国确实不可原谅，除非导致撒丁王国的军事政变，否则必定是一个极其严重的政治错误。事实上，如果当时费伦茨·久洛伊将军能够率领驻扎在提切诺河左岸的十万奥地利帝国军队立即渡过提切诺河，快速进军，那么几天内，奥地利帝国就可以占领都灵。结果，直到1859年4月29日，即最后通牒到期三天后，他们才越过提切诺河。据说，这支军队之所以推迟过河，是因为维也纳政府在最后一刻还在倾听英国的调解建议。但越过提切诺河后，奥地利帝国军队指挥官朱利将军就没有借口拖延。奥地利帝国军队步行四天就可到达都灵，但直到1859年5月7日，奥地利帝国军队才到达都灵。与此同时，法兰西第二帝国军队正从苏萨及热那亚迅速进入皮埃蒙特。撒丁王国国王维托里奥·埃曼努埃尔二世想在撒丁王国首都都灵迅速达到和平的所有机会已经永远消失了。

在随后的战斗中，法兰西第二帝国与撒丁王国的军队赢得了马真塔战役及索尔费里诺战役的辉煌胜利。奥地利帝国军队节节败退，退守到曼图亚、维罗纳、莱尼亚戈和佩斯基耶拉构筑的四边形炮台。就在所有人满怀希望，期待像

马真塔战役

当初将奥地利帝国军队赶出伦巴第一样,法兰西第二帝国军队这次再将奥地利帝国军队赶出威尼斯的时候,1859年7月6日,驻扎在明桥河畔的瓦莱焦的拿破仑三世突然派遣一位将军前往奥地利皇帝弗朗茨·约瑟夫一世在维罗纳的总部提议停战。奥地利皇帝弗朗茨·约瑟夫一世表示同意,并且与法兰西第二帝国签订停战协议。停战状态持续到1859年8月15日。

然而,人们仍然相信,或是希望相信,意大利统一战争并没结束。因为拿破

仑三世曾在普隆比耶尔向加富尔伯爵卡米洛·本索承诺,要将意大利的解放扩大到亚得里亚海。在两份公开发表的宣言中,拿破仑三世郑重宣布了这一决定。第一份宣言是在1859年5月3日,他宣布法兰西第二帝国已经与奥地利帝国开战,并声称他要将意大利的解放扩大到亚德里亚海。第二份宣言是在索尔费里诺战役后,拿破仑三世到达米兰。在被解放人民的欢呼声中,他重申了对意大利爱国者们最深切的希望:"为共同的目标,你们要团结一致,解放你们的国家。我的军队不会设置任何障碍反对你们的合法愿望。"因此,撒丁王国国王维托里奥·埃曼努埃尔二世与加富尔伯爵卡米洛·本索认为拿破仑三世会要求奥地利帝国至少割让威尼斯与伦巴第,以便让撒丁王国的领土扩展到亚德里亚海。如果奥地利帝国弗朗茨·约瑟夫一世拒绝割让威尼斯与伦巴第,这场战争仍将继续。

即便要经过严肃的和平谈判签订停战协议,撒丁王国政府无论如何也没有想到自己会被排除在和平谈判之外。诚然,没有任何书面同盟条约规定法兰西第二帝国与撒丁王国这对盟友必须共同行动。但最坏的情况至少应该是,在战争失利后,某一盟国希望早日退出战争时,可以单独签订条约和解。然而,在战争胜利的情况下,拿破仑三世竟然抛弃盟友,与奥地利帝国单独和解。随后,拿破仑三世再给撒丁王国政府一个停战的既成事实,这确实令人难以置信。更让人不能容忍的是,这个既成事实与拿破仑三世最初的承诺完全不同,但这就是事实。拿破仑三世或许担心革命运动在意大利半岛其他地区蔓延,或许担忧德意志邦联的军队对法兰西第二帝国莱茵河边境地区的骚扰,或许因其天生的敏感使他对法兰西军队的伤亡及战场上伤寒的爆发十分震惊。拿破仑三世突然做出决定与奥地利帝国停战,是多种原因导致的结果。

1859年7月11日,拿破仑三世及其参谋埃德蒙·勒博夫离开明桥河畔的瓦莱焦,在维罗纳自由镇与奥地利皇帝弗朗茨·约瑟夫一世会晤。到达约定地点后,拿破仑三世和奥地利皇帝弗朗茨·约瑟夫一世留下参谋在外面等待,进入瓜尔蒂尼·莫雷利别墅,进行了长时间的交谈。对奥地利皇帝弗朗茨·约瑟夫一世来说,这样的会晤是天赐良机。他无须在进行斡旋的某一大国面前为自己辩解,虽然这是结束战争的常规方式,也不必作为战败者与他鄙视和憎恨的撒丁王国政府交涉,而是可以坦诚地与这位友好的君主私下交换意见。拿破仑三世不得不进行和解,实际是其行为所致。法兰西第二帝国军队占领了除加尔达渔村和曼图亚之外的伦巴第,奥地利皇帝弗朗茨·约瑟夫一世自然无法拒绝拿破仑三世要求和解的建议,但奥地利军队仍然占领着威尼斯。当拿破仑三世提出将威尼斯交给法兰西第二帝国时,这一建议遭到奥地利皇帝弗朗茨·约瑟夫一世的拒绝。既然是拿破仑三世自己提出和解,遭到拒绝又有何话可说?拿破仑三世要

埃德蒙·勒博夫

求把亚平宁河以北，皮埃蒙特自然延伸的区域，即帕尔马公国归还撒丁王国。对此，奥地利皇帝弗朗茨·约瑟夫一世可能回答说这不是他能决定的事。拿破仑三世再次遭到拒绝。

通过与奥地利皇帝弗朗茨·约瑟夫一世的谈话，向来不按常规办事的拿破仑三世结束了一场欧洲大战，"意大利问题"得以解决。但这一解决结果极不稳定，和平持续不到一年就结束了。虽然简短的谈话免去了很多艰辛的工作，但要解决复杂的领土和政治问题没有捷径可走，必须通过仔细研究及详细的预防措施才能彻底解决这一问题。从维罗纳的白由镇回到明桥河畔的瓦莱焦后，根据回忆，拿破仑三世将他与奥地利皇帝弗朗茨·约瑟夫一世口头达成的和解内容转述其秘书处整理。1859年7月11日下午，拿破仑三世带着这些记录来到维罗纳。1859年7月11日，《比利亚弗兰卡条约》在维罗纳签订。这份条约规定将除曼图亚和佩斯基耶拉之外的伦巴第要塞割让给法兰西第二帝国，复辟已经逃往国外的摩德纳公国和托斯卡纳大公国君主的统治,威尼斯继续由奥地利帝国管辖,但属于教皇统治下的意大利邦联的一部分。由于摄政女公爵路易丝·玛丽·泰蕾兹·德·阿图瓦逃亡在外,这份条约没有提及帕尔马公国的领土问题。

拿破仑三世完全自作主张,在错误的时间结束法兰西第二帝国与撒丁王国同盟针对奥地利帝国的战争,其行为是无法被原谅的。如果法兰西第二帝国与撒丁王国能够稍做坚持,占领威尼斯几乎是毫无疑问的,这样就无须1866年的大战来解决了。即使不再继续1859年的战争,拿破仑三世如果能以正常的方式谈判,并与其盟友撒丁王国采取一致立场,那么他仍然可以履行诺言,帮助撒丁王国夺回威尼斯。但拿破仑三世采取私下单独的谈判,只能让自己任奥地利皇帝弗朗茨·约瑟夫一世摆布,并使奥地利皇帝弗朗茨·约瑟夫一世逃脱了战败应当承担的大部分后果。奥地利皇帝弗朗茨·约瑟夫一世不但保留了威尼斯,而且获得了伦巴第要塞曼图亚与佩斯基耶拉,保持了四边形炮台的完整性。这是保卫威尼斯,防御意大利的巨大要塞。难怪加富尔伯爵卡米洛·本索将条约抛掷在地,愤然辞职,因为他再次被难以理解的拿破仑三世欺骗。拿破仑三世缺乏坚定的意志,只有草率及难以捉摸的幻想。但如果说加富尔伯爵卡米洛·本索将条约抛掷在地是出于他的本性,那么这也不是一位政治家应有的态度。更令人惊讶的是撒丁王国国王维托里奥·埃曼努埃尔二世,这位办事不计后果、爱好享乐的君主,以前他一直将国务交给加富尔伯爵卡米洛·本索全权处理,现在却自告奋勇,像一位克制而有远见的政治家一样,极力压制着恼怒,感谢拿破仑三世为他所做的一切。撒丁王国国王维托里奥·埃曼努埃尔二世心怀崇敬和感激,接受将伦巴第割让给拿破仑三世,并且十分草率地在《比利亚弗兰卡条约》上签名。撒丁王国国王维托里奥·埃曼努埃尔二世只对与自己有关的责任进行声明,撒丁王国对涉及伦巴第–威尼斯公国、托斯卡纳大公国、帕尔马公国与罗马涅旧政权问题的条款不承担任何责任。在一项没有参与的条约上签名时,撒丁王国国王提出保留意见并非不合理。事实上,撒丁王国的目的是在伦巴第–威尼斯公国、托斯卡纳大公国、帕尔马公国及罗马涅旧政权获得由其盟国法兰西第二帝国的行为致使其在《比利亚弗兰卡条约》遭受损失的补偿。

第 16 章

意大利各公国与罗马涅的统一

1859年4月,奥地利帝国与撒丁王国的战争刚刚开始,意大利中部就爆发了革命。这些革命运动是由意大利民族协会精心准备的。该组织的许多成员,虽然与加富尔伯爵卡米洛·本索没有官方联系,但私下关系密切。其意大利民族协会的领导人朱塞佩·拉·法里纳是西西里流亡者,1857年与加富尔伯爵卡米洛·本索协商创立这一协会。意大利民族协会组织的革命运动有周密的计划,几乎没有发生抵抗就获得成功。托斯卡纳大公国、摩德纳公国及帕尔马公国的君主离开他们曾经统治的邦国时,都没有遭遇任何暴力袭击。事实上,这些君主并不是不受欢迎,大多数人对他们不得不离开他们所在的公国感到遗憾。托斯卡纳、摩德纳、帕尔马及博洛尼亚均成立临时政府,这些临时政府解除了奥地利帝国驻军的武装,并反对教皇统治带来的压迫。

下一步,这些临时政府将决定意大利中部的最终命运。1848年革命时期临时制定的旧选举法得以恢复,并且这些地区举行了大选,选举产生的制宪会议投票一致同意这些公国加入撒丁王国。在《比利亚弗兰卡条约》签订后几个月,来自佛罗伦萨及意大利中部其他各国的代表向撒丁王国国王维托里奥·埃曼努埃尔二世汇报了制宪会议的投票情况,并且纷纷提议加入撒丁王国。对这些地区代表们的要求,撒丁王国国王维托里奥·埃曼努埃尔二世给予鼓励,但表示不能接受他们的提议。

苏黎世

撒丁王国国王维托里奥·埃曼努埃尔二世必须谨慎行事。具有约束力的《比利亚弗兰卡条约》规定所有合法君主须恢复意大利境内各邦国原状,意大利为教皇统治下的邦联。1859年夏末,来自法兰西第二帝国、奥地利帝国及撒丁王国的代表在苏黎世举行会议,着手将《比利亚弗兰卡条约》变成正式的和平条约。此时,撒丁王国政府想让拿破仑三世亲眼看见《比利亚弗兰卡条约》被撕毁确实有点困难。

此时,拿破仑三世正处于进退两难的境地。他曾承诺将意大利解放到亚得里亚海,但他没有履行诺言。在维罗纳自由镇,他同意意大利中部各邦国的君主复辟其统治,但他又向撒丁王国政府保证,拿破仑三世不允许签署条约的任何一方采取武力形式帮助意大利中部各邦国的君主复辟其统治。那么,如果意大利中部各邦国的民众拒绝接受以前的统治他们的家族复辟,将会是什么结果?

与此同时,在苏黎世,各国的外交家们还在继续工作。1859年11月10日,奥地利帝国、法兰西第二帝国以及撒丁王国的代表分别签订了奥地利帝国与法兰西第二帝国,法兰西第二帝国与撒丁王国,法兰西第二帝国、奥地利帝国与撒丁王国三国间的三个相关条约。根据这三个条约，伦巴第将割让给撒丁王国，伦巴第与威尼斯将划定边界，撒丁王国将按比例承担伦巴第及威尼斯的一部分公债，撒丁王国同意支付伦巴第及威尼斯的退休官员养老金，并且接受奥地利帝国在伦巴第的财产与利益的公平解决办法。条约没有提及意大利中部的统治者及提议的意大利邦联问题。《苏黎世条约》要解决的事物是撒丁王国所要求的，而奥地利帝国对这些事物的解决拥有最终裁断权。意大利中部的事务不在奥地利帝国的管辖范围。在维罗纳自由镇，就所关注的事务，奥地利帝国已经与法兰西第二帝国达成相关协定，并且奥地利帝国仍然持有这些协定。这就是接替卡尔·斐迪南·冯·布奥尔·奥恩施泰因伯爵出任奥地利帝国外交大臣约翰·伯恩哈德·冯·雷希贝格伯爵和罗腾勒文伯爵提交给法兰西第二帝国政府的文件的实质内容。但意大利中部各地临时政府对《比利亚弗兰卡条约》置若罔闻，甚至撒

约翰·伯恩哈德·冯·雷希贝格

丁王国也视其为一纸空文,因为撒丁王国国王维托里奥·埃曼努埃尔二世的军队已经遍布意大利中部各邦国的首都,帮助那里的临时政府维持秩序。以后,出于对拿破仑三世屡次近乎请求的劝告的尊重,撒丁王国国王维托里奥·埃曼努埃尔二世才同意从意大利中部撤军。对此,撒丁王国国王维托里奥·埃曼努埃尔二世尽可放心,因为当时帮助临时政府维持秩序的军队有三万多人,他们都是自愿报名积极捍卫他们新获得的自由的志愿者。撒丁王国国王维托里奥·埃曼努埃尔二世甚至允许撒丁王国军队的一位将军辞职,加入意大利中部各邦国组成的"联盟军"并担任这支军队总司令。撒丁王国国王维托里奥·埃曼努埃尔二世还保证这位将军可以随时回到撒丁王国的军队继续任职。许多其他撒丁王国军队的军官也得到同样的便利,可以随时转到意大利中部的"联盟军"。

显然,意大利中部的事务亟待解决。如果《比利亚弗兰卡条约》不能生效,再次召开国际会议应该是公认的解决问题的办法。对会议计划,欧洲各国政府进行了讨论,并且没有国家提出异议。唯一的问题是,这次会议可能会无所事事。在意大利中部各邦国的临时政府,尤其是托斯卡纳的贝蒂诺·里卡索利男爵的有力措施及英国政府的不干预政策的帮助下,意大利中部的事务正在迅速解决。自乔治·坎宁时代以来,不干预政策就成为英国政治家的座右铭。而现在,为英国外交的胜利,英国政府更需要将不干预政策与对不愿受到干预一方的同情结合起来。1859年6月10日,德比伯爵爱德华·史密斯–斯坦利领导的保守党内阁因为不愿废除涉及意大利中部的《维也纳条约》而下台。帕默斯顿子爵亨利·约翰·坦普尔担任首相,罗素伯爵约翰·罗素担任外交大臣的自由党上台。帕默斯顿子爵亨利·约翰·坦普尔与罗素伯爵约翰·罗素都是意大利的忠实朋友,也是英国国外所有自由主义运动的坚定支持者。罗素伯爵约翰·罗素的演说给当时呼吁同情意大利的公众舆论确定了基调。每一星期,《泰晤士报》和《晨报》都有许多有关意大利中部事务的专栏。这些报纸的报道支持意大利的爱国者,这些意大利爱国者的外交信函被欧洲媒体自由引用,甚至出现在《帝国公报》上。表面来看,在国际事务中,武力似乎总在支配一切,但事实并非如此。公众舆论,无论其神秘的动力来自何处,都有着巨大的影响力。任何国家的政府,无

贝蒂诺·里卡索利男爵

论其武力多么强大,都不能无视公共舆论的存在。因此,1859年秋,英国以其直率而热情的舆论支持意大利解放运动。这与1859年夏,法兰西第二帝国通过战争,以其在战场上光荣而昂贵的牺牲为代价帮助意大利的解放事业一样是有效的。此外,英国政府和公众的道义支持不仅增强了意大利人民为其解放事业继续斗争的意志,并且给予意大利人民取得胜利的信心。与此同时,在抵制任何外来干预方面,英国政府的措施也确有成效。奥地利帝国本来能以《比利亚弗兰卡条约》为依据,要求恢复罗马涅的教皇统治并复辟其他公国的政府,但英国政府坚决主张不干预政策,使意大利的民族解放运动可以继续自由进行。

此外,我们还要考虑拿破仑三世的情况,他仍不同意将意大利中部各邦国,尤其是托斯卡纳大公国与罗马涅合并。如果没有法兰西第二帝国的同意,撒丁王国国王维托里奥·埃曼努埃尔二世就不能不顾奥地利帝国的敌视及普鲁士王国与俄罗斯帝国的反对而撕毁《维也纳条约》。意大利中部各邦国的合并仅凭英国道义上的支持是不够的。1859年秋到1860年春，拿破仑三世被半官方的意大利使节所围困。没有人比拿破仑三世这位愚钝的政治家更讨厌意大利这个名字了。他正在加富尔伯爵卡米洛·本索布下的罗网里挣扎，甚至在辞职回乡后，加富尔伯爵卡米洛·本索仍然在想办法围困拿破仑三世。1860年1月20日，这个罗网布得更加紧密。加富尔伯爵卡米洛·本索重返都灵，取代阿方索·费雷罗·拉·马尔莫拉将军，再次担任撒丁王国首相。事实上，阿方索·费雷罗·拉·马尔莫拉将军只是维持了加富尔伯爵卡米洛·本索以前的政策。一个月前，即1859年12月22日，巴黎出现了一本名为《教皇与议会》的小册子。和《拿破仑与意大利》一样，这本小册子是匿名的，但普遍被认为是由阿瑟·德·拉·盖罗尼耶尔根据路拿破仑三世的笔记编写的。小册子表面上表达了对教皇的极度担忧，但实际上想说明，如

爱德华·安托万·德·图弗内尔

果将教皇国限制在罗马附近，那么意大利中部各邦国政教两方面的权利都会更有保障。由此可知，拿破仑三世已经不再坚持《比利亚弗兰卡条约》，并且默许将结束教皇在罗马涅的统治。如果这一点得到默许，那么意大利中部原各公国政府旧统治家族的复辟也将失败。1860年1月4日，维护《维也纳条约》并坚守谨慎传统外交的亚历山大·克洛纳·瓦莱夫斯基伯爵被免职，法兰西第二帝国外交大臣由爱德华·安托万·德·图弗内尔继任。在某种程度上，这一人事变动可以看作意大利民族主义运动的胜利，加富尔伯爵卡米洛·本索因而迅速解决了意大利中部的问题。后来在法兰西第三共和国外交部极有影响力的卡瓦利埃·尼格拉此时已崭露头角。1848年，他曾作为志愿兵在撒丁王国国王查理·阿尔伯特的军队作战。后来，卡瓦利埃·尼格拉进入外交领域，并得到加富尔伯爵卡米洛·本索的信任，甚至，卡瓦利埃·尼格拉曾陪同加富尔伯爵卡米洛·本索参加过巴黎会议。由于没人如同卡瓦利埃·尼格拉那样能够确切地知道加富尔伯爵卡米洛·本索的目的和方法，并且拿破仑三世拒绝接受加富尔伯爵卡米洛·本索的访问，因此，年仅三十二岁并对拿破仑三世无恶意的卡瓦利埃·尼格拉就成为可以信赖的人选，被派遣去替拿破仑三世进行交涉。此外，卡瓦利埃·尼格拉还十分荣幸地认识了一位米兰贵族，即拿破仑三世年轻时的朋友阿雷塞侯爵。因为阿雷塞侯爵既非政客，也无野心，所以他赢得了拿破仑三世的信任。

　　卡瓦利埃·尼格拉顺利完成使命。拿破仑三世没有忘记他曾与加富尔伯爵卡米洛·本索在普隆比耶尔共同商定的意大利问题的办法。法兰西第二帝国将帮助撒丁王国解放整个意大利北部。作为回报，法兰西第二帝国将获得萨伏伊甚至尼斯。拿破仑三世既然没能帮助解放整个意大利北部，就没有要求回报。但此时，拿破仑三世又有了这个想法，因为这既对法兰西第二帝国十分重要，与此同时，还可以恢复他的声望。加富尔伯爵卡米洛·本索也迫切希望能够满足拿破仑三世的贪欲，因为如果法兰西第二帝国能因为参与意大利解放运动而获得补偿，那么就不会为意大利中部的统一设置任何障碍。但于卡瓦利埃·尼格拉而言，这一使命并非一帆风顺，他仍然需要解决许多难题，尤其是民族主义原则，必须严格遵守，因为这一原则在《拿破仑的理想》中极其重要。最终，这一切问题都得到妥善解决。所有涉及领土问题的意大利邦国,包括尼斯伯国、萨伏伊公国、罗马涅、托斯卡纳大公国等,都将举行全民投票决定其归属。1860年3月,意大利中部各邦国进行全民投票,这些邦国几乎一致同意加入撒丁王国。1860年3月24日,法兰西第二帝国外交大臣维桑·贝内代蒂伯爵被专门派往都灵,与加富尔伯爵卡米洛·本索签订条约,将萨伏伊和尼斯割让给法兰西第二帝国。1860年4月举行的整个意大利的全民投票一致同意向法兰西第二帝国割让萨伏伊和尼斯,只有英国和瑞士联邦对这一投票结果提出抗议,但抗议无效。事实上,撒丁王国正在迅速发展成为意大利王国,因此,将其领土限制在阿尔卑斯山脉意大利一侧,并非没有道理。

第 17 章

意大利王国

1860年，欧洲惊讶地发现，不但罗马涅、托斯卡纳大公国、摩德纳公国以及帕尔马公国加入了撒丁王国，并且突然间，两西西里王国及几乎所有其余的教皇国公属领地都纷纷加入撒丁王国。在生命最后的几个月，加富尔伯爵卡米洛·本索在意大利南部取得的成就与他在北方多年苦心经营所创造的丰功伟绩一样伟大。意大利南部各国合并的相关记录本应属于外交史，但外交家与此事的始末几乎毫无关系。在意大利，人们对欧洲公法置若罔闻，意大利赤裸裸的掠夺行为也无须外交加以体面的掩饰。

毫无疑问，加富尔伯爵卡米洛·本索知道意大利民族协会正在筹备的计划，其目的是改变意大利南部的现状。在两西西里王国，最早准备发动革命的是对撒丁王国不满的共和派的代表人物朱塞佩·马志尼，实际发动革命的是西西里流亡者弗朗切斯科·克里斯皮，但他很快发现，自己必须与撒丁王国共同行动。因此，他必须与朱塞佩·加里波第进行协商，因为只有朱塞佩·加里波第能够将热那亚港作为根据地，使意大利的民族解放运动顺利进行。

1860年4月，两西西里王国的主要城市巴勒莫爆发革命，反对两西西里国王弗朗西斯二世的统治。朱塞佩·加里波第一边等待革命的所有准备工作就绪，一边想获得一些有关两西西里王国革命运动进展的确切消息，但要获得确切的消息非常困难。1860年5月5日晚,朱塞佩·加里波第带领一千零八十五名武装分子从热那亚港乘"隆巴尔多"号和"皮埃蒙特"号汽船出发。参加这次远征的都是志愿者,他们携带的步枪是意大利民族协会从米兰送来的,船是从洛巴迪诺公司租借的。奇怪的是,在朱塞佩·加里波第准备远征的数星期时间内,撒丁王国当局对此事一直没有过问。1860年5月5日晚,洛巴迪诺公司以不可抗力为由,佯装公司旗下两艘船受到攻击,必须将船拖出港口进入海湾,开往西西里方向。对此,撒丁王国当局还是不闻不问。此时,卡洛·佩利翁·德·佩尔萨诺上将率领的撒丁王国舰队正在西海岸巡航,要拦截这两艘船轻而易举。对此,卡洛·佩利翁·德·佩尔萨诺上将曾向加富尔伯爵卡米洛·本索致电请示,如果命令海军拦截船,回复"卡利亚里";如果让其继续航行,则回复"马尔他"。结果,加富尔伯爵卡米洛·本索的回复是"卡利亚里"。这样,对这件事,加富尔伯爵卡米洛·本

卡洛·佩利翁·德·佩尔萨诺上将

朱塞佩·加里波第与他的远征军

索就可以对外声明自己的做法正确无误。但卡洛·佩利翁·德·佩尔萨诺上将明白加富尔伯爵卡米洛·本索真正的意思是"马尔他",即让朱塞佩·加里波第的船通过。或许有人会问为什么卡洛·佩利翁·德·佩尔萨诺上将要致电加富尔伯爵卡米洛·本索。实际上,这一切早已预先安排妥当,其目的就是为给加富尔伯爵卡米洛·本索一个正式下令拦截船远征的机会。否则,卡洛·佩利翁·德·佩尔萨诺上将又何必致电请示。

1860年5月11日,"隆巴尔多"号和"皮埃蒙特"号出现在西西里的马尔萨拉,两艘两西西里王国的战舰立即开始抵御其登陆。但在场的英国舰队司令要求留出时间,让英国舰队的所有士兵上船后再开始战斗,两西西里王国的战舰阻止朱塞佩·加里波第的船登陆的行动被迫停止。英国军官这种半外交式的干预使朱塞佩·加里波第的军队能够趁机登陆。朱塞佩·加里波第率领一千人的军队与二万名两西西里王国的常备军作战有点寡不敌众,但朱塞佩·加里波第的军队勇猛无比,最终反败为胜。两西西里王国的革命运动受到朱塞佩·加里波第的鼓舞,加上朱塞佩·加里波第战术灵活,对革命充满热情,并且极富个人魅力,更使其率领的军队所向披靡，战无不胜。1860年5月30日，斐迪南多·兰扎将军率领的两西西里王国军队放弃守卫西西里岛首府巴勒莫，缴械投降。英国海军上将罗德尼·芒迪出面进行外交调解，交战双方在英国海军战舰"汉尼拔"号上进行谈判。

加富尔伯爵卡米洛·本索期待着这一成功，但他现在使用的伎俩比以前大胆窃取自己革命运动思想代理人胜利成果的办法要阴险得多。以前，如果代理人失败，加富尔伯爵卡米洛·本索便会否认自己与他们的关系，甚至牺牲他们。这一次，他目前还不想承认朱塞佩·加里波第的成功，因为一旦承认其成功，就等于承认撒丁王国政府的这次远征是掠夺性的，并且最多只能吞并两西西里王国。加富尔伯爵卡米洛·本索的目标更加远大，下一步，他就要吞并教皇国。加富尔伯爵卡米洛·本索的计划是干预两西西里王国的革命，但从表面看，他的目的只是在两西西里王国维持秩序并防止当地革命运动的蔓延。由于两西西里王国

朱塞佩·加里波第率军穿过巴勒莫桥

朱塞佩·加里波第进驻巴勒莫

事件引起的震动必定会扩大,加富尔伯爵卡米洛·本索可以以同样的理由让撒丁王国的军队进入教皇国及翁布里亚和马尔凯的安科纳地区,但他无法进入罗马,因为拿破仑三世的军队仍驻守在那里。

　　撒丁王国的军队进入教皇国虽然计划宏大,但期望太高,几乎无法实现。因此,只要能得到教皇国的一部分领土,加富尔伯爵卡米洛·本索都会认为自己是侥幸的。如果通过努力能够吞并教皇国的所有领土,那么要感谢的除了运气,还有他灵活的手段及耐心。正是这种耐心使加富尔伯爵卡米洛·本索从没出错。其次,他还应该感谢英国的态度。

　　原本安宁的意大利南部遭受暴力袭击的消息激起法兰西第二帝国公众舆论的强烈愤慨。与此同时,教皇的权力也遭到攻击,因为朱塞佩·加里波第革命的目的不会仅限于两西西里王国境内。拿破仑三世总是摇摆不定,他既倾向于意大利,又敬重天主教,还惧怕天主教党派。他建议英国与法兰西第二帝国的舰队只要封锁墨西拿海峡，就可以将朱塞佩·加里波第的革命活动限定在两西西里王国。罗素伯爵约翰·罗素拒绝接受此建议，因为这种做法将违反不干涉原则。1860年8月月初，朱塞佩·加里波第率领其已经壮大的军队越过了墨西拿海峡。

但加富尔伯爵卡米洛·本索仍然没有任何迹象要承认这位解放者。此时，弗朗西斯二世的使者们正在都灵，试图请求撒丁王国与两西西里王国建立联盟。对加富尔伯爵卡米洛·本索来说，拒绝这种建立联盟的诚意或许有些困难。然而，两西西里王国的使节们等待了几个月仍没有达成任何有关建立联盟的协议。与此同时，撒丁王国驻两西西里王国大使埃马努埃莱·维拉玛里纳侯爵正在

弗朗西斯二世

弗朗西斯二世与妻子逃亡

积极争取两西西里王国的大臣及官员们的支持。卡洛·佩利翁·德·佩尔萨诺上将率领舰队已经抵达那不勒斯湾，并且顺利获得了两西西里王国海军官员的援助。人胆的卡洛·佩利翁·德·佩尔萨诺上将不仅利用他那不可侵犯的旗舰作为安全之地推进撒丁王国的阴谋，甚至有一次，他把自己伪装成造船厂的工人，混入两西西里王室造船厂，并且破坏了几艘船内的机器。结果，在逃亡时，弗朗西斯二世由于无法乘坐自己的海军舰艇，不得不换乘西班牙王国的汽船。

此前，加富尔伯爵卡米洛·本索就已经明确表示，为维护公共秩序及保护意大利的自由派，他不但要干预两西西里王国，还要干预教皇国。他断言，教皇国

路易吉·卡洛·法里尼

人民的革命情绪已经空前高涨,因此,加富尔伯爵卡米洛·本索派遣路易吉·卡洛·法里尼和恩里克·恰尔迪尼将军去会见正在萨伏伊旅行的拿破仑三世。法兰西第二帝国有一巨大缺点:拿破仑三世与其大臣缺乏联系,并且习惯擅自处理重大外交事务。这次会晤和拿破仑三世与加富尔伯爵卡米洛·本索在普隆比耶尔的秘密会晤几乎同等重要。1860年8月26日,路易吉·卡洛·法里尼和恩里克·恰尔迪尼将军与拿破仑三世在尚贝里会晤。根据恩里克·恰尔迪尼将军的记述,当拿破仑三世被问及对占领翁布里亚和马尔凯的安科纳地区有何看法时,拿破仑三世回答道:"立刻去做。"这正是加富尔伯爵卡米洛·本索一直期待的回答。

1860年9月6日,弗朗西斯二世发现周围的平民和军队相继背叛自己。因此,他离开首都那不勒斯,乘船前往加埃塔要塞。在逃亡的路上,整个两西西里王国无人阻拦弗朗西斯二世。随即，朱塞佩·加里波第率军进入那不勒斯。接下来，他留下部队，独自一人从萨勒诺乘坐火车继续向前。在那不勒斯被朱塞佩·加里波第占领的同时，1860年9月8日，计划中的翁布里亚与马尔凯的安科纳的革命也开始爆发。加富尔伯爵卡米洛·本索立即向教皇庇护九世发出最后通牒，声称撒丁王国国王维托里奥·埃曼努埃尔二世不能对教皇的雇佣军血腥镇压群众的残忍手段无动于衷。考虑到这些，他呼吁教皇国政府解除外国军队武装。在遭到预料中的拒绝后，恩里克·恰尔迪尼将军和曼弗雷多·芬提得到命令，立即率军跨越教皇国的边境线。

除罗马仍由法兰西第二帝国的军队驻守外，教皇国的其他地方由四万多名士兵保卫。这些士兵来自许多国家的志愿军，其最高指挥官是法兰西第二帝国

曼弗雷多·芬提

克里斯多夫·莱昂·路易·朱乔特·德·拉莫里西埃

退役将军克里斯多夫·莱昂·路易·朱乔特·德·拉莫里西埃。克里斯多夫·莱昂·路易·朱乔特·德·拉莫里西埃曾为教皇庇护九世服务。这些志愿军分散在各个驻军部队，大约只有一万四千人组成的机动部队驻守教皇国，防御入侵者。1860年9月18日，在试图接近教皇国安科纳要塞时，克里斯多夫·莱昂·路易·朱乔特·德·拉莫里西埃与恩里克·恰尔迪尼将军的军队在卡斯特尔菲达多发生冲突，伤亡惨重。直到1860年9月28日，克里斯多夫·莱昂·路易·朱乔特·德·拉莫里西埃一直率领残余部队死守安科纳。

在撒丁王国军队的进攻下，教皇国的翁布里亚及马尔凯的安科纳相继陷落，只剩下加埃塔仍被两西西里王国波旁王朝的最后一位国王控制。弗朗西斯二世表现出来的战斗精神比所有前任们，如斐迪南一世、弗朗西斯一世、斐迪南二世都更加问心无愧。因为拿破仑三世命令其地中海舰队要保持港口的开放，所以撒丁王国的军队无法从海上封锁，只能从陆地围攻加埃塔。因此，加埃塔一方面在陆地受到攻击，另一方面又从海上得到供给，甚至志愿军的援助，这一奇怪的情形持续了几个月。最后，英国外交部要求法兰西第二帝国放弃援助，因为这只会延长加埃塔陷落前遭受的灾难。1861年1月19日，拿破仑三世下令撤回其舰队。随后，弗朗西斯二世又坚守了将近一个月。1861年2月13日，弗朗西斯二世宣布其军队投降。

此时，两西西里王国、翁布里亚及马尔凯的安科纳合并已成定局。1860年10月27日，罗素伯爵约翰·罗素给英国驻撒丁王国大使詹姆斯·哈德森爵士递交了一份文件，这份文件注定要被载入意大利统一运动的史册。这份文件宣称，意大利人民有权推翻腐朽政府的统治，成为一个统一的大国。加富尔伯爵卡米

发生在卡斯特尔菲达多的战斗

洛·本索最希望得到的莫过于英国政府的道德裁决了,因为英国政府的观点受到欧洲各国的普遍尊重。被占领土举行的公民投票结果也同意撒丁王国的决定。1860年11月7日,撒丁王国国王维托里奥·埃曼努埃尔二世抵达那不勒斯。但撒丁王国政府没有公开承认与朱塞佩·加里波第建立任何正式关系,因为按照国际法,朱塞佩·加里波第只是一个冒险家,占领了一个友好而独立的王国而已。但这位伟大的革命运动领袖不惜牺牲自我,拒绝所有报酬,隐居在他所钟爱的博尼法乔海峡的"岩石",即卡普雷拉岛。最终,撒丁王国国王维托里奥·埃曼努埃尔二世顺利完成了在撒丁王国维持秩序及阻止革命的任务。他颁布法令,吞并两西西里王国、翁布里亚岛和马尔凯的安科纳地区。《维也纳条约》再次遭到破坏,欧洲的外交家们却束手无策。1861年3月,撒丁王国国王维托里奥·埃曼努埃尔二世登上意大利王位。加富尔伯爵卡米洛·本索凭借其伟大的思想和坚强的意志,控制着都灵的各种复杂力量,令人惊讶地将意大利境内的许多小国统一为一个大国,但他没能活着看到自己努力成果的实现。他仍在计划合并罗马,这需要两年的时间。1861年6月6日,五十一岁的加富尔伯爵卡米洛·本索病逝,合并罗马的计划就此中断。在当时,虽然与奥托·冯·俾斯麦相比,加富尔伯爵卡米洛·本索的业绩略显逊色,但事实证明,加富尔伯爵卡米洛·本索所取得的成就更全面持久,并且其为成功付出的流血牺牲也少得多。为推动意大利的民族解放,首先,他采用的是外交手段,战争在他眼中只是实现所有意大利人民所希望的统一的最后手段。因此,合并罗马建立的新的意大利王国是一个真正自由开明的国家,其建立和维持都不需要赤裸裸的铁血政策[①]。

[①] 关于1860年意大利统一的历史已经由英国历史学家乔治·麦考莱·特里维廉分三卷讲述,这三卷著作分别为《朱塞佩·加里波第保卫罗马共和国:1848年到1849年》,伦敦,朗文出版社,1907年;《朱塞佩·加里波第和千人军:1860年5月》,伦敦,朗文出版社,1909年;《加里波第与意大利的统一》,伦敦,朗文出版社,1911年。这一系列著作已经被列为经典作品。——原注

第 18 章

威尼斯

意大利王国建立后，皮埃蒙特、伦巴第、托斯卡纳、翁布里亚、那不勒斯及西西里都已经联合起来。不久，威尼斯，甚至罗马也必然会选择加入意大利王国。因为法兰西第二帝国军队的占领及天主教会要维持教皇制度，所以罗马问题变得比较复杂。但威尼斯问题并不复杂，它是奥地利帝国外的一个边远省份，要找到一个既能满足意大利王国的期望，又不伤害哈布斯堡王朝尊严的解决办法并不困难。奥地利帝国在威尼斯的日子已经屈指可数，目前只剩下如何和平解决的问题。

这是法兰西第二帝国、英国及意大利王国政治家的观点。这三国间有着良好的外交关系。对于罗马问题，意大利王国与法兰西第二帝国安排意大利王国驻法兰西第二帝国大使康斯坦丁诺·尼格拉、曾任法兰西第二帝国驻撒丁王国大使的维桑·贝内代蒂伯爵及意大利王国的另一位朋友法兰西第二帝国驻教皇国大使德拉瓦莱特侯爵夏尔三人去解决。这一人员安排应该能妥善地解决罗马问题。但朱塞佩·加里波第不喜欢迟缓的外交方法，更倾向于选择直接进攻，并且他的活动时常威胁威尼斯和罗马。1862年，朱塞佩·加里波第带领小部队通过意大利南部入侵圣彼得世袭领地。由于重演1860年占领两西西里王国的阴谋将严重破坏意大利王国的外交及国际形象，意大利王国政府急于洗清

朱塞佩·加里波第脚部受伤

与朱塞佩·加里波第同谋的嫌疑，立刻派军前往该领地。1862年8月29日，在阿斯普罗蒙特，意大利王国军队与朱塞佩·加里波第的军队发生冲突。双方虽有交火，但没有引发全面冲突。在冲突中，朱塞佩·加里波第脚部受伤，与其追随者一起投降，并且被带到热那亚进行审判。但在审判前，撒丁王国国王维托里奥·埃曼努埃尔二世赦免了囚犯。

在阿斯普罗蒙特事件中，为意大利统一而英勇战斗的朱塞佩·加里波第由于脚部伤口发炎而危及生命，几乎成为意大利子弹的牺牲品。这一事件激起了意大利全民族的愤慨。撒丁王国国王维托里奥·埃曼努埃尔二世政府非常清楚，无论要解决罗马问题还是威尼斯问题，都必须采取实际行动。既然威尼斯问题更容易解决，就先着手解决威尼斯问题。

英国政府倾向于通过意大利王国购买威尼斯这一简单方式来解决威尼斯问题，因为对奥地利帝国而言，威尼斯已经没有意义，只会引起无尽的争端。因此英国政府建议奥地利帝国放弃威尼斯，意大利王国通过向奥地利帝国支付补偿金的方式获得威尼斯。然而，奥地利帝国政府拒绝以这笔补偿金作为与其领土完整交换的条件。

第二种方式实现起来并不简单，这一方案就是将沿多瑙河的瓦拉几亚和摩尔达维亚公国领地割让给奥地利帝国作为补偿。该公国人民对其君主亚历山德鲁·伊万·库扎不满。1866年，亚历山德鲁·伊万·库扎的统治被推翻。但这一"罗马尼亚式的解决方案"只是拿破仑三世与康斯坦丁诺·尼格拉在杜伊勒里宫和圣克卢宫的口头谈话，没有任何实质进展。

亚历山德鲁·伊万·库扎

1865年，随着德意志战争风云的变幻，意大利的形势更加明朗。1864年，奥地利帝国和普鲁士王国结成非正义的伙伴关系，联合反对丹麦王国，抢占了石勒苏益格和荷尔斯泰因公爵领地。1865年，由于共同占有这两块领地只会增加奥地利帝国与普鲁士王国的相互嫉妒。因此，奥地利帝国与普鲁士王国签订《加施泰因公约》，并且对石勒苏益格和荷尔斯泰因公爵领地进行分赃。但随后，为争夺德意志邦联的统治权，奥地利帝国与普鲁士王国产生了更加激烈的纠纷。事实上，奥托·冯·俾斯麦认为普鲁士王国必将向奥地利帝国开战。此时，奥地利帝国仍被看作军事强国。为确保胜利，奥托·冯·俾斯麦迫切希望与拥有强大

奥托·冯·俾斯麦

乌尔巴诺·拉塔奇

军队的意大利王国联合起来进攻威尼斯，普鲁士王国军队则从北方进攻奥地利帝国。1865年年初，普鲁士王国驻意大利王国大使冯·乌泽多姆伯爵向接替乌尔巴诺·拉塔奇担任意大利王国首相的阿方索·费雷罗·拉·马尔莫拉将军提出联盟。阿方索·费雷罗·拉·马尔莫拉将军既是一名优秀的军人，又是一位明智的政治家。他十分清楚与普鲁士王国建立联盟利大于弊，但他不信任普鲁士王国政府。1965年3月，阿方索·费雷罗·拉·马尔莫拉派朱塞佩·戈沃内将军去柏林"研究防御工事系统"。朱塞佩·戈沃内将军或许不是最佳人选，他不只是狡猾，而是过于狡猾，企图通过外交回避欺骗奥托·冯·俾斯麦，但奥托·冯·俾斯麦对朱塞佩·戈沃内将军的目的一清二楚，奥托·冯·俾斯麦也一心想欺骗意大利王

朱塞佩·戈沃内将军

国。于是，在相互不信任中，奥托·冯·俾斯麦与朱塞佩·戈沃内将军开始了谈判。谈判进展缓慢，最终，意大利王国与普鲁士王国形成了缺乏诚意的联盟。因为双方都担心对方只会利用这一联盟威胁奥地利帝国政府，使奥地利帝国政府放弃战争，直接做出让步。令人难解的是，普鲁士王国与意大利王国联盟的危险性早已存在，为什么奥地利帝国始终不愿割让威尼斯而阻碍意大利王国与普鲁士王国结盟。可悲的是，每次奥地利帝国的统治阶级都是自取灭亡，这样的结果不全是因为他们盲目，而是因为过于固执己见。

1866年4月8日，普鲁士王国与意大利王国结成为期三个月的联盟，其目的是为意大利王国赢得威尼斯，为普鲁士王国争取在北德意志的至高权力。进攻奥地利帝国的时间由普鲁士王国确定。这不是一份令双方引以为荣的外交文件，因为其目的完全是侵略性的，其精神是彼此怀疑的，所以也只有短短三个月的期限。但当时双方都非常乐意，奥托·冯·俾斯麦确定自己将击败奥地利帝国，因为奥地利正两面受敌，而阿方索·费雷罗·拉·马尔莫拉将军确信普鲁士王国与奥地利帝国的战争已经不可避免。1866年5月26日，拿破仑三世提议召开欧洲议会，和平的希望似乎又重新开始出现。这一提议不仅得到英国和俄罗斯帝国的同意，也得到普鲁士王国和意大利王国的赞成。奥地利帝国同意召开会议，但条件是，会议不得对现有领土的划分做出任何修改。结果，极度虚荣的哈布斯堡王朝再次把自己逼向了战争。

不久，战争爆发。1866年6月17日，普鲁士王国军队占领汉诺威，大约与此同时，阿方索·费雷罗·拉·马尔莫拉将军率军开始进攻威尼斯。1866年6月23日，阿方索·费雷罗·拉·马尔莫拉将军越过明乔河。1866年6月24日，在库斯托扎村

库斯托扎战役，阿方索·费雷罗·拉·马尔莫拉战败

阿尔伯特大公

附近,阿方索·费雷罗·拉·马尔莫拉将军的军队被阿尔伯特大公击败。但另一方面,普鲁士王国的军队所向披靡。1866年7月3日,在摩拉维亚的萨多瓦,普鲁士王国军队击溃了奥地利帝国军队。此时,对于奥托·冯·俾斯麦来说,通往维也纳的道路已经畅通无阻。他的面前只剩下弗洛里斯多夫防线,并且他估计需要以二千名士兵的生命为代价,才能突破这条防线。

直到此时,奥地利帝国才决定做出让步,但同过去一样,这次他们又为时已晚。因此,在美泉宫,奥地利帝国举行会议,决定将威尼斯交给法兰西第二帝国。随后,威尼斯再由法兰西第二帝国移交给意大利王国。会议还邀请拿破仑三世出面对威尼斯的移交过程进行调解。第二天,拿破仑三世在圣克卢宫举行会议。这次会议是拿破仑三世在他整个统治时期召开的最重要的会议。会议讨论的问题是,法兰西第二帝国究竟应该派军援助奥地利帝国,还是只进行和平调解。在会议的讨论中,建议法兰西第二帝国进行和平调解的代表占多数。时任法兰西第二帝国驻普鲁士王国大使维桑·贝内代蒂伯爵被派往普鲁士总司令部。但这一切只会促使奥托·冯·俾斯麦迅速解决奥地利帝国的问题,因为他明白,外部的干预弊大于利。1866年7月22日,普鲁士王国与奥地利帝国签订停战协议。1866年7月26日,普鲁士王国又与奥地利帝国签订了《尼古斯堡草约》。这样一来,奥托·冯·俾斯麦获得了想要的一切。

与此同时,拿破仑三世接受了威尼斯授权由奥地利帝国将威尼斯移交给法兰西第二帝国,并且向意大利王国表示他会将威尼斯移交意大利王国。随后,出现了世界历史上最不寻常的状况。为了夺取威尼斯,意大利人民不惜发动战争。这一事实就记录在意大利王国与普鲁士王国签订的条约中。但现在别人将威尼斯拱手相送,意大利人民拒绝接受。其中的原因是,一方面,在库斯托扎,奥地利帝国军队击败了意大利王国军队。另一方面,在普鲁士王国和奥地利帝国签订停战协议两天前,即1866年7月20日,在利萨,奥地利帝国的海军又击败了意大利王国的海军。因此,正如阿方索·费雷罗·拉·马尔莫拉将军所说,在遭受这些打击后,从法兰西第二帝国手中接受威尼斯,只会破坏意大利王国政府在意大利民众心中的威望。接下来,意大利王国政府只得再次命令军队进军威尼斯。结果,这次威尼斯争夺战变成了一场闹剧,因为奥地利帝国军队直接撤退到四边形炮台,不再抵抗。1866年7月30日,意大利王国政府被迫停战。

对奥地利帝国的战争结束后,虽然各国都得到了自己在战争开始时企图获得的东西,但意大利王国十分失望。毕竟,这场战争是意大利王国和普鲁士王国倾其所有共同努力的结果。因此,北部战区的胜利应该对联盟双方都有利。意大利王国单方面的失败无法改变这样一个事实,即这场战争是普鲁士王国与意大利王国共同的,因此,最后的胜利也必定是共同的。奥地利帝国惨遭失败,不得不同意割让"意大利"的蒂罗尔和威尼斯;而对奥托·冯·俾斯麦,他就可以说，根据1866年4月8日的条约，同盟国已经同意在条约所规定的目的达到前，不会单方面和解。意大利现在已经得到威尼斯，这是条约明确规定的目标。因此，无论从法律层面还是从道义层面，意大利王国都不能反对普鲁士王国与奥地利帝国寻求和解。即便是拿破仑三世最大度的时候，也从来没有提出为意大利王国获得除威尼斯之外的地方。1863年，在杜伊勒里宫拜访拿破仑三世时，阿雷塞侯爵说："还有意大利的蒂罗尔。"拿破仑三世回答说："此事我不能同意。"因此，意大利王国只能满足于这一协定得到的，即威尼斯及战略上对意大利王国极其不利的威尼斯陆地边界。1866年10月3日签署的《维也纳条约》为意大利王国获得威尼斯提供了保障。

第19章

门塔纳

1866年，意大利王国吞并威尼斯后，亚平宁半岛唯一不在意大利王国统治范围内的就是教皇已经缩小的领地。它以罗马为中心，包含维泰博、齐维塔维基亚诺、韦莱特里和弗罗西诺内。被当时许多意大利人称为"教皇飞地"①的教皇国也就引起了意大利王国的关注。欧洲各国都清楚，意大利王国必定要将这些教皇领地吞并，但许多有影响力的天主教教徒仍然希望意大利王国能与教皇国形成暂时的妥协，以维持教皇的独立。这是经验丰富的政治家马西莫·德·阿泽利奥的主张。在临去世前几个月，这位诚实认真的政治家还敦促意大利王国议会能够允许罗马成为教皇国统治下的自治城邦。他说："我难以想象，在罗马教皇的身边，天主教能够让意大利国王安宁。"根据1864年9月15日意大利王国与法兰西第二帝国签订的公约，这一主张似乎得以实现。

公约由爱德华·德律安·德·勒尤伊斯代表法兰西第二帝国，康斯坦丁诺·尼格拉代表意大利王国签署。公约包括三点：第一，意大利王国同意不攻击教皇国现有领土，并且防止一切来自教皇国以外的侵略；第二，法兰西第二帝国同意两年内从罗马撤出其驻军；第三，意大利王国政府同意定都佛罗伦萨。

---

① 飞地指隶属于某一行政区管辖但不与本区毗连的土地。一般把本国境内包含的外国领土称为内飞地，外国境内的本国领土称为外飞地。飞地的概念产生于中世纪，1526年签订的《马德里条约》第一次出现"飞地"的这一术语。

按照这份公约,拿破仑三世将不再承担起罗马驻军的供给。意大利王国政府放弃征服教皇国,或通过朱塞佩·加里波第的突袭将其吞并的希望。此外,为证明自己将真正放弃以罗马作为首都,意大利王国决定定都佛罗伦萨。因此,如果双方都能履行承诺,即法兰西第二帝国撤出驻军,意大利王国政府防止任何像"千人远征"那样的攻击,教皇国至少是安全的。颠覆教皇国的唯一可能就是其内部的革命运动,但这种情况不可能发生。1870年前的罗马及其所属地区的人民生活安逸,这种环境不会导致政治动荡和变革。

随即,拿破仑三世着手履行其在1864年9月15日签署的公约中所做的承诺,法兰西第二帝国的驻军陆续撤离罗马。1866年12月,法兰西第二帝国完成从罗马撤军。与此同时,为使教皇有强大的军事力量,根据1866年1月30日的法兰西第二帝国的法令,法兰西第二帝国的士兵和军官被允许加入教皇的军队。因此,许多热心的法兰西第二帝国年轻的天主教教徒加入教皇的军队。由于他们聚集在戛纳附近的昂蒂布,他们组成的军团得名"昂蒂布军团"。法兰西第二帝国从罗马撤军后,罗马的防务由"昂蒂布军团"取代。

昂蒂布

这是对1864年9月15日签订的公约的第一次打击。意大利人民认为，首先，法兰西第二帝国并无诚意从罗马撤军。其次，即使法兰西第二帝国政府无法阻止其臣民加入教皇的军队，也不必用各种手段鼓励为教皇的军队招募军人，法兰西第二帝国应当作为公正的旁观者。法兰西第二帝国的行为虽然不明智，但从各方面来看，并没有违反1864年9月15日签署的公约。

但不久发生的事件彻底破坏了这一公约。对此，意大利王国首相乌尔巴诺·拉塔奇应该受到谴责。乌尔巴诺·拉塔奇性格温顺，但他的前任托斯卡纳的贝蒂诺·里卡索利男爵性格刚强。1867年2月，朱塞佩·加里波第离开卡普雷拉，并且出现在威尼斯。在整个意大利王国，战斗的热情被重新点燃。这位伟大的革命斗士很快就到达意大利王国与教皇国的边境，等待教皇国境内革命的召唤。1867年9月，朱塞佩·加里波第参加了日内瓦和平大会。回到佛罗伦萨后，他受到民众的热烈欢迎。随后，朱塞佩·加里波第又从佛罗伦萨乘坐火车前往罗马。对这位爱国者的行动，乌尔巴诺·拉塔奇的政府确实过于宽容。但最终，乌尔巴诺·拉塔奇的政府还是决定对朱塞佩·加里波第采取严厉行动，以回应法兰西第二帝国政府的抗议。1867年9月23日，在锡纳伦加，乌尔巴诺·拉塔奇的政府将朱塞佩·加里波第拦住，并且将其当作囚犯押送到亚历山德里亚。但很快，乌尔巴诺·拉塔奇的政府就将朱塞佩·加里波第释放，并且允许其返回卡普雷拉。

虽然朱塞佩·加里波第离开了革命的前线，但其革命精神流传了下来。朱塞佩·加里波第的工作还在继续。在教皇国，革命者还在准备发动新一轮的革命。1867年9月28日，朱塞佩·加里波第在锡纳伦加被捕五天后，其军队入侵了教皇所辖的维泰博地区。很快，朱塞佩·加里波第的其他部队从意大利各地越过蜿蜒曲折的教皇国边界。边境的意大利宪兵似乎无力，也极不情愿阻止这些军队。意大利王国政府派遣巡洋舰封锁卡普雷拉，但朱塞佩·加里波第逃过封锁，安全抵达意大利大陆。1867年10月22日，朱塞佩·加里波第出现在佛罗伦萨，并且引起当地群众一片欢呼。人们将朱塞佩·加里波第送往火车站，他将乘坐专车前往特尔尼。由于无法对付复杂的局势，乌尔巴诺·拉塔奇辞去意大利王国首相职务，这一职务由恩里克·恰尔迪尼将军接任。但此时，朱塞佩·加里波第已经越过意大利王国与教皇国的边界，进入教皇领地。

从拿破仑三世这一时期做出决定的反复，可以明显感觉到他的焦虑不安。他想放弃对罗马的保护权，永远切断与意大利王国的外交瓜葛，但始终下不了决心。最终，他被意大利事务束缚，这妨碍了他的所有行动。他既不能对意大利事务撒手不管，也不能置教皇于不顾。事实上，他在欧洲的声誉全凭他自1849年以来对教皇的保护。与此同时，法兰西第二帝国最保守的势力，即强大的天主教派也决不允许他对教皇国的安危放手不管。

由于看到意大利王国政府并没有阻止对教皇领地的攻击，也没有承担其在1864年9月15日签署公约中的责任，拿破仑三世企图恢复对教皇领地的武力保护。"昂蒂布军团"已经成为教皇军队的一部分，但教皇领地还需要更多的军队。这时，由皮埃尔-路易·夏尔·德·法依将军率领的法兰西第二帝国常规军分

皮埃尔-路易·夏尔·德·法依将军

赫尔曼·坎茨勒

队聚集在里昂。拿破仑三世犹豫再三,最终同意这支远征军在1867年10月26日出发。营救罗马已经刻不容缓。1867年10月28日,当皮埃尔-路易·夏尔·德·法依将军的军队在奇维塔维基亚登陆时,朱塞佩·加里波第已经到达台伯河峡谷,距罗马不到五英里。如果朱塞佩·加里波第立即继续前进,就可以占领罗马,因为守卫教皇国的赫尔曼·坎茨勒将军决定只防守罗马教廷和台伯河右岸的教皇属地城市。结果,朱塞佩·加里波第有所耽搁。1867年10月30日,皮埃尔-路易·夏尔·德·法依将军的先遣部队已经进入罗马,法兰西第二帝国的其余军队紧跟其后。1867年11月3日,在罗马以北约十二英里的萨宾的门塔纳,法兰西第

门塔纳战役

二帝国与教皇的联合军队向朱塞佩·加里波第的阵营发起进攻。这场战斗既不像卡斯特尔菲达多那样血腥的冲突,也不像阿斯普罗蒙特那样的小摩擦,而是正规战斗。交战双方都表现出极大的决心和勇气。朱塞佩·加里波第的军队被击溃,一千多人伤亡。他们大多是被一种名叫"夏塞波"的新式步枪①击中的,这种步枪射程远,命中率高。

革命者的进攻受到镇压,教皇庇护九世在教皇国的统治得到巩固。1867年11月6日,当门塔纳的胜利者重新进入罗马时,正如法兰西第二帝国驻教皇国的大使所说:"这是教皇权力的回光返照。"这次胜利确实让行将就木的教皇国又

---

① 法兰西人夏塞波发明的一种后膛步枪。

延长了三年。除此之外，这次胜利还产生三个结果：第一，法兰西第二帝国的军队返回罗马；第二，彻底废除了1864年9月15日签署的公约；第三，切断了意大利王国政府与法兰西第二帝国的最后纽带。皮埃尔-路易·夏尔·德·法依将军在其有关战争过程的报告中写道："夏塞波步枪创造了奇迹。"这些话尽管受到法兰西第二帝国外交大臣莱昂内尔·德·穆斯捷的反对，因为这些步枪的精彩表现是以牺牲意大利人的生命为代价的，撒丁王国国王维托里奥·埃曼努埃尔二世的政府觉得欠妥。但最终，皮埃尔-路易·夏尔·德·法依将军的这句话仍然发表在《帝国公报》上，据说是应阿道夫·尼埃尔元帅的要求发表的。但这句话是否是对意大利王国或普鲁士王国的警告，目前尚不清楚。无论如何，意大利王国政府感觉三年后不再有义务为了法兰西第二帝国而牺牲自己的人员和财富了。

莱昂内尔·德·穆斯捷

阻止拿破仑三世占领罗马无须任何力量。1867年11月3日，在法兰西第二帝国国民议会，欧仁·鲁埃代表法兰西第二帝国政府发表了讲话。国民议会反对党领导人阿道夫·梯也尔也对教皇表示同情。作为回应，欧仁·鲁埃觉得自己的发言必须胜过阿道夫·梯也尔的。因此在这次长时间的讲话中，欧仁·鲁埃的语气越来越坚定，甚至宣称："意大利王国绝不能占据罗马，为了自己的荣誉和宽容，法兰西第二帝国也绝不支持这种暴力。"在国民议会上，欧仁·鲁埃的态度在政治上暂时占据上风，但破坏了法兰西第二帝国政府为保证自己国家安全所做的努力。

第 20 章

教皇政权的末日

当在教权上教皇庇护九世获得成功并发挥其最大权威时,他的政权却在日渐消亡。近些年来,教皇庇护九世的政治立场越来越保守。他曾主张自由与进步,但现在不再考虑这些。他看到时代发展的趋势对他不利,并且因为自己善良的内心能够感受到这一点而深感痛苦,因为他希望与所有人和睦相处。但他从不怀疑自己是正确的,也从没有想过要放弃自己的政权和教权。许多人期待年迈的教皇庇护九世去世,让位给能够更顺应时代的教皇,从而与意大利王国达成合理的妥协。但时间对这位老人很仁慈,教皇庇护九世的身体虽然不是很强健,但随着岁月的流逝,他的身体状况反而变得更加稳定。在他接见过的许多人眼中,他是一位健康、和善、健谈的老绅士。他似乎生活在中世纪的理想中,不满近代社会的发展趋势,但对这一切他并不感到焦虑不安。

事实上,教皇庇护九世的思想比人们想象的要更深刻,他的意志也更坚定。他时刻准备着展示自己的权威,扩大自己的特权。1861年3月26日,教皇庇护九世将撒丁王国国王维托里奥·埃曼努埃尔二世逐出教会。在这件事情上,教皇庇护九世的态度与希尔德布兰德①和教皇英诺森三世一样强硬。1864年12月8日,教皇庇护九世发表了著名文件。这份文件主张恢复中世纪教会在君主与人

---

① 希尔德布兰德为日耳曼传说中的人物。

民间争端的仲裁权，否认国家拥有最高权力，否认宗教和媒体自由。最后这份文件还特别警告道："那些说罗马教皇能够，并且应该与时代进步、与自由主义及文明和解的人应该受到诅咒。"1869年12月8日，在教皇庇护九世的主持下，罗马教廷举行了一次盛大的主教特别会议，这是自16世纪特伦托会议以来第一次主教特别会议。过去二十年，在现代国家的控制下，天主教教会遭受了很多委屈，其拥有的机构、土地和教堂可能已经消失。但另一方面，在亚洲和非洲，甚至更近的地方，特别是英国，天主教的势力却在不断壮大。在这些地方，天主教教徒的人数明显增加，因此，举行主教特别会议的时机已经成熟。这次从1869年到1870年的主教特别会议不愧为一次盛会，会议有七百五十位教长出席。由于其中三分之一的教长是意大利人，教皇可以按自己的意愿操纵投票。

似乎是为更明确显示教皇的独立，大会没有邀请信奉天主教的君主派遣的代表参会。或许还有另外一个原因，因为教皇庇护九世不想邀请破坏分子撒丁王国国王维托里奥·埃曼努埃尔二世参加，所以决定不邀请任何君主参加。这次会议按预期进行，其方案、讨论的问题及表决方法都围绕教皇的利益做了精心安排。1870年7月，这次会议的所有重要事务都已经完成。1870年7月13日，教皇准确无误的教条以五百一十三票比八十八票获得通过。从此，教皇对所有天主教教徒的绝对权威成为一种信条，教皇教权变得不受限制。

几乎与此同时，教皇也完全丧失了仅有的政权。就在法兰西第二帝国与普鲁士王国开战前，奥地利帝国首相弗里德里希·斐迪南·冯·博伊斯特伯爵试图在意大利王国、奥地利帝国及法兰西第二帝国间达成某种协定，调解普鲁士王国与法兰西第二帝国的矛盾。撒丁王国国王维托里奥·埃曼努埃尔二世表示同意，但条件是拿破仑三世必须放弃仍被法兰西第二帝国军队占领的罗马，结果遭到拿破仑三世的拒绝。拿破仑三世的固执不但使他失去法兰西第二帝国，而且他也没能拯救罗马。1870年8月19日，拿破仑三世从罗马撤回驻军。1870年9月4日，色当惨败后，法兰西第二帝国灭亡。意大利王国政府趁机否认了1864年9月15日签署的公约。尽管当时发生过"门塔纳事件"，但这一公约一直被认为有效。随后成立的法兰西第三共和国临时政府也默认取消这一公约。1870年9月12

日,意大利王国向教皇庇护九世发出最后通牒。但教皇庇护九世毫不妥协,声称绝不放弃一寸领土、特权和尊严。1870年9月20日,卢吉·卡多尔纳将军率领的意大利王国军队进入罗马,意大利王国的首都也随即迁至罗马。

意大利王国的军队进入罗马后,教皇庇护九世似乎曾想过接受这一现实,并且与意大利王国达成协议,但他没有迟疑太久就对意大利王国吞并教皇国提出了正式抗议,并且他一直隐居在梵蒂冈城内。1871年5月13日,意大利王国议会通过《优待法》[①]。这部法律确保教皇人身不受侵犯,享有君主的荣耀及三百二十二万五千里拉的专款。意大利王国政府希望教皇能接受这部法律,并且使其成为一个双边条约,但教皇庇护九世在位期间从没有表示接受这部法律。1870年9月,就在意大利王国刚占领罗马后,枢机主教贾科莫·安东内利在

贾科莫·安东内利

---

① 这部法律全文法语译文见皮埃尔·阿尔班《重要条约》,第99页。——原注

意大利王国的国库兑换了五万克朗的罗马教皇汇票,用于支付当时教皇庇护九世在罗马教廷的开支。但以后罗马教廷再也没有在意大利王国的国库兑换过罗马教皇汇票,这是教皇第一次也是最后一次接受意大利王国政府的资助。

第 3 部分

德意志的统一

第21章

普鲁士的崛起

第1节 关税同盟

至少在拿破仑战争的最后几年,普鲁士王国所起的作用证明其确是一个大国。与此同时,在拿破仑战争中,奥地利帝国也起到了重要作用,并且奥地利帝国是一个更古老且保守的帝国。这两个实力相当的大国的存在,似乎使德意志实现真正统一的前景变得渺茫。

维也纳会议时的德意志委员会似乎就持这种观点,因为在刚起草了德意志《邦联宪法》的框架时,它就感到绝望而不想再将其补充完整。根据1815年维也纳会议"邦联法案"成立的德意志邦联设有邦联议会,以奥地利帝国代表为邦联议会主席。但德意志邦联议会只是由来自德意志境内各主权邦国的驻邦联议会的大使组成,无权执行自己的命令。如果说其议会,即立法机构无效,那么其行政机构的情况更糟,事实上,它根本没有行政机构。从1819年到1833年,即克莱门斯·冯·梅特涅控制德意志邦联议会时期,德意志邦联是真实存在的,当德意志各邦国的君主们就共同政策达成一致时,其法规就可以得到执行,其余时间德意志邦联形同虚设,召开会议和讨论都会受到邦联主席,即奥地利帝国代表在外交上的压制。[①]

[①] 德意志邦联第一任主席是后期奥地利帝国首相卡尔·斐迪南·冯·布奥尔·绍恩施泰因伯爵的父亲约翰·鲁道夫·冯·布奥尔.绍恩施泰因伯爵。——原注

普鲁士王国早期的发展是悄无声息的，其成功应归功于制订和实施发展计划的普鲁士王国的政治家们的忍耐、坚持和稳重。

维也纳大会后的半个世纪，是德意志伟大评论家的时代。这些评论家真正的影响力是从拿破仑·波拿巴时期的小册子作者开始的，弗里德里希·冯·根茨就是其中最优秀的一位。战争结束后，这些评论家的注意力转向德意志内部事务，有些评论家写的关于自由和宪政的文章引起政府的厌恶，他们发现自己可能被关进监狱，甚至被流放。这些评论家中有人研究政治经济学，也有人研究历史，如巴托尔德·格奥尔格·尼布尔研究罗马史，利奥波德·冯·兰克研究德意志史。这些历史研究的成果增强了德意志人对统一德意志的愿望，这一点在

巴托尔德·格奥尔格·尼布尔

海因里希·冯·特赖奇克

海因里希·冯·特赖奇克的作品中得到了最大体现。1857年,在莱比锡,海因里希·冯·特赖奇克作为一个演讲者开始了卓越的职业生涯。

在1815年后的三四十年里,影响德意志公共事务的是经济学家,而不是历史学家或政治哲学家。当时德意志的经济学家与现在的一样,分为两派,即保护主义派和自由贸易派。保护主义派的主要代表是格奥尔格·弗里德里希·李斯特,其著作《政治经济学的国民体系》至今仍值得一读。自由贸易派的代表人物为卡尔·格奥尔格·马森。自由贸易派和保护主义派有一共同原则,即在同一经济区内不应设置关税壁垒。于是,自由贸易政策诞生。这一政策首先在普鲁士王国各地实行,随后在德意志各邦国之间也开始实行。因为奥地利帝国被排除在外,所以它从没有加入任何自由贸易区。这种不同邦国间的自由贸易联合体被称为"关税同盟",其目的是使除奥地利帝国外的所有德意志邦国在这一同盟范围内的一切

海因里希·弗里德里希·施泰因

商业交易自由。实际上,普鲁士王国是这一关税同盟的首脑,这就是普鲁士王国财政大臣弗里德里希·冯·莫茨在1829年设定的计划。负责早期重要自由贸易条约事宜的外交官是海因里希·弗里德里希·施泰因男爵的门徒约翰·阿尔布雷希特·弗里德里希·艾希霍恩,他在普鲁士王国外交部担任高级官员。

　　1816年7月16日,普鲁士王国政府下令废除其境内不同地区间的内部关税。1818年5月26日,普鲁士王国签署的另一项关税法进一步降低普鲁士王国的进口关税,使其低于德意志其他邦国的进口关税。这一政策直接冲击到普鲁士王国邻国,因为凡是经过普鲁士王国进口到其他国家飞地的货物,都必须向普鲁士王国缴纳进口关税。随后,普鲁士王国还与拥有飞地的国家就关税分配达成谅解,关税分配谅解立即生效。1819年10月25日,施瓦茨堡-松德斯豪森签署条约,宣布加入普鲁士王国的关税同盟。1823年,施瓦茨堡-鲁道尔施塔特及几个德意志小国也相继加入关税同盟。

但到目前为止，德意志邦联内还不存在真正的关税同盟或经济联盟。德意志境内的小邦国只是同意关税收入应按其人口的比例与普鲁士王国进行分配，但在商业政策决策方面，小邦国没有发言权，完全由普鲁士王国控制。真正的关税同盟是1828年2月14日艾希霍恩与弗里德里希·冯·莫茨经过谈判签订的《普鲁士-达姆施塔特条约》。只要普鲁士-达姆施塔特联盟生效，所有由普鲁士王国谈判签订的商业条约都必须得到达姆施塔特的同意。这项条约将持续到1834年，如果在此期间没有受到公开否定，可以再延续六年。

此时，普鲁士-达姆施塔特同盟也出现了几个竞争对手。1826年，巴伐利亚王国和符腾堡王国建立了关税同盟，1828年9月24日，萨克森王国、汉诺威王国、不伦瑞克公国、奥尔登堡大公国、不莱梅、法兰克福及其他几个德意志邦国成立了中部德意志商业同盟。萨克森王国外交大臣冯·卡洛维茨男爵克里斯托弗·安东·斐迪南为该同盟的成立做出了努力，这一同盟对北海海岸及德意志境内的内部水道有相当大的控制权。但因为效率是商业唯一不可缺少的东西，而普鲁士-达姆施塔特同盟的管理效率要高得多，所以巴伐利亚王国政府和符腾堡王国政府决定加入普鲁士-达姆施塔特同盟。1829年5月27日，它们与普鲁士-达姆施塔特同盟签订自由贸易条约，从而获得了从波罗的海到多瑙河间的直接通商权，但中部德意志商业同盟仍然是独立的。两个商业同盟间的竞争实际上是公路的竞争。如果哪个同盟能首先建成一条贯通德意志境内的主干道，那么它就能占有德意志境内的大部分贸易。结果，普鲁士-达姆施塔特同盟首先修建了从朗根萨札到维尔茨堡的公路及许多其他公路。

1831年，魏玛成为第一个脱离中部德意志商业同盟，并且加入普鲁士-达姆施塔特同盟的国家。1833年，黑森选侯国也加入这一同盟。从而，这一同盟打通了勃兰登堡和普鲁士王国莱茵省间的联系。1833年3月22日，巴伐利亚王国和符腾堡王国不仅同意与普鲁士-达姆施塔特联盟进行自由贸易，实际也加入了该同盟。这就是为什么1833年被看作是关税同盟正式建立的日期。

1833年后，关税同盟并不包括所有德意志邦国，尤其是汉诺威王国、奥地利帝国及奥尔登堡大公国和汉莎同盟的城镇。1850年，奥地利帝国和普鲁士王国发生争斗。普鲁士王国在奥尔米茨屈服后,几个小国家开始逐渐强大,其中较强大的几个王国,如冯·德·普福尔腾男爵路德维希·卡尔·海因里希统治下的巴伐利亚王国和弗里德里希·斐迪南·冯·博伊斯特伯爵统治下的萨克森王国,开始摆脱普鲁士王国的统治。奥地利帝国在奥尔米茨刚刚获胜,已经做好了下一步准备。

对普鲁士王国的打击发生于1851年,在弗里德里希·斐迪南·冯·博伊斯特伯爵和冯·德·普福尔腾男爵路德维希·卡尔·海因里希的大力支持下,费利克斯·施瓦岑贝格亲王要求将奥地利帝国纳入关税同盟。尽管当时已经崭露头角的奥托·冯·俾斯麦手段灵活,但如果不是费利克斯·施瓦岑贝格亲王1852年4月5日不幸去世,将奥地利帝国纳入关税同盟他还是可以做到的。

奥地利帝国最后一位伟大的政治家费利克斯·施瓦岑贝格亲王去世后,普鲁士王国决定弥补其在奥尔米茨的损失。此时,汉诺威王国已经加入关税同盟,普鲁士王国为汉诺威王国提供了十分优惠的关税税率条件和便利的铁路设施。1851年9月7日,普鲁士王国与汉诺威王国签订条约。接着,当其他国家要求将奥地利纳入关税同盟时,1851年年底,普鲁士王国政府宣布废除关税同盟总约[①]。过了不久,费利克斯·施瓦岑贝格亲王去世,卡尔·斐迪南·冯·布奥尔·绍恩施泰因伯爵接手奥地利帝国外交事宜。1852年夏,普鲁士王国出席法兰克福会议的代表奥托·冯·俾斯麦被派往维也纳,他对卡尔·斐迪南·冯·布奥尔·绍恩施泰因伯爵的能力嗤之以鼻,并建议普鲁士王国政府对奥地利帝国政府采取强硬态度。结果,奥地利帝国没能获准加入关税同盟,只能接受1853年2月19日由奥地利帝国财政大臣卡尔·路德维希·冯·布吕克通过谈判签订的条约。这一条约给予奥地利帝国一定的商业优势,但规定其不能加入关税同盟。1853年3月,前关税同盟成员在柏林举行会议,重新组建同盟。1854年1月1日,新的关税同盟成立,有效期为十二年,除汉莎同盟的城镇及奥地利帝国外,其他德意志邦国全部加入这一关税同盟。

关税同盟不是一个国家,与德意志邦联也没有任何联系,其成员国均没有

[①] 1841年,关税同盟得以延续,期限十二年,并且规定1851年废除。——原注

卡尔·路德维希·冯·布吕克

丧失国家主权。任何德意志邦国可以依据条约在到期时,选择不加入新的关税同盟的条约。加入关税同盟的条件取决于国家间的交涉,因此,不同国家在此同盟中享有不同的特权。该同盟不定期举行会议,任何成员都不受会议决定的约束。在关税同盟中,普鲁士王国不享有特殊地位,其优势只在于普鲁士王国的商业价值及其官员的精明强干。总有一天,关税同盟会发展为一个政治国家,这是极有可能的,因为它的成员因种族、语言、传统和经济联系而团结在一起,并且关系越久越密切。

第2节 石勒苏益格-荷尔斯泰因

自1459年以来,丹麦国王还同时兼任石勒苏益格公爵和荷尔斯泰因公爵。1815年,依据《维也纳条约》第五十三条,荷尔斯泰因公爵领地被纳入德意志邦联,石勒苏益格公爵领地仍在德意志邦联外,这两个公爵领地都由丹麦国王担任其公爵。虽然民族不同①，但这两个公爵领地的人民都希望始终能保持政治上的统一。1460年颁布的《丹麦王国宪章》即《里伯宪章》，确保石勒苏益格公爵领地与荷尔斯泰因公爵领地不可分割。与此同时，这一宪章还规定，这两个公爵领地不应被纳入丹麦王国宪法。其次，这两公爵领地的君主完全由男性继承，不像丹麦王位，男女性都有继承权。

　　石勒苏益格-荷尔斯泰因的所有问题都由这些争议引起。随着欧洲民族主义情绪的高涨，哥本哈根艾德-丹斯克政党与德意志民族主义者间出现了严重对立。前者希望把这两个公爵领地都纳入丹麦王国的共同宪法及国家内，后者在荷尔斯泰因势力强大，希望保留公爵领地传统的个人主义。1830年后的几年，当时一些著名历史学家的言论、著作极大地增强了德意志人民的民族情感。1848年，石勒苏益格-荷尔斯泰因问题变得日益尖锐。两公爵领地的德意志民族主义者中最热心的莫过于古斯塔夫·德罗伊森。此时，他是基尔大学教

古斯塔夫·德罗伊森

---

① 荷尔斯泰因公爵领地主要是德意志人，石勒苏益格公爵领地主要是丹麦人。——原注

丹麦国王腓特烈七世

授,后因研究中世纪普鲁士崛起的历史而闻名。1848年,德意志民族主义的思想广泛传播。

1848年2月,丹麦国王腓特烈七世在其所有领地颁布了共同宪法草案。因此,在石勒苏益格-荷尔斯泰因问题上的观点,艾德-丹斯克政党获得优势。这一宪法必将摧毁两块公爵领地的个人主义,并且导致荷尔斯泰因公爵领地与德意志邦联分离。1848年3月,宪法草案的颁布立刻导致了两公爵领地的叛乱,并且引起了整个德意志民族的强烈同情。1848年3月31日,在法兰克福,德意志邦联召集临时会议,号召进行伟大的民族主义和自由主义的革命实验。1848年4月,普鲁士王国军队及其他响应法兰克福会议号召的德意志邦国的军队进入荷尔斯泰因公爵领地,与丹麦王国的军队爆发军事冲突。1848年7月2日,在瑞典

埃肯弗德战役

王国的调解下,在马尔默,丹麦王国与德意志邦联达成为期三个月的停战协定。1848年8月26日,停战协定又延续了七个月。1849年2月,敌对行动重新开始。虽然在埃肯弗德,丹麦王国的军队遭遇失败,但德意志邦国的军队对腓特烈西亚的进攻也彻底失败。英国、俄罗斯帝国和瑞典王国都在为和平而努力。由于普鲁士王国驻英国大使克里斯蒂安·查尔斯·约西亚斯·冯·本森的强硬态度,谈判变得有些困难,因为他十分同情德意志民族主义者对石勒苏益格-荷尔斯泰因问题的看法。因此,英国没有通过普鲁士王国驻英国大使,而通过其驻普鲁士王国大使进行交涉。1850年7月2日,通过与英国驻普鲁士王国大使馆的交涉,普鲁

士王国和丹麦王国在柏林签订了和平条约①。丹麦王国共同宪法草案问题仍没有考虑解决。这一和平条约的签约双方保留各自权利,丹麦国王有权以武力恢复其权威。普鲁士王国从荷尔斯泰因及石勒苏益格公爵领地撤军后,丹麦国王腓特烈七世重新统治这两块公爵领地。

1852年,与石勒苏益格-荷尔斯泰因问题相关的国家在伦敦举行会议,企图解决一部分丹麦王国的领土问题。1852年5月8日,英国、奥地利帝国、法兰西第二帝国、普鲁士王国、俄罗斯帝国和瑞典王国签订条约,根据条约第一条,"承

---

① 此时,在法兰克福的德意志邦联会议已经不起任何作用。——原注

克里斯蒂安

认石勒苏益格−荷尔斯泰因−森讷堡−格吕克斯堡"的克里斯蒂安①……"继承所有丹麦国王统治的领土权"。签约各国承认丹麦王国领土完整的永久性原则。该条约不做任何担保,只是各国对丹麦王国所实行原则的声明②。

丹麦国王腓特烈七世的统治似乎已经接近尾声,石勒苏益格−荷尔斯泰因问题更加尖锐,使整个北欧动荡不安。与此同时,石勒苏益格−荷尔斯泰因问题还影响到易北河下游的另一块领地——劳恩堡公国领地。1815年,丹麦

---

① 丹麦国王腓特烈七世没有后嗣,因此选择克里斯蒂安王子,即克里斯蒂安九世为丹麦王位继承人。——原注
② 石勒苏益格−荷尔斯泰因−森讷堡−奥古斯滕堡公爵克里斯蒂安·奥古斯特二世将其在丹麦王国的所有领地交给丹麦王室,并获得约三十五万英镑的赔偿。同时,他代表自己和家人承诺,不反对《伦敦议定书》所规定的继承丹麦领土的办法。——原注

王国获得这一公爵领地的"全部主权",但与此同时,劳恩堡公国领地还隶属于德意志邦联①。

就在《伦敦条约》即将签订前,丹麦王国政府宣布实行统一宪法,但不属于王国的共同事务由各省议会及官员自行管理。在丹麦国王腓特烈七世递交给维也纳的宪法声明中,他认为石勒苏益格公爵领地不应并入丹麦王国。1855年,丹麦王国所有领地都已经使用共同宪法,这部宪法还规定地方事务由地方议会管理,但哪些事务属于共同事务则由丹麦王国政府决定。石勒苏益格和荷尔斯泰因人民,以及许多同情他们的德意志人民都为此而愤愤不平。

接下来,罗素伯爵约翰·罗素尝试解决丹麦问题。1862年9月,罗素伯爵约翰·罗素在科堡担任维多利亚女王的御前大臣。英国驻普鲁士王国大使馆随从罗伯特·莫里尔爵士也在科堡,是罗素伯爵约翰·罗素的私人秘书。1862年9月24日,根据罗伯特·莫里尔爵士的建议及提供的信息,罗素伯爵约翰·罗素起草了一份后来为他赢得巨大声誉的文件。这一文件建议丹麦王国和普鲁士王国在石勒苏益格完全自治的基础上,由英国政府出面调解石勒苏益格–荷尔斯泰因问题。在文件中,对丹麦国王腓特烈七世,罗素伯爵约翰·罗素直截了当地说:"在荷尔斯泰因、劳恩堡和石勒苏益格,丹麦王国1855年的宪法没有任何效力。"这份文件还提到"1852年,丹麦国王腓特烈七世承诺不会将石勒苏益格公爵领地与丹麦王国合并"。后来,在写给贝列尔学院院长本杰明·乔伊特的信中,罗伯特·莫里尔爵士说:"在科堡担任罗素伯爵约翰·罗素的私人秘书时,本人就是那份提出调解建议的著名文件道义上的发起人。如果文件中提出的条件能够被丹麦王国和普鲁士王国接受,那么就可以防止国际僵局,避免1865年欧洲发生的一系列战争。直到今天,我们还在受到那些战争带来的影响。"②

大多数欧洲国家都同意这份文件。奥托·冯·俾斯麦也对这份文件表示赞同,或至少对罗素伯爵约翰·罗素的提议表示同意。奥地利帝国外交大臣约

---

① 1815年6月4日,根据《基尔条约》,劳恩堡被普鲁士王国割让给丹麦王国以换取西波美拉尼亚。——原注
② 威姆斯:《罗伯特·莫里尔爵士的回忆录和信》,伦敦,1911年,第1章,第385页到第388页。——原注

翰·伯恩哈德·冯·雷希贝格伯爵也表示赞成，只有丹麦王国和英国的舆论表示反对："丹麦王国内阁感受到了'印刷所广场'①的压力②。1863年3月30日，丹麦国王腓特烈七世采取进一步措施，颁布了荷尔斯泰因公爵领地新宪法，并且将其与石勒苏益格公爵领地彻底分离。"1863年7月23日，在英国议会下议院，帕默斯顿子爵亨利·约翰·坦普尔发表演讲，该演讲"对那些最希望欧洲动荡不安的人产生了应有的效果"③。他说：

  在此，我非常高兴能与欧洲所有理性的人，包括法兰西第二帝国和俄罗斯帝国的人民一起宣告丹麦王国的独立、领土的完整及权利能够得到维护。

  我们确信，至少我确信，如果有人企图干涉这些权利及丹麦王国的独立，他们面临的对手将不仅仅是丹麦王国。

难怪丹麦人可以心安理得地拒绝调解。

与此同时，德意志人民的情绪日益高涨。几个月来，对丹麦王国的最后通牒④一直在计划中。这份由巴登大公腓特烈一世提议，德意志邦联议会通过的最后通牒要求丹麦王国在六个月内撤销其1863年3月30日颁布的宪法。作为回应，1863年9月28日，丹麦王国政府颁布了丹麦王国与石勒苏益格公爵领地的共同宪法。1863年10月1日，为应对这部共同宪法，法兰克福会议通过了《联合执行案》。1863年11月15日，丹麦国王腓特烈七世去世。

丹麦王国的新任国王是石勒苏益格-荷尔斯泰因-森讷堡-格吕克斯堡公爵克里斯蒂安⑤，他与已故丹麦国王腓特烈七世是姨表兄弟。克里斯蒂安九世的早期统治困难重重，因为1852年的条约是为他继承王位而签订的，所以他必须

---

① 印刷所广场是英国最大的日报《泰晤士报》编辑部和印刷所所在地。
② 罗伯特·莫里尔爵士。威姆斯：《罗伯特·莫里尔爵士的回忆录和信》，伦敦，1911年，第1章，第390页。——原注
③ 威姆斯：《罗伯特·莫里尔爵士的回忆录和信》，伦敦，1911年，第1章，第391页。——原注
④ 1863年4月送达这份最后通牒。——原注
⑤ 即位后称克里斯蒂安九世。

巴登大公腓特烈一世

按条约执行。1863年11月5日,拿破仑三世提议召开欧洲会议解决石勒苏益格-荷尔斯泰因公爵问题。但因在其提议中宣称1815年的《维也纳条约》不再有效,拿破仑三世的提议遭到英国政府的反对①。

丹麦国王腓特烈七世刚去世,1863年11月16日,奥古斯滕堡的弗雷德里克公爵宣布自己为石勒苏益格-荷尔斯泰因公爵。克里斯蒂安九世的内阁是从前

---

① "如果人们仔细考虑不同国家的情况,就会全面了解《维也纳条约》被变更、撕毁而变得面目全非,面临危险。"参见拿破仑三世致维多利亚女王的信,出自《英国议会记事录》,1864年,第1卷。——原注

国王腓特烈七世内阁保留下来的艾德-丹斯克党派,势力强大。因此,克里斯蒂安九世继续实行其政策。1863年11月18日,克里斯蒂安九世颁布新的丹麦宪法,这是所有丹麦王国所属领地的共同宪法。1864年1月,这部共同宪法将实行。德意志人民群情激愤,大多数德意志境内邦国的政府拒绝承认克里斯蒂安九世为荷尔斯泰因公爵。奥地利帝国和普鲁士王国没有表态。1863年12月7日,法兰克福会议投票决定继续执行已经颁布的《联合执行案》,命令萨克森王国的卡尔·格奥尔格·阿尔布雷希特·厄恩斯特·冯·哈克将军率领德意志邦联军队占领荷尔斯泰因公爵领地。英国外交大臣罗素伯爵约翰·罗素派金伯利伯爵约翰·沃德豪斯前往哥本哈根,试图再次调解石勒苏益格-荷尔斯泰因事件。但

约翰·沃德豪斯的漫画形象

基尔

丹麦的民族意识绝不允许其在吞并石勒苏益格的问题上妥协，更重要的是丹麦人完全相信英国肯定会维护他们的领土完整。因此，金伯利伯爵约翰·沃德豪斯没能完成其使命。1864年1月8日，荷尔斯泰因被德意志邦联军队占领。这支邦联军队主要由汉诺威人及萨克森人组成，丹麦王国军队和平撤退。石勒苏益格-荷尔斯泰因-森讷堡-奥古斯滕堡公爵克里斯蒂安·奥古斯特二世转移到基尔，成立了石勒苏益格-荷尔斯泰因公爵领地政府。

与此同时，英国政府再次向德意志邦联发出照会，要求召开会议。但因为法兰克福会议没有写入1852年5月8日签署的《伦敦条约》，所以它没有接受英国的照会。随后，奥托·冯·俾斯麦与习惯循规蹈矩的奥地利帝国联合采取行动。1864年1月16日，奥地利帝国和普鲁士王国联合向丹麦王国政府发出最后通牒，要求丹麦王国政府必须在四十八小时内取消其颁布的共同宪法，但遭到丹麦王国政府的拒绝。因此，奥地利-普鲁士联军迅速派兵，抢在德意志邦联军队占领前，进入石勒苏益格公爵领地。对此，奥托·冯·俾斯麦曾如此辩解，奥地利帝国和普鲁士王国虽然都曾在1852年签署的《伦敦条约》上签字,但它们承认丹麦王国领土的完整性是有条件的。当时,丹麦国王腓特烈七世曾承诺不吞并石勒苏益格公爵领地。因此作为对丹麦王国履行这一诺言的保证,石勒苏益格公爵领地现在应该由奥地利王国和普鲁士王国军队占领。然而,正如奥托·冯·俾斯麦在他的回忆录中所承认的,"从一开始我就想亲眼看着它被逐步吞并"①。

  英国对这一切也并非完全视而不见。1864年1月20日,普鲁士王国陆军元帅弗里德里希·冯·弗兰格尔伯爵的军队已经越过边境进入荷尔斯泰因公爵领地,并且正向石勒苏益格公爵领地推进。丹麦王国政府表示要坚决捍卫领土完整。当天,罗素伯爵约翰·罗素向各国发出照会,提议召开欧洲会议。如果

弗里德里希·冯·弗兰格尔

---

① 奥托·冯·俾斯麦:《反思与回忆》,第2卷,第19章。——原注

这一提议失败，那么罗素伯爵约翰·罗素将考虑采取更强硬的措施。但这一提议遭到俄罗斯帝国与法兰西第二帝国的反对，因为俄罗斯帝国政府已经欠了奥托·冯·俾斯麦的人情。1863年波兰起义期间，普鲁士王国保持友好中立，给予俄罗斯帝国极大帮助。1863年2月8日，奥托·冯·俾斯麦甚至与俄罗斯帝国首相亚历山大·米哈伊洛维奇·戈尔恰科夫亲王签订公约。根据该公约，奥托·冯·俾斯麦不仅保证不向波兰提供任何援助，并且允许俄罗斯军队进入普鲁士王国的波兰领地追捕叛军。法兰西第二帝国对波兰深表同情。1863年2月21日，法兰西第二帝国外交大臣爱德华·德律安·德·勒尤伊斯建议英国与奥地利帝国联合抗议1863年2月8日的公约，但罗素伯爵约翰·罗素拒绝让英国参与其中，而奥地利帝国首相约翰·伯恩哈德·冯·雷希贝格伯爵也因其与普鲁士王国的友谊，反对法兰西第二帝国的建议。

因此，在波兰起义期间，奥托·冯·俾斯麦对亚历山大·米哈伊洛维奇·戈尔恰科夫亲王的友善态度，使在石勒苏益格–荷尔斯泰因事件中，俄罗斯帝国不愿采取行动，或许俄罗斯还希望将来获得更多好处，所以态度可能更加坚定[1]。另外，法兰西第二帝国不愿在1864年对石勒苏益格–荷尔斯泰因问题上采取强硬措施，部分原因是当时法兰西第二帝国正忙于墨西哥远征。另一个原因是，自从1863年在波兰问题上英国拒绝与法兰西第二帝国合作以来，法兰西第二帝国不再相信英国。但现在，丹麦王国即将被征服。1864年6月14日，当英国政府向法兰西第二帝国提出建议[2]，要求共同进行武力干涉时，爱德华·德律安·德·勒尤伊斯在一份文件中严词拒绝了英国的建议。作为法兰西第二帝国对英国政府态度的指导性意见，这份法国外交史上的十分著名的文件发给了法兰西第二帝国驻英国大使。在文件中，爱德华·德律安·德·勒尤伊斯指出，法兰西第二帝国不能与英国联盟，因为英国能做的仅限于波罗的海控制权这样轻松

---

[1] 六年后，1870年10月29日，在奥托·冯·俾斯麦的默许下，俄罗斯帝国废除了1856年《巴黎条约》中的《黑海公约》。——原注

[2] 罗森：《1866年法兰西第二帝国的政策》，第19页。罗森说考利伯爵亨利·韦尔斯利实际上向法兰西第二帝国政府提议建立防守同盟。克拉伦登伯爵乔治·威廉·弗雷德里克·维利尔斯带着合作计划前往巴黎，准备提交法兰西第二帝国内阁。——原注

的任务,但法兰西第二帝国必须与奥地利帝国与德意志邦联联合的联合军队进行一场大陆战争①。

与此同时,在法兰西第二帝国与英国最终明确表示不干涉前,石勒苏益格-荷尔斯泰因的情况已经发生极大变化。尽管几乎与已经占领荷尔斯泰因公爵领地的德意志邦联军队发生冲突,但奥地利帝国与普鲁士王国的军队在该地的进军没有受到阻碍。1864年2月月初,奥地利帝国和普鲁士王国的军队越过艾德河,进入石勒苏益格公爵领地。丹麦王国军队十分明智地放弃控制丹尼弗克,撤退到杜佩尔山区,这是欧洲大陆通过阿尔森海峡到达阿尔森岛的防线。普鲁士王国的军队已经逼近日德兰半岛,但奥地利帝国政府反对战争继续扩大。普鲁士王国派遣温和派奥托·西奥多·冯·曼陀菲尔②前往维也纳。1864年3月,奥

奥托·西奥多·冯·曼陀菲尔

---

① "英国所能做的只限于波罗的海控制权这样轻松的任务,而法兰西第二帝国却必须与奥地利和德意志联合部队进行一场大陆战争。"罗森:《1866年法兰西第二帝国的政策》。——原注
② 在奥尔米茨,奥托·西奥多·冯·曼陀菲尔的温和态度与耐心就已经证明是极其有用的。——原注

捷尔吉·奥波尼

托·西奥多·冯·曼陀菲尔与约翰·伯恩哈德·冯·雷希贝格伯爵达成协议。1864年4月18日，杜佩尔的丹麦王国军队遭到普鲁士王国军队的袭击。随后，普鲁士王国的军队占领了阿尔森岛的桥头，但丹麦王国政府仍不屈服。不久，伦敦会议召开[①]，丹麦王国对这次会议寄予很大希望。

1864年4月25日，伦敦会议召开，这是罗素伯爵约翰·罗素为争取和平而努力的结果。这次伦敦会议由罗素伯爵约翰·罗素主持。参加会议的有，丹麦王国代表乔治·约阿希姆·夸德，普鲁士王国的阿尔布雷希特·冯·伯恩斯托夫伯爵，奥地利帝国的捷尔吉·奥波尼伯爵，瑞典王国的瓦赫特迈斯特伯爵，俄罗斯帝国的

---

① 会议议定书见《英国政府档案》，第54卷，第173页及后几页。——原注

拉·托尔·德·奥韦涅

菲利普·冯·布吕诺伯爵,法兰西第二帝国的拉·托尔·德·奥韦涅,德意志邦联的弗里德里希·斐迪南·冯·博伊斯特伯爵。1864年5月12日到1864年6月24日,伦敦会议讨论第一项议题,即根据普鲁士王国的提议,达成普鲁士王国与丹麦王国的停战协议。在讨论永久解决办法时,阿尔布雷希特·冯·伯恩斯托夫伯爵明确表示,目前,1852年签署的条约已经失效,不必再考虑1852年签署的条约。五天后,阿尔布雷希特·冯·伯恩斯托夫伯爵进一步声明,石勒苏益格–荷尔斯泰因问题的解决在于这两个公爵领地的政治独立和相互团结。从何独立是其他参加会议的代表们希望得到回答的问题。阿尔布雷希特·冯·伯恩斯托夫伯爵不愿做出进一步的表态。大家希望阿尔布雷希特·冯·伯恩斯托夫伯爵做出的表态是,普鲁士王国同意两个公爵领地在宪法上脱离丹麦,但与此同时,两块公爵领地私下仍与丹麦国王联合。这一建议得到约翰·伯恩哈德·冯·雷希贝格伯爵的赞同,但奥托·冯·俾斯麦坚决反对,丹麦王国的代表也拒绝考虑这一建议。既然1852年的《伦敦条约》已经失效①,丹麦也拒绝放弃将两个公爵国合并到丹麦宪法中,阿尔布雷希特·冯·伯恩斯托夫伯爵就可以将石勒苏益格公爵领地与荷尔斯泰因公爵领地问题当作有争议的问题来处理。下一步,他要做的就是避开会议,将这一悬而未决的问题交给普鲁士王国与奥地利帝国自行解决。

但在基尔,石勒苏益格-荷尔斯泰因-森讷堡-奥古斯滕堡公爵克里斯蒂安·奥古斯特二世仍维持其名义上的公国政府,几乎所有弗里德里希·斐迪南·冯·博伊斯特伯爵领导下的德意志境内的小邦国都对这一名义上的公国政府表示同情。约翰·伯恩哈德·冯·雷希贝格伯爵也持这一态度,虽然石勒苏益格公爵领地与荷尔斯泰因公爵领地与丹麦王国间的私自联合几乎不可能,但他还是支持奥古斯滕堡的弗雷德里克公爵。出于对奥托·冯·俾斯麦的尊重,他不便对弗里德里希·斐迪南·冯·博伊斯特伯爵在法兰克福会议上提出的建议表示支持。因此,为了取消奥古斯滕堡的弗雷德里克公爵的候选资格,1864年5月28日,在会议上,阿尔布雷希特·冯·伯恩斯托夫伯爵竟大胆提出将石勒苏益格-荷尔斯泰因公爵领地改为奥古斯滕堡的弗雷德里克公爵领导下的独立国家。这一提案遭到英国、法兰西第二帝国、俄罗斯帝国、瑞典王国及丹麦王国的一致反对。罗素伯爵约翰·罗素建议石勒苏益格应该从石勒苏益格-荷尔斯泰因公爵领地分离,因为这一公爵领地北部居民是丹麦人,因此石勒苏益格应该留在丹麦。这一提议得到了更多来自其他国家的支持。但在德意志邦联及石勒苏益格-荷尔斯泰因公爵领地,甚至德意志北部,这一提案都遭到强烈反对。石勒苏益格-荷尔斯泰因-森讷堡-奥古斯滕堡公爵克里斯蒂安·奥古斯特二世也不赞成,因为他无法接受石勒苏益格被分裂出去。因此,分裂石勒苏益格-荷尔斯泰因公爵领地的计划彻底失败,奥古斯滕堡弗的雷德里克公爵的要求也无法实现。

英国政府是否真的不支持丹麦王国政府,这一点仍不明确。1864年5月1日,帕默斯顿子爵亨利·约翰·坦普尔私下告诉捷尔吉·奥波尼伯爵,如果奥地

---

① 尽管在这次伦敦会议中,英国政府拒绝承认《伦敦条约》失效。——原注

利帝国的舰队进入波罗的海,英国的舰队也将前往①。也就是说,英国政府不愿在陆地作战,但可以派舰队保护丹麦群岛②。这一恐吓十分有效,因为奥地利帝国和普鲁士王国不愿看到英国加入战争。1864年6月14日,帕默斯顿子爵亨利·约翰·坦普尔向法兰西第二帝国提议进行武力干预,但遭到爱德华·德律安·德·勒尤伊斯的拒绝。

此时,在石勒苏益格-荷尔斯泰因公爵领地分治问题上,丹麦王国政府已经开始做出让步。罗素伯爵约翰·罗素抓住机会,建议根据巴黎会议第二十三号议定书,在开战前由一友好国家出面进行外交调解。石勒苏益格-荷尔斯泰因的分治问题,由友好国家③决定其分治界线。显然,约翰·伯恩哈德·冯·雷希贝格伯爵已经预见到,并且十分担心普鲁士王国吞并石勒苏益格-荷尔斯泰因公爵领地。因此,他同意接受英国的建议。但奥托·冯·俾斯麦抢先一步,安排普鲁士国王威廉一世与奥地利皇帝弗朗茨·约瑟夫一世在卡尔斯巴德会面,并且达成协议。由于丹麦王国政府拒绝调停,这一协议得到进一步确定。1864年6月24日,停战协议期满。1864年6月25日,最后一次,也是形式上的伦敦会议举行。1864年6月27日,普鲁士王国军队越过阿尔森海峡,没有遭受太大损失便征服了阿尔森岛。

此时,无论是丹麦王国还是英国,进行干预的希望都已经破灭。1864年7月4日,英国议会出现明显争议,但英国政府仅限于解释英国为什么没有进行干预,并没有请英国议会同意宣战的想法。

最终,丹麦王国意识到自己的孤立无援,只能屈服。1864年7月20日,丹麦王国政府提出停战。1864年7月25日,乔治·约阿希姆·夸德、奥托·冯·俾斯麦与约翰·伯恩哈德·冯·雷希贝格伯爵在维也纳会晤,讨论和解问题。虽然弗里德里希·斐迪南·冯·博伊斯特伯爵也有理由参加这次会晤,但参会者完全忽视

---

① 伊夫林·阿什利:《帕默斯顿子爵亨利·约翰·坦普尔的生活和信》,第2章,第432页到第433页。——原注
② 这种有限的好战观念与1914年8月2日法洛顿的爱德华·格雷爵士在下议院所做的解释相同:"如果德意志舰队进入英吉利海峡或穿越北海对法兰西第三共和国的海岸或航运进行敌对行动,英国舰队将在其权力范围内提供一切保护。"——原注
③ 指法兰西第二帝国。——原注

普鲁士国王威廉一世

了德意志邦联的存在。事实上,从最初的谈判到武力进入荷尔斯泰因,都是德意志邦联在联络。英国和法兰西第二帝国认为进行和平调解及解决最终问题实际上是全欧洲的责任,但奥托·冯·俾斯麦没有给它们任何机会,丹麦王国代表也因为仍然面临普鲁士王国军队更猛烈攻击的危险而无法延长谈判。因此,1864年8月1日签订《和平草案》后,奥托·冯·俾斯麦回到了柏林。

根据《和平草案》的第一条,丹麦国王克里斯蒂安九世同意奥地利皇帝弗朗茨·约瑟夫一世及普鲁士国王威廉一世的要求,宣布放弃对石勒苏益格公爵领地、荷尔斯泰因公爵领地及劳恩堡公国领地的权利。这一草案第二条规定,"石勒苏益格公爵领地的割让包括其所属的所有岛屿级领地"。同时,这一条还规定,丹麦王国放弃其在石勒苏益格的日德兰半岛飞地,与靠近该公爵领地的里伯和科灵地区交换相同面积的领土。根据草案第三条,这三个公爵领地承担丹麦王国部分债务的赔偿,奥地利帝国和普鲁士王国的战争费用也由公爵领地偿还。所有这些条件都包括在1864年10月30日在维也纳签订的正式和平条约中①。

石勒苏益格-荷尔斯泰因问题演变的结果是,原本为确保公爵领地的自治而开始的斗争,却以公爵领地处在奥地利帝国和普鲁士王国联合统治下而结束。对这一意外的结果,英国的评论家和法兰西第二帝国的作家都指责各自的政府。在这一问题的解决中,英国扮演的角色确实令人遗憾。对条约的神圣不可侵犯,没有人比罗素伯爵约翰·罗素表达得更精确了,他认为丹麦王国试图强制在石勒苏益格实行丹麦王国统一宪法确实是错误的。1863年12月17日,在给当时在哥本哈根出差的金伯利伯爵约翰·沃德豪斯的信中,罗素伯爵约翰·罗素引用1851年12月6日丹麦国王的诺言说:"丹麦国王承诺,并且再次声明不得将石勒苏益格公爵领地并入丹麦王国,也不得采取任何有计划的措施达到此目的。……"②但在另一份信中,他极力反对以丹麦违背承诺为由,取消各国在1852年5月8日签订的《伦敦条约》中应该承担的义务:

> 1851年到1852年,丹麦王国违背承诺对德意志来说是一种犯罪,确实令人痛恨,要求赔偿也是合理的。但不能以丹麦王国违背承诺为托词,取消欧洲各国对其他各方的庄严承诺。如果这个理由被当作破坏简单明了的条约的借口,那么欧洲条约规则的全部基础都将被颠覆。③

---

① 1864年8月1日签订的《和平草案》由乔治·约阿西姆·夸德和考夫曼上校代表丹麦王国政府签字,约翰·伯恩哈德·冯·雷希贝格伯爵与菲利普·冯·布吕诺伯爵代表奥地利帝国签字,奥拓·冯·俾斯麦和海因里希·威廉·韦特男爵代表普鲁士王国签字。条约原文见《新增条约汇编》,第17章,第2节,第470页。1864年10月30日签署的正式《和平条约》除了巴兰代替奥拓·冯·俾斯麦签字外,其他签字人与1864年8月1日签订的《和平草案》上的签字人相同。——原注
② 《英国议会记事录》,1864年,第3卷,即关于石勒苏益格公爵领地、荷尔斯泰因公爵领地及劳恩堡公爵领地问题的通信。——原注
③ 罗素伯爵约翰·罗素致英国驻萨克森王国大使莫里的信,1863年12月17日,《英国议会记事录》,1864年,第3卷。——原注

1863年12月17日，罗素伯爵约翰·罗素给英国驻普鲁士王国大使安德鲁·布坎南爵士发出同样内容的一封信，并且补充说，尽管1851年到1852年丹麦王国的承诺或许是奥地利帝国与普鲁士王国加入1852年5月签订的条约的主要动机，但这一承诺没有成为条约的一部分。1852年5月签订的条约是完全独立的文件，只需其自身条件的支撑①。这封信不但是对安德鲁·布坎南爵士个人的指示，而且罗素伯爵约翰·罗素还授权安德鲁·布坎南爵士向奥托·冯·俾斯麦宣读这封信的内容。

尽管1852年5月签订的《伦敦条约》中没有签字国对丹麦王国领土的完整做任何具体保障，但普遍认为，在道义上英国及法兰西第二帝国政府应该有义务为丹麦国王提供保障。英国所有的官方声明都将这一义务作为解决丹麦问题的根本。此外，罗素伯爵约翰·罗素还得到普鲁士王国政府对这一义务的承认。1864年2月4日，阿尔布雷希特·冯·伯恩斯托夫伯爵向英国外交部递交了一份奥托·冯·俾斯麦发来的照会：

> 根据1851年到1852年签订的条约所规定的权利，普鲁士王国政府将协同奥地利帝国一道强制丹麦王国遵守。这一行为本身等于承认了1851年到1852年提出的保证丹麦王国领土完整性的原则。在占领石勒苏益格时，普鲁士王国政府并没有偏离这一原则。

最后，这份照会指出，如果发生变化，那么有必要修改1852年条约中的解决办法，"没有《伦敦条约》签字国的一致同意，不得对1852年条约中的解决办法做出具体规定"。令人难以置信的是，在得到普鲁士王国政府对英国政府保障丹麦王国领土完整这一义务的承认后，罗素伯爵约翰·罗素竟允许普鲁士王国和奥地利帝国私下在维也纳解决与丹麦王国和解的条件。

罗伯特·莫里尔爵士认为，英国本可以采取合理措施废止1852年的《伦敦

---

① 罗素伯爵约翰·罗素致安德鲁·布坎南爵士的信，《英国议会记事录》，1864年，第3卷，第382页。——原注

条约》。罗伯特·莫里尔爵士承认1862年9月他曾建议英国进行调解，英国希望调解的结果是普鲁士王国政府接受、丹麦王国政府拒绝。这样，英国政府就可以说，它已经尽力，并且提出了公平的解决办法。既然诉讼中的被告方拒绝我们的仲裁，对此事，我们就概不负责。罗伯特·莫里尔爵士明确指出，他提出这一建议的目的是，如果一方同意该建议，而另一方不同意，罗素伯爵约翰·罗素就可以声明没有达到《伦敦条约》所预期的宪政基础①，英国就可以退出涉及违背宪法权利的义务。

罗伯特·莫里尔爵士还说："罗素伯爵约翰·罗素看到了这一点，但其内阁其他成员对此嗤之以鼻，结果我们只能回到最初的结果，由奥地利帝国与普鲁士王国联合占领石勒苏益格公爵领地、荷尔斯泰因公爵领地及劳恩堡公国领地。当战争发生时，我们背信弃义，抛弃丹麦王国。丹麦王国政府拒绝调停，其唯一的原因是它完全相信我们对丹麦王国是有信义的，我们承认条约的义务是神圣的。"

因此，奥地利帝国与普鲁士王国联合占领石勒苏益格公爵领地、荷尔斯泰因公爵领地及劳恩堡公国领地对欧洲和平来说是致命的，对英国也几乎是致命的。"随着丹麦王国被抛弃，在欧洲，我们的地位开始下降，威望开始丧失。我们还受到奥托·冯·俾斯麦的鄙视。"②欧洲只有两位政治家清楚地认识到了这些问题的利害关系：一位操纵着这些问题，另一位无力阻止这些问题。这两位政治家就是奥托·冯·俾斯麦和弗里德里希·斐迪南·冯·博伊斯特伯爵。在石勒苏益格-荷尔斯泰因问题上，罗素伯爵约翰·罗素表现得很笨拙。此时，帕默斯顿子爵亨利·约翰·坦普尔年事已高，不愿再面对大战，也有人认为是英国王室反对英国干预，并且有证据支持这一观点。对丹麦王国的遭遇，与丹麦亚历山德拉公主成婚的威尔士亲王阿尔伯特·爱德华也深表同情。

---

① 《英国议会记事录》，1864年，第3卷，第639页。——原注
② 以上所有引用罗伯特·莫里尔爵士的原文。威姆斯：《罗伯特·莫里尔爵士的回忆录和信》，第1章，第388页到第390页。多森：《1866年法兰西第二帝国的政策》，第17页。书中也对法兰西第二帝国提出严厉批评："法兰西第二帝国政府……对于丹麦王国被瓜分也有很大责任。"——原注

第22章

德意志帝国的建立

第1节 加斯坦和比亚里茨

1864年10月30日,《维也纳条约》签订前,奥地利帝国首相约翰·伯恩哈德·冯·雷希贝格伯爵下台。这位政治家做事稳健,不会轻易被奥托·冯·俾斯麦欺骗。奥托·冯·俾斯麦对约翰·伯恩哈德·冯·雷希贝格伯爵十分尊重,并且称约翰·伯恩哈德·冯·雷希贝格伯爵为"易怒但有尊严的人"[①]。约翰·伯恩哈德·冯·雷希贝格的政策维持了其与普鲁士王国的联盟,并且防止奥地利帝国被排除在德意志邦联之外。为达到第二个目标,丹麦战争刚结束,根据1853年《伦敦条约》第二十五条,他就建议奥地利帝国加入关税同盟[②]。奥托·冯·俾斯麦准备对这一政策做出让步,但奥地利帝国参议院认为约翰·伯恩哈德·冯·雷希

---

① 参见奥托·冯·俾斯麦:《反思与回忆》,第17章。奥托·冯·俾斯麦说,1849年,他与约翰·伯恩哈德·冯·雷兴贝格伯爵代表各自国家参加法兰克福议会时,得到约翰·伯恩哈德·冯·雷希贝格伯爵的信任。"约翰·伯恩哈德·冯·雷希贝格收到了两份政府文件,一份自己看,另一份给奥托·冯·俾斯麦。结果错将自己的给了奥托·冯·俾斯麦。奥托·冯·俾斯麦将原件奉还,只说给错了:'无论在文件里,还是在谈话中,我都没有间接地利用过这份秘密文件或他的过失。从此得到了他的完全信赖。'"——原注

② 《伦敦条约》第二十五条规定,必须在十二年内开始对德意志关税同盟问题进行谈判。关税同盟应包括奥地利帝国。——原注

门斯多夫－普伊

贝格伯爵对普鲁士王国过于顺从。1864年10月27日,奥地利帝国参议院迫使约翰·伯恩哈德·冯·雷希贝格伯爵下台,奥地利皇帝弗朗茨·约瑟夫一世选择门斯多夫－普伊伯爵接替约翰·伯恩哈德·冯·雷希贝格伯爵担任奥地利帝国首相。门斯多夫－普伊伯爵虽然讨普鲁士国王的喜欢,但深受反普鲁士王国势力的影响。如果奥地利帝国能够听从约翰·伯恩哈德·冯·雷希贝格伯爵的政策,那么他们本可以得到更好的结果。约翰·伯恩哈德·冯·雷希贝格伯爵非常清楚,普鲁士王国必然会获得石勒苏益格及荷尔斯泰因公爵领地,但他希望能得到普鲁士王国的保证,使奥地利帝国获得非德意志邦联的领地。这一政策比门斯多夫－普伊伯爵的政策更可行,但门斯多夫－普伊伯爵十分乐观,认为他可以劝告普鲁士王国放弃西里西亚的一部分,即格拉茨,作为交换被吞并的石勒苏益格-荷尔斯泰因公爵领地的条件。

与此同时,奥地利帝国和普鲁士王国共有公爵领地的临时管理办法仍然有效。奥古斯滕堡的弗雷德里克公爵仍在荷尔斯泰因公爵领地,石勒苏益格公爵领地及荷尔斯泰因公爵领地还有部分德意志邦联军队驻扎。对这一临时管理办法无限期的延续,法兰克福的德意志邦联议会深感不安。1865年3月,德意志邦联议会要求废除此办法,以维护石勒苏益格-荷尔斯泰因-森讷堡-奥古斯滕堡公爵克里斯蒂安·奥古斯特二世的统治。作为德意志邦联中众小邦国中历史最强大的萨克森王国及巴伐利亚王国的领导人,弗里德里希·斐迪南·冯·博伊斯特伯爵和冯·德·普福尔腾男爵路德维希·卡尔·海因里希的观点确实无法辩驳。但普鲁士王国,确切说应该是奥托·冯·俾斯麦的观点有一位强有力的支持者海因里希·冯·特赖奇克,他当时是巴登弗莱堡大学政治与金融学教授,他说"在石勒苏益格-荷尔斯泰因问题上,现实法与国家利益是不可调和的。我们必须抛开现实法,对受害一方给予补偿。这种观点或许是错误的,也可能是不道

格拉茨

德的,但历史的每一次进步也都是这样成就的……为公共利益不受伤害,只能牺牲现实法"①。至于奥托·冯·俾斯麦,海因里希·冯·特赖奇克认为其在政治上是昏庸而不诚实的,但其目标是正确的。

> 我承认弗赖塔格所说的普鲁士王国政府政策的不诚实。但当我回顾反对党,看到在奥古斯滕堡的弗雷德里克公爵的命令下,萨克森王国及巴伐利亚王国政府的莱茵邦联②的阴谋家及缺乏良知的政客使一个诚实的民族变得腐化……我便明白,与这样的对手相比,奥托·冯·俾斯麦的政策不仅是明智的,也是道德的。他将要做的正是我们需要的,他将朝着统一德意志的崇高目标继续前进……有道义的事业终将胜利,腓特烈大帝的后代将统治石勒苏益格—荷尔斯泰因公爵领地。并且不久,整个德意志民族就会为自己的愚蠢感到羞愧。③

老赫尔穆特·冯·毛奇的军队及海因里希·冯·特赖奇克的演讲是奥托·冯·俾斯麦外交背后的物质及精神的动力。对此,弗里德里希·斐迪南·冯·博伊斯特伯爵和冯·德·普福尔腾男爵路德维希·卡尔·海因里希十分清楚,却无能为力。

奥地利帝国政府愿意接受奥古斯滕堡公爵的要求,从而结束奥地利帝国与普鲁士王国对公爵领地的临时共同管理办法,他们同意对公爵领地与普鲁士进行瓜分。这是外交家布洛梅伯爵的计划④,1865年7月月底,布洛梅伯爵受命前往维尔德巴特—加斯坦进行谈判。普鲁士国王威廉一世、奥托·西奥多·冯·曼

---

① 《书信集》,第2章,第459条,1865年5月22日。亨利·威廉·卡利斯·戴维斯:《海因里希·冯·特赖奇克的政治思想》,伦敦,1914年,第26页。——原注
② 1806年7月12日,通过签署莱茵邦联条约,十六个邦国处在法兰西第一帝国的保护下。包括列支敦士登公国、巴伐利亚王国、符腾堡王国和巴登大公国在内的莱茵河两岸的德意志南部、中西部邦国,脱离了神圣罗马帝国,建立了一个新的政治联合体莱茵邦联,萨克森王国和巴伐利亚王国曾是莱茵邦联的成员。1813年,莱茵邦联解散。随后成立的德意志邦联包括大部分前莱茵邦联的邦国。
③ 《书信集》,第2章,第476条,1865年10月。亨利·威廉·卡利斯·戴维斯:《海因里希·冯·特赖奇克的政治思想》,伦敦,1914年,第27页。——原注
④ 布洛梅伯爵是奥地利帝国驻巴伐利亚王国的大使。——原注

老赫尔穆特·冯·毛奇

陀菲尔、奥托·冯·俾斯麦和布洛梅伯爵在宜人的水乡萨尔茨堡会晤。很快,布洛梅伯爵确信奥古斯滕堡和奥尔登堡对石勒苏益格–荷尔斯泰因公爵领地的要求是没有任何机会的。布洛梅伯爵必须从加斯坦到巴德依舍与奥地利皇帝弗朗茨·约瑟夫一世进行商谈。随后,他与奥地利皇帝弗朗茨·约瑟夫一世前往维也纳继续协商。奥地利皇帝弗朗茨·约瑟夫一世召开内阁会议,会上有人建议,与其放弃奥古斯滕堡的要求,不如与普鲁士王国决战,但主张和平的委员仍然占据优势。因此,布洛梅伯爵带着奥地利皇帝弗朗茨·约瑟夫一世的亲笔信回到加斯坦。由于还没有与意大利王国形成同盟,还没有做好争夺公爵领地的战争准备,奥托·冯·俾斯麦同意妥协。1865年8月14日,奥地利帝国政府与普鲁士王国政府签订了《加斯坦公约》。

根据《加斯坦公约》，1865年10月30日，《维也纳条约》的签字双方，即普鲁士王国与奥地利帝国获得对石勒苏益格公爵领地与荷尔斯泰因公爵领地共同管理的权利。根据《加斯坦公约》第一条，"在不妨碍奥地利帝国和普鲁士王国对这两个公爵领地的共同权利的范围内"，荷尔斯泰因公爵领地由奥地利帝国管理，石勒苏益格公爵领地由普鲁士王国管理①。从此，奥地利帝国和普鲁士王国曾经大声疾呼，强烈抗议，甚至不惜以向丹麦王国宣战的方式极力阻止分裂的石勒苏益格-荷尔斯泰因问题，现在却被为这两块公爵领地统一而努力的两个国家，即奥地利帝国和普鲁士王国自己无耻地完成了。对公共行为的抽象问题没有人比罗素伯爵约翰·罗素认识的更清楚了，难怪他在一段关于《持久而高尚的美》的文章中抱怨说，欧洲的法律体系现在毫无作用：

> 所有权利，无论新旧，不管是根据庄严的君主契约，还是根据民意的明确表达，这些权利都被《加斯坦公约》摧毁了。武力成了唯一被认可和考虑的主宰。
>
> 瓜分公爵领地的两个国家仅靠暴力征服就达成了一致。
>
> 对这种对公众权利原则的漠视及对一个民族对其掌握自己命运的正当要求的漠视，英国政府深表遗憾。

然而，看到真相是一回事，采取行动却是另一回事。在包含上述尖锐批评的文章的结尾，罗素伯爵约翰·罗素有一条给英国驻各国大使的禁令，即不得将文中观点转达给他们所驻国家的政府。

十分清楚的一点是，奥托·冯·俾斯麦知道不久必将与奥地利帝国开战，但即使开战，他也不想遭到法兰西第二帝国的反对。因此，在加斯坦事件后，就像七年前加富尔伯爵卡米洛·本索前往普隆比耶尔一样，以度假旅行为借口，

---

① 根据《加斯坦条约》第二条，在基尔建立德意志邦联舰队。根据《加斯坦条约》第七条，允许普鲁士王国修建一条从北海到波罗的海，经过荷尔斯泰因公国的运河。根据《加斯坦条约》第九条，奥地利皇帝以二百五十万丹麦银币作为补偿，将其在劳恩堡公国的权利全部交给普鲁士王国。——原注

比亚里茨

奥托·冯·俾斯麦前往拿破仑三世度假的地方比亚里茨。1865年10月4日,奥托·冯·俾斯麦抵达比亚里茨,并且与拿破仑三世进行了多次交谈。拿破仑三世想知道,在已经公布的《加斯坦公约》的背后是否有什么秘密的承诺,尤其是普鲁士王国,是否向奥地利帝国保证过其在威尼斯的权益,但奥托·冯·俾斯麦向他保证绝无此事。

拿破仑三世问奥托·冯·俾斯麦:"你对荷尔斯泰因问题有何看法?"奥托·冯·俾斯麦实事求是地回答道:"我们想吞并它。"奥地利帝国可以接受金钱补偿,但吞并荷尔斯泰因并不意味着此事的结束:"我们普鲁士王国还有……一个重要任务要完成。我们期望得到法兰西第二帝国的友好支持。法兰西第二帝国内阁有充分理由支持普鲁士民族的使命。强大的普鲁士王国自然要与法兰西第二帝国联合。"①像往常一样,拿破仑三世不动声色地听着,对此有所赞

---

① 奥托·冯·俾斯麦:《反思与回忆》,1898年译本,第2卷,第21章,第66页:"我确信,我们与法兰西第二帝国的战争是为了我们民族发展的未来。"奥托·冯·俾斯麦:《反思与回忆》,第1卷,第9章,第244页:"我们与法兰西第二帝国永无和平,与俄罗斯帝国永无战争的必要。"——原注

同。显然,他对威尼斯极感兴趣,心想是否可以在多瑙河的瓦拉几亚和摩尔达维亚公国找到对奥地利帝国割让威尼斯的补偿。对此,奥托·冯·俾斯麦的回答让拿破仑三世深感放心,他说在多瑙河问题上,除了避免与俄罗斯帝国对抗,与普鲁士王国没有什么重大的利害关系。1865年10月11日,奥托·冯·俾斯麦告辞。对威尼斯问题,他自信有办法阻止拿破仑三世在即将到来的战争中支持奥地利帝国[1]。

奥地利帝国确定战争即将发生,奥托·冯·俾斯麦也希望奥地利帝国知道这一点,但他只是不愿首先宣战。奥地利帝国政府被认为是欧洲最骄傲的政府,面对普鲁士王国的挑衅,它无法做到心平气和。1865年11月,普鲁士王国提出购买奥地利帝国在石勒苏益格的权利。接着,阿方索·费雷罗·拉·马尔莫拉将军又提出意大利以一亿里拉买下威尼斯。奥地利皇帝弗朗茨·约瑟夫一世虽然曾为金钱而放弃对劳恩堡的权利,但他拒绝这两项提议。尽管普鲁士王国提出抗议,但世袭的石勒苏益格-荷尔斯泰因-森讷堡-奥古斯滕堡公爵克里斯蒂安·奥古斯特二世仍然被允许留在荷尔斯泰因公爵领地。1865年年底,奥托·冯·俾斯麦暗示阿拉霍斯·卡罗伊·德·纳吉卡罗伊伯爵,奥地利帝国与普鲁士王国的联盟即将结束。

虽然几个月来没有发生冲突,但战争的危险在不断加强。1866年1月月底,在阿尔托纳[2],石勒苏益格-荷尔斯泰因-森讷堡-奥古斯滕堡公爵克里斯蒂安·奥古斯特二世的拥护者[3]举行会议。此时,普鲁士王国新闻界义愤填膺。1866年1月26日,奥托·冯·俾斯麦给普鲁士王国驻奥地利帝国大使海因里希·威廉·韦特发出言辞激烈的抗议书,并让其转交奥地利帝国政府。在答复中,门斯多夫-普伊伯爵对《加斯坦公约》表达了自己的立场,并且指出,根据该公约,只有奥地利帝国对荷尔斯泰因拥有管理权,别国不得干涉。1866年2月28

---

[1] 这是奥托·冯·俾斯麦第二次到比亚里茨。第一次是在1864年。第二次参见罗森的《1866年法兰西第二帝国的政策》及皮埃尔·德·拉·戈尔斯的《法兰西第二帝国史》,第4卷,第29章,第5节。——原注
[2] 阿尔托纳地处荷尔斯泰因公爵领地,为奥地利帝国管辖范围。——原注
[3] 石勒苏益格-荷尔斯泰因-森讷堡-奥古斯滕堡公爵克里斯蒂安·奥古斯特二世的拥护者在荷尔斯泰因公爵领地,属于奥地利帝国管辖范围。——原注

阿拉霍斯·卡罗伊·德·纳吉卡罗伊伯爵

日,普鲁士王国在柏林举行王室会议。普鲁士国王威廉一世、普鲁士王储威廉三世、奥托·冯·俾斯麦、科尔马男爵冯·德·戈尔茨、奥托·西奥多·冯·曼陀菲尔、老赫尔穆特·冯·毛奇等人出席了会议。对奥地利帝国的政策,普鲁士国王威廉一世表示不满,认为奥地利帝国将普鲁士王国置于次要地位。与此同时,普鲁士国王威廉一世声明"兼并公爵领地是普鲁士全民族的愿望"。普鲁士王储威廉三世反对战争,但其他参会人员一致认为,为正义,战争不可避免。老赫尔穆特·冯·毛奇认为,与奥地利帝国作战,必须与意大利王国合作。因此,普鲁士王国驻意大利王国大使冯·乌泽多姆伯爵与阿方索·费雷罗·拉·马尔莫拉进行了会谈。来自巴黎康斯坦丁诺·尼格拉的报告称,拿破仑三世支持意大利王国与普鲁士王国联盟,使威尼斯脱离奥地利帝国控制。下一步即是做好大战前的准备工作,朱塞佩·戈沃内将军奉命前往柏林。1866年4月8日,意大利王国与普鲁士王国签订了前文提到的双方互相猜疑又互做保证的条约。根据这一条约,如果三个月内,普鲁士王国向奥地利帝国宣战,那么意大利王国必须与普鲁士王国结盟,并且对奥地利帝国宣战。这一联盟将持续到结盟双方达到目标为止。

尽管石勒苏益格-荷尔斯泰因问题是导致战争发生的一个重要原因,但战争爆发的根本原因并不是这一问题,而是在这五十年来,德意志邦联已经日益不符合欧洲形势的发展,奥地利帝国和普鲁士王国间也日渐水火不容。如果要改善这种状况,那么就必须对德意志邦联进行重组。但唯一真正有利于普鲁士王国的办法是将奥地利帝国排除出德意志,并且只有通过战争手段才能做到这一点。1866年3月24日,当奥地利帝国与普鲁士王国都在调动军队时,在给德意志邦联议会的照会中,奥托·冯·俾斯麦已经暗示了德意志邦联的改革问题,他的建议的实质就是将奥地利帝国排除出德意志邦联。与此同时,奥托·冯·俾斯麦提出,德意志邦联军队的控制权由普鲁士王国和巴伐利亚王国均分。但巴伐利亚国王路德维希二世和冯·德·普福尔腾男爵路德维希·卡尔·海因里希倾向

路德维希二世

巴伐利亚王国国徽

于由普鲁士王国、巴伐利亚王国及萨克森王国均分德意志邦联军队的控制权，并且希望奥地利帝国继续留在德意志邦联。这一计划如果能够得到普鲁士王国的同意，那么对解决德意志邦联的改革问题十分有利。

1866年4月中旬，奥地利帝国政府得到消息称意大利王国已经在大规模部署军队。1866年4月21日，奥地利帝国也开始调动其南方军队。随即，奥托·冯·俾斯麦向奥地利帝国政府声明，普鲁士王国绝不会坐视意大利王国遭受奥地利帝国的攻击。这可能是奥地利帝国第一次了解到意大利王国-普鲁士王国联盟的存在，但此时，有关这一联盟的文件仍是秘密的。1866年4月26日，意大利王国开始调动军队。

此时，德意志邦联内较小的邦国也开始武装备战。汉诺威国王乔治五世认为普鲁士王国吞并石勒苏益格-荷尔斯泰因公爵领地将直接威胁到汉诺威王国的国家利益。因此，他拒绝了奥托·冯·俾斯麦提出的保证汉诺威王国领土完整，但在战争中，汉诺威必须保持中立的建议。与此同时，拿破仑三世提议召开欧洲会议。奥托·冯·俾斯麦没有反对这个提议，因为1866年5月，奥地利帝国政府没有同意拿破仑三世的这一提议，认为意大利王国领土划分问题不应该属于这次会议的讨论范围。普鲁士王国的安东·冯·加布伦茨男爵提出一个非正式的折中方案，即使石勒苏益格-荷尔斯泰因公爵领地成为普鲁士王子统治下的独立国家，但显然，这一办法遭到奥地利帝国的反对。最终，这一解决方案失败①。在各国不知情的情况下，霍亨索伦-锡格马林根公国的查理亲王登上罗马

查理亲王

---

① 有关这一事件的记录详见阿道夫·威廉·沃德：《1815年到1890年的德意志》，第2章，第227页到第228页。奥地利帝国认为如果同意安东·冯·加布伦茨男爵的解决办法，那么就要牺牲德意志邦联内较小的邦国。——原注

尼亚王位。但这一事件并没有使奥地利帝国的态度得到缓和。拿破仑三世企图再次制止战争，但这次，他做得确实有些笨拙。他与奥地利帝国进行协商，并且签订了条约。这一条约的大致内容是，法兰西第二帝国保持中立，奥地利帝国将威尼斯割让给法兰西第二帝国。随后，法兰西第二帝国将威尼斯移交意大利，法兰西第二帝国将保证奥地利帝国在意大利境内控制的其余领土。但得知这一令人怀疑的好处后，意大利王国政府并没有感到丝毫兴奋，而是愤然拒绝了这个使意大利将来无法达到完全统一的建议。

1866年6月5日，奥托·冯·俾斯麦公开了1864年1月16日普鲁士王国与奥地利帝国签署的秘密条约。根据这份条约，普鲁士王国与奥地利帝国已经达成协议共同解决石勒苏益格－荷尔斯泰因问题，并且不受德意志邦联议会干涉。他企图用这种令人怀疑的方式证明奥地利帝国对德意志邦联的轻视，全然不顾新闻报道证明普鲁士王国也持有同样的态度。1866年6月10日，奥托·冯·俾斯麦给德意志邦联内各邦国政府提交了德意志邦联新宪法的具体草案，这一草案将奥地利帝国排除在德意志邦联外。这一次，奥托·冯·俾斯麦确实向奥地利帝国提出挑战，但他绝不会打响第一枪，而是等待奥地利帝国接受挑战。在公爵领地的边界上，奥地利帝国与普鲁士王国的军队已经发生武力冲突。实际上，1866年6月7日，普鲁士王国的军队首先进军，穿过艾德河进入荷尔斯泰因公爵领地。1866年6月17日、1866年6月18日及1866年6月20日，奥地利帝国、普鲁士王国及意大利王国相继宣战。

第2节 《布拉格条约》

普鲁士王国虽然得到意大利王国的支持，但在德意志邦联内，它仍是孤军奋战。普鲁士王国的对手包括奥地利帝国、萨克森王国、巴伐利亚王国、符腾堡王国、汉诺威王国、巴登大公国、黑森－卡塞尔选侯国、黑森－达姆施塔特选侯国、拿骚公国及法兰克福自由市。但这场战争只持续了七周。奥地利帝国炮军总指挥路德维希·冯·贝内德克虽然是一位能干且敬业的军官，但他不懂战略，敌不过军事天才老赫尔穆特·冯·毛奇。1866年7月3日,在波希米亚的柯尼希格雷茨,路德维希·冯·贝内德克的军队被打败。大约一星期前,即1866年6月27日,在巴德朗根萨札,汉诺威王国的军队也失败了。1866年7月4日,在富尔达附近,巴伐利亚王国的军队又被击溃。虽然对手们没有被完全攻破,但普鲁士王国的军队处处获胜。

此时,大外交家奥托·冯·俾斯麦的巨大胜利即将到来。奥托·冯·俾斯麦有一种罕见的能力,知道如何有限地利用胜利①。由老赫尔穆特·冯·毛奇、阿尔布雷希特·冯·罗恩,几十位将军及所有普鲁士军人创建并引以为荣的普鲁士王国军队,第一次赢得了一场与一流强国作战的伟大胜利。但这次胜利并不

柯尼希格雷茨战役,普鲁士国王威廉一世与将军们

① "胜利中的节制不亚于胜利本身。我认为不止如此。对一个国家来说,胜利中的节制比胜利本身更重要,因为在书面的历史记录中有太多的悲剧是因为没有合理利用胜利,即无节制地利用胜利。如果那些国家从来没有赢得那些胜利,那么结果可能会更好。"1921年8月16日,英国首相大卫·劳合·乔治在英国议会下议院的讲话。——原注

彻底。在进军维也纳的途中,获胜的普鲁士军队还要面临弗洛里斯多夫防线。老赫尔穆特·冯·毛奇估计大约需要两千名士兵才能突破这道防线。此时,奥托·冯·俾斯麦大胆提出让战胜的普鲁士王国的军队停止继续前进,放弃攻占眼看就要到手的维也纳,也只有奥托·冯·俾斯麦有这样的眼界及格局。他意识到,不能过分伤害奥地利王室的骄傲和自尊,这样做将会获得比占领奥地利帝国首都维也纳、践踏奥地利帝国尊严更多的利益。

1866年7月12日,普鲁士王国军队在总部所在地切尔那山召开了"军队喜欢称之为"的军事会议[①]。这次大会由普鲁士国王威廉一世主持,奥托·冯·俾斯麦谦卑地说自己正好在,他因此"参与了这些讨论"。老赫尔穆特·冯·毛奇解释了如何突破弗洛里斯多夫防线,进军维也纳的计划。普鲁士王国的将军们从没有梦想过会有别的突破弗洛里斯多夫防线的办法。奥托·冯·俾斯麦不敢公开说明自己的想法:

> 然而,我早已看清,老赫尔穆特·冯·毛奇说我们将来还需通过进一步的战争来捍卫这次战争胜利的成果,就像腓特烈大帝经历了整整七年的战火硝烟而捍卫他前两次西里西亚战争的胜利一样。与奥地利帝国的战争后,紧接着将是与法兰西第二帝国的战争,这是历史的必然……出于这一考虑,在政治上,我想避免普鲁士王国军队以拿破仑·波拿巴式的胜利者姿态占领维也纳。

将近两个星期过去了,因为老赫尔穆特·冯·毛奇的炮兵得不到补充,尤其是缺乏重型大炮,普鲁士王国的军队无法前进。1866年7月23日,普鲁士王国军队总部再次召开会议。这次奥托·冯·俾斯麦发表意见说,必须按照奥地利帝国的条件进行和平调解,但"持有这种观点的仍只有他一人"。随着时间的流逝,奥托·冯·俾斯麦的决心反而变得愈加坚定,不但因为越是这样伤害奥地利帝国的自尊,越会使奥地利帝国与普鲁士王国疏远,而且因为如果奥地利帝国再次失

---

① 笔者从奥托·冯·俾斯麦的回忆录中直接引用的。——原注

败,将会导致奥地利帝国瓦解。那么,奥地利帝国到目前为止占领的从蒂罗尔到布科维纳的领土该如何处置?但普鲁士国王威廉一世不同意奥托·冯·俾斯麦的观点,"将士们对停止胜利步伐的反对意见"已经无法制止。听到自己的观点被拒,奥托·冯·俾斯麦离开会议室,回到自己房间。想到自己如此忠诚而无私奋斗的目标已经胜券在握,却要前功尽弃了,这位铁血大臣从四楼房间的窗户放眼望去,面对广袤的匈牙利大平原,真想纵身一跃,结束这没有希望的一生。这时,房门被推开了。奥托·冯·俾斯麦没有回头,他感到肩上有只手。随即,他听到一个熟悉的声音:"你知道我是反对这场战争的,但你觉得战争是必要的。因此,这场战争的责任也在你。如果你认为我们的目的已经达到,现在必须和解,那么我愿意帮助你,并且在父亲面前为你的观点进行辩护。"说话的人正是普鲁士王储威廉三世,也正是他的影响力扭转了大局。普鲁士国王威廉一世毕竟可以用自己的方式对付那些将军,但他不能反对他的儿子和首相。在奥托·冯·俾斯麦的一份备忘录上,普鲁士国王威廉一世用铅笔写道:"在军队取得如此辉煌的胜利后,我发现自己迫不得已要咽下苦果,还要接受这样屈辱的和解。"最终,奥托·冯·俾斯麦赢得了一次伟大的胜利[1]。

柯尼希格雷茨战败后第二天,奥地利皇帝弗朗茨·约瑟夫一世致电拿破仑三世,请求他进行斡旋。1866年7月14日,奥地利皇帝弗朗茨·约瑟夫一世与科尔马男爵冯·德·戈尔茨在巴黎达成和解草案,和解条件都包含在即将签订的草案中。

1866年7月26日,在尼克利斯堡[2],奥托·冯·俾斯麦代表普鲁士王国,阿拉霍斯·卡罗伊·德·纳吉卡罗伊伯爵代表奥地利帝国签订了和平草案。正如普鲁士国王威廉一世所说,在维也纳的门口,普鲁士王国把胜利交给了战败的奥地利帝国,因此,奥地利帝国保持了领土的完整。此外,普鲁士王国第二次声明放弃的萨克森王国[3]的领土完整也将得到承认,奥地利帝国只需支付相当于三百万英镑的战争赔偿金。但奥托·冯·俾斯麦达到了所有目的:第一,奥地利

---

[1] 奥托·冯·俾斯麦:《反思与回忆》,第20章。——原注
[2] 尼克利斯堡是亚历山大·门斯多夫-普利伯爵的城堡。——原注
[3] 1814年到1815年的维也纳会议,普鲁士王国第一次声明放弃萨克森公国,参见前文。——原注

帝国同意退出德意志邦联。第二,在美因河以北,普鲁士王国将建立一个新的不包括奥地利在内的邦联。奥地利帝国还同意美因河以南德意志邦联内各邦国可以建立同盟,并且根据条约他们可以与美因河北部各邦国建立联系。第三,奥地利帝国放弃对石勒苏益格公爵领地及荷尔斯泰因公爵领地的权利,并且默许普鲁士王国可以兼并任何美因河以北除萨克森公国外的奥地利帝国的同盟国。实际可以说,在尼克利斯堡,普鲁士王国奠定了从1871年到1914年近代德意志帝国的基础,或其坚实的核心部分。

1866年8月23日,普鲁士王国与奥地利帝国在布拉格签订条约[①]。《布拉格条约》第一条是通常的和平友好关系的相关条款。第二条确保威尼斯最终由意大利王国兼并,这也是1853年4月8日普鲁士王国与意大利王国签署的同盟条约的一部分,撒丁王国国王维托里奥·埃曼努埃尔二世已经履行了自己应当承担的义务。在普鲁士王国宣战后,意大利王国就向奥地利帝国宣战,并且将奥地利帝国的大军围困在意大利。尽管在库斯托扎的陆军和利萨的海军都被奥地利帝国击败,但其在战争中所做的事是有意义的。因此,意大利王国理应获得威尼斯。其实,在柯尼希格雷茨战败后,奥地利皇帝弗朗茨·约瑟夫一世已经将威尼斯交给拿破仑三世,然后移交意大利王国[②]。第四条,奥地利皇帝弗朗茨·约瑟夫一世承认德意志邦联解体,并且同意在美因河以北建立一个不包括奥地利帝国在内的北德意志邦联。第五条,奥地利皇帝弗朗茨·约瑟夫一世将石勒苏益格和荷尔斯泰因公爵领地的权利移交给普鲁士国王威廉一世,但条件是北石勒苏益格人民如果通过投票想归属丹麦王国,那么就应将其交还丹麦王国[③]。此外,《尼克利斯堡和平协议草案》的其他条款也已经纳入《布拉格条约》。因此,除了奥地利对公爵领土权利变得无效外,奥地利帝国及萨克森王国没有失去任何领土,并且只支付了少量战争赔款,但汉诺威王国、黑森-卡塞尔选帝国及法兰克福自由市被普鲁士王国彻底吞并。巴伐利亚王国及

---

① 1866年8月23日的《布拉格条约》,由菲利普·冯·布伦纳男爵代表奥地利帝国,海因里希·威廉·韦特男爵代表普鲁士王国签订。——原注
② 根据1866年7月12日法兰西第二帝国与奥地利帝国签订的条约。——原注
③ 根据1878年10月11日奥地利帝国与普鲁士王国的条约,这一附加条件取消。——原注

黑森-达姆施塔特选帝国面积相对较小，但通过兼并这两个地方，普鲁士王国中部与德意志西南部间建立起了一条"通道"。于是，普鲁士王国总共增加了三百二十五万人和两万八千多平方英里的领土。

1866年10月3日，奥地利帝国与意大利王国在维也纳达成和解。除威尼斯外，撒丁王国国王维托里奥·埃曼努埃尔二世政府本想获得更多的领土，以便在阿尔卑斯山脉，意大利王国拥有稳固的边境。但与奥托·冯·俾斯麦签订的同盟条约只保证威尼斯归意大利王国所有，并且奥托·冯·俾斯麦能做到的仅限于此。因此，根据《维也纳条约》第四条，意大利王国只得到"伦巴第-威尼斯王国的行政管理权"。与此同时，意大利王国政府还必须担负伦巴第-威尼斯王国的债务和养老金。

第 23 章

普法战争

第1节 维桑·贝内代蒂伯爵的活动

在柯尼希格雷茨战役前，拿破仑三世就一直支持普鲁士王国。他知道普鲁士王国与意大利王国同盟的存在，并且对这一同盟表示赞成。就在柯尼希格雷茨战役爆发当天，即1866年7月3日，他在巴黎对科尔马男爵冯·德·戈尔茨说："你知道，如果不是我严守中立，那么普鲁士王国是不可能取得如此大的成功的。"但这一成功决不能过分，拿破仑三世不愿也不想看到奥地利帝国被完全击败。因此，奥地利帝国在柯尼希格雷茨战败的消息传来，就像向法兰西第二帝国宣布一场巨大灾难。皮埃尔·德·拉·戈尔斯说，人们感觉到古老的欧洲大地受到了巨大的撞击①。他把巴黎人比作马其顿的菲利普征服埃拉蒂亚后的雅典人，"他们不必为死者哭泣，但凭直觉预感自己已经失去了优越的地位。他们虽然没有参战，但有种深深的挫败感"。

此时，法兰西第二帝国决不能再袖手旁观，任其发展了。但它必须面对的问题是法兰西第二帝国应该采取什么行动。1866年7月5日，即柯尼希格雷茨战

---

① 皮埃尔·德·拉·戈尔斯：《法兰西第二帝国史》，巴黎，普隆·努里公司，第5章，第12页。——原注

圣克卢宫

役结束两天后,拿破仑三世在圣克卢宫举行会议。法兰西第二帝国的历史学家皮埃尔·德·拉·戈尔斯说,这是拿破仑三世统治时期最重要的一次会议。外交大臣爱德华·德律安·德·勒尤伊斯的所有外交政策都是建立在与奥地利帝国彼此友好谅解的基础上。在会上,他提出采取果断行动,即在法兰西第二帝国东部边境集结军队,然后,法兰西第二帝国要么诉诸战争,要么出面调解,支持奥地利帝国。陆军大臣雅克·路易·朗顿元帅向会议保证,虽然法兰西第二帝国的军队正在远征墨西哥,但法兰西第二帝国仍然可以立即在其边境调动八万人的军队。如同往常一样,拿破仑三世不动声色地听着,他似乎同意这一方案。突然,会议室门开了,内务大臣德拉瓦莱特侯爵夏尔走了进来。他没有被要求参加会议,但在皇宫听到消息后,他匆忙赶到会议厅,想表达自己的观点。德拉瓦莱特侯爵夏尔指出法兰西第二帝国缺乏战争及物资准备,并且指责爱德华·德律安·德·勒尤伊斯不负责任，想让法兰西第二帝国如此鲁莽地卷入战争。此时，拿破仑三世仍然不动声色。《帝国公报》的工作人员等了一夜也未得到任何消息。1866年7月6日早晨，爱德华·德律安·德·勒尤伊斯翻看报纸，想找到是否有调动军队的通告。结果，他没看到任何消息。他明白自己的行动方案失败了。

即使完全按兵不动，也未必就没有好结果。但拿破仑三世不能不采取任何行动，他必须大张旗鼓地干涉奥托·冯·俾斯麦，继续不断要求奥托·冯·俾斯麦对法兰西第二帝国在战争中保持中立进行补偿。奥托·冯·俾斯麦称拿破仑三世这种做法为"索取伎俩"。法兰西第二帝国驻普鲁士王国大使维桑·贝内代蒂伯爵奉命去实现这个不切实际的目标。1866年7月9日，维桑·贝内代蒂伯爵从柏林出发，经过柯尼希格雷茨，1866年7月11日，他抵达普鲁士总司令部斯维塔维。在会谈中，奥托·冯·俾斯麦非常礼貌，但基本保持缄默。奥托·冯·俾斯麦希望法兰西第二帝国政府能够同意他想要合并的领土。维桑·贝内代蒂伯爵继续随总部前进。到达尼克利斯堡后，他才安定下来。维桑·贝内代蒂伯爵没有得到拿破仑三世的明确指示。

爱德华·德律安·德·勒尤伊斯

与此同时，在巴黎，科尔马男爵冯·德·戈尔茨与拿破仑三世联系紧密，并且得到了许多内部消息。对普鲁士王国来说，这些消息等于多次胜利，但对法兰西第二帝国来说，这些消息等于多次失败。1866年7月11日，在与普鲁士王国驻法兰西第二帝国大使科尔马男爵冯·德·戈尔茨的谈话中，拿破仑三世表示赞成德意志邦联改革。1866年7月13日，拿破仑三世默认普鲁士王国兼并德意志邦联内除萨克森王国外其他较小邦国。的确，私人政府制度的可恶之处莫过于这些不幸的谈话了。一方面，拿破仑三世摇摆不定。另一方面，目光敏锐、头脑清醒的普鲁士王国驻法兰西第二帝国大使科尔马男爵冯·德·戈尔茨把拿破仑三世说的每一个字都记录下来，报告给柏林，但拿破仑三世的外交大臣都没有参与这些谈话。爱德华·德律安·德·勒尤伊斯有另一政策，就在科尔马男爵冯·德·戈尔茨得到拿破仑三世同意德意志联邦改革的同一天，即1866年7月11日，爱德华·德律安·德·勒尤伊斯向拿破仑三世递交了一份备忘录。在这份备忘录中，他指出普鲁士王国的目的就是要吞并德意志邦联内的较小邦国[1]。

拿破仑三世置之不理的不只有其外交大臣爱德华·德律安·德·勒尤伊斯，如果在巴黎，拿破仑三世总是让步，那么在尼克利斯堡，维桑·贝内代蒂伯爵与奥托·冯·俾斯麦进行艰难的谈判又有何用？

最终，拿破仑三世不再动摇，并且决定采取补偿政策。但如果在战争开始前，普鲁士王国急于扫除战争中即将面临的各种障碍时，就开始实行补偿政策，那么这一政策是可行的。现在，普鲁士王国正值大获全胜时期，拿破仑三世又表示无意使用武力，那么他索要补偿是完全不可能实现的。再者，作为调停者，本不应该提出任何要求。因此，拿破仑三世索要补偿的政策是如此的荒谬。

在尼克利斯堡时，维桑·贝内代蒂伯爵接到拿破仑三世的命令，要求普鲁士王国必须向法兰西第二帝国进行补偿。拿破仑三世的理由是普鲁士王国的领土正在不断增加。1866年8月5日，回到柏林后，维桑·贝内代蒂伯爵得到更明确的指示，他必须向普鲁士王国提议签订秘密条约，要求普鲁士王国将莱茵河左

---

[1] 普拉迪耶·福代雷：《当代历史文件》，第16页。——原注

美因茨

岸和美因茨割让给法兰西第二帝国①。这一领土大部分在普鲁士王国,还包括巴伐利亚王国及黑森-达姆施塔特选侯国的一小部分。这一建议由维桑·贝内代蒂伯爵书面告知奥托·冯·俾斯麦。1866年8月7日,维桑·贝内代蒂伯爵与奥托·冯·俾斯麦再次会晤。在会谈中,奥托·冯·俾斯麦明确表示拒绝考虑割让德意志领土,但表示在其他方面,法兰西第二帝国可以得到满足。

维桑·贝内代蒂伯爵宣告割让美因茨的提议失败,但法兰西第二帝国政府给他的下一个任务更加艰巨。他必须要求普鲁士王国割让兰道、萨尔布吕克、萨尔路易及卢森堡公国。1866年8月16日,法兰西第二帝国政府又提出,如果普鲁士王国不愿割让以上地区,那么就要割让比利时王国②。

---

① 奥托·冯·俾斯麦的秘书有意疏忽,使1866年8月10日《巴黎凹纪报》刊登了这一提议。对这一提议,奥托·冯·俾斯麦向冯·德·普福尔腾男爵路德维希·卡尔·海因里希及南德意志各邦国政府做了详细解释。奥托·冯·俾斯麦向他们证明不要指望得到法兰西第二帝国的任何帮助。——原注
② 《塞西文件》,1814年5月30日,按照第一次巴黎和会,兰道、萨尔布吕克及萨尔路易割让给法兰西王国。1816年11月20日第二次巴黎和会,上述地区又脱离法兰西王国。至于比利时王国,维桑·贝内代蒂伯爵断言是奥托·冯俾斯麦自己在尼克利斯堡提议的。维桑·贝内代蒂伯爵:《我的普鲁士使命》。——原注

此时，维桑·贝内代蒂伯爵前去拜见奥托·冯·俾斯麦，并且提出割让普鲁士王国领土的请求。奥托·冯·俾斯麦让他以书面形式提出请求。维桑·贝内代蒂伯爵立刻恭敬地拿出笔，工整地写下了法兰西第二帝国与普鲁士王国的协议草案。第一条，法兰西第二帝国承认在战争中普鲁士王国兼并的领土。第二条，普鲁士王国承诺为法兰西第二帝国得到卢森堡提供便利。第三条，法兰西第二帝国承认即将成立的德意志邦联。第四条内容如下：

> 如果法兰西第二帝国皇帝为情势所迫出兵进入或征服比利时王国遇到阻力，那么普鲁士王国应全力协助，抵抗向法兰西第二帝国宣战的国家。

第五条规定法兰西第二帝国和普鲁士王国建立攻守同盟。

这是从维桑·贝内代蒂伯爵手中，奥托·冯·俾斯麦获得的第二份重要的书面文件。第一份是法兰西第二帝国割让美因茨和莱茵河左岸的请求。深谋远虑的奥托·冯·俾斯麦将这些文件锁起来以备日后孤立法兰西第二帝国之用。谈判仍无进展，维桑·贝内代蒂伯爵前往卡尔斯巴德进行短暂休假。当他回到柏林时，奥托·冯·俾斯麦已经离开，前往别处休假了。

第2节 卢森堡

卢森堡是拿破仑三世补偿政策的最后目标。维也纳会议将卢森堡设为大公领地，并且交给荷兰王国统治。与此同时，维也纳会议还将这个新成立的大公领地纳入德意志邦联，并且宣告卢森堡为德意志邦联要塞。因为德意志邦联没有常备军，所以自1815年以来，卢森堡要塞一直由普鲁士王国的军队驻守。普鲁士王国建立的关税同盟日益发展，卢森堡大公国也加入了这一关税同盟。由于拿破仑三世还想获得补偿，获得卢森堡，这才在某种程度上抵消了普鲁士王国的扩张。

这一计划并非完全不合时宜。1866年12月，《布拉格条约》签订后，普鲁士王国政府召集美因河以北德意志各邦国代表在柏林开会,宣布建立北德意志邦联。这一邦联的宪法与1871年德意志帝国通过的宪法基本相同,但在邦联中,普鲁士国王被称为总统,而不是皇帝。此外,这时美因河南部各邦国还不包括在北德意志邦联内。

北德意志邦联对卢森堡问题产生了影响,因为卢森堡大公国是旧的德意志邦联的一部分,不在新的北德意志邦联内。因此,按照国际法,普鲁士王国不再有任何正当理由驻守卢森堡要塞,卢森堡大公[①]就可以随意处置卢森堡大公国。此时,荷兰国王威廉三世欠有很多债务,因此,他自然不反对割让卢森堡大公国,以换取金钱上的补偿。

法兰西第二帝国派遣新任外交大臣前去交涉。1866年8月,爱德华·德律安·德·勒尤伊斯退休。他是一位做事稳健、行动谨慎的政治家。随后,德拉瓦莱特侯爵夏尔担任了几个月的临时外交大臣。1866年9月16日,德拉瓦莱特侯爵夏尔向法兰西第二帝国驻外代表发出通告,通报了法兰西第二帝国的财政情况,并且对德意志的新局面表达祝愿,宣布接受德意志的既成事实。

然而,此时,拿破仑三世还想兼并卢森堡大公国,试图挽回局面。接替德拉瓦莱特侯爵夏尔担任法兰西第二帝国外交大臣的是莱昂内尔·德·穆斯捷,刚从法兰西王国驻奥斯曼土耳其帝国大使馆返回法兰西第二帝国。他看到卢森堡兼并问题,决心尽最大努力成功兼并卢森堡,如果失败,他必须使法兰西第二帝国不失尊严地摆脱这件事。在这件事上,莱昂内尔·德·穆斯捷是完全守信的。

1867年春,法兰西第二帝国的努力似乎就要成功。荷兰国王威廉三世准备处置卢森堡大公国,法兰西第二帝国政府要兼并卢森堡大公国必须事先征得普鲁士国王威廉一世的同意。对此,荷兰国王威廉三世非常担忧。此外,法兰西第二帝国要兼并卢森堡大公国还需要卢森堡大公国通过公民投票的方式,征求卢森堡人民的同意。1867年3月26日,荷兰国王威廉三世致信拿破仑三世,表示同意割让卢森堡大公国,并且他只等签订条约。

---

① 由荷兰国王威廉三世兼任。——原注

虽然签订割让卢森堡大公国条约的时间已经过去，表示接受割让的信已经写好，但相关条约始终没有签订。卢森堡大公国即将割让给法兰西第二帝国的消息已经尽人皆知，这激发起德意志邦联人民的民族情感，北德意志邦联议会出现了种种质疑和抗议。1867年3月27日，在柏林的一次盛大宴会上，奥托·冯·俾斯麦乘机告诉维桑·贝内代蒂伯爵，北德意志邦联的人们说卢森堡问题可能会妨碍普鲁士国王威廉一世前往巴黎参观当年在巴黎举行的展览。大约与此同时，普鲁士王国驻海牙大使也乘机告诉荷兰国王威廉三世，他尽管承认荷兰国

威廉三世

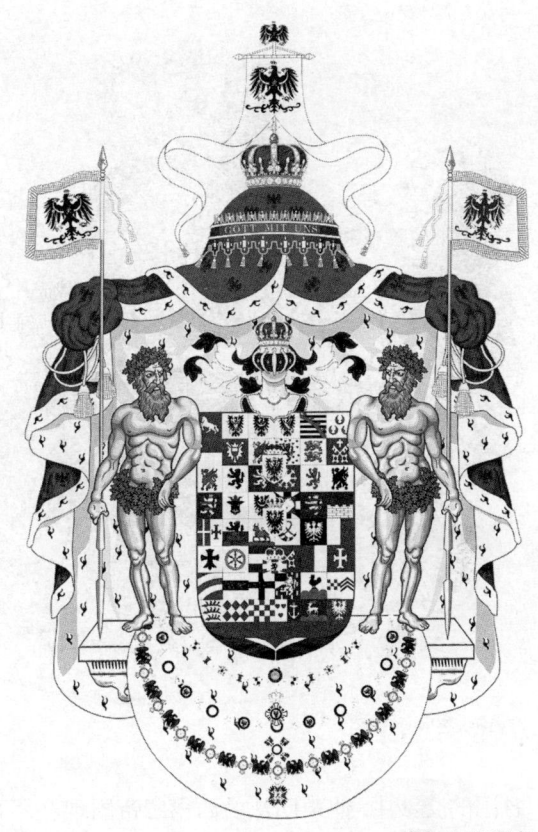

普鲁士王国徽章

王威廉三世有权处置卢森堡大公国，但请荷兰国王威廉三世注意割让卢森堡大公国会在德意志激起民族情绪。荷兰国王威廉三世明白其用意，自己的国家太小且边境缺乏防卫力量，无力与普鲁士王国对抗。因此，他退出了与法兰西第二帝国还没有完成的交易，拒绝批准割让卢森堡大公国的条约。荷兰国王威廉三世有权这样做，因为法兰西第二帝国没有征得普鲁士王国的同意，也无法进行交易。

因此，法兰西第二帝国皇帝拿破仑三世再次受挫，而强硬的普鲁士王国首相，即北德意志邦联总理奥托·冯·俾斯麦成了彻底的胜利者。在这件事上，莱昂内尔·德·穆斯捷对法兰西第二帝国是有贡献的。有时，一个国家是绝不能忍受被公开拒绝的。莱昂内尔·德·穆斯捷看到，强硬和公道必不可少。在与相关

卢森堡大公国的徽章

各国的交涉中,他声明法兰西第二帝国现在不再寻求增加领地,并且放弃兼并卢森堡大公国,但他要求普鲁士王国也必须做出同样的行动,撤出其在卢森堡要塞的驻军。法兰西第二帝国虽然以合理而缓和的态度表达了自己的观点,但有挑战的意味。实际上,这意味着普鲁士王国必须从卢森堡大公国撤军,否则法兰西第二帝国只能付诸战争。如果普鲁士王国选择撤离,全世界就会明白,不是法兰西第二帝国惧怕普鲁士王国的威胁而退出卢森堡大公国,而是在法兰西第二帝国的要求下,普鲁士王国退出了卢森堡大公国。

几个星期以来,欧洲政治遭遇了真正的危机。最终,优柔寡断的拿破仑三世做出决定。对卢森堡问题,他提出了明确要求,否则大家看到的只有战争。在回忆录中,奥托·冯·俾斯麦说,他知道战争终究会发生。当时,他本想接受挑战。但最终,他没有选择战争,或许是因为觉得战争对他不利。因此,在外交方面,奥托·冯·俾斯麦让法兰西第二帝国赢了一回。

欧洲其他各国也在为促成和平而努力。当时由德比伯爵爱德华·史密斯-斯坦利担任外交大臣的英国外交部，极力主张召开议会解决争端①。1867年4月24日，维多利亚女王亲自致信普鲁士国王威廉一世，并且指出，如果发生战争，那么普鲁士王国不要期望得到英国道义上的支持。提到弗里德里希·斐迪南·冯·博伊斯特伯爵，在尼克利斯堡战役后，他离开萨克森王国政府，担任奥匈帝国外交大臣。弗里德里希·斐迪南·冯·博伊斯特伯爵利用前奥地利帝国驻

爱德华·史密斯－斯坦利的漫画形象

---

① 参见《英国议会记事录》，关于卢森堡大公国的信。——原注

弗朗茨·冯·温普芬伯爵

普鲁士王国大使弗朗茨·冯·温普芬伯爵及与拿破仑三世十分熟悉的前奥地利帝国驻法兰西第二帝国大使克莱门斯·冯·梅特涅以前为和平所做的斡旋及产生的影响力，做出了不懈努力。弗里德里希·斐迪南·冯·博伊斯特伯爵关注的是奥地利帝国的复兴，一旦欧洲发生战争将会阻碍其进程。最后，亚历山大·米哈伊洛维奇·戈尔恰科夫亲王领导下的俄罗斯帝国政府，在缄默很久后，宣告反对普鲁士王国军队继续占领卢森堡大公国。1867年4月25日，亚历山大·米哈伊洛维奇·戈尔恰科夫亲王向各国明确提出召开大会。此时，普鲁士王国已经完全陷入孤立，别无选择，只能接受俄罗斯帝国政府的建议。

1867年5月1日，出于礼节，以荷兰国王威廉三世的名义，俄罗斯帝国给1839年《伦敦条约》[①]所有签字国及已经被公认为大国的意大利王国发出邀请信。1867年5月7日，大会在伦敦召开。会议工作进展迅速，四天内就完成了所有任务。1867年5月11日的《伦敦条约》也得以签订。根据这一条约第二条，卢森堡大公国被确认为缔约各国集体保障下的永久中立国。既然卢森堡大公国已经中立化，那么这里就不再被设为要塞，也无须驻军。因此，根据这一条约第三条及第四条，普鲁士国王威廉一世同意从卢森堡大公国撤军。荷兰国王威廉三世仍然

意大利王国徽章

---

① 此条约承认比利时王国从荷兰王国独立，并且承认比利时革命及其与荷兰王国战争后恢复的卢森堡大公国。——原注

拥有卢森堡大公国。与此同时，他还获得对林堡的统治权。林堡虽然是荷兰王国的一部分，但与卢森堡大公国一样，1815年被纳入旧的德意志邦联。根据条约第六条，现在旧德意志邦联已经解散，林堡被纳入荷兰王国。

因此，法兰西第二帝国政府不失尊严地放弃其索取补偿的政策。普鲁士王国不得不做出让步，从其拥有五十多年的古老要塞撤出其驻军。与此同时，一个在全欧洲保护下，作为法兰西第二帝国东北边境屏障的中立国，即卢森堡大公国得以保留下来。

第3节 战 争

尽管1867年，巴黎召开了盛大的世博会，但从1867年到1870年，法兰西第二帝国和普鲁士王国一直处于明争暗斗的状态。自1861年奥托·冯·俾斯麦担任普鲁士王国首相以来，普鲁士王国迅速崛起，令欧洲各国震惊。如果普鲁士王国的发展是循序渐进的，那么欧洲各国或许更易适应其崛起，但普鲁士王国没有给

巴黎世博会场馆

巴黎世博会盛况

欧洲其他国家适应的时间。1867年，法兰西第二帝国与普鲁士王国都虎视眈眈，等待着暴风雨的到来。

法兰西第二帝国与普鲁士王国的战争似乎已经无法避免。此时，普鲁士王国的发展及对发展巩固的进程还没完成。等时机成熟，奥托·冯·俾斯麦的工作或许可以做得更完善，但他更愿采取主动，速战速决。他说："我确定，在国内进一步发展及向美因河以外扩张的过程中，与法兰西第二帝国难免一战。"①

当然，也不能就此断定法兰西第二帝国与普鲁士王国间的战争是绝对不可避免的，但必须有一位伟大的政治家来阻止这场战争。尤其是法兰西第二帝国、奥地利帝国及意大利王国间，如果他们能达到友好谅解，那么可能会使奥托·冯·俾斯麦放弃战争。不幸的是，这种谅解并不存在。唯一看透奥托·冯·俾斯麦野心的弗里德里希·斐迪南·冯·博伊斯特伯爵并没有诚心接受法兰西第二

---

① 奥托·冯·俾斯麦：《反思与回忆》，第21章。——原注

阿道夫·尼埃尔

帝国提出建立同盟的建议，这证明弗里德里希·斐迪南·冯·博伊斯特伯爵并不是一位伟大的政治家，尽管在回忆录中，他自认为是①。

也不能说拿破仑三世是盲目卷入1870年的战争的。对这场战争，法兰西第二帝国政府已经准备了两年左右的时间，但拿破仑三世经常犹豫不决，改变政策。法兰西第二帝国国防大臣阿道夫·尼埃尔十分积极，他不懈地为战争做宣传及准

---

① 1870年7月9日，弗里德里希·斐迪南·冯·博伊斯特伯爵对卡佐侯爵说他愿意签订同盟条约，但遭到法兰西第二帝国的拒绝。参见皮埃尔·德·拉·戈尔斯：《法兰西第二帝国史》，巴黎，普隆·努里公司，第6章，第155页。弗里德里希·斐迪南·冯·博伊斯特伯爵提出的非军事同盟，参见弗里德里希·斐迪南·冯·博伊斯特伯爵：《回忆录》，第2章，第330页。——原注

备,又企图阻止早已清楚预见到的战争灾难,以致他成为历史上一位具有悲剧色彩的英雄。同样令人震惊的还有法兰西第二帝国记者及作家吕西安-阿纳托尔·普雷沃-帕拉多尔。1868年,他撰写了《新法兰西》,在文章中,他预见到法兰西第二帝国将沦落为仅靠沉湎于过去的伟大而生存的地步,"他们总是怀念路易十四和拿破仑·波拿巴,这使欧洲感到厌倦,就像西班牙人提起腓力二世及查理五世的名字时,欧洲各国的高级官员已经无动于衷一样"[①]。

法兰西第二帝国时期的外交政策并不明智,但亚历山大·克洛纳·瓦莱夫斯基伯爵和爱德华·德律安·德·勒尤伊斯领导时期的法兰西第二帝国的外交政策还是谨慎和理智的。莱昂内尔·德·穆斯捷也是一位资深的"职业外交官",

吕西安-阿纳托尔·普雷沃-帕拉多尔

[①] 皮埃尔·德·拉·戈尔斯引自吕西安-阿纳托尔·普雷沃-帕拉多尔:《新法兰西》,第6章,第128页。——原注

德格拉蒙公爵阿热诺

在卢森堡事件中，他表现得大胆而谨慎。1869年，莱昂内尔·德·穆思捷去世后，另一位职业外交家德格拉蒙公爵阿热诺接任法兰西第二帝国外交大臣。德格拉蒙公爵阿热诺继承了亚历山大·克洛纳·瓦莱夫斯基伯爵和爱德华·德律安·德·勒尤伊斯的传统，保持了与奥匈帝国的良好关系，但作为外交官，德格拉蒙公爵阿热诺无疑是一个失败的政治家。

在法兰西第二帝国政府及其驻外大使馆的较低层级官员中，有一变化显而易见。皮埃尔·德·拉·戈尔斯说："外交圈和国民议会开始讲究衣着。"① 因此，

---

① 皮埃尔·德·拉·戈尔斯：《法兰西第二帝国史》，巴黎，普隆·努里公司，第5章，第466页。——原注

描述法兰西第二帝国社会的《笨拙》①漫画似乎是有根据的。但有着"完整传统"的外交仍然存在。从柏林,维桑·贝内代蒂伯爵不断发出与普鲁士王国的战争警告。欧仁·乔治·亨利·塞莱斯特·斯托费尔上校向法兰西第二帝国驻德意志帝国大使馆提供了更详细的有关战争的消息。斯特拉斯堡的指挥官奥古斯特-亚历山大·迪克罗将军夜以继日,不辞辛劳,想得到莱茵河军情的确切消息。但除了阿道夫·尼埃尔元帅、奥古斯特-亚历山大·迪克罗将军及其他为数不多的几个人,对研究战争形势,法兰西第二帝国的军官们并不积极。

1870年的春季早已结束,夏季也已经过去了一半,但仍然没有开战的迹象。1870年6月显得前所未有的平静。法兰西第二帝国政府开始变得警觉。意大利王

奥古斯特-亚历山大·迪克罗

---

① 《笨拙》是英国老牌的讽刺漫画杂志之一,拥有一百六十多年的创刊历史,提供政治讽刺漫画、家庭漫画、社会漫画等内容,通过诙谐的讽刺手法描述社会热点问题。

巴特莱米·勒布伦元帅

国政府的态度虽然已经明确,但在法兰西第二帝国驻军撤离罗马前,法兰西第二帝国要获得意大利王国政府的支持,其可能性微乎其微。法兰西第二帝国要想获得奥匈帝国的支持,或许还有一点儿希望。1870年3月,库斯托扎战役的胜利者阿尔伯特大公访问巴黎,受到了法兰西第二帝国所有高级军官的热烈欢迎。1870年5月月底,法兰西第二帝国国防大臣巴特莱米·勒布伦元帅带着拿破仑三世的亲笔信前往维也纳拜见奥地利皇帝弗朗茨·约瑟夫一世。巴特莱米·勒布伦元帅与阿尔伯特大公多次会面。1870年6月16日,在劳恩堡宫,巴特莱米·勒布伦元帅与奥地利皇帝弗朗茨·约瑟夫一世有过一次会面,但两人也未进行深入的交谈。奥地利皇帝弗朗茨·约瑟夫一世不愿签订明确的条约,因为他担心普鲁士王国会利用德意志民族观念反对他。巴特莱米·勒布伦元帅的维也纳之行或许会带来更具体的办法，但拿破仑三世是否读过巴特莱米·勒布伦元帅1870年6月30日的报告①还是个疑问，因为此时，空气中已经密布着霍亨索伦王室继承权的乌云。

霍亨索伦王室继承权问题的起因是西班牙革命。1868年9月，加的斯舰队的叛乱演变为一场革命，伊莎贝拉二世逃往法兰西第二帝国。在近两年的时间里，由雷乌斯伯爵胡安·普里姆将军领导的西班牙王国政府一直在寻找新的君主。各种可能的候选人，包括1846年有名的安托万·蒙庞西耶公爵都考虑到了。但除

胡安·普里姆

---

① 这是皮埃尔·德·拉·戈尔斯的观点。皮埃尔·德·拉·戈尔斯：《法兰西第二帝国史》，巴黎，普隆·努里公司，第6章，第189页。——原注

弗雷德里克

了霍亨索伦-锡格马林根王室的卡尔·安托万亲王的儿子利奥波德亲王,其他候选人都明确拒绝或被证明不能胜任。利奥波德亲王的弟弟查理继承了罗马尼亚王位。起初利奥波德亲王确实犹豫不决。后来,在柏林举行了一次家族会议,利奥波德亲王的弟弟查理①也参加了会议。1870年3月15日,利奥波德亲王拒绝继承西班牙王位。随后,他又征求另外一个弟弟弗雷德里克的意见。结果,弗雷德里克也拒绝王位。卡尔·安托万亲王遗憾地给他有点冒险精神的儿子罗马尼亚国王卡罗尔一世写信说,"现在一切都完了"②。

---

① 即在位的罗马尼亚国王卡罗尔一世。——原注
② 1870年4月22日。《罗马尼亚国王卡罗尔一世传》,第2章,第80页;皮埃尔·德·拉·戈尔斯:《法兰西第二帝国史》:巴黎,普隆·努里公司,第6章,第205页。——原注

霍亨索伦-锡格马林根王室的私下商议引起了法兰西第二帝国政府的注意，法兰西第二帝国对此深感忧虑。1868年11月，巴黎一家报纸刊登了霍亨索伦王室候选人的消息①。在柏林，维桑·贝内代蒂伯爵也注意到西班牙王国的秘密政治事件。1869年春，他到普鲁士王国外交部去询问这一秘密政治事件。当时奥托·冯·俾斯麦不在普鲁士王国外交部，但普鲁士王国副外交大臣赫尔曼·冯·蒂尔向法兰西第二帝国驻普鲁士王国大使维桑·贝内代蒂保证，普鲁士王国政府绝对与西班牙霍亨索伦王室候选人一事无关。次月，维桑·贝内代蒂伯爵见到奥托·冯·俾斯麦时，奥托·冯·俾斯麦的回答并不那么明确。

赫尔曼·冯·蒂尔

---

① 《辩论报》，1868年11月13日。——原注

利奥波德亲王

既然利奥波德亲王已经拒绝继承西班牙王位，此事就该结束了，但奥托·冯·俾斯麦突然旧事重提。1870年6月月初，奥托·冯·俾斯麦致信胡安·普里姆将军，提议再次邀请利奥波德亲王担任西班牙国王[①]。得到西班牙议会的同意后，雷乌斯伯爵胡安·普里姆将军派遣一向支持霍亨索伦王室继承人的萨拉萨尔前往锡格马林根。这一次，利奥波德亲王接受了邀请。历史学家可以推测出来，正是因为普鲁士王国的支持，促使利奥波德亲王不再犹豫不决。

法兰西第二帝国的悲剧中最惨烈的一幕即将到来，我们将看到一个勇敢的

---

① 皮埃尔·德·拉·戈尔斯：《法兰西第二帝国史》，第6章，第209页。据说奥托·冯·俾斯麦有此举动，是因为1870年5月8日，法兰西第二帝国公民同意就利奥波德亲王担任西班牙国王的候选资格进行投票的决定。1870年5月21日，投票结果宣布。1870年7月10日，普鲁士国王威廉一世在给罗马尼亚国王卡罗尔一世的信说明他不但知道，而且赞成利奥波德亲王的候选资格，参见《罗马尼亚国王卡罗尔一世传》，第2章，第101页。——原注

民族固执地陷入早已预备好的圈套。1870年7月2日，胡安·普里姆将军向法兰西第二帝国驻西班牙王国大使梅西耶·德·洛斯滕德宣告利奥波德亲王已经接受继承霍亨索伦王室的王位。1870年7月3日，梅西耶·德·洛斯滕德将这一消息报告给法兰西第二帝国政府，德格拉蒙公爵阿热诺勃然大怒。与此同时，巴黎民众通过马德里法新社的报道得知了这一重大消息。对法兰西第二帝国的民众来说，他们群情激昂是情有可原的。但对法兰西第二帝国外交大臣德格拉蒙公爵阿热诺而言，对于利奥波德亲王继承西班牙国王，他没有任何借口推卸责任。在民众情绪影响下，面对立法机关的质疑，德格拉蒙公爵阿热诺做出了如下回答：

> 我们认为，不能因为我们尊重邻国人民的权利，就认为我们应该允许另一国家，通过让他们的亲王登上查理五世的宝座，来破坏欧洲当前的均势，并且危害法兰西第二帝国的利益和荣誉。我们绝不希望出现这样的情形。为防止这种结果，我们也寄希望于德意志人民的智慧和西班牙人民的友谊。否则，先生们，在你们及全国人民的有力支持下，我们将毫不迟疑，毫不屈服地去履行我们的责任。

这是对普鲁士王国的有意挑衅。法兰西第二帝国外交大臣德格拉蒙公爵阿热诺讲话刚结束，阿道夫·梯也尔到达波旁皇宫后大呼"这太疯狂了"。

德格拉蒙公爵阿热诺试图让利奥波德亲王撤销继承西班牙王位的决定，并且促使普鲁士王国政府同意，这样做是十分正确的。但要解决这件事，最合适的办法是要尽可能让自负且敏感的普鲁士国王威廉一世及德意志人民能够不失体面地做出退让。但在这次最微妙的谈判中，德格拉蒙公爵阿热诺表现得非常强硬，近乎威胁，即使习惯逆来顺受的君主也会被德格拉蒙公爵阿热诺的杰度激怒。最终，这导致谈话中断。普鲁士国王威廉一世告诉法兰西第二帝国自行其是。

当时是1870年7月，正是欧洲政治家们温泉疗养、游山玩水、欣赏音乐的时

巴特埃姆斯

候。普鲁士国王威廉一世正在巴特埃姆斯，维桑·贝内代蒂伯爵在维尔德巴特。1870年7月7日，正在疗养的维桑·贝内代蒂伯爵接到德格拉蒙公爵阿热诺的命令，前往巴特埃姆斯。途中，在科布伦茨，维桑·贝内代蒂伯爵得到法兰西第二帝国外交部的明确指示，这一指示对和平与战争问题描述得极其清楚，一切也都掌握在维桑·贝内代蒂伯爵的手中。德格拉蒙公爵阿热诺的指示中有这样一段话：

> 如果你能够让普鲁士国王威廉一世取消承认霍亨索伦王室候选人利奥波德亲王继承西班牙王位，那么这将是巨大的胜利，也是你对法兰西第二帝国的贡献。普鲁士国王威廉一世就能保证欧洲的和平。否则就只有战争。

还有哪位下级官员负有比维桑·贝内代蒂伯爵更大的责任？但维桑·贝内代蒂伯爵不得不服从命令。必须承认，在自己认可的范围内，维桑·贝内代蒂伯爵完全服从命令，尽到了所有的责任。但他有必要一字不差地转述德格拉蒙公爵阿热诺所说的那些强硬和威胁性的话吗？德格拉蒙公爵阿热诺固然说的是真心话，但维桑·贝内代蒂伯爵很清楚这样做会有什么后果。他本应该自行决定，无须不折不扣按照命令行事，这才是面对这种局面时，政治家应该表现出来的风范，而不是一味服从别人的指挥。如果维桑·贝内代蒂伯爵能够稍微改变一下德格拉蒙公爵阿热诺说话的语气，那么结果就会不同了。

1870年7月9日，维桑·贝内代蒂伯爵与普鲁士国王威廉一世举行第一次会晤。维桑·贝内代蒂伯爵和气、恭敬且极具耐心地谈到霍亨索伦家族的利奥波德亲王继承西班牙王位一事在巴黎引起公众情绪激动，并且建议普鲁士国王威廉一世，如果能够对此事表示否认，那么肯定会平息这一事件。普鲁士国王威廉一世似乎承认了这一点，但与此同时，他也指出德格拉蒙公爵阿热诺在法兰西第二帝国国民议会发表的"近乎挑衅的"讲话让他否认这件事变得有些困难。普鲁士国王威廉一世还说，听了德格拉蒙公爵阿热诺的讲话，他深受感动，并且他认为德格拉蒙公爵阿热诺的讲话并非不合理。实际上，此时，普鲁士国王威廉一世正在等候锡格马林根家族有关利奥波德亲王继承王位的消息。因此，他让维桑·贝内代蒂伯爵先回去，等得到相关消息后再与他会面。

回到布鲁塞尔酒店的房间，维桑·贝内代蒂伯爵将他与普鲁士国王威廉一世谈话的结果电传给了德格拉蒙公爵阿热诺。1870年7月10日，维桑·贝内代蒂伯爵收到德格拉蒙公爵阿热诺强制性的命令："尽你所能取得确定的答复。我们不能等到普鲁士王国抢先做好准备。"①1870年7月10日晚，德格拉蒙公爵阿热诺又致电维桑·贝内代蒂伯爵说："我们不能再等下去了……如果普鲁士国王威廉一世不愿劝霍亨索伦家族的利奥波德亲王放弃继承西班牙王位，那么就意味着战争即将到来，几小时内，法兰西第二帝国的军队将到达莱茵河。"

此时，维桑·贝内代蒂伯爵急于避免战争，他明白，如果对普鲁士王国的体面略表尊重，那么他就能避免战争。1870年7月11日，他又一次与普鲁士国王威廉一世会面，普鲁士国王威廉一世还是客气地劝他耐心等待，并告诉他第二天

---
① 即军事准备。——原注

肯定会得到锡格马林根的消息。事实上，1870年7月10日，普鲁士国王威廉一世就派人到锡格马林根劝告卡尔·安托万亲王撤回利奥波德亲王王位候选人资格①。德格拉蒙公爵阿热诺的强硬或许得到了不应有的结果。1870年7月12日，卡尔·安托万亲王致电西班牙王国政府，声明撤销其子利奥波德亲王继承西班牙王位的候选资格。与此同时，卡尔·安托万亲王致电西班牙王国驻法兰西第二帝国大使。西班牙王国驻法兰西第二帝国大使立刻通知了法兰西第二帝国首相。埃米尔·奥利维耶松了一口气，说："我们现在终于和平了，我们不能再让它溜走了。"但为什么战争终究还是发生了？正是那个致命的保证要求使一切努力都前功尽弃。

卡尔·安托万

---

① 《罗马尼亚国王卡罗尔一世传》，第2章，第101页。罗森：《德意志和意大利》，第1章，第15页。——原注

埃米尔·奥利维耶

所谓的保证要求，确切地说，就是要求普鲁士国王威廉一世做出正式保证，霍亨索伦-锡格马林根家族成员声明放弃并将不再提出继承西班牙王位的要求。这个想法不是拿破仑三世提出的，因为大家认为他和埃米尔·奥利维耶都相信战争的乌云已经过去。最初，这一保证要求出现在各大报纸上。随后，这一保证要求由克莱芒·迪韦努瓦在国民议会上提出。德格拉蒙公爵阿热诺采纳了要求保证的想法，并且于1870年7月12日，在圣克卢宫，他的这一想法得到拿破仑三世的同意①。1870年7月12日19时，德格拉蒙公爵阿热诺给维桑·贝内代蒂伯爵发出了新的指示：

---

① 皮埃尔·德·拉·戈尔斯认为，正是因为受了皇后欧仁妮·德·蒙蒂若的影响，拿破仑三世才同意提出保证要求。德格拉蒙公爵阿热诺为人宽厚，克制自己没有在回忆录中提到皇后欧仁妮·德·蒙蒂若。——原注

>为保证卡尔·安托万亲王放弃继承王位的声明完全生效,看来有必要让普鲁士国王威廉一世承认并向我们保证他不会授权重提霍亨索伦王室成员继承西班牙王位的要求。
>
>你最好立即去见普鲁士国王威廉一世并要求他做出声明,不能让他拒绝。

就在1870年7月13日这个决定命运的日子,维桑·贝内代蒂伯爵从布鲁塞尔酒店出来,碰巧遇到在兰河边花园中散步的普鲁士国王威廉一世。维桑·贝内代蒂伯爵立即提出要求保证的问题。他说明卡尔·安托万亲王已经声明放弃,并且要求普鲁士国王威廉一世保证今后禁止再提西班牙王位继承的要求。听到这番话后,普鲁士国王威廉一世显得十分不安和惊讶。因为他还没有听到卡尔·安托万亲王宣布其子放弃西班牙王位的消息,所以他希望暂不讨论此事。但由于维桑·贝内代蒂伯爵接到命令必须就西班牙王位继承一事获得一个明确的答复,他觉得必须坚持。因此,他迈出了可悲的一步,继续说:"国王能否向我们保证用您的权威防止将来再提西班牙王位继承一事?"维桑·贝内代蒂伯爵提出如此尖锐的要求,遭到普鲁士国王威廉一世的断然拒绝:"此事已经给我造成了太大的麻烦,我不会允许他们重提继承权一事,但不可能如你们所愿再做出进一步的保证。"维桑·贝内代蒂伯爵试图继续争辩,但普鲁士国王威廉一世坚定而不失礼貌地结束了谈话。1870年7月14日,普鲁士国王威廉一世派了一名助手,即拉齐维尔亲王通知维桑·贝内代蒂伯爵,普鲁士国王威廉一世已经确认了锡格马林根的消息。因此,普鲁士国王威廉一世认为此事已经结束。

如果法兰西第二帝国政府仍然坚持要求普鲁士国王威廉一世提供保证,那么普鲁士王国与法兰西第二帝国的战争必将发生。在圣克卢宫举行的大臣会议上,多数人投票同意支持与普鲁士王国的战争。奥托·冯·俾斯麦欣喜地看到法兰西第二帝国政府盲目陷入侵略者的角色,即使他没有在埃姆斯电报上做手脚来阻止通往和平的道路,战争也已经不可避免。

在此,必须说明以上情况与埃姆斯电报的关系。奥托·冯·俾斯麦及其他政治家一样，当时也在度假。1870年7月12日，他结束休假，乘坐马车经过乌索时，在自己家门口，老牧师穆勒特看见了他。奥托·冯·俾斯麦与穆勒特是老朋友。奥托·冯·俾斯麦本性善良仁慈，虽然身居要职，但和穆勒特一直保持着友谊。在回答穆勒特的问候及暗示的问题时，奥托·冯·俾斯麦因为匆忙赶路，没有下车，只做了个动作——在空中，他猛地一击，意思是战争。

但回到柏林时，奥托·冯·俾斯麦感到非常失望。普鲁士王国外交部得到的消息称，普鲁士国王威廉一世仍在与维桑·贝内代蒂伯爵进行谈判。在与赫尔穆特·冯·毛奇及阿尔布雷希特·冯·罗恩共进晚餐时，奥托·冯·俾斯麦得知霍亨索伦的利奥波德亲王已经声明放弃候选资格。对此，他感到极其震惊和沮丧，认为因为法兰西第二帝国的威胁而退却有损德意志的威望，自己只能辞职。1870年7月13日，在与老赫尔穆特·冯·毛奇及阿尔布雷希特·冯·罗恩共进晚餐时，奥托·冯·俾斯麦宣布了辞职的决定。老赫尔穆特·冯·毛奇与阿尔布雷希

阿尔布雷希特·冯·罗恩

特·冯·罗恩十分沮丧,他们责备奥托·冯·俾斯麦,并且说奥托·冯·俾斯麦不能就这样辞职。此时,人在埃姆斯的海因里希·阿贝肯发来密电,对谈判的主要内容概括如下:

> 国王威廉一世给我写信说:"在散步时,维桑·贝内代蒂伯爵纠缠不休,向我提出要求,让我允许他立刻发电报声明将来绝不同意霍亨索伦再提西班牙王位候选人问题。我最后严词拒绝了,因为这种行为既不正确也不可能。我告诉他还没有得到任何消息,既然他比我更早得知巴黎和马德里的情况,应该清楚我的政府与此事毫无关系。"国王威廉一世已经收到卡尔·安托万亲王的来信,但国王威廉一世告诉维桑·贝内代蒂伯爵,他正在等卡尔·安托万亲王的消息。对于上述要求,根据弗里德里希·奥伊伦贝格伯爵和我本人的劝告,国王威廉一世已经决定不再接待维桑·贝内代蒂伯爵,并且只派助手通知他,国王威廉一世已经收到卡尔·安托万亲王的来信,确认维桑·贝内代蒂伯爵从巴黎得到的消息,除此之外,没有别的话要向法兰西第二帝国驻普鲁士王国大使维桑·贝内代蒂说。国王威廉一世请你自己决定,是否应该立即传达给各位驻外大使及各份报纸维桑·贝内代蒂伯爵提出的新要求及其被拒绝的消息。

在饭桌旁,当密电被破译并被宣读时,老赫尔穆特·冯·毛奇及阿尔布雷希特·冯·罗恩以为西班牙王位候选人事件结束了,"他们都没有心思吃喝了"[1]。但奥托·冯·俾斯麦认为,普鲁士国王威廉一世既然授权让他发布这一消息,就或许还有办法。因此,把电报删改后,奥托·冯·俾斯麦发给了各报纸。删改后的电文没有多大差别。原电文[2]已经很简短,足以冒犯敏感的法兰西人,但奥托·冯·俾斯麦删改后的电文更糟糕。"从原电文看,谈判还在进行,而删改后的电文表明谈判似乎已经破裂"[3]。即使电文没有删改,发表出来也已经显得十

---

[1] 奥托·冯·俾斯麦:《反思与回忆》,第22章。——原注
[2] 普鲁士国王威廉一世与其大臣间的私人通信。——原注
[3] 奥托·冯·俾斯麦:《反思与回忆》。——原注

莱昂·甘必大

分草率,删改后发表的电文使战争的爆发几乎成为必然。对采取这一行动,奥托·冯·俾斯麦解释说:"在我看来,考虑到法兰西第二帝国的态度,为我们国家的民族荣誉感,普鲁士王国必须一战。"①

普鲁士国王威廉一世本人并不愿如此草率,对维桑·贝内代蒂伯爵也没有敌意。1870年7月14日,维桑·贝内代蒂伯爵离开埃姆斯时,普鲁士国王威廉一世还亲自接见了他,并且与他握手道别。维桑·贝内代蒂伯爵本人也没有感觉自己的政府受到了侮辱。正如1870年7月15日,天性并不爱好和平的莱昂·甘必大在国民议会的辩论中所说:"法兰西第二帝国驻普鲁士王国大使维桑·贝内代蒂伯爵并没

---

① 奥托·冯·俾斯麦,《反思与回忆》。这封经删减的电报刊登在《北德意志公报》上,内容如下:
"在霍亨索伦世袭亲王卡尔·安托万亲王宣布放弃继承西班牙王位的消息由西班牙王国政府正式通知法兰西第二帝国政府后,法兰西第二帝国驻普鲁士王国大使维桑·贝内代蒂伯爵进一步要求普鲁士国王威廉一世授权他电告巴黎,普鲁士国王威廉一世绝不同意霍亨索伦家族再次提出成为西班牙王位候选人。因此,普鲁士国王威廉一世决定不再接见维桑·贝内代蒂伯爵,并且派值日的助理告诉维桑·贝内代蒂伯爵,普鲁士国王威廉一世不会再与他谈判。"老赫尔穆特·冯·毛奇认为奥托·冯·俾斯麦删改的电文非常合适,并且说:"现在语气不同了,原来听起来像是谈判,现在就像对挑战的强硬答复。"——原注

有表示任何抗议,也没有任何不满的报告。"他认为,当时的形势还不至于要撤回法兰西第二帝国驻普鲁士王国大使。奥托·冯·俾斯麦知道,收到普鲁士国王威廉一世的电报时,和平与战争问题还没有确定,这就是为什么他要删改电文的原因。即便如此,如果法兰西第二帝国政府能够保持冷静,等待进一步的解释,奥托·冯·俾斯麦的阴谋是很容易被揭穿的,但德格拉蒙公爵阿热诺特迫不及待,怒不可遏。1870年7月17日,英国驻法兰西第二帝国大使里昂子爵理查德·里昂请求在采取敌对行动前,法兰西第二帝国和普鲁士王国求助第三国进行调解[1],但德格拉蒙公爵阿热诺婉言谢绝。1870年7月18日,法兰西第二帝国立法院投票通过了战争经费。1870年7月19日,奥托·冯·俾斯麦收到法兰西第二帝国政府宣战的通告。

理查德·里昂

---

[1] 根据1856年巴黎和会第二十三号议定书。这一议定书与国际联盟的盟约类似,但没有强制性。——原注

威廉·尤尔特·格拉德斯通

　　普鲁士王国与法兰西第二帝国的战争从开始到结束，奥托·冯·俾斯麦的首要任务是防止别国对这场战争的干预，即使没有干预，他也不愿与欧洲舆论作对。因为英国是欧洲舆论的主要代表，所以奥托·冯·俾斯麦所做的第一件损害法兰西第二帝国信誉的事就是给《泰晤士报》送了一份有关法兰西第二帝国兼并比利时王国的条约草案。这一草案是1866年维桑·贝内代蒂伯爵留在奥托·冯·俾斯麦手里的，并且1870年7月25日发表在《泰晤士报》上[①]。毫无疑问，威廉·尤尔特·格拉德斯通领导的政府有许多优点，但他将其注意力几乎全部集中在英国国内事务上是错误的，甚至，威廉·尤尔特·格拉德斯通也准备与任

[①] 普鲁士王国与法兰西战争结束后，发表的一份文件损害法兰西第二帝国的信誉。1870年秋，在成功进军法兰西的过程中，在欧仁·鲁埃的私人城堡，德意志帝国军队发现了一些文件，其中包括法兰西第二帝国1866年试图兼并卢森堡大公国时的谈判记录。1871年10月20日，奥托·冯·俾斯麦将这些记录发表在《帝国新闻》上。——原注

何侵略比利时王国的国家作战。因此,1870年8月9日、1870年8月11日,英国政府先后与普鲁士王国政府、法兰西第二帝国政府签订条约,宣称英国将以海陆军全力攻击任何违犯比利时王国中立的国家。奥托·冯·俾斯麦抱怨说,在梅斯投降后,法兰西第二帝国在比利时王国的驻军从卢森堡大公国中立领地逃走,没有被囚禁。英国政府力劝奥托·冯·俾斯麦不要在卢森堡大公国自由行动,但奥托·冯·俾斯麦向英国外交大臣格兰维尔伯爵格兰维尔·利文森-高尔保证,普鲁士国王威廉一世无意废除1867年的《伦敦条约》,[①]瑞士联邦的中立没有出现任何问题。根据瑞士联邦与法兰西第二帝国军队司令间签订的条约,1871年2月,夏尔·德尼·布尔巴基的军队遭到囚禁[②]。普鲁士王国与法兰西的战争结束时,法兰西第二帝国已经不复存在。拿破仑三世的军队在色当战败。1870年9月

梅斯投降

---

① 《英国外交部档案·卢森堡大公国》,1871年。——原注
② 1871年2月1日,埃尔佐格将军代表瑞士联邦,朱斯坦·克兰尚将军代表法兰西第三共和国军队签订《韦里耶尔条约》。当时,夏尔·德尼·布尔巴基因自杀未遂而致残。——原注

拿破仑三世被俘

4日,法兰西第二帝国国内和平革命成功,拿破仑三世被俘。虽然在各省,法兰西第三共和国临时国防政府继续英勇抵抗,并且对巴黎严防死守,但1871年1月,法兰西的末日还是降临了。

第4节 《法兰克福条约》

法兰西第二帝国灭亡后,对普鲁士王国军队的成功及其明确目标的实现,外交活动无能为力,但外交活动仍然起到了一定的作用。1871年1月28日,朱尔·法夫尔签订停战协议时,法兰西第三共和国并没有彻底失败。即使巴黎注定失守,战场上也仍有路易·莱昂·费代尔布、阿尔弗雷德·尚齐及夏尔·德尼·布尔巴基三位能将率领的法兰西第三共和国军队。普鲁士王国虽然胜利了,但不希望战争无限期拖延。此外,奥托·冯·俾斯麦极力想避免欧洲,特别是英国的调解。此时,对威廉·尤尔特·格拉德斯通的无动于衷,英国民众已经开始反感。但

茹费理

法兰西第三共和国临时国防政府不得不在十分不利的情况下进行谈判。除了莱昂·甘必大和茹费理,法兰西第三共和国临时国防政府的成员都是些英勇无畏的老将①,这些人曾都是法兰西第二帝国的反对派。现在,当法兰西第二帝国遭遇失败覆灭时,他们并没有感到绝望。由于他们素来不支持法兰西第二帝国,在政治事务上,他们大都没有实际经验。他们中确实有一位经验丰富的职业外交家亚历山大·肖多迪伯爵,但他不是内阁成员,而是在图尔,莱昂·甘必大领导的代表团任参赞,亚历山大·肖多迪伯爵在各省继续指挥作战。在整个围困期,法兰西第三共和国临时国防政府选择留在巴黎。这一政策虽体现出决策者的勇敢但不明智,因为对法兰西第三共和国国内其他地方的形势,法兰西第三共和国临

---

① 此时,艾蒂安·维桑·阿拉格六十八岁,艾萨克-雅各·阿道夫·克雷米厄七十四岁,格莱兹·比宗七十岁,马丁·富里雄元帅六十一岁,朱尔·法夫尔六十一岁,阿道夫·梯也尔七十三岁。与此同时,莱昂·甘必大只有三十二岁,茹费理三十八岁。——原注

时国防政府成员不知情。此外，在巴黎，法兰西第三共和国临时国防政府的成员更容易受到被围困军队的痛苦及厌战情绪的影响。如果此时，法兰西第三共和国临时国防政府不在巴黎，而是在安全的波尔多，那么他们就能对全国局势做出更加公正的判断。

法兰西第二帝国灭亡后，法兰西第三共和国临时国防政府负责外交事务的朱尔·法夫尔请求阿道夫·梯也尔设法从英国获得援助，阿道夫·梯也尔提出的条件是这一使命必须得到欧洲各国的承认。1870年9月12日，阿道夫·梯也尔从巴黎出发，在英国待了五天。1870年9月23日，他到达维也纳。1870年9月26日，他又抵达圣彼得堡。1870年10月11日，他又回到维也纳。随后，他继续前往当时还是意大利王国首都的佛罗伦萨。在所到之处，这位老政治家都受到尊敬和关注，但他并没有获得任何援助。事实上，沙皇亚历山大二世甚至表示他是有意牵

沙皇亚历山大二世

制奥地利帝国,因为他没有隐瞒这样一个事实,即如果奥匈帝国哈布斯堡王朝的政权对普鲁士王国采取行动,那么奥匈帝国将会受到俄罗斯帝国的攻击。英国政府认为,法兰西第三共和国临时国防政府无限期推迟举行其代表大会是一种失策。

此时,整个形势开始朝和平方向稳步发展。1870年9月1日,法兰西第二帝国的军队在色当惨遭失败。1870年9月4日,法兰西第二帝国灭亡。1870年10月27日,弗朗索瓦·阿希尔·巴赞率军在梅斯投降。法兰西第三共和国临时国防政府在巴黎的军队进行了几次猛烈突击,但遭到普鲁士王国军队的轰炸,均以失

弗朗索瓦·阿希尔·巴赞

夏尔·德尼·布尔巴基

败告终。1871年1月22日,在安全保护下,朱尔·法夫尔前往凡尔赛普鲁士王国军队总部进行停战谈判。虽然签订了停战协议,但朱尔·法夫尔犯了两大错误。首先,他未将停战条约的范围限制在巴黎,否则,奥托·冯·俾斯麦也就不可能拒绝以首都巴黎投降为条件的停战协议。第二,对法兰西第三共和国各省情况一无所知的朱尔·法夫尔签订的停战协议几乎包括所有法兰西第三共和国的军队,但法兰西第三共和国东部夏尔·德尼·布尔巴基的军队不在停战协议内。此时,普鲁士王国军队正想结束与夏尔·德尼·布尔巴基军队的战斗。朱尔·法夫尔以为可以占点儿便宜,他相信夏尔·德尼·布尔巴基的军队将迅速解除对贝尔福的围困,但朱尔·法夫尔错了,贝尔福沦陷,夏尔·德尼·布尔巴基的军队被驱逐到瑞士联邦的边境。

1871年1月28日,普鲁士王国与法兰西第三共和国签订停战协议。普鲁士王国的军队虽然没有占领巴黎,但占领了巴黎周围的要塞,一万两千名维持秩序的巴黎守军都成了俘虏。1871年2月12日,即停战协议到期以前,在波尔多,由包括阿尔萨斯及洛林在内的全体法兰西第三共和国自由选举产生的法兰西第三共和国国民议会将就战争与和平问题进行表决①。

与此同时,伦敦正在召开欧洲会议。法兰西第三共和国政府只要稍做留意,就可以在伦敦会议上提出自己的问题,并且得到令人满意的调解②。伦敦会议是因为俄罗斯帝国违背1856年的《巴黎条约》而召开的。1870年10月29日,即法兰西第三共和国在梅斯投降两天后,亚历山大·米哈伊洛维奇·戈尔恰科夫亲王发出通告,取消1856年《巴黎条约》中有关黑海中立的条款。《巴黎条约》的真正起草者法兰西与英国有理由感到愤慨,但显然此时,法兰西第三共和国无能为力。英国虽是强国,但内阁首相威廉·尤尔特·格拉德斯通仍然只关心英国内政,不愿发生战争,只有副外交大臣阿瑟·约翰·奥特韦爵士辞职,以抗议英国政府的行为。但对英国可能采取的行动,奥托·冯·俾斯麦有点担心,建议召开欧洲会议,并且提议将会议地点设在伦敦。奥托·冯·俾斯麦的建议被采纳。除欧洲各大国,本次欧洲会议还邀请法兰西第三共和国临时国防政府的代表出席会议。结果,一心专注保卫巴黎的朱尔·法夫尔竟然忘记派代表参加本次欧洲会议,在图尔的亚历山大·肖多迪伯爵本可以参加这次欧洲会议。因此,法兰西第三共和国失去了将自己的问题提交给欧洲的机会,失去了一次像在维也纳大会上,夏尔·莫里斯·德·塔列朗获得影响力的机会,也失去了关键时刻在欧洲会议中获得影响力的机会。1871年1月17日到1871年3月13日是本次欧洲会议的会期。其间,本次欧洲会议有几次休会,以等待法兰西第三共和国的会议代表前来参会。最终,这次欧洲会议签订了新的条约,轻易准许了俄罗斯帝国破坏黑海中立的行为,但1856年签订的《巴黎条约》其余部分仍然有效。此外,另一份由本次

---

① 普鲁士王国与法兰西第三共和国的停战协议有两次短时间的延期。——原注
② 以半官方的方式,英国外交大臣格兰维尔伯爵格兰维尔·利文森-高尔亲自向阿道夫·梯也尔暗示,伦敦会议可以为法兰西第三共和国提供一个弥补军事失利的外交机会。但阿道夫·梯也尔认为外国的调解只会使奥托·冯·俾斯麦的态度更加强硬,而直接单独与普鲁士王国交涉,法兰西第三共和国可以得到更好的条件。——原注

阿瑟·约翰·奥特韦爵士的漫画形象

欧洲会议全体会议代表签字的声明暗示性地谴责了俄罗斯帝国政府,并且规定相关条约的修改必须征得所有签字各国的同意①。1871年3月13日,直到会议结束,法兰西第三共和国驻英国大使布罗伊公爵阿尔伯特才到会,并且签署了本次会议的条约。

此时,法兰西第三共和国的问题也在逐步解决。1870年11月,在胜利后,南德意志各邦国与一起作战的德意志北方邦联签订了同盟条约。1871年1月18

---

① 1871年1月17日会议开幕时,这一声明达成。——原注

威廉一世宣布成为德意志帝国皇帝

日,在凡尔赛宫的镜廊,普鲁士国王威廉一世正式宣布成为新统一的德意志帝国皇帝。

　　新德意志帝国第一次,也是最辉煌的外交行动是与法兰西第三共和国签订和平条约草案。1871年2月12日,新选举成立的法兰西第三共和国国民议会在波尔多举行会议。莱昂·甘必大虽然在战争中表现突出,但作为和平的伟大倡导者,阿道夫·梯也尔当选为法兰西第三共和国行政首领。1871年2月19日,阿道夫·梯也尔发表著名言论,声称不论将来法兰西第三共和国的宪法采取何种形式,其政策是立即解放和重组法兰西第三共和国。这一政策得到国民议会批准,成为所谓的《波尔多公约》。带着这些文件,阿道夫·梯也尔到达凡尔赛宫。1871年2月26日,经过五天的讨论,奥托·冯·俾斯麦与阿道夫·梯也尔、朱尔·法夫尔签订了《凡尔赛草约》[①]。奥托·冯·俾斯麦提出的条件几乎没有商量的余地,

---

[①]　朱尔·法夫尔自食其言。法兰西第二帝国覆灭后的紧急时期,正是他公开宣称法兰西第三共和国决不会割让一寸土地,放弃要塞上的一块石头。——原注

但阿道夫·梯也尔设法使奥托·冯·俾斯麦将赔款要求从六十亿法郎减到五十亿法郎。根据这份草约,作为与摩泽尔省的圣普里瓦、维翁维尔及玛丽-奥-切内斯战区的交换条件,贝尔福将留给法兰西第三共和国。与此同时,作为贝尔福交换条件的一部分,阿道夫·梯也尔同意德意志帝国军队有权进入巴黎[①]。法兰西第三共和国割让的领土包括阿尔萨斯及洛林的大部分领地。除一两处地区归德意志帝国,使其拥有控制山脉两边通道的权利外,其余地区以孚日山脉的分水岭作为法兰西第三共和国与德意志帝国的分界线。《凡尔赛草约》第三条规定,从法兰西第三共和国国民议会批准《凡尔赛草约》的当天起,德意志帝国开始从法兰西第三共和国的领土撤军。德意志帝国的撤军过程视法兰西第三共和国每一笔战争赔款是否按期支付分阶段进行。除四万人驻守巴黎,在撤军过程中,法兰西第三共和国的军队必须撤退到卢瓦尔河以外。

普鲁士王国与法兰西第三共和国的战争导致的一系列问题仍然没有解决。这一系列问题推迟到1871年3月28日在布鲁塞尔召开的法兰西第三共和国与德意志帝国的会议上讨论。此时,巴黎爆发了共产主义革命。法兰西第三共和国政府不得不离开巴黎,退守到凡尔赛宫,继续反对共产主义革命。对此,法兰西第三共和国认为有必要放宽《凡尔赛草约》第三条的规定,这一条约禁止法兰西第三共和国的军队越过卢瓦尔河以北地区。但每一次条约的放宽都需要法兰西第三共和国向奥托·冯·俾斯麦做出新的让步。此时,奥托·冯·俾斯麦要求全额支付所有赔款。最终,阿道夫·梯也尔决心不惜一切代价签订正式和平条约,这样法兰西第三共和国政府才能自由行事。因此,布鲁塞尔大会取消。1871年5月4日,法兰西第三共和国外交部部长朱尔·法夫尔及财政部部长奥古斯丁·托马斯·普耶-克蒂埃前往法兰克福。1871年5月10日,他们代表法兰西第三共和国与奥托·冯·俾斯麦签订了最后条约。谈判的焦点是贝尔福要塞的领土划分问题。最终,在贝尔福要塞,法兰西第三共和国得到了令人满意的结果。但作为交换条件,法兰西第三共和国必须割让洛林及卢森堡边境线上的一块领地。这块领土蕴藏宝贵的矿藏。幸运的是,那里的部分矿藏仍然留在法兰西第三共和国的

---

① 《凡尔赛草约》中没有说明这一点。——原注

布里埃河流域。经过优化处理,这些矿藏能够向法兰西第三共和国提供大部分所需的钢铁资源。由于阿尔萨斯及洛林,法兰西第三共和国的谈判代表没能说服德意志帝国承担部分公债,尽管在国际法上,这一原则已经成为惯例。的确,《法兰克福条约》对《凡尔赛草约》没有任何改进,因为法兰西第三共和国的国内形势已经恶化,但法兰西第三共和国获得了自由。不久,帕特里斯·德·麦克马洪元帅就收复了巴黎,镇压了共产主义革命。虽然付出了巨大牺牲,但在国内外的和平环境中,法兰西第三共和国重新开始,并且恢复其原有的强大实力[1]。

---

[1] 有关法兰西第三共和国的政治史的生动描述参见菲利普·圭达拉:《第二帝国》,伦敦,1922年。奥托·冯·俾斯麦的生平和政策参见格兰特·罗伯逊:《俾斯麦传》,1918年。——原注

第 24 章

柏林会议

第1节 三皇同盟

在普鲁士王国与法兰西战争结束后的四十五年里，德意志帝国是欧洲政治的主要力量①，但其地位极不稳定。"铁血宰相"奥托·冯·俾斯麦建立的德意志帝国要得到巩固，就要避免受到两个威胁。其中一个威胁是恢复实力的法兰西第三共和国，尤其是如果法兰西第三共和国与俄罗斯帝国一旦达成同盟条约，那么德意志帝国可能会失去新得到的两个省。另一个威胁是德意志帝国存在的地方主义，即德意志帝国境内各个邦国希望保护自己的存在及保持自己的独立。在巴伐利亚王国，这种情绪尤其强烈。巴伐利亚王国主张拥护教皇的宗教政策，反对普鲁士王国的世俗政策。正是为阻止和粉碎这种地方主义，才会有奥托·冯·俾斯麦与教皇间所谓的"文化斗争"②，但这不是外交问题。我们这里要讨论的是奥托·冯·俾斯麦阻止法兰西第三共和国复兴的政策。

奥托·冯·俾斯麦必须做的第一件事就是确保与奥匈帝国达成某种协议，

---

① "1875年重新提出'东方问题'时，俄罗斯帝国、奥匈帝国及德意志帝国中，前两国是奥斯曼土耳其帝国的近邻，第三国是欧洲有实力的国家，从一开始就认为有权主宰欧洲政策。"乔治·厄尔·巴克尔：《本杰明·迪斯雷利传》，第6章，第17页。——原注
② 1873年到1887年，罗马天主教会与德意志帝国政府间围绕教育及教职任命权进行的文化斗争。

弗里德里希·斐迪南·冯·博伊斯特伯爵的下台为奥托·冯·俾斯麦达到这一目的给予了极大帮助。弗里德里希·斐迪南·冯·博伊斯特伯爵是奥匈帝国唯一的政治家，虽然在阻止与德意志帝国达成协议方面，他的力量还不够强大，但他是奥匈帝国政府唯一强硬反对奥托·冯·俾斯麦的人。弗里德里希·斐迪南·冯·博伊斯特伯爵的下台或许是因为奥地利皇帝弗朗茨·约瑟夫一世放弃了与德意志帝国进行斗争的一切希望。为从与普鲁士王国的战争失利中得到安慰，奥地利皇帝弗朗茨·约瑟夫一世完全接受了久洛·安德拉希伯爵把奥匈帝国的注意力全面引向巴尔干半岛的政策。因此，弗里德里希·斐迪南·冯·博伊斯特伯爵成为奥匈帝国驻英国大使，得以体面地下台。1871年11月，久洛·安德拉希伯爵担任奥匈帝国外交大臣。

久洛·安德拉希

普鲁士国王威廉一世接见久洛·安德拉希

　　弗里德里希·斐迪南·冯·博伊斯特伯爵下台前，奥匈帝国与德意志帝国间的关系开始变得友好。1871年8月，在巴德伊舍，普鲁士国王威廉一世拜访了奥地利皇帝弗朗茨·约瑟夫一世。在加斯坦，弗里德里希·斐迪南·冯·博伊斯特伯爵与奥托·冯·俾斯麦也有过友好的交谈。1872年9月，在久洛·安德拉希伯爵的陪同下，奥地利皇帝弗朗茨·约瑟夫一世访问柏林。由于担心被孤立，沙皇亚历山大二世也急忙与年迈的亚历山大·米哈伊洛维奇·戈尔恰科夫亲王前往柏林。由此，"三皇同盟"成立。严格地说，这不是同盟，而是现在所谓的协约国。首先，三国首相交换了文书，并且一致同意维持以往通过外交协商达成的对欧洲各国领土的划分。其次，三国同意协调解决欧洲东南部未来可能出现的纷争。第三，三国共同遏制革命力量[①]。事实上，"三皇同盟"是"神圣同盟"的翻版。

---

① 这一时期，沙皇亚历山大二世对虚无主义有所惧怕。——原注

与此同时，法兰西第三共和国以出乎意料的速度迅速复兴，这使奥托·冯·俾斯麦深感不安。1872年，由法兰西第三共和国政府发放的公债认购额增长了十四倍，因此，法兰西第三共和国付清了对德意志帝国的所有赔款。1873年7月，德意志帝国的军队全部撤离法兰西第三共和国。1875年，很少轻举妄动的奥托·冯·俾斯麦突然失去镇静，开始盲目驱使法兰西第三共和国进入战争。一位疯狂的比利时人给巴黎大主教写了一封信，主动提出愿意谋杀奥托·冯·俾斯麦。巴黎大主教将这封信转交给奥托·冯·俾斯麦，奥托·冯·俾斯麦企图抓住这次机会制造一场外交事件。他假装发现了一个阴谋，但这个阴谋不是针对自己，而是法兰西第三共和国企图破坏比利时王国的中立。随后，德意志帝国各报纸开始猛烈攻击法兰西第三共和国。一时间，德意志帝国与法兰西

1875年的奥托·冯·俾斯麦

第三共和国关系紧张，战争迫在眉睫。1875年4月，被奥托·冯·俾斯麦寄予厚望的俄罗斯帝国政府及外交事务不再受威廉·尤尔特·格拉德斯通指挥的英国政府都派特使前往柏林，俄罗斯帝国与英国的特使都明确表示他们不可能向德意志帝国政府提供任何支持。"铁血宰相"奥托·冯·俾斯麦立刻改口说，利用战争解决国与国间的分歧是荒唐的。后来见到法兰西第三共和国驻德意志帝国大使时，奥托·冯·俾斯麦十分自然地说："有人一直企图陷害我们。"对英国，奥托·冯·俾斯麦没有恶意，并且如果亚历山大·米哈伊洛维奇·戈尔恰科夫亲王1875年5月没有发表多余的通告，称维护欧洲和平是沙皇亚历山大二世的责任，那么奥托·冯·俾斯麦或许也不会对俄罗斯帝国产生恶意。克里米亚战争后，为俄罗斯帝国的和平复兴立下汗马功劳的亚历山大·米哈伊洛维奇·戈尔恰科夫亲王写道："俄罗斯帝国并不是在生气，而是在积蓄力量。"[1]亚历山大·米哈伊洛维奇·戈尔恰科夫亲王认为，1875年5月不合时宜的通告是德意志帝国与法兰西第三共和国的"了结"，也标志着俄罗斯帝国"韬光养晦"时期的终结及其积极外交政策的开始。对此，奥托·冯·俾斯麦虽然什么也没说，但从没有忘记这次耻辱。

第2节　黑塞哥维那起义及其影响

斯特拉特福德·德·雷德克里夫子爵斯特拉特福德·坎宁绝不会不加鉴别地支持奥斯曼土耳其帝国。四十多年前，他曾说过："如果有人认为可以用人力拯救奥斯曼土耳其帝国，那么此人肯定是一个大胆的人。"[2]这位老外交家仍然忧心忡忡地看着摇摇欲坠的奥斯曼土耳其帝国处在风雨飘摇中。克里米亚战争后，奥斯曼土耳其帝国没有发生任何严重的危机，虽然博斯普鲁斯海峡的问题再次出现，但这一问题1871年得到和平解决。

或许受到德意志帝国及意大利王国民族运动成功的鼓舞，一些问题又开始

---

[1]　"Russia is not sulking, she is recuperating"汉语意为"俄罗斯帝国并不是在生气，而是在积蓄力量"。——原注
[2]　《英国外交部档案·奥斯曼土耳其》，1832年12月19日，第211条。——原注

发酵，并且日趋严重。半个世纪以来，巴尔干半岛各民族的自我意识日益增强。自1816年以来，塞尔维亚人实际上已经获得自由。根据相关条约规定，1867年，奥斯曼土耳其帝国的军队已经撤出贝尔格莱德及其他保留至今的要塞。对塞尔维亚，奥斯曼土耳其帝国只保留着名义上的统治。保加利亚的民族自由有待它自己去实现，但1870年，奥斯曼土耳其帝国做出让步，使其拥有"大主教"，随后，保加利亚可以拥有自主教会。在俄罗斯帝国政府的鼓励及从1864年到1877年担任俄罗斯帝国驻奥斯曼土耳其帝国大使尼古拉·帕洛维奇·伊格纳季耶夫伯爵的大力推动下，奥斯曼土耳其帝国境内的泛斯拉夫主义情绪高涨。

1875年7月，黑塞哥维那起义爆发。不久，奥斯曼土耳其帝国政府宣布当地的奥斯曼土耳其帝国的统治倒台，预示着在欧洲，奥斯曼土耳其帝国可能迅速

尼古拉·帕洛维奇·伊格纳季耶夫

本杰明·迪斯雷利

解体。根据1856年的《巴黎条约》，英国、奥匈帝国及德意志帝国一致承诺保证奥斯曼土耳其帝国的领土及主权完整，并且本杰明·迪斯雷利决心要在一定范围内维护这种完整性①。正如乔治·厄尔·巴克尔所说，尽管本杰明·迪斯雷利对奥斯曼土耳其帝国境内被压迫的各民族有所同情，但比起民族主义，他更支持种族主义②。他赞成不同种族团结起来，将各自优势和特点融合在一起，建立一个伟大的帝国，"他不相信运动，因为运动除了造成混乱，破坏现有帝国，别无好处"③。

---

① 法兰西第三共和国历史学家安托南·德比杜尔否认了这一点，依据是本杰明·迪斯雷利接管了塞浦路斯。但塞浦路斯是一个岛屿，本杰明·迪斯雷利旨在维护奥斯曼土耳其帝国的领土完整，以对抗奥匈帝国和俄罗斯帝国。——原注
② 乔治·厄尔·巴克尔：《本杰明·迪斯雷利传》，第6章，第10页。——原注
③ 乔治·厄尔·巴克尔：《本杰明·迪斯雷利传》，第6章，第10页。——原注

1875年夏，面对再次出现的东方危机，在久洛·安德拉希伯爵的领导下[①]，奥匈帝国政府与已经缓和关系的德意志帝国联合起来，立刻采取行动。对奥匈帝国与德意志帝国俨然以欧洲代表自居，不把英国放在眼里的行为，本杰明·迪斯雷利表示不满。1860年到1874年，英国长期缺席欧洲重大问题的协调解决，使欧洲对英国普遍持有这种轻视的态度[②]。至少从1876年到1878年，本杰明·迪斯雷利所采取的政策及行动都是为让英国摆脱欧洲大陆国家对英国的这种态度。正如索尔兹伯里侯爵罗伯特·加斯科因-塞西尔所说，"拥护大英帝国的伟

索尔兹伯里侯爵罗伯特·加斯科因－塞西尔

[①] 当时，弗里德里希·斐迪南·冯·博伊斯特伯爵不再担任奥匈帝国外交大臣，而担任奥匈帝国驻英国大使。——原注

[②] 因此，威廉·尤尔特·格拉德斯通应当受到谴责。但在1864年和1866年，帕默斯顿子爵亨利·约翰·坦普尔及罗素伯爵约翰·罗素也必须承担一定的责任。——原注

大是本杰明·迪斯雷利一生的追求"。本杰明·迪斯雷利一直工作到年迈,虽然不是单枪匹马①,但由于德比伯爵爱德华·史密斯-斯坦利反对干预欧洲大陆事务,本杰明·迪斯雷利没有得到英国外交大臣的有力支持。

危机使外交官们四处逃散。

"这很奇怪,在如此紧要的关头,竟然没有一位国外驻英国大使在伦敦。从多瑙河事件发生到结束,竟然也没有一位英国驻外大使在岗。安德鲁·布坎南爵士只在维也纳待了两天,只有上帝知道其他人在什么地方避暑,可能在莱特河。"②

随着1875年秋季的到来,各国驻英国的外交官都回到了伦敦,但本杰明·迪斯雷利并没有发现工作变得容易。1875年11月3日,他在一篇文章中写道:"弗里德里希·斐迪南·冯·博伊斯特伯爵在妄想……至于可爱的彼得·安德烈耶维奇·舒瓦洛夫,我完全相信,他不但不是一个老谋深算的外交家,甚至都不知道他的基本工作是什么,而且在做出断言的时候,他还显得满脸真诚。"③在随后艰难的两年中,俄罗斯帝国驻英国大使彼得·安德烈耶维奇·舒瓦洛夫与本杰明·迪斯雷利关系友好,并且随着危机的加剧,两人关系愈加密切。彼得·安德烈耶维奇·舒瓦洛夫与本杰明·迪斯雷利有时是正式会面,有时是非正式会面。譬如,在致德比伯爵爱德华·史密斯-斯坦利的信中,本杰明·迪斯雷利有这样的记述:"昨晚的宴会上我遇见了彼得·安德烈耶维奇·舒瓦洛夫。在参加弗里德里希·斐迪南·冯·博伊斯特伯爵的舞会前,彼得·安德烈耶维奇·舒瓦洛夫把我带到角落里。他喝多了,但没有全醉,脑子还算清楚。他最后说……英国与俄罗斯帝国间必须完全达成谅解。"④但本杰明·迪斯雷利还是抱怨英国外交

---

① 在积极介入欧洲大陆事务上,索尔兹伯里侯爵罗伯特·加斯科因-塞西尔给予本杰明·迪斯雷利极大帮助。——原注
② 本杰明·迪斯雷利致布拉德福德女士的信,1875年8月20日。参见乔治·厄尔·巴克尔:《本杰明·迪斯雷利传》,第6章,第12页。——原注
③ 本杰明·迪斯雷利致布拉德福德女士的信,1876年11月3日,乔治·厄尔·巴克尔:《本杰明·迪斯雷利传》,第6章,第15页。——原注
④ 本杰明·迪斯雷利致德比伯爵爱德华·史密斯-斯坦利的信。1876年6月24日,乔治·厄尔·巴克尔:《本杰明·迪斯雷利传》,第6章,第34页。——原注

部办事不力,给他造成许多困难。一个星期六的下午,他派人去外交部驻地办事员处索要文件。在致德比伯爵爱德华·史密斯−斯坦利的信中,本杰明·迪斯雷利说:"'驻地办事员'不在驻地!我觉得你的办公室管理太混乱,办事员上班比其他工作人员都晚。帕默斯顿子爵亨利·约翰·坦普尔担任首相时,办事员晚上要加班,所以可以原谅。"①

东方危机已经持续很久,但解决危机的机会仍没出现。1875年12月30日,奥匈帝国、德意志帝国及俄罗斯帝国起草并签署照会。1876年1月30日,这份照会递交给奥斯曼土耳其帝国政府。虽然这份照会没有产生什么效果,但十分有名。这份照会是由奥匈帝国首相久洛·安德拉西伯爵提出的,故称为《安德拉西照会》。这份照会要求奥斯曼土耳其帝国在许多方面必须进行改革,如保障宗教自由,废除农业税,建立地方议会等。在起草工作完成后,正式递交奥斯曼土耳其帝国政府前,这份照会需要征求法兰西第三共和国、意大利王国和英国的意见。对这份照会的内容,法兰西第三共和国与意大利王国表示同意。起初,对这份照会的内容,英国政府持反对意见,因为本杰明·迪斯雷利怀疑这份照会"别有用心"。但当奥斯曼土耳其帝国政府②亲自请求英国政府同意这份照会时,奥斯曼土耳其帝国得到的回答是,"我们比奥斯曼土耳其苏丹更加爱护奥斯曼土耳其帝国",本杰明·迪斯雷利写道。

由于《安德拉西照会》收效甚微,1876年5月11日,奥托·冯·俾斯麦向六大国发送了一份备忘录,即《柏林备忘录》。这份备忘录要求奥斯曼土耳其帝国政府与其境内的民族主义起义军停战两个月。奥斯曼土耳其帝国政府需要拨出预算,重建家园,并且承担其他义务。对这份又名《柏林照会》的备忘录,英国内阁一致表示反对,本杰明·迪斯雷利说,在没有事先征求奥斯曼土耳其帝国政府意见的情况下采取如此草率的行动是"盲目冒险"③。

---

① 本杰明·迪斯雷利致德比伯爵爱德华·史密斯−斯坦利的信,1876年4月19日。乔治·厄尔·巴克尔:《本杰明·迪斯雷利传》,第6章,第23页。——原注
② 本杰明·迪斯雷利致切斯特菲尔德女士和布拉德福德勋爵的信,1876年1月16日。乔治·厄尔·巴克尔:《本杰明·迪斯雷利传》,第6章,第19页。——原注
③ 本杰明·迪斯雷利致德比伯爵爱德华·史密斯−斯坦利的信,1876年4月19日。乔治·厄尔·巴克尔:《本杰明·迪斯雷利传》,第6章,第26页。——原注

因此，1876年5月24日，英国派舰队前往贝西卡湾，并且在达达尼尔群岛的对岸观察奥斯曼土耳其帝国形势的发展。本杰明·迪斯雷利命令英国舰队的海军上将绝不能随波逐流，像克里米亚战争那样将英国拖入战争。后来，本杰明·迪斯雷利曾说："英国绝不能随波逐流参加战争。如果确实要参加战争，那么英国也必须明确其要实现的目的。"①1876年5月29日，奥斯曼土耳其帝国自由派政治家迈扎特帕夏发动宫廷政变，奥斯曼土耳其苏丹阿卜杜勒-阿齐兹被废黜，其侄子穆拉德五世继位。

阿卜杜勒-阿齐兹

---

① 本杰明·迪斯雷利致切斯特菲尔德女士和布拉德福德勋爵的信，1876年5月29日。乔治·厄尔·巴克尔：《本杰明·迪斯雷利传》，第6章，第29页。——原注

1876年6月，奥斯曼土耳其帝国危机的发展并未失控。俄罗斯帝国驻奥斯曼土耳其帝国大使尼古拉·帕洛维奇·伊格纳季耶夫伯爵虽然没有达成一个像《安吉阿尔-伊斯克利西条约》一样的条约，但他与奥斯曼土耳其帝国政府签订了一个类似的协议。虽然对这一协议，安特希尔男爵奥多·罗素持不同意见[1]，但奥托·冯·俾斯麦并没有因英国拒绝同意《柏林备忘录》而与英国疏远。本杰明·迪斯雷利十分欣赏奥托·冯·俾斯麦，并且称奥托·冯·俾斯麦为"危险而有诚意的人，乐于与自己所佩服的有荣誉感的英国大臣办事"[2]。但奥斯曼土耳其帝国的危机急剧恶化。1876年6月30日及1876年7月1日，塞尔维亚公国及黑山公国先后正式向奥斯曼土耳其帝国宣战。

此时，欧洲形势确实变得难以驾驭。就整个欧洲形势而言，包括俄罗斯帝国在内的欧洲各国政府都急于和平解决东方危机。但正如在英国议会上，本杰明·迪斯雷利所指出的，"不幸的是，这个世界不仅包括君主及政府，也包括一些秘密组织和革命党人。这些秘密组织一直致力于通过武力改变现状，给像奥斯曼土耳其帝国这样的国家带来了最意想不到的后果"[3]。1876年5月，就在最需要克制和冷静的时候，传来了奥斯曼土耳其帝国的非正规军巴希-巴祖克在保加利亚制造大屠杀的消息。不幸的是，对这一大屠杀，英国驻奥斯曼土耳其帝国大使馆一无所知。最早报道这一恐怖事件的是埃德温·皮尔斯，他是英国《每日新闻》驻君士坦丁堡记者[4]。得知这一恐怖事件后，英国公众十分愤慨。依靠来自英国外交部的信息[5]，本杰明·迪斯雷利尽量使屠杀事件造成的影响最小化，并且对报告中的惨状表示怀疑。他说："东方人民……我相信……总能够迅速解决犯罪行为。"[6]

英国前首相威廉·尤尔特·格拉德斯通绝不会轻易放过这场大屠杀，用约

---

[1] 安特希尔男爵奥多·罗素认为，此时，本杰明·迪斯雷利的政策会导致英国被孤立。——原注
[2] 比肯斯菲尔德致德比伯爵爱德华·史密斯-斯坦利的信，1876年2月15日，乔治·厄尔·巴克尔：《本杰明·迪斯雷利传》，第6章，第21页。——原注
[3] 1876年7月31日。乔治·厄尔·巴克尔：《本杰明·迪斯雷利传》，第38页。——原注
[4] 参见1876年6月23日《每日新闻》。——原注
[5] 本杰明·迪斯雷利对英国外交部的无知及误导性情报极其不满。——原注
[6] 1871年7月10日，本杰明·迪斯雷利的讲话。——原注

约翰·莫利

翰·莫利的话说,当威廉·尤尔特·格拉德斯通读完《每日新闻》的报道后,"义愤填膺,奋笔疾书",写了一篇名为《保加利亚的恐怖和东方问题》的文章。文章的结束语极其有名:

> 我以一个大英帝国国王和国家老公仆的名义,恳求我的同胞,恳求那些或许比欧洲任何其他国家的人民都更可靠的同胞们,坚决要求我们的政府改变方针政策,并且竭尽全力与其他欧洲国家协作,消灭奥斯曼土耳其帝国在保加利亚的行政权利。将奥斯曼土耳其帝国政府的暴政连带奥斯曼土耳其帝国一起驱逐出去。将奥斯曼土耳其帝国那些头衔名称怪异的官员,即Zaptiehs、Mudirs、Bimbashis、Yuzbashis、Kaimakams和Pashas,都驱逐出去,我希望,将奥斯曼土耳其帝国连同他的坛坛罐罐从被其踩蹦的土地上驱逐出去。

这份措辞严厉及带有感情色彩文章发表得不合时宜,因为此时英国政府正在冷静思考与相关国家的政府进行谈判。本杰明·迪斯雷利认为,这篇文章的发表又一次证明了威廉·尤尔特·格拉德斯通不怀好意:"对这个无原则且疯狂的威廉·尤尔特·格拉德斯通,后世自有公论,此人集嫉妒、报复、虚伪及迷信于一身。无论是做首相,还是做反对党领袖,无论是在布道、祈祷,还是在演说或写作的时候,他都不像一位君子!"①

1876年8月31日,君士坦丁堡再次发生革命。当时的情形似乎让人想起早期英格兰王国有位驻外大使说过的话,伊斯坦布尔的奥斯曼土耳其帝国更换苏丹就像牛津大学更换学监一样频繁②。此时,穆拉德五世已经让位给他的弟弟阿卜

穆拉德五世

---

① 本杰明·迪斯雷利致德比伯爵爱德华·史密斯-斯坦利的信,1876年10月。乔治·厄尔·巴克尔:《本杰明·迪斯雷利传》,第6章,第67页。——原注
② 托马斯·罗爵士,詹姆斯一世和查理一世在位时英格兰王国的驻外大使。——原注

阿卜杜勒·哈米德二世

杜勒·哈米德二世。阿卜杜勒·哈米德二世在位时间较长。起初,受迈扎特帕夏的影响,阿卜杜勒·哈米德二世承诺要进行改革并为国内带来和平。此时,正是实现和平的有利时机,因为塞尔维亚公国的军队已经被击败,塞尔维亚公国的军队准备接受1876年9月英国政府为他们争取的停战协议。

毫无疑问,此时,英国与德意志帝国已经成为欧洲最强大的政治力量。本杰明·迪斯雷利希望通过英国政府与德意志帝国政府联盟来解决东方危机,以保持奥斯曼土耳其帝国的现状。顺便提一句,这一联盟也将"解除奥托·冯·俾斯麦的切身忧虑,即他担心的英国与法兰西第三共和国联盟,会威胁到德意志帝国所占领的两个省的领土"[1]。但年迈的德意志帝国皇帝威廉一世忧心忡忡,

---

[1] 本杰明·迪斯雷利致德比伯爵爱德华·史密斯-斯坦利的信,1876年10月17日;爱德华·史密斯-斯坦利的信,1876年10月。乔治·厄尔·巴克尔:《本杰明·迪斯雷利传》,第6章,第81页。——原注

亚历山大三世

担心英国刻意使德意志帝国卷入一场与其外甥,即沙皇亚历山大三世的战争中去。本杰明·迪斯雷利说:"我衷心希望普鲁士国王威廉一世处在与神圣罗马帝国皇帝腓特烈一世同样的处境。"[1]但普鲁士国王威廉一世并不是唯一的障碍,另一个困难是"利用奥托·冯·俾斯麦"[2]。此时,奥托·冯·俾斯麦倾向于躲避

---

[1] 本杰明·迪斯雷利致德比伯爵爱德华·史密斯-斯坦利的信,1876年10月17日。德比伯爵爱德华·史密斯-斯坦利的信,1876年10月。乔治·厄尔·巴克尔:《本杰明·迪斯雷利传》,第6章,第81页。——原注

[2] 不久,奥托·冯·俾斯麦发表了讲话。他在讲话中说,东方问题不值付出一名波美拉尼亚步兵的一块健康的骨头。本杰明·迪斯雷利确信,如果德意志帝国不与英国合作,那么德意志帝国与俄罗斯帝国合作,"这是欧洲政治中最关键的时刻。如果不遏制俄罗斯帝国,那么神圣联盟将复活。德意志帝国将拥有荷兰王国,而法兰西第三共和国拥有比利时王国。我相信英国将落到我永远不愿活着看到的境地"。本杰明·迪斯雷利致德比伯爵爱德华·史密斯-斯坦利的信,1876年10月17日;德比伯爵爱德华·史密斯-斯坦利的信,1876年10。乔治·厄尔·巴克尔:《本杰明·迪斯雷利传》,第6章。——原注

外交官。第三个困难是英国驻德意志帝国大使安特希尔男爵奥多·罗素,"我指望安特希尔男爵奥多·罗素,但他或许在巴格达"。第四个困难是德意志帝国驻英国大使格奥尔格·赫伯特·明斯特尔伯爵,"他是个多疑和愚蠢的人"①。最终,虽然英国与德意志帝国没能建立同盟,但东方危机趋向缓和,奥斯曼土耳其帝国同意停战。1876年11月,英国外交部发出邀请,提议在君士坦丁堡召开外交官会议。索尔兹伯里侯爵罗伯特·加斯科因-塞西尔代表英国,海因里希·威廉·韦特男爵代表德意志帝国,尼古拉·帕洛维奇·伊格纳季耶夫伯爵代表俄罗

格奥尔格·赫伯特·明斯特尔伯爵

① 本杰明·迪斯雷利致德比伯爵爱德华·史密斯-斯坦利的信,1876年10月17日;德比伯爵爱德华·史密斯-斯坦利的信,1876年10月。乔治·厄尔·巴克尔:《本杰明·迪斯雷利传》。——原注

斯,费伦茨·齐奇代表奥匈帝国,路易吉·科尔迪伯爵代表意大利王国,让·巴蒂斯特·亚历山大·达马斯·肖多蒂伯爵代表法兰西第三共和国参加了会议。但由于奥斯曼土耳其帝国政府不接受改革建议,这次会议毫无结果。奥斯曼土耳其帝国政府或许从本杰明·迪斯雷利1876年11月9日在伦敦市政厅的讲话中听到英国可以为其提供保护。

> 英国尤其主张和平政策。英国不是一个好斗的国家,因为她无所企图……她想要的是维持和享受其已经建立的并引以为荣的前所未有的帝国,其存在既依赖于对别国的同情,也依赖于武力。然而,虽然英国主张和平政策,但没有哪个国家像我们这样为战争做好了充分的准备。如果为正义的事业,英国卷入冲突——我相信除了为正义的事业——如果这场竞争关系到英国的自由、独立,或者大英帝国的存亡,以及我认为取之不尽的资源——那么英国绝不会开战。一旦加入战争,英国绝不会问自己是否会支持第二次或第三次战争。一旦加入战争,若不实现正义,英国绝不善罢甘休。

1876年12月23日,英国在君士坦丁堡号召的国际会议举行第一次会议。同日,奥斯曼土耳其帝国苏丹颁布宪法,即后来有名的《迈扎特宪法》[①]。1877年1月18日,奥斯曼土耳其帝国内由一百八十位代表组成的大国务会议公然拒绝了停战建议,这导致俄罗斯帝国与奥斯曼土耳其帝国形成对峙。随即,参加英国号召的欧洲会议的会议代表离开了君士坦丁堡。这次会议虽然没有取得良好的结果,但做了一件有意义的工作,即它维持了欧洲协调机制。虽然俄罗斯帝国代表中途退出这次会议,但不久在柏林又加入其中。

随后几个月,即1877年2月到1877年4月,俄罗斯帝国只是在拖延时间。本杰明·迪斯雷利已经做好了战争准备,如果俄罗斯帝国占领君士坦丁堡,那么

---

① 1877年3月,宪法承诺的代表议会终于开幕,一直到1878年,宪法随后被暂停,直到1908年青年土耳其党恢复宪法。——原注

大国务会议

英国将立即宣战。1876年12月,俄罗斯大使彼得·安德烈耶维奇·舒瓦洛夫不慎泄露了俄罗斯帝国的计划。在给德比伯爵爱德华·史密斯-斯坦利的信中,本杰明·迪斯雷利写道:"昨晚,彼得·安德烈耶维奇·舒瓦洛夫对我说,俄罗斯帝国不关心保加利亚、波斯尼亚等地。他们真正想要的是海峡地区,这也是他们唯一想要得到的。我说我知道此事。"①

1877年1月31日,亚历山大·米哈伊洛维奇·戈尔恰科夫亲王发布通告,总结了当前俄罗斯帝国与奥斯曼土耳其帝国的谈判情况,并且他明确指出,战争现在是解决俄罗斯帝国与奥斯曼土耳其帝国间分歧的唯一手段。沙皇亚历山大二世还派在君士坦丁堡的主要人物尼古拉·帕洛维奇·伊格纳季耶夫伯爵前往伦敦,试图与英国政府商定一个临时解决办法。本杰明·迪斯雷利为尼古拉·帕洛维奇·伊格纳季耶夫伯爵举行了一场盛大的宴会。参加宴会的英国女士盛装出席,

---

① 本杰明·迪斯雷利致德比伯爵爱德华·史密斯-斯坦利的信,1876年12月21日。乔治·厄尔·巴克尔:《本杰明·迪斯雷利传》,第109页。——原注

查尔斯·斯图尔特

以保持英国的体面:"伦敦德里侯爵查尔斯·斯图尔特的夫人戴着代表家族荣耀的珠宝摇摇晃晃地走来走去,她的右臂上戴着钻石,里面镶嵌着俄罗斯帝国女皇的肖像,这是俄罗斯帝国送给她的礼物。尼古拉·帕洛维奇·伊格纳季耶夫伯爵的夫人也戴了许多钻石,穿着华丽,但相比之下有些逊色。"①

1877年3月31日,为俄罗斯帝国与奥斯曼土耳其帝国间的和平,英国政府做出了最后的努力。英国政府要求1856年《巴黎条约》各签约国驻英国大使参加在伦敦举行的会议,并且与英国外交大臣德比伯爵爱德华·史密斯—斯坦利签订议

---

① 本杰明·迪斯雷利致布拉德福德女士的信,1877年3月16日。乔治·厄尔·巴克尔:《本杰明·迪斯雷利传》,第128页。——原注

定书。这份议定书要求奥斯曼土耳其帝国政府解除军事动员,并且立即实施其承诺的各项改革。如果奥斯曼土耳其帝国接受这份议定书上的条款,那么俄罗斯帝国也将立即解除军事动员。此时,本杰明·迪斯雷利也以为这份议定书可以确保和平,但他很快就醒悟了。奥斯曼土耳其帝国政府拒绝接受外国政府的指手画脚,1877年4月31日,俄罗斯帝国对奥斯曼土耳其帝国宣战。本杰明·迪斯雷利年老体弱,在漫长的东方危机期间,他一直饱受痛风及支气管炎的折磨。他半认真半开玩笑地写道:"我希望这场战争能让俄罗斯人和土耳其人一起沉到黑海海底去。"[1] 尽管如此,他决心只要一息尚存,就要继续努力促进和平。虽然年老体弱,但他还是准备应对这场欧洲战争。

首先,本杰明·迪斯雷利劝外交大臣德比伯爵爱德华·史密斯-斯坦利向亚历山大·米哈伊洛维奇·戈尔恰科夫亲王发出最后通牒,警告俄罗斯帝国远离英国的利益范围,如苏伊士运河[2]、波斯湾及博斯普鲁斯海峡。这些条件被本杰明·迪斯雷利称为"英国外交政策的纲领和行动的基石"。1877年5月,亚历山大·米哈伊洛维奇·戈尔恰科夫亲王表示同意这些条件。谨慎起见,1877年6月,本杰明·迪斯雷利提议英国与奥匈帝国结盟[3]。1877年7月,英国内阁决定,如果俄罗斯帝国占领君士坦丁堡,那么英国将立即宣战。

在战争中,如果俄罗斯帝国的军队能很快占据优势,那么沙皇亚历山大二世可能会不顾亚历山大·米哈伊洛维奇·戈尔恰科夫亲王的承诺,占领君士坦丁堡,英国很可能立即对俄罗斯帝国宣战。结果,在普列文,俄罗斯帝国的军队进攻受阻,防止了一场英国与俄罗斯帝国的战争。1877年1月15日,奥匈帝国与俄罗斯帝国在维也纳签订密约[4],两国达成相互谅解。这也使英国与奥匈帝国的同盟

---

[1] 本杰明·迪斯雷利致切斯特菲尔德女士的信,1877年1月2日。乔治·厄尔·巴克尔:《本杰明·迪斯雷利传》,第112页。——原注

[2] 1875年,本杰明·迪斯雷利代表英国政府购买了埃及总督伊斯梅尔帕夏在苏伊士运河的股份,占埃及总督伊斯梅尔帕夏手中苏伊士运河的总额四十万英镑中的十七万六千六百零二英镑。——原注

[3] 本杰明·迪斯雷利致索尔兹伯里侯爵罗伯特·加斯科因-塞西尔的信,1877年6月14日。乔治·厄尔·巴克尔:《本杰明·迪斯雷利传》,第144页。——原注

[4] "奥匈帝国拥有波斯尼亚和黑塞哥维那就是依据这一条约,而不是柏林会议的决定。"奥托·冯·俾斯麦:《反思与回忆》,第28章。——原注

俄军攻陷卡尔斯

提议化为泡影。这一密约从来没有公开,但很容易推测,为换取波斯尼亚和黑塞哥维那,奥匈帝国给予俄罗斯帝国某种自由。

1877年年底,俄罗斯帝国军队接连获胜。1877年11月及1877年12月,在先后攻陷亚美尼亚的卡尔斯和保加利亚的普列文后,俄罗斯帝国军队占领君士坦丁堡似乎指日可待。对促进俄罗斯帝国与奥斯曼土耳其帝国间的和平,本杰明·迪斯雷利仍然抱定主意,但其内阁成员除了索尔兹伯里侯爵罗伯特·加斯科因-塞西尔，都非常消极，英国的驻外大使也没有给予本杰明·迪斯雷利任何帮助。他给德比伯爵爱德华·史密斯-斯坦利说："我真希望能摆脱这些人。在我看来，他们毫无用处……安特希尔男爵奥多·罗素最没用，他只是一味重复奥托·冯·俾斯麦愤世嫉俗的空话，并且还听得入神甚至不惜奉承。"①亚历山大·米哈伊洛维奇·戈尔恰科夫亲王明确表示遵守谅解，不攻击海峡，但布加勒斯特的情况不可预知。1877年10月9日，彼得·安德烈耶维奇·舒瓦洛夫将俄罗斯帝国与奥匈帝国签订密约的事告诉了本杰明·迪斯雷利。

彼得·安德烈耶维奇·舒瓦洛夫

---

① 本杰明·迪斯雷利致德比伯爵爱德华·史密斯-斯坦利的信，1877年9月1日。乔治·厄尔·巴克尔：《本杰明·迪斯雷利传》，第178页。——原注

普列文及通往巴尔干半岛的道路被攻陷后,奥斯曼土耳其帝国的军队已经无力抵抗俄罗斯帝国军队的进攻,俄罗斯帝国的军队占领君士坦丁堡已经在预料中。1878年1月21日,英国维多利亚女王在议会开幕式上的讲话明确表示英国将加入战争,"我不能自欺欺人。如果战争不幸继续下去或发生意想不到的事,那么我必须加以防范"。英国内阁决定派英国舰队驶入达达尼尔海峡。因此,卡那封伯爵亨利·赫伯特与德比伯爵爱德华·史密斯–斯坦利辞职①。

卡那封伯爵亨利·赫伯特

① 对卡那封伯爵亨利·赫伯特与德比伯爵爱德华·史密斯–斯坦利的辞职,维多利亚女王十分满意,因为她积极支持战争政策。德比伯爵爱德华·史密斯–斯坦利的辞职只是暂时的。随后,他又回到英国政府内阁工作了两个月。最终,索尔兹伯里侯爵罗伯特·加斯科因–塞西尔接替他的职务。卡那封伯爵亨利·赫伯特辞职后,圣阿尔德温伯爵迈克尔·希克斯–比奇接任殖民大臣一职。——原注

哈德良堡

在杰弗里·霍恩比上将的率领下，英国舰队通过了达达尼尔海峡①。随后，英国舰队又回到达达尼尔海峡的入口。1878年1月30日，在哈德良堡，奥斯曼土耳其帝国政府与俄罗斯帝国政府签订临时和平草案，规定保加利亚为自治大公国，波斯尼亚和黑塞哥维那获得自治。1878年2月3日，奥匈帝国提议召开欧洲大会。对这次欧洲会议，英国提出有条件地参加会议，即俄罗斯帝国与奥斯曼土耳其帝国条约的每一项条款都必须提交各大国讨论，这种做法避免了英国的军事干预。

此时，俄罗斯帝国政府仍执意要完全实现自己控制巴尔干地区的既定目标。1878年3月3日，俄罗斯帝国政府迫使奥斯曼土耳其帝国政府签订《圣斯特法诺条约》。这一条约的目的是要建立一个"大保加利亚公国"，其领土南起爱琴海，西到阿尔巴尼亚山脉。巴尔干半岛的版图将发生巨大变动。毫无疑问，正如本杰明·迪斯雷利在欧洲会议上所说，《圣斯特法诺条约》意味着奥斯曼土

---

① 由于奥斯曼土耳其帝国正处于战争状态，英国舰队有权经过土耳其海峡。——原注

盖索恩-哈迪

耳其帝国不再是一个独立的欧洲国家,并且确立了俄罗斯帝国对奥斯曼土耳其帝国的保护。进而,俄罗斯帝国获得了巴尔干地区的控制权。起初,《圣斯特法诺条约》是保密的。直到1878年3月23日,这一条约才送交英国政府。随后,俄罗斯帝国政府宣布,本次欧洲会议可以提出任何相关问题,但俄罗斯帝国政府拥有接受或拒绝这些决定的权利。收到"最后通牒"后,本杰明·迪斯雷利立刻召集内阁,写信给克兰布鲁克伯爵盖索恩-哈迪说:"我们正陷入战争,"并且补充说,"我们如果勇敢坚定,那么必将确保和平,并且让欧洲各国接受英国的条件。"①1878年3月27日,英国内阁举行重要会议。会议决定召集后备军,调动印度军队,占领塞浦路斯和亚历山大勒塔②。德比伯爵爱德华·史密斯-斯坦利立即辞职,他不同意占领"新直布罗陀"。

① 乔治·厄尔·巴克尔:《本杰明·迪斯雷利传》,第261页。——原注
② 实际上,七千名印度士兵接管了马耳他驻军。英国军队对亚历山大勒塔和塞浦路斯的迅速占领其实并无必要。——原注

英国政府的强硬政策震动了包括俄罗斯帝国在内的欧洲各国。在法兰西第三共和国社交活跃的威尔士亲王阿尔伯特·爱德华从巴黎写信说,有一次在威廉·亨利·沃丁顿举办的晚会上,威尔士亲王阿尔伯特·爱德华遇见莱昂·甘必大。莱昂·甘必大表示完全赞同"本杰明·迪斯雷利在东方问题上采取的每一步行动,并且表示强烈反对拥有庞大军队的国家无视他国抗议,违反公法,随意破坏条约"[①]。对英国反对《圣斯特法诺条约》,索尔兹伯里侯爵罗伯特·加斯

阿尔伯特·爱德华

---

① 1878年5月7日。乔治·厄尔·巴克尔的《本杰明·迪斯雷利传》,第291页。——原注

科因-塞西尔做出的解释也极具影响力。最后,英国召集的印度后备军抵达马耳他,表明英国政府将不惜以武力贯彻其主张的决心。

> 正是因为对奥斯曼土耳其苏丹、久洛·安德拉西伯爵及罗马尼亚公国政府,我们秘密通告说,即使英国孤军作战,我们也已经准备好5月3日使用武力让俄罗斯帝国的军队从东鲁米利亚撤军。因此,目前形势才有了巨大变化。虽然奥斯曼土耳其苏丹发誓说要保守秘密,但他自然会告诉他的希腊医生。久洛·安德拉西伯爵也发誓要保密,但正如我们所期望的,他将这一秘密泄露给了奥托·冯·俾斯麦。罗马尼亚公国将这一消息告诉了俄罗斯帝国。①

由于俄罗斯帝国财力窘迫,其军队战斗力也因战争及疾病而减弱,因此,俄罗斯帝国军队不愿与英国军队作战,俄罗斯帝国政府也希望在大会召开前同意英国的条件。因此,彼得·安德烈耶维奇·舒瓦洛夫前往圣彼得堡,带回了俄罗斯帝国政府与英国政府的一份草约。1878年5月30日,俄罗斯帝国政府与英国政府正式签订条约②。俄罗斯帝国同意大幅度缩小其提议建立的"保加利亚国"的规模,"保加利亚国"以巴尔干半岛为南部边界。对希腊问题,本次欧洲大会应予以考虑,罗马尼亚公国的比萨拉比亚归还俄罗斯帝国③。本杰明·迪斯雷利希望俄罗斯帝国不要兼并卡尔斯和巴统,但无法得到俄罗斯帝国的同意,因为他不准备以此开战。因此,本杰明·迪斯雷利只能暗中抵制俄罗斯兼并卡尔斯和巴统。通过奥斯曼土耳其帝国,英国获得塞浦路斯岛。作为回报,英国保障奥斯

---

① 写于1878年11月22日柏林会议之后。乔治·厄尔·巴克尔:《本杰明·迪斯雷利传》,第293页。——原注
② 这份条约由索尔兹伯里侯爵罗伯特·加斯科因-塞西尔及彼得·安德烈耶维奇·舒瓦洛夫在伦敦签订。它是以备忘录的形式,以说明俄罗斯帝国政府与英国政府的一致意见。——原注
③ 这一地带位于普鲁特河下游以东和多瑙河基利亚河口以北,原属摩尔达维亚。根据1812年的《布加勒斯特条约》,这一地带和比萨拉比亚的其余部分被俄罗斯帝国兼并。1856年3月30日,根据《巴黎条约》,这一地带重新划入摩尔达维亚。此时,这一地带又归还俄罗斯帝国,并且并入比萨拉比亚。——原注

巴统

曼土耳其帝国拥有除巴统、阿尔达汉及卡尔斯以外在亚洲的领土[①]。英国分别与俄罗斯帝国和奥斯曼土耳其帝国签订的公约必须保密到欧洲和会召开后。但不幸的是，俄文公约的文本被英国外交部的一位临时记录员卖给了《环球报》。1878年6月14日，英国与俄罗斯帝国签订的公约在《环球报》发表，虽然一时引起群情激愤，但没有造成太大危害。

柏林大会的一切准备工作就绪。1878年6月11日，在悠闲地旅行了四天后，本杰明·迪斯雷利抵达柏林，下榻凯塞霍夫酒店。出席大会的另一位英国代表是索尔兹伯里侯爵罗伯特·加斯科因-塞西尔及其私人秘书亚瑟·鲍尔弗。俄罗斯帝国的代表是已经衰老干枯的亚历山大·米哈伊洛维奇·戈尔恰科夫亲王和彼得·安德烈耶维奇·舒瓦洛夫[②]。在后面的会上，本杰明·迪斯雷利认为彼

---

① 1878年6月4日，由奥斯丁·亨利·莱亚德和马哈茂德·萨夫克特帕夏在君士坦丁堡签署。在这一公约的掩护下，在安纳托利亚，本杰明·迪斯雷利设立了四个领事馆，每个领事馆都有一名军事副领事。这一办法运行良好，1882年威廉·尤尔特·格拉德斯通撤走官员前，奥斯曼土耳其帝国这些地区受压迫民族的情况得到了相当大的改善。——原注

② 本杰明·迪斯雷利致维多利亚女王的信，1878年6月12日。乔治·厄尔·巴克尔的《本杰明·迪斯雷利传》，第318页。——原注

威廉·亨利·沃丁顿

得·安德烈耶维奇·舒瓦洛夫"有着惊人的天才及温和的脾气,却进行了一场艰辛而失败的斗争"①。奥匈帝国代表是久洛·安德拉希伯爵"仪表堂堂,但缺乏冷静"②。法兰西第三共和国的代表是希腊的朋友威廉·亨利·沃丁顿,意大利王国的代表是路易吉·科尔迪伯爵,奥斯曼土耳其帝国的代表是希腊裔的亚历

---

① 本杰明·迪斯雷利致布拉德福德女士的信,1878年6月26日。乔治·厄尔·巴克尔的《本杰明·迪斯雷利传》,第328页。——原注
② 本杰明·迪斯雷利致维多利亚女王的信,1878年6月12日。乔治·厄尔·巴克尔的《本杰明·迪斯雷利传》,第316页。——原注

山大·卡拉西奥多里帕夏及在奥斯曼土耳其帝国军队中地位很高、信奉伊斯兰教的来自德意志的穆罕默德·阿里。德意志帝国的重要人物奥托·冯·俾斯麦当选大会第一届会议会长。本杰明·迪斯雷利已经十六年没有见过奥托·冯·俾斯麦了。此时，奥托·冯·俾斯麦已经不再是本杰明·迪斯雷利记忆中那个"高挑、苍白、细腰"的人了，而是"一位壮实、面色红润、长着银须的人"[1]。本杰明·迪斯雷利十分欣赏奥托·冯·俾斯麦："他声音轻柔，与其庞大的身躯形成了鲜明的对照。他博览群书，熟悉当代文学，描述人物极其生动。"[2]在晚宴上，奥托·冯·俾斯麦与本杰明·迪斯雷利见过几次面。对本杰明·迪斯雷利讲话时，奥托·冯·俾斯麦引用大量"法兰西讽刺作家拉伯雷式的独白"，批评英国的亲王们的言行不一和"自己君主的可怕行为"。他那"轻柔的声音"与"他说的可怕的事情"形成了更加鲜明的对比。本杰明·迪斯雷利补充说："奥托·冯·俾斯麦高高在上……在这里，他是十足的专制者。自上而下的普鲁士人和所有外交人士见他皱眉就发抖，难得见他微笑。他对我倒是非常客气。"[3]奥托·冯·俾斯麦认为本杰明·迪斯雷利是这次欧洲大会的主要人物，他说："瞧那个老犹太人，那可是个厉害的家伙！"

1878年6月13日星期四，柏林大会在拉济维尔宫开幕。柏林会议一直持续到1878年7月13日，开会时间通常是每天下午二时至下午五时。会议代表们按各自国家名称的字母顺序就座。会议上争议最大的问题是巴尔干半岛的边界问题，如果限定在保加利亚的南部边界，那么本杰明·迪斯雷利是可以完全接受的。在默许撕毁《圣斯特法诺条约》的同时，俄罗斯帝国极力阻止自己的计划被彻底削减。但本杰明·迪斯雷利态度坚决。1878年6月19日，在意大利王国驻德意志帝国大使馆的一次宴会上，他告诉路易吉·科尔迪伯爵，"作为一个中立国家的大使……能够听到各方意见……"，并且表明自己对事态很悲观，"如果俄罗斯

---

[1] 本杰明·迪斯雷利致维多利亚女王的信，1878年6月12日。乔治·厄尔·巴克尔的《本杰明·迪斯雷利传》，第316页。——原注

[2] 本杰明·迪斯雷利致维多利亚女王的信，1878年6月17日。乔治·厄尔·巴克尔的《本杰明·迪斯雷利传》，第322页。——原注

[3] 本杰明·迪斯雷利致布拉德福德女士的信，1878年6月26日。乔治·厄尔·巴克尔的《本杰明·迪斯雷利传》，第328页到第329页。——原注

柏林会议现场

帝国不接受我们的提议,我将解散这次欧洲大会"[①]。1878年6月20日,彼得·安德烈耶维奇·舒瓦洛夫要求会议延期二十四小时,以等待俄罗斯帝国政府的答复。1878年6月21日凌晨,也就是会议延期到期时,本杰明·迪斯雷利与其朋友兼秘书罗顿男爵蒙塔古·科里并肩在著名的菩提树下大街散步时,下令安排专车准备带领英国代表团返回加来。结果,专车再也用不着了。1878年6月21日17时

---

① 本杰明·迪斯雷利致维多利亚女王的信,1878年6月17日。乔治·厄尔·巴克尔:《本杰明·迪斯雷利传》,第323页。——原注

左右,奥托·冯·俾斯麦突然来到凯塞霍夫酒店,提议就保加利亚边界问题做出妥协。本杰明·迪斯雷利十分愤怒。

"我是不是应该理解为这是最后通牒?""是的。""现在,我必须去见奥托·冯·俾斯麦。我们应该再谈谈这件事。今天你在哪里吃饭?""英国驻德意志帝国大使馆。""我希望你能和我一起就餐,六时我独自在那里。"

随后，本杰明·迪斯雷利写信向安特希尔男爵奥多·罗素的夫人道歉，并且说他要与那个"诚实的经纪人"共进晚餐。吃饭时，奥托·冯·俾斯麦边吃边喝，说了许多话，但并没有谈及政治。晚饭后，两人边抽烟边谈到了正题："我相信这是对我衰老身体的最后一次打击，但我觉得这是绝对必要的。我们进行了一个半小时的有趣谈话，完全是关于政治的。我使奥托·冯·俾斯麦确信最后通牒不是假的，并且在我上床睡觉前，很欣慰地得知圣彼得堡已经做出让步了。"① 1878年6月22日早晨，本杰明·迪斯雷利将这一消息电告维多利亚女王。

19世纪70年代的维多利亚女王

---

① 本杰明·迪斯雷利致维多利亚女王的信，1878年6月20日。乔治·厄尔·巴克尔：《本杰明·迪斯雷利传》，第324页。——原注

柏林会议漫画：讽刺列强出卖了保加利亚的利益

电文的最后一句是："奥托·冯·俾斯麦说：'欧洲又有奥斯曼土耳其帝国了。'"维多利亚女王回电说："这都归功于你的努力和坚定。"[1]

因此，柏林会议中最危险的一天过去了。虽然离会议结束还需要三个星期，但会议最终结果已经基本确定。为争取巴统和卡尔斯，俄罗斯帝国全权代表进行了艰苦的努力。在这些问题上，本杰明·迪斯雷利做出了让步，因为他最在意的是奥斯曼土耳其帝国在欧洲的存在。此外，如果俄罗斯帝国得到巴统和卡尔斯，那么英国可以得到塞浦路斯。当本杰明·迪斯雷利悄悄告诉奥托·冯·俾斯麦有关塞浦路斯的协约时，奥托·冯·俾斯麦大加赞赏："这是进步！"本杰明·迪斯雷利补充道："显然，他所说的进步是抓住某个东西。"[2]柏林会议结

---

[1] 本杰明·迪斯雷利致维多利亚女王的信，1878年6月20日。乔治·厄尔·巴克尔：《本杰明·迪斯雷利传》，第324页。——原注
[2] 本杰明·迪斯雷利致维多利亚女王的信，1878年7月5日。乔治·厄尔·巴克尔：《本杰明·迪斯雷利传》，第332页。——原注

束前，欧洲各国代表团举行了一系列宴会。最后，也是最好的一次宴会是在奥斯曼土耳其帝国驻德意志帝国大使馆举行的。这次晚宴有两道著名的土耳其菜肴，其中一种肉饭皮拉夫①"引起人们极大的兴趣。法兰西第三共和国驻德意志帝国大使威廉·亨利·沃丁顿说他想再吃一份这道菜"②。

1878年7月13日下午四时，英国、德意志帝国、奥匈帝国、俄罗斯帝国、意大利王国、法兰西第三共和国及奥斯曼土耳其帝国全权代表在拉济维尔宫正式签订《柏林条约》。这份条约成为以后三十年处理有关"东方问题"的主要法律依据。这份条约包含近期目标与远期目标。近期目标是废除《圣斯特法诺条约》，避免俄罗斯帝国与英国的战争，这个目标无疑已经达到了。远期目标是解决巴尔干问题，以使签约各国都感到相对满意，但这一目标并没有完全实现。

首先，新的保加利亚国的南部以巴尔干为界。这条线以南，建立一个新的自治省，名为东鲁米利亚省，由基督教总督，即奥斯曼土耳其帝国的州知事管理。柏林会议不顾俄罗斯的恳求，给东鲁米利亚省起这样古怪的名字，是为了将它与保加利亚国明显区分开来。此外，其他巴尔干国家的领土也都有增加。虽然希腊政府不是柏林会议的成员国，但其代表塞奥佐罗斯·泽利扬尼斯和亚历山德罗·里索斯·朗加比作为列席代表可以陈述他们的意见。《柏林条约》第二十四条是有关修正希腊边界的建议，预先声明提到若有纠纷由各大国出面调解。结果，希腊1881年获得了色萨利。塞尔维亚公国和黑山公国领土明显增加，但如果《圣斯特法诺条约》没有被废除，它们本可以得到更多领土。黑山公国获得了安蒂瓦里港口及其附近海岸③，但按照《柏林条约》第二十九条，黑山公国的船禁止使用战旗。塞尔维亚公国的一大收获是尼什及其附近地区。奥匈帝国的收获引人注目，它不仅占领并统治波斯尼亚和黑塞哥维那，还有权派兵驻守新帕扎尔地区。新帕扎尔地区从萨拉热窝起，经过米特罗维察等地。这一地区控

---

① 由大米加鱼或肉及调料煮成。
② 本杰明·迪斯雷利致维多利亚女王的信，1878年7月5日。乔治·厄尔·巴克尔：《本杰明·迪斯雷利传》，第332页。实际上，威廉·亨利·沃丁顿是法兰西第三共和国外交部部长。——原注
③ 1880年，经过艰难谈判，黑山公国又获得了杜尔奇尼奥。杜尔奇尼奥归属的改变几乎构成了一场危机，尽管弗里德里希·斐迪南·冯·博伊斯特伯爵机智而真切地说，杜尔奇尼奥没什么用。——原注

罗马尼亚公国徽章

制着通往萨洛尼卡的军事要道，扼制着黑山与塞尔维亚间的交通。此外，奥匈帝国还得到斯皮扎小镇，奥匈帝国可以将这里改建成要塞，控制安蒂瓦里湾。

  1877年到1878年，奥斯曼土耳其帝国与俄罗斯帝国的战争期间，罗马尼亚公国给予俄罗斯帝国很大帮助。最初，出于无奈，罗马尼亚公国签订公约[1]，为俄罗斯帝国军队经过其领土提供便利。随后，罗马尼亚公国又签订另一公约[2]，以俄罗斯帝国同盟国的身份加入战争。在普列文之围中，罗马尼亚公国军队为俄罗斯帝国军队提供信号服务。在柏林大会上，罗马尼亚公国[3]的代表不得不将比萨拉比亚一带割让给俄罗斯帝国。作为补偿，罗马尼亚公国得到了一块不毛之地，奥斯曼土耳其帝国的多布鲁查，但在康斯坦萨有一优越港口。《柏林条

---

[1]　1877年4月16日，罗马尼亚公国与俄罗斯帝国签署的这份公约。——原注
[2]　1877年5月14日，罗马尼亚公国与俄罗斯帝国签署的这份公约。——原注
[3]　罗马尼亚公国不是柏林会议成员国。——原注

约》第四十四条还在罗马尼亚公国确立了公民和宗教自由，并对黑山公国和塞尔维亚公国做出同样的规定。俄罗斯帝国获得了已经被其占领的亚美尼亚、阿尔达汉、卡尔斯和巴统。在《柏林条约》第五十九条中，沙皇亚历山大二世宣称"将巴统设为自由港，主要用于通商"。为使巴统成为自由港，本杰明·迪斯雷利曾努力奋斗，他认为《柏林条约》第五十九条是一个伟大的胜利。但1886年，俄罗斯沙皇亚历山大三世取消了原来的计划，关闭了巴统港。《柏林条约》的其他条款涉及维持多瑙河欧洲管理委员会，在克里特岛实行1868年的《有机法》，霍塔尔割让给波斯，奥斯曼土耳其帝国政府愿意维护宗教信仰自由及阿索斯山教徒的特权[1]。

---

[1] 关于1878年柏林会议，有一部优秀的短篇专著《1878年柏林会议》，由恩斯特·勒韦林·伍德沃德编著。参见格温德林·加斯科因–塞西尔女士：《索尔兹伯里侯爵罗伯特·加斯科因–塞西尔传》，第2卷。——原注

第 25 章

三国同盟

《柏林条约》签订后的三十年，欧洲外交的焦点是"三国同盟"。德意志帝国、奥匈帝国与意大利王国达成"三国同盟"①，其目的是形成一个"再保险"的同盟体系。由此，德意志帝国与奥匈帝国既有"三国同盟"做保险对付俄罗斯帝国和法兰西第三共和国，又有与俄罗斯帝国达成的协议作为"再保险"。"三国同盟"的历史再次证明，奥斯曼土耳其帝国的欧洲部分是国际外交的焦点，几乎所有的协议都指向巴尔干半岛问题。最后，值得注意的是，"三国同盟"的政治家声称，这一同盟属于和平性质是有事实根据的。在"三国同盟"条约中，可以看出各国对英国和俄罗斯帝国的尊重。"三国同盟"各国希望与英国及俄罗斯帝国结盟的意图是显而易见的，但"三国同盟"没有与法兰西第三共和国结盟的意图。因此，1896年以前，法兰西第三共和国是完全被孤立的。

如果法兰西第三共和国始终处于弱势，无法收回阿尔萨斯和洛林，那么"三国同盟"就可以视作和平联盟。但如果法兰西第三共和国的实力恢复到足以要求收回阿尔萨斯和洛林，那么这必然会引起德意志的政治家及军事家政客们的恐慌。他们必定会先发制人，付诸战争打压法兰西第三共和国。这可能是引起1914年欧洲战争的诸多因素之一。

---

① 德意志帝国、奥匈帝国与意大利王国的同盟原文严格保密。——原注

1871年，奥托·冯·俾斯麦吞并阿尔萨斯和洛林或许是形势所迫，但无疑他犯了一个严重的错误。如果当时，他将这两省让给法兰西第三共和国，那么德意志帝国将继续存在。既然已经得到这两省，奥托·冯·俾斯麦建立防守同盟的目的就是想巩固德意志帝国对两省的统治。

> 彼得·安德烈耶维奇·舒瓦洛夫说"三国同盟"对我来说是场噩梦，这完全正确。我们发动了针对欧洲两个大国的战争并取得了胜利。我们都是靠引诱至少两个强敌当中被我们在战场上打败的一个，让它宣布放弃与另一个国家结盟，对我们进行复仇战争。[1]

奥托·冯·俾斯麦仍然记得在普鲁士国王腓特烈大帝后，考尼茨-里特伯格亲王文策尔·安东是如何将奥地利帝国、法兰西王国及俄罗斯帝国联合起来的。因此，奥托·冯·俾斯麦确信，德意志帝国永远不会与法兰西第三共和国友好相处。基于这一点，他决定与奥匈帝国及俄罗斯帝国建立联盟。

柏林会议刚结束，奥托·冯·俾斯麦的同盟政策就取得明显成功。一个原因是俄罗斯帝国对巴尔干地区感到失望，另一原因是泛斯拉夫主义者的活动使沙皇亚历山大二世与德意志帝国及奥匈帝国的关系明显紧张。倾向与欧洲各大国和解的彼得·安德烈耶维奇·舒瓦洛夫被指责在柏林会议上对英国及其他欧洲大国过于顺从。此时，在俄罗斯帝国政府中，彼得·安德烈耶维奇·舒瓦洛夫已经失宠。俄罗斯帝国政府中最具威信的人物是陆军大臣米卢廷。1879年8月27日和1879年8月28日，奥托·冯·俾斯麦与久洛·安德拉希伯爵在加斯坦就相关问题进行讨论，并且在建立"奥匈帝国与德意志帝国同盟"以对抗"俄罗斯帝国与法兰西第三共和国联盟"问题上达成了一致[2]。1879年9月，普鲁士国王威廉一世在波森的亚历山大罗奥会见了他的侄子沙皇亚历山大二世，普鲁士国王威廉一世与沙皇亚历山大二世不忘旧情，重归于好，但没有达成有效协议。对此，奥

---

[1] 奥托·冯·俾斯麦：《反思与回忆》，第29章。——原注
[2] 奥托·冯·俾斯麦：《反思与回忆》，第29章。实际上，"俄罗斯帝国与法兰西第三共和国的联盟"并不存在，但奥托·冯·俾斯麦担心这样的联盟出现。——原注

托·冯·俾斯麦深感不满。1879年10月7日,德意志帝国与奥匈帝国签订了《德意志帝国与奥匈帝国同盟条约》,这是久洛·安德拉希伯爵的最后一次工作。1879年10月8日,久洛·安德拉希伯爵辞职。此后,他作为一位匈牙利的领袖人物度过其余生。1890年,久洛·安德拉希伯爵去世。

从1879年到第一次世界大战,《德意志帝国与奥匈帝国同盟条约》一直是欧洲国家关系的核心。从这一时期到大战结束,《德意志帝国与奥匈帝国同盟条约》始终有效。"三国同盟"是对德意志帝国与奥匈帝国同盟的扩展,而不是取代。"三国同盟"是一种不稳定、不协调的伙伴关系,建立在缔约方各自便利的基础上,没有实际的共同利益。"三国同盟"到期后,可以延期。德意志帝国与奥匈帝国同盟有效期为五年。1902年后,德意志帝国与奥匈帝国同盟成为永久性同盟[①],任何签约国要对条约进行修改,必须在三年期内提出要求。

《德意志帝国与奥匈帝国同盟条约》第一条规定,"两帝国中的一方遭到俄罗斯帝国的攻击,缔约国的另一方有义务以其帝国的全部军事力量予以援助。如果需要和解,那么也应在缔约双方同意的基础上共同进行"。如果缔约一方受到除俄罗斯帝国以外其他国家的攻击,那么缔约另一方应对该缔约国保持友好中立的态度。但如果攻击的国家有俄罗斯帝国援助,那么缔约双方应在军事方面相互支持。在近代同盟条约中,通常的情况是,同盟一方受到无端攻击时,同盟另一方必须参战。1879年的德意志帝国与奥匈帝国同盟却无此限定条件[②]。这一同盟条约声明,双方参战原因只限于遭受俄罗斯帝国的攻击。1914年,德意志帝国支持奥匈帝国对俄罗斯帝国的军事行动,正是依据德意志帝国与奥匈帝国同盟的这一规定进行的。

年迈的普鲁士国王威廉一世本想将德意志帝国与俄罗斯帝国建立同盟的

---

① 1879年10月7日的《德意志帝国与奥匈帝国同盟条约》第三条规定这一同盟为五年期限,但1888年发表的版本中没有此规定。这一规定印在格奥尔格·弗里德里希·冯·马腾斯:《新增秘密文件汇编》系列第15章,以及《英国政府档案》,第73章,第270页。第一次发表在阿尔弗雷德·弗朗西斯·普里布拉姆:《奥匈帝国秘密条约》第19页及随后几页,第217页。——原注
② 1912年,法洛顿的爱德华·格雷爵士提议英国和德意志帝国应该同意彼此不进行无端攻击,特奥巴尔德·冯·贝特曼–霍尔韦格认为此话毫无意义。没有哪个文明国家会对别的国家发动绝对无端的攻击。不同国家受到挑衅的情况不同,但并非全无道理。——原注

伊姆雷·塞切尼

情况秘密通报给沙皇亚历山大二世,奥托·冯·俾斯麦反对这样做①,但他并不反对改善三个帝国间的关系,以避免德意志帝国与奥匈帝国同盟所预期的战争。因此,事实上,1881年的"三国同盟"是1873年"三皇同盟"的重现。1881年6月18日,"三国同盟"在柏林签订协定,该协定由奥托·冯·俾斯麦与奥匈帝国驻德意志帝国大使伊姆雷·塞切尼和俄罗斯帝国驻德意志帝国大使彼得·亚历山德罗维奇·萨布洛夫签订。协定第一条规定,如果三个缔约国之一与第四大国交战,那么另外两个缔约国应遵守友好中立的原则。第二条规定,1878年的《柏林

---

① 奥托·冯·俾斯麦:《反思与回忆》,第191页到第192页。德意志帝国与奥匈帝国同盟的情况被秘密告知给英国政府,甚至有人认为英国可能成为其中一员,与奥匈帝国和德意志帝国结成"三国同盟"。索尔兹伯里侯爵罗伯特·加斯科因-塞西尔1879年10月15日及1879年10月27日的信,以及乔治·厄尔·巴克尔:《本杰明·迪斯累利传》,第4卷,第491页到第492页。——原注

条约》要做修改，必须以缔约国共同协议为依据。第三条规定，维持条约确认的关闭博斯普鲁斯海峡和达达尼尔海峡的原则。

应该注意的是，虽然"三国同盟"协定的第一条和第三条无可辩驳，但根据第二条，将三国政府联合起来完全是反对欧洲其他地区的一个阴谋。因为《柏林条约》①是"欧洲法令"，所以修改《柏林条约》必须经欧洲所有签字国同意才行。这一阴谋的邪恶程度及其严重后果可以从1881年6月18日协定签署同一天所附的议定书中得到反映。根据该议定书第一条，奥匈帝国保留其"认为任何适当的时候"吞并波斯尼亚和黑塞哥维那的权利。根据议定书第四条，三国同意"最终，不反对保加利亚和东鲁米利亚在《柏林条约》规定的领土范围内的统一"②。

德意志帝国与奥匈帝国的同盟得到了巩固，并且在与俄罗斯帝国的关系得到安全保障后，德意志帝国与奥匈帝国又开始将目标转向意大利王国。虽然意大利王国没有放弃收复领土的决心，但考虑到其对法兰西第三共和国的敌视态度，意大利王国已经决定与德奥两国建立友好关系。意大利王国对法兰西第三共和国的敌视不是因为其垂涎法兰西第三共和国在欧洲的某块领土，如萨伏伊、尼斯和科西嘉，而是因为法兰西第三共和国在欧洲以外的殖民政策令意大利王国的政治家深感不安。对自己在地中海政治均势中的地位，意大利王国政府十分敏感，但法兰西第三共和国在非洲北部海岸的扩张危及地中海政治均势。令意大利王国感到恐惧的是，1881年5月12日，法兰西第三共和国与突尼斯总督穆罕默德三世·阿勒·萨迪克签订了《巴尔杜条约》。根据《巴尔杜条约》，突尼斯总督穆罕默德三世·阿勒·萨迪克同意法兰西第三共和国占领其领土，突尼斯领土将处在法兰西第三共和国的保护下。意大利王国与法兰西第三共和国的关系一时间陷入危机。虽然谁建议意大利王国应当加入德意志帝国与奥匈帝国的同盟不得而知，但"三国同盟"对各方利益的保障是显而易见的。奥托·冯·俾斯麦企图寻找一个新的盟国，以分散法兰西第三共和国复仇的怨恨。奥匈帝国

---

① 《三国同盟》协定第二条明确规定，只要三国政府同意就可以对协定进行修改。——原注
② "公约"和"议定书"在1920年，阿尔弗雷德·弗朗西斯·普里布拉姆：《奥匈帝国的秘密条约》。"三国同盟"协议发表前一直是保密的。该同盟期限三年，1884年延期三年。随后，又成为1887年著名的《再保险条约》。——原注

翁贝托一世

可能将来面临与俄罗斯帝国作战的风险。因此，除了与德意志帝国结盟，奥匈帝国还需寻求别的盟国支援，因为德意志帝国需要全力对付法兰西第三共和国。意大利王国也绝不可能孤军奋战，它必须寻求同盟国的援助。1882年，意大利国王翁贝托一世前往维也纳拜访了奥匈帝国皇帝弗朗茨·约瑟夫一世。接着，意大利国王翁贝托一世又前往柏林拜访了德意志皇帝威廉一世。德意志帝国、奥匈帝国及意大利王国同盟的总体计划就是此时确定的。1882年5月20日，奥匈帝国的古斯塔夫·西格蒙德·卡尔诺基伯爵，德意志帝国的克斯特里茨的罗伊斯亲王海因里希七世和意大利王国的罗比兰特伯爵卡洛·菲利斯·尼克利斯在维也纳签订"三国同盟"条约。

德意志帝国、奥匈帝国与意大利王国同盟的存在众所周知，并且在近四十年里，一直吸引着政客、新闻人士和作家的兴趣，但其条文从来没有被缔约各方或看到的人泄露过。"这确实是一个有力的证据，证明时常受人们责备的那些不谨慎的人，其实也有谨慎的时候。"①

古斯塔夫·西格蒙德·卡尔诺基伯爵

---

① 阿尔弗雷德·弗朗西斯·普里布拉姆：《奥匈帝国的秘密条约》，引言，第4页。1915年，奥匈帝国政府公布了1912年续约的四项条款，参见关于奥匈帝国与意大利关系的外交文件，1914年7月20日至1915年5月23日，第161页。1912年续签的四项条款发表于1920年，阿尔弗雷德·弗朗西斯·普里布拉姆：《奥匈帝国的秘密条约》。原文为法文，《德意志帝国与奥匈帝国同盟条约》为德文。——原注

1882年的"三国同盟"条约包含在一项三方条约中。条约中的第一条要求缔约各国就政治和经济问题交换意见。第二条如下：

> 如果意大利王国没有首先挑衅而受到法兰西第三共和国的攻击，那么德意志帝国与奥匈帝国应以全部军力帮助遭受攻击的盟国意大利王国。
> 如果德意志帝国没有挑衅而受到法兰西第三共和国的攻击，那么意大利王国也担负有同样的义务。

条约第三条规定，"三国同盟"中的一国如果受到两国及两国以上的交战国攻击时，其他两同盟国有相互援助并共同参战的义务。第四条提出保持友好中立的问题。第五条提出，军事援助即将发生时，各缔约国必须有"充分的时间"就军事措施进行协商。第六条是关于条约的保密性问题。第七条规定条约有效期为五年。第八条是有关条约批准的规定。意大利王国在条约中附加声明，表示这一同盟条约"在任何情况下都不得被视为针对英国的"。德意志帝国和奥匈帝国也做出了同样的声明。这些声明和条约都是保密的。这些声明不是为得到英国的好感，而是为表明意大利王国对另外两个盟国的立场。意大利在地中海的利益是与法兰西第三共和国的利益相冲突，而不是与英国的利益相冲突。

从"三国同盟"条约中获益最少的是奥匈帝国，因为如果奥匈帝国的任何一个同盟国遭到法兰西第三共和国的单方面攻击，那么奥匈帝国都必须为其盟国提供援助，但如果奥匈帝国遭到俄罗斯帝国的单方面攻击，那么它不能请求其他同盟国的援助。但根据1879年的《德意志帝国与奥匈帝国同盟条约》，奥匈帝国可以得到德意志帝国的援助，这一同盟条约仍然有效。显然，德意志帝国与奥匈帝国没有把这一点告知意大利王国。

1883年，罗马尼亚王国加入"三国同盟"。1883年10月30日，罗马尼亚王国首先与奥匈帝国签订防守同盟条约。同日，德意志帝国与意大利王国签字加入这一条约，并担负其义务。

总之，就同盟条约缔约各国间的关系而言，"三国同盟"展现的是既往不咎

奥匈帝国纹章

的原则,德意志帝国、奥匈帝国与意大利王国都要不计前嫌。这一同盟还有另一个目的,即1882年5月20日的同盟条约序言所指出的,缔约各国"本着为保障欧洲和平,巩固君主专制政治的原则,确保与维护缔约各国社会和政治秩序"。因此,从某种意义上来说,"三国同盟"是"神圣同盟"的重现,但有一点不同,就是"三国同盟"不干涉别国内政。

从1882年第一次"三国同盟"条约签订到1887年《续订条约》签订期间,巴尔干地区发生了一系列稀奇古怪的事件。俄罗斯帝国根据《圣斯特法诺条约》试图建立的"大保加利亚国"已经被《柏林条约》缩小为多瑙河与巴尔干半岛间的一个小保加利亚国。巴尔干以南至哈德良堡以北的伊斯特兰贾山脉间,有个奥斯曼土耳其帝国统治下的自治省,其总督为一位基督教教徒。这个保加利亚南面的省份被赋予了一个新的名称——东鲁米利亚,以便尽可能与保加利亚不同,从

巴滕贝格的亚历山大

而消除《圣斯特法诺条约》的所有痕迹①。保加利亚公国的首都是索非亚，东鲁米利亚自治省的首府是菲利普波利斯。

保加利亚公国的第一位君主是巴滕贝格的亚历山大，他是由欧洲各大国提名、保加利亚公国国民议会选举产生的。巴滕贝格的亚历山大的姑姑是沙皇亚历

---

① 在柏林会议上，对这一地区，亚历山大·米哈伊洛维奇·戈尔恰科夫请求换个名字，但本杰明·迪斯雷利态度很坚决。"亚历山大·米哈伊洛维奇·戈尔恰科夫亲王恳求我不要把南保加利亚的名字改成东鲁米利亚。他说，这对俄罗斯帝国来说是最大的耻辱。很难拒绝这个可爱的老狐狸，因为他很容易让人心软。"乔治·厄尔·巴克尔：《本杰明·迪斯累利传》，第6卷，第328页。注：东鲁米利亚这个奇怪的名字可能是索尔兹伯里侯爵罗伯特·加斯科因-塞西尔发明的，他是个造词者。——原注

山大二世①的妻子,因此,他本人就是沙皇亚历山大三世的表弟。1885年,巴滕贝格的亚历山大的弟弟巴滕贝格的亨利亲王与维多利亚女王的女儿比阿特丽斯公主成婚。巴滕贝格的亚历山大年轻力壮,柏林会议召开时,他年仅二十一岁。他十分关注其强悍臣民的民族统一愿望。1885年9月,在巴尔干半岛南北保加利亚人民强烈要求统一的愿望鼓舞下,菲利普波利斯爆发了民族主义革命。巴滕贝格的亚历山大立即做出回应,率领军队进入菲利普波利斯。塞尔维亚公国政府对保

巴滕贝格的亨利亲王与比阿特丽斯公主

---

① 1881年,俄罗斯沙皇亚历山大二世遭到暗杀。——原注

加利亚公国的领土扩张提出抗议，并且要求赔偿。1885年11月，保加利亚公国与塞尔维亚公国的军队爆发了短暂的武装冲突。在斯利夫尼察战役中，巴滕贝格的亚历山大手下的将士们力挫塞尔维亚公国的军队①。随后，巴滕贝格的亚历山大十分明智地转向奥斯曼土耳其帝国，并且与奥斯曼土耳其帝国签订条约。因此，奥斯曼土耳其帝国政府任命巴滕贝格的亚历山大为东鲁米利亚总督。当时，由索尔兹伯里侯爵罗伯特·加斯科因-塞西尔担任首相的英国政府反对这种违反《柏林条约》的行为。英国政府不知道在"三皇同盟"中，签订《柏林条约》的三大国，即德意志帝国、奥匈帝国及俄罗斯帝国，曾秘密商定不反对"保加利亚和东鲁米利亚的最终统一"。尽管如此，索尔兹伯里侯爵罗伯特·加斯科因-塞西尔还是能做到让参加柏林会议的各大国只承认巴滕贝格的亚历山大为东鲁米利亚总督，并且根据《柏林条约》第十七条规定，巴滕贝格的亚历山大的东鲁米利亚总督的任期为五年。索尔兹伯里侯爵罗伯特·加斯科因-塞西尔背后的目的是将来可以任命他人取代巴滕贝格的亚历山大担任东鲁米利亚总督。事实上，这个设想并没有实现，保加利亚公国与东鲁米利亚仍然是统一的。东鲁米利亚的代表参加的是索非亚的保加利亚公国国民议会。但从理论上讲，就东鲁米利亚而言，巴滕贝格的亚历山大是这个奥斯曼土耳其帝国自治省的唯一总督。笔者听一位英国外交家说他曾在君士坦丁堡亲眼见过戴着红色土耳其毡帽的保加利亚萨克森-科堡-哥达王朝的摄政王科堡的斐迪南②。

但在沙皇亚历山大二世遇刺后，刚刚继位的沙皇亚历山大三世无意树立新政，无意过多干涉实际政务，因而离不开巴滕贝格的亚历山大。因此，巴滕贝格的亚历山大并没有长期担任保加利亚公国的君主及东鲁米利亚总督。对此，在斯利夫尼察战役中为获胜立下大功的本德雷夫和帕尼察两位将军都极其不满。1886年8月21日，本德雷夫与帕尼察起兵谋反并获成功。据说，对这次谋反，沙

---

① 从1885年11月18日到1885年11月19日，斯利夫尼察战役只持续了两天。巴滕贝格的亚历山大本人没有参战。——原注
② 1886年8月20日，一批亲俄的保加利亚军官发动政变，将巴滕贝格的亚历山大废黜并驱逐出境。9月，巴滕贝格的亚历山大被迫正式宣告退位。1887年7月7日，萨克森-科堡-哥达公爵恩斯特一世的侄孙——科堡的斐迪南被选为保加利亚公国的摄政王，开启了保加利亚萨克森-科堡-哥达王朝。

巴滕贝格的亚历山大被阴谋者关在王宫里

皇亚历山大三世是知情的①。巴滕贝格的亚历山大被关在其王宫内，不久，被护送出境。他进入罗马尼亚王国，经过比萨拉比亚，到达奥匈帝国。保加利亚临时政府控制其首都索非亚一个月后，保加利亚爆发反革命运动。因此，巴滕贝格的亚历山大趁机回国。1886年9月2日，巴滕贝格的亚历山大又回到索非亚，但他觉得没有沙皇亚历山大三世表态支持是无法长期担任保加利亚君主的。不料，无情的沙皇亚历山大三世拒绝了他的再次担任保加利亚君主的请求。巴滕贝格的亚历山大接受了沙皇亚历山大三世的裁决，不失尊严地放弃了王位，退居奥匈帝国。1893年，作为冯·哈特瑙伯爵，巴滕贝格的亚历山大去世。

巴滕贝格的亚历山大退位后，以保加利亚政治家斯特凡·尼科洛夫·斯坦博

---

① 即位初期，对自由主义和保守主义，沙皇亚历山大三世态度不明，强制推行俄罗斯化的政策，与英国之间的矛盾激化。1881年5月，巴滕贝格的亚历山大发动政变推翻自由主义政府，实行独裁统治，这导致他与自由主义者矛盾加剧。与此同时，巴滕贝格的亚历山大开始谋求英国的支持。1883年，巴滕贝格的亚历山大与反对派自由主义者签订协定，成立联合政府，俄罗斯帝国与保加利亚公国的关系逐渐冷淡。

洛夫为首的摄政统治①难以应付各大国的利益冲突,最终找到科堡的斐迪南②成为保加利亚沙皇。保加利亚沙皇斐迪南一世是法兰西王国国王路易·腓力一世的女儿奥尔良的克莱芒蒂娜公主的儿子,当时年仅二十五岁,是奥地利军队的一名中尉。1887年7月,保加利亚沙皇斐迪南一世得到奥匈帝国政府的默许,成为保加利亚公国的沙皇。无人预料他会长期在位,但事实上,他获得了巨大成功。直到1918年,保加利亚沙皇斐迪南一世才离开保加利亚公国,回到科堡,过着富足的私人生活③。

保加利亚沙皇斐迪南一世

---

① 1887年7月7日,萨克森-科堡-哥达公爵恩斯特一世的侄孙,另一位也叫斐迪南的亲王,被选为保加利亚的摄政王。
② 即位后称沙皇斐迪南一世。
③ 仅在英国,保加利亚沙皇斐迪南一世就有四十万英镑的财产。欧洲战争爆发后,英国法庭宣布这些仍属保加利亚沙皇斐迪南一世的财产,不得没收。——原注

奥尔良的克莱芒蒂娜公主

　　1887年2月20日,"三国同盟"续签,延续到1892年5月30日。续签包括三个文件:第一份文件是份延长1882年"三国同盟"的三方条约,第二份文件是1887年2月20日,奥匈帝国与意大利王国单独签订的条约,其中最重要的是这份条约的第一条。这一条规定,如果形势的发展致使巴尔干半岛,或亚得里亚海和爱琴海的奥斯曼土耳其帝国的海岸和岛屿改变现状,那么奥匈帝国和意大利王国必须依据"任何一方获得领土或其他利益时,必须给予对等补偿的原则"达成协议后才能改变现状。第三份文件是德意志帝国与意大利王国单独签订的条约,其中最主要的是这份条约的第三条,这一条规定,如果在的黎波里或摩洛哥,法兰西第三共和国试图扩展其在北非的领土,导致意大利王国不得不采取极端措施,"从而引起意大利王国与法兰西第三共和国间的战争,即可构成同盟国履行盟约进行助战的理由,那么1882年5月20日'三国同盟条约'的第二条和第五条所预期的效力也随之发生"。如果战后,意大利王国"向法兰西第三共和国提出领土保障要求……那么德意志帝国不得设置任何障碍"。此外,根据"三国同盟"条约的第四条,德意志帝国应设法"为实现这一目的提供便利"。

显然,在续签的"三国同盟"条约的两项单独条约中,意大利王国获益最多。

在续签"三国同盟"条约的同时,与此重复的"三皇同盟"条约也得以延期。奥托·冯·俾斯麦始终试图与俄罗斯帝国结盟,沙皇亚历山大三世也想得到奥托·冯·俾斯麦的帮助,镇压俄罗斯帝国国内的虚无主义者。接替亚历山大·米哈伊洛维奇·戈尔恰科夫亲王的外交家尼古拉·德·吉尔斯经验丰富,深受彼

尼古拉·德·吉尔斯

米哈伊尔·迪米特里耶维奇·斯科别列夫

得·安德烈耶维奇·舒瓦洛夫的影响,其政策是与德意志帝国保持良好关系,反对米哈伊尔·迪米特里耶维奇·斯科别列夫将军与法兰西第三共和国结盟的政策。1882年,尼古拉·德·吉尔斯游历了中欧各国的首都。1884年9月14日,德意志帝国、奥匈帝国及俄罗斯帝国三国君主在波兰斯凯尔涅维采会晤,重新达成友好谅解,这是欧洲各国得到的公开消息。实际上,早在五个月前,奥托·冯·俾斯麦与奥匈帝国驻德意志帝国大使伊姆雷·塞切尼及俄罗斯帝国驻德意志帝国大使尼古拉·亚历克塞耶维奇·奥尔洛夫就在柏林会晤。他们代表各自君主续签了"三皇同盟"条约,并且对这一条约做了些许修改,条约为期三年①。1887年

---

① 这一条约直到被阿尔弗雷德·弗朗西斯·普里布拉姆的著作《奥匈帝国的秘密条约》公布后才为人所知。——原注

6月18日，德意志帝国政府与俄罗斯帝国政府签订了新的、更明确的条约，为期三年，即《再保险条约》。《再保险条约》的第一条有些隐晦：

> 如果两缔约国一方与第三大国作战，那么缔约国另一方应当对第三大国保持友好中立，并且努力使战争局部化。但如果这一战争是缔约国一方攻击奥匈帝国或法兰西第三共和国造成的，那么不适用这一规定。

根据《再保险条约》第二条，德意志帝国承认俄罗斯帝国在巴尔干半岛已经拥有的权利，特别是"在保加利亚和东鲁米利亚地区的优势及决定性力量"。《再保险条约》第三条规定，德意志帝国与俄罗斯帝国政府再次确认关闭达达尼尔海峡和博斯普鲁斯海峡。在《再保险条约》"附加秘密议定书"部分，德意志帝国承诺"绝不会同意保加利亚的巴滕贝格的亚历山大复辟"。

《再保险条约》与所有德意志帝国与俄罗斯帝国间的条约一样，用法文写成，并且由奥托·冯·俾斯麦和彼得·安德烈耶维奇·舒瓦洛夫代表各自政府签字。《再保险条约》也是彼得·安德烈耶维奇·舒瓦洛夫的最后一项工作。这一条约自批准之日起有效期为三年。1890年，欧洲政治与外交的新局面随之开启[1]。

1890年，欧洲外交史上发生了两件重大事件。一件是伟大的德意志帝国首相奥托·冯·俾斯麦退休，另一件是英国与德意志帝国就黑尔戈兰岛及桑给巴尔岛的所有权签订条约。

1888年3月，德意志皇帝威廉一世去世后，其子腓特烈三世继位。短短三个月后，德意志帝国的皇位又传给二十九岁的威廉二世。年轻的威廉二世精力充沛，不可能像威廉一世或病入膏肓的腓特烈三世那样，将政府的主导权交给其大臣代理。转机迅速到来。1890年3月29日，铁血宰相奥托·冯·俾斯麦拒绝了劳恩堡公爵的头衔。随后，他退居家乡腓特烈斯鲁厄八年，但他坏脾气不改。

---

[1] 1890年可以被认为是英国与德意志帝国友谊几乎中断的一年，也是法兰西第三共和国与俄罗斯帝国开始结盟的一年。——原注

腓特烈三世

德意志皇帝威廉二世任命的新首相格奥尔格·莱奥·冯·卡普里维·德·卡普雷拉·德·蒙泰库库利男爵是位军人。因此，德意志皇帝威廉二世摒弃德意志帝国外交传统的中庸策略，而倾向于采取军事手段解决外交问题。但最终，德意志皇帝威廉二世仍然任命文人为德意志帝国首相，如海因里希·冯·比洛男爵和特奥巴尔德·冯·贝特曼-霍尔韦格。这些首相都是在健全的外交和行政传统熏陶下成长起来的，十分理智，但这些首相不像奥托·冯·俾斯麦是德意志帝国政策的制定者。在这些首相与君主之间隔着许多普鲁士军人、侍臣和行政管理人员，这些人只听从君主的指挥。

但奥托·冯·俾斯麦的外交政策不会在他离开德意志皇帝威廉二世后立即

消失。奥托·冯·俾斯麦的信条之一就是与英国保持良好关系。对此，英国首相兼外交大臣索尔兹伯里侯爵罗伯特·加斯科因-塞西尔与奥托·冯·俾斯麦观点一致。奥托·冯·俾斯麦卸任时，英国与德意志帝国已经准备好达成谅解，使英国与奥匈帝国两国即将发生的利益冲突可以得以缓解。

在执政的最后几个月，奥托·冯·俾斯麦邀请欧洲各国代表参加柏林会议，研究社会及经济问题。1890年3月15日到1890年3月29日，柏林会议在德意志帝国商务大臣的主持下召开。最后，柏林会议通过的议定书由六章组成，对矿业工作人员的年龄、星期日及夜间工作、妇女及少女工作等相关问题的管理提出了建议。这些建议只代表欧洲舆论对工业问题的立场。此外，这些建议还象征着工业进入国际化管理的历史新阶段，这一点直到《国际联盟公约》中的《劳工协定》才达到更完整的体现。1890年在柏林举行的国际劳工大会大大提高了年轻的德意志皇帝威廉二世的威望。这次劳工大会是对同时举行的布鲁塞尔国际会议的补充。布鲁塞尔国际会议旨在协调各项措施，禁止贩卖非洲奴隶。《布鲁塞尔会议议定书》得到会议成员国的接受及批准，也或多或少得到有效实施。

1890年，英国与德意志帝国解决了它们在非洲的分歧。长期以来，索尔兹伯里侯爵罗伯特·加斯科因-塞西尔一直致力于防止两国间的斗争。这场争夺非洲的斗争可能随时爆发，进而演变成一场欧洲大战。最终，经过一番努力，索尔兹伯里侯爵罗伯特·加斯科因-塞西尔使德意志帝国承认桑给巴尔和维图处在英国的保护下。作为补偿，德意志帝国获得了自1814年就一直属于英国的黑尔戈兰岛①。

---

① 1890年7月1日，英国和德意志帝国在柏林签订条约。——原注

第 26 章

法兰西第三共和国的复兴

　　1870年到1871年的战争后,法兰西第三共和国就已经开始恢复其实力和威望了,但直到1904年以后,英国公众才开始意识到这一事实。这就是1875年奥托·冯·俾斯麦一直担心发生的与法兰西第三共和国的战争,也是1879年、1882年及1887年,德意志帝国先后签订《两国联盟》《三国同盟》及《再保险条约》的原因。正如加布里埃尔·阿诺托①在其所著《当代法兰西史》中所说,由于奥托·冯·俾斯麦的反法同盟体系使法兰西第三共和国陷入了完全孤立,"法兰西第三共和国英雄时代"的政治家们要完成他们的使命需要很大的勇气。尽管如此,法兰西第三共和国的人民还是在竭尽全力恢复其实力。在茹费理的殖民政策中,这一点表现得尤为明显。不久前,法兰西第三共和国的领土由于在突尼斯、东京湾②、马达加斯加和刚果等地的殖民扩张行为而明显增加。第一次世界大战开始前,法兰西第三共和国的邻国已经开始担心法兰西第三共和国从海外殖民地调动军队,以弥补本土军力的不足。这种担心并非没有根据③。

---

① 法国历史学家、外交家。
② 北部湾的旧称。
③ 参见1913年8月2日奥匈帝国、德意志帝国与意大利王国签订的《海军协定》。协定的地中海部分有一章,即第8章,题为《对法兰西共和国从北非运送军队的攻击》,阿尔弗雷德·弗朗西斯·普里布拉姆:《奥匈帝国的秘密条约》,第297页。——原注

土库曼战场上的米哈伊尔·迪米特里耶维奇·斯科别列夫

每当俄罗斯帝国就欧洲事务希望获得法兰西第三共和国的同意时，法兰西第三共和国便开始摆出自己的身份。在俄罗斯帝国，提倡联合法兰西第三共和国的主要人物有米哈伊尔·迪米特里耶维奇·斯科别列夫。1882年年初，他刚从镇压土库曼人的战役中凯旋，就访问了巴黎。在巴黎，米哈伊尔·迪米特里耶维奇·斯科别列夫受到欢迎。他还发表了公开演讲，表明了法兰西第三共和国与俄罗斯帝国的友好关系。但不久，米哈伊尔·迪米特里耶维奇·斯科别列夫去世，沙皇亚历山大三世加入了"三皇同盟"。1886年，奥匈帝国与德意志帝国两国对保加利亚与东鲁米利亚统一所采取的态度，让沙皇亚历山大三世感到失望，因此，他开始考虑与法兰西第三共和国建立友好关系。当时，俄罗斯帝国政府碰巧正在开展一项宏大且利润丰厚的铁路建设计划,如果没有外资援助,那么这项工程就无法完成。法兰西人本质上擅长"储蓄",他们积累的财富已经超出了本国产业发展的需求,因此,他们渴望可以获利的海外投资机会。俄罗斯帝国政府在法兰西第三共和国发行的第一笔五亿法郎债券的贷款被超额认购[1]。这笔贷款需要得到法兰西第三共和国政府的同意,具有半官方性质。不久,随着俄罗斯债券源源不断地发行,在财政方面,俄罗斯帝国与法兰西第三共和国紧密联结在一起[2]。1889年,俄罗斯帝国政府向法兰西第三共和国订制了五十万支步枪,对此,夏尔·德·弗雷西内要求保证这些步枪不得用于对付法兰西第三共

夏尔·德·弗雷西内

---

[1] 这笔贷款利息为4%,债券面值为一百法郎,每笔债券按八十六法郎四十五生丁发行。——原注
[2] 俄罗斯帝国国家铁路系统是由法兰西第三共和国的贷款及少部分英国资金建造的。1918年,布尔什维克将铁路据为己有,但拒绝承认这笔债务。——原注

威廉二世

和国。据说,俄罗斯帝国驻法兰西第三共和国大使同意做出保证①。与此同时,1890年夏,德意志帝国与俄罗斯帝国签订的《再保险条约》即将到期。德意志帝国皇帝威廉二世似乎已经意识到了法兰西第三共和国转向俄罗斯帝国的危险,因此,他向法兰西第三共和国伸出了橄榄枝。法兰西第三共和国艺术家正式获邀参加1891年在柏林举行的艺术展。1891年2月12日,德意志帝国皇帝威廉二世与法兰西第三共和国驻德意志帝国大使朱尔斯·加布里埃尔·埃尔贝特共进晚

---

① 安托南·德比杜尔:《和平部队》,第138页。——原注

餐。此时,甚至有传言说德意志帝国威廉二世要访问巴黎。法兰西第三共和国政府虽然态度有些保守,但表现得彬彬有礼。如果德意志帝国与法兰西第三共和国缓和双边关系,那么有一件事是德意志帝国无法回避的,即法兰西第三共和国必须放弃收复阿尔萨斯-洛林。但此时,保罗·德鲁莱德领导的"法兰西爱国者联盟"举行集会,强烈抗议"阿尔萨斯的看守者"德意志皇帝威廉二世访问巴黎。危机似乎近在眼前。1891年2月27日,德意志帝国外交大臣阿道夫·马沙尔·冯·比贝尔施泰因男爵意味深长地对朱尔斯·加布里埃尔·埃尔贝特说:"德意志帝国的宽容是有限度的。"由于法兰西第三共和国政府处理得当,危机得以化解。当俄罗斯帝国政府邀请法兰西第三共和国派舰队对喀琅施塔得进行礼节

保罗·德鲁莱德

亚历山大·里博

性访问时,法兰西第三共和国接受了邀请。1891年7月22日,在礼炮和欢呼声中,法兰西第三共和国舰队抵达俄罗斯帝国的港口喀琅施塔得。据说,当法兰西第三共和国军官访问圣彼得堡时,他们参加了沙皇亚历山大三世出席的音乐招待会。随着奏响《马赛曲》,沙皇亚历山大三世也脱帽致敬[①]。1891年8月,法兰西第三共和国外交部部长亚历山大·里博和国防部部长夏尔·德·弗雷西内与俄罗斯帝国外交大臣尼古拉·德·吉尔斯交换了文件,法兰西第三共和国与俄罗斯帝国形成"友好谅解"。现在,"友好谅解"已经成为普遍使用的词语,代表一种没有具体同盟关系的国际友谊。法兰西第三共和国与俄罗斯帝国公开宣布友好谅解后,所有法兰西第三共和国的人民都松了一口气。对英国公众来说,他们是很难想象法兰西第三共和国政府的感受。在欧洲武装阵营中,法兰西第三共和国度

---

① 安托南·德比杜尔:《和平部队》,第171页。——原注

过了没有朋友与同盟国的二十年。它忍受着强敌的无情压迫,这些敌人构成的军事同盟在法兰西第三共和国周围形成了围攻之势。但现在,整个欧洲都承认法兰西第三共和国稳固且国力强大,其政府能继续"以其尊严维护和平",能做到"深谋远虑,沉着冷静"①,而不用再时时担心法兰西第三共和国的安全。

法兰西第三共和国与俄罗斯帝国同盟的建立经历了大约六年的时间,这需要法兰西第三共和国的外交家们耐心而持久的努力,他们尤其要不断消除人们对法兰西第三共和国内阁频繁更换带来的不稳定所产生的误解。法兰西第三共和国与俄罗斯帝国政府间的关系正在逐步改善,俄罗斯帝国的贵族与法兰西第三共和国总统萨迪·卡诺间有一些非正式会晤,与奥托·冯·俾斯麦和拿破仑三

萨迪·卡诺

---

① 在巴波姆,亚历山大·里博在为路易·莱昂·费代尔布将军纪念碑揭幕。安托南·德比杜尔:《和平部队》,第172页到第173页。——原注

世在艾克斯莱班会晤时的风格极其相似。尼古拉·德·吉尔斯是一位不知疲倦的旅行者，花了大量时间不断奔走，为欧洲和平做了大量工作。1891年冬，在从意大利到俄罗斯的途中，尼古拉·德·吉尔斯在巴黎停留。在圣彼得堡，法兰西第三共和国大使德·拉纳，即夏尔·路易·莫里斯·蒙泰贝洛公爵与沙皇亚历山大三世及圣彼得堡政界要人都有着重要的社会关系。1892年8月18日，在圣彼得堡，俄罗斯帝国与法兰西第三共和国签订了军事协定草案①。

根据这份军事协定草案，"如果德意志帝国进攻法兰西第三共和国，或在德意志帝国援助下，意大利王国进攻法兰西第三共和国，那么俄罗斯帝国将尽其全力与德意志帝国作战"。此外，"如果德意志帝国进攻俄罗斯帝国，或在德意志帝国援助下，奥匈帝国进攻俄罗斯帝国，那么法兰西第三共和国将尽其全力与德意志帝国作战"。

在这些关系微妙而艰难的谈判中，法兰西第三共和国的主要功劳应记在夏尔·德·弗雷西内身上，他早已掌握并随时跟踪那些难以捕捉的维系法兰西第三共和国与俄罗斯帝国关系的线索。与此同时，法兰西第三共和国总统萨迪·卡诺和总理埃米尔·弗朗索瓦·卢贝也做出了自己的贡献。1892年12月，埃米尔·弗朗索瓦·卢贝的政府下台②，接替它的是亚历山大·里博的政府。在新政府中，夏尔·德·弗雷西内担任国防部部长，埃米尔·弗朗索瓦·卢贝担任内政部部长。此时，在批准军事协定草案这件事上，沙皇亚历山大三世正犹豫不决。

1893年，法兰西第三共和国与俄罗斯帝国仍然没有达成任何实质性的条约。1893年10月，亚历山大·里博的政府又被夏尔·迪普伊的政府取代。此时，夏尔·德·弗雷西内已经不再担任国防部部长。但有两个担任次要职位的人物，后来，他们成为法兰西第三共和国历史上的著名人物，他们是公共教育部部长雷蒙·普安卡雷和殖民部部长泰奥菲勒·德尔卡塞。1893年10月，特奥多尔·克

---

① 1917年，在黄皮书中，法兰西第三共和国政府发表了这份军事协定及其相关文件。直到1893年12月，沙皇亚历山大三世才批准该协定。——原注
② 埃米尔·弗朗索瓦·卢贝政府及其所在政党的一些成员被发现与巴拿马运河公司财务丑闻有牵连。——原注

埃米尔·弗朗索瓦·卢贝

里斯蒂安·阿韦兰上将率领俄罗斯帝国舰队访问土伦。随后,这支舰队的官兵前往巴黎。在巴黎的庆祝活动中,著名的帕特里斯·德·麦克马洪元帅去世。沙皇亚历山大三世机智地派遣其海军上将和军官作为官方代表团参加帕特里斯·德·麦克马洪元帅的葬礼。1893年12月,夏尔·迪普伊下台,让·卡齐米尔-佩里耶担任法兰西第三共和国总理。同月,夏尔·路易·莫里斯·蒙泰贝洛公爵漫长的谈判取得成功。1893年12月30日,在圣彼得堡,他致信让·卡齐米尔-佩里耶说:"我刚刚收到尼古拉·德·吉尔斯的来信,得知沙皇亚历山大三世已经原则上批准了法兰西第三共和国与俄罗斯帝国的军事协定草案,并且经沙皇亚历山大三世的两位参谋签字,这份军事协定已经被采纳。"

法兰西第三共和国与俄罗斯帝国建立同盟的时机已经成熟。1894年3月,军事协定草案获得沙皇亚历山大三世的批准。最终,军事援助也写进了这一军事协定草案。

第27章

三国协约

第1节 埃及

自1815年以来,英国与法兰西始终保持着密切的关系。路易·腓力一世统治时期,人们用"友好谅解"一词表达这两国间的态度。从维多利亚女王统治期间的《笨拙》杂志可以看出法兰西人在英国人心目中的地位。但这两国的关系也有疏远的时候,其中有些疏远的时间相当长,而埃及问题导致两国隔阂的时间最长。

1876年,由于总督伊斯梅尔帕夏的挥霍及行政当局的腐败与低效,埃及政府无法偿还其债务。为解决这个问题,经伊斯梅尔帕夏同意,埃及政府设立了一家国际银行。此外,英国还派遣一名英国官员管理埃及政府的收入,法兰西第三共和国派遣一名官员负责监督埃及政府的开支,这种办法被称为"双重管制"。

欧洲各国政府都知道,如果要防止混乱及对农民的压迫,那么埃及政府就必须有人监督,奥托·冯·俾斯麦多次坦率表示英国应承担这一任务。1876年,本杰明·迪斯雷利致信索尔兹伯里侯爵罗伯特·加斯科因-塞西尔说:"我很奇怪,奥托·冯·俾斯麦竟然还在喋喋不休地谈论埃及问题。"①然而,1875年,本

---

① 1876年11月29日的信。乔治·厄尔·巴克尔:《本杰明·迪斯累里传》,第6章,第104页。——原注

杰明·迪斯雷利已经为英国购买了苏伊士运河公司总额三分之一以上的股份,他不想再继续购买了。在信中,本杰明·迪斯雷利还说:"我们占领埃及必然会得罪法兰西第三共和国。"这或许就是奥托·冯·俾斯麦多次提议让英国监督埃及的原因。

这种"双重管制"与政策无关,纯粹是行政手段,无法阻止埃及总督伊斯梅尔帕夏的奢侈及对埃及农民的压迫行为。但通过劝告,奥斯曼土耳其苏丹罢免了伊斯梅尔帕夏,并且由伊斯梅尔帕夏的儿子穆罕默德·陶菲克帕夏担任埃及

穆罕默德·陶菲克帕夏

艾哈迈德·乌拉比

总督。此时，英国与法兰西第三共和国的"双重控制"比以往更加显著，这激起在萌芽中的埃及民族主义运动。1882年，以艾哈迈德·乌拉比为首的埃及民族主义者对欧洲侨民进行屠杀。1882年6月11日，亚历山大港的四百名欧洲人被杀害。英国政府派遣舰队轰炸亚历山大港后，又派遣海军登陆，恢复当地的秩序。法兰西第三共和国总理夏尔·德·弗雷西内拒绝派遣法兰西第三共和国地中海舰队参与轰炸，并且建议召开欧洲会议讨论此问题[①]。但当苏黎世运河一带必须派欧洲军队驻守时，夏尔·德·弗雷西内表示愿意与英国联合作战。然而，法兰西第三共和国议会没有批准战争必需的经费。众所周知，"三国同盟"条约刚

---

① 实际上，1882年6月到1882年8月，欧洲各国在君士坦丁堡开会讨论埃及问题。——原注

乔治·邦雅曼·克列蒙梭

刚签订,因此,法兰西第三共和国的政客们大都不愿进行海外冒险。乔治·邦雅曼·克列蒙梭在国民议会说:"欧洲到处都是士兵……请保留法兰西第三共和国的行动自由。"[1]诚然,英国与法兰西第三共和国的联合干预意味着这两国必然达成某种程度的协调或谅解,但法兰西第三共和国或许认为,在与德意志帝国、奥匈帝国及意大利王国进行大陆战争时,与英国的友好谅解没有任何价值。这种看法或许是正确的,因为大陆战争极有可能发生。此时,威廉·尤尔特·格

---

[1] 1882年7月29日。安托南·德比杜尔:《欧洲外交史:从柏林会议至今》,第1卷,"武装和平(1878—1904)",第2章,第65页。——原注

拉德斯通内阁在英国的统治是稳定的。1870年普鲁士王国与法兰西第三共和国战争时期,威廉·尤尔特·格拉德斯通内阁没有为法兰西第三共和国提供任何援助,因此,法兰西第三共和国知道他的同情没有任何意义。尽管如此,夏尔·德·弗雷西内始终认为,国民议会拒绝授权他与英国联合干涉埃及是重大失策。1882年7月29日,夏尔·德·弗雷西内内阁倒台,由主张不干涉埃及政策的夏尔·泰奥多尔·欧仁·迪克莱尔内阁继任。1882年9月,英国政府劝诱奥斯曼土耳其帝国政府宣布阿拉比帕夏为叛军,并且派吴士礼子爵加尼特·吴士礼

吴士礼子爵加尼特·吴士礼

泰拉-埃尔-凯比尔战役

率领军队登陆,赢得了泰拉-埃尔-凯比尔战役的胜利,镇压了埃及的民族主义起义。

1882年到1887年,英国只是临时占领埃及。几年后,英国对埃及的占领逐渐稳固。阿拉比帕夏叛乱时期在君士坦丁堡召开的大使会议仍在继续,但毫无结果。欧洲各大国只是利用这个机会,在"克己的议定书"中表明了各国的无私态度,其大意是:

> 各缔约国政府自愿在协同解决埃及问题的任何协定中,绝不谋求任何埃及的领土利益,也不谋求独占领土的特权或其他国家能够平等享受的以外商业利益。①

---

① 1882年6月25日,英国、奥匈帝国、法兰西第三共和国、德意志帝国、意大利王国和俄罗斯帝国代表在瑟西亚签订议定书。——原注

实际上，在国际法中，这份议定书无足轻重，因为这份议定书依据的条件从没生效，也就是说，没有"根据两国共同行动"达成任何协定。但可以认为，无论是商业特权还是妥协，英国都严格按照议定书的精神和文字履行了其义务。事实上，英国减少对埃及管理权的主要问题在于其他欧洲国家将失去英国给予这些国家侨民的安全保障。

1885年，英国政府决定采取措施，退出埃及。亨利·德拉蒙德·沃尔夫爵士专程前往君士坦丁堡，就英国军队撤出埃及与欧洲各国进行磋商。为确保埃及稳定，英国军队撤出前需要做许多工作。1887年5月22日，亨利·德拉蒙德·沃尔

亨利·德拉蒙德·沃尔夫

赛义德·哈利姆帕夏

夫爵士与基亚米尔帕夏及赛义德·哈利姆帕夏签订公约，确定英国占领埃及的期限，即"自本公约生效之日起三年期满，英国政府从埃及撤军"。但如果有来自埃及的"内部或外部危险"需要延期，英国政府可以推迟撤军；如果埃及内部或外部条件需要，英国可以恢复对埃及的占领。但这一公约本来就确定了三年内由英国占领埃及。结果，法兰西第三共和国与俄罗斯帝国反对英国政府拥有公约期满后再次进入埃及的权利。与此同时，公约也因奥斯曼土耳其苏丹拒绝批准而流产。1887年，有关埃及问题的信作为英国议会公文发表，读来饶有趣味。英国外交部似乎尽其所能给奥斯曼土耳其苏丹施加压力，劝其批准公约，结束英国在埃及的统治。但奥斯曼土耳其苏丹似乎有意拖延英国军队驻扎在埃及的时间，这使英国所有善意的努力付诸东流，"导致英国占领埃及时间延长的责任必须由奥斯曼土耳其帝国政府承担，因为我们已经尽力缩短英国军队占领埃及的时间了"①。

英国政府及其官员从埃及总督的机构入手，重组了埃及政府，使其经济和道德状况有所改善，这一点是有目共睹的。法兰西第三共和国政府仍然认为1882年的事件并没有改变埃及局面，即英国与法兰西第三共和国对埃及的共管权仍然存在。但在给法兰西第三共和国政府的文件中，英国外交大臣坚持认为，此时埃及的状况已经发生变化。英国政府迫于形势，已经单独进入埃及，不能与另一大国分担责任。1883年1月18日，埃及总督发布命令，废除"双重管制"，并且由一位英国财务顾问单独管理埃及政府的开支。因此，法兰西第三共和国失去了埃及，虽然它很清楚这是由于1882年拒绝与英国联合干预埃及局势导致的结果，但法兰西第三共和国仍然心存怨恨。英国与法兰西第三共和国的友好谅解仍任重而道远。

第2节 非 洲

19世纪90年代，英国与法兰西第三共和国相互间的态度仍然没有发生变化。在茹费理的大力推动下，法兰西第三共和国恢复了殖民大国的地位。1880年到1889年，茹费理曾两次担任内阁总理。在开拓非洲方面，法兰西第三共和国英勇无畏的探险家发挥了重要作用。1884年到1885年，法兰西第三共和国参加了在柏林举行的重要会议，这次会议的目的是确定瓜分西非地区大部分土地的原则，此次会议的成果是1885年2月26日签订的《柏林会议总议定书》。这份议定书规定：第一，刚果河流域领土范围内通商自由。第二，刚果河流域领土范围内禁止奴隶贸易。第三，刚果河流域领土保持中立。第四，根据《维也纳条约》第一百零八条至一百一十六条，刚果河与尼日尔河航行自由。第五，各大国如果

---

① 索尔兹伯里侯爵罗伯特·加斯科因-塞西尔。《英国议会记事录》，1887年，第2卷，582页。——原注

1885年的柏林会议，列强站在巨幅非洲地图前对非洲进行瓜分

在非洲占领任何领土，那么必须向其他签字国通报其占领领土的情况，并且确保对法律、秩序和条约权利的尊重。

根据《柏林会议总议定书》设为中立的刚果河流域的领土由刚果自由联邦、法兰西第三共和国和葡萄牙王国瓜分。刚果自由联邦源自1876年在布鲁塞尔成立的"非洲国际协会"，比利时国王利奥波德二世是该协会的主要发起者。1885年，"非洲国际协会"得到柏林会议各国的承认。法兰西第三共和国与该协会交换意见书，规定如果该协会决定出售任何领土，法兰西第三共和国具有优先购买权①。

1890年8月5日，在精明的亚历山大·里博和索尔兹伯里侯爵罗伯特·加斯科因-塞西尔分别领导下的法兰西第三共和国政府与英国政府签订的条约，超出

---

① 1908年，比利时王国兼并刚果自由联邦时，在1908年12月23日，重新签约确认了法兰西第三共和国的优先购买权。——原注

了两国人民认为的合理范围。法属殖民地苏丹①向南扩张,一直延伸到英国皇家尼日尔公司经营范围的领地。以尼日尔中部到乍得湖的巴鲁阿为界,索尔兹伯里侯爵罗伯特·加斯科因–塞西尔与亚历山大·里博签订的条约划定了英国与法兰西第三共和国的利益范围。尽管法兰西第三共和国国民议会认为从议定书中所得太少,但亚历山大·里博解释说,法兰西第三共和国获得了英国皇家尼日尔公司设有贸易站点的领土。对这份议定书,英国下议院也有议员反对,索尔兹伯里侯爵罗伯特·加斯科因–塞西尔解释说,分配给法兰西第三共和国的地区主要是

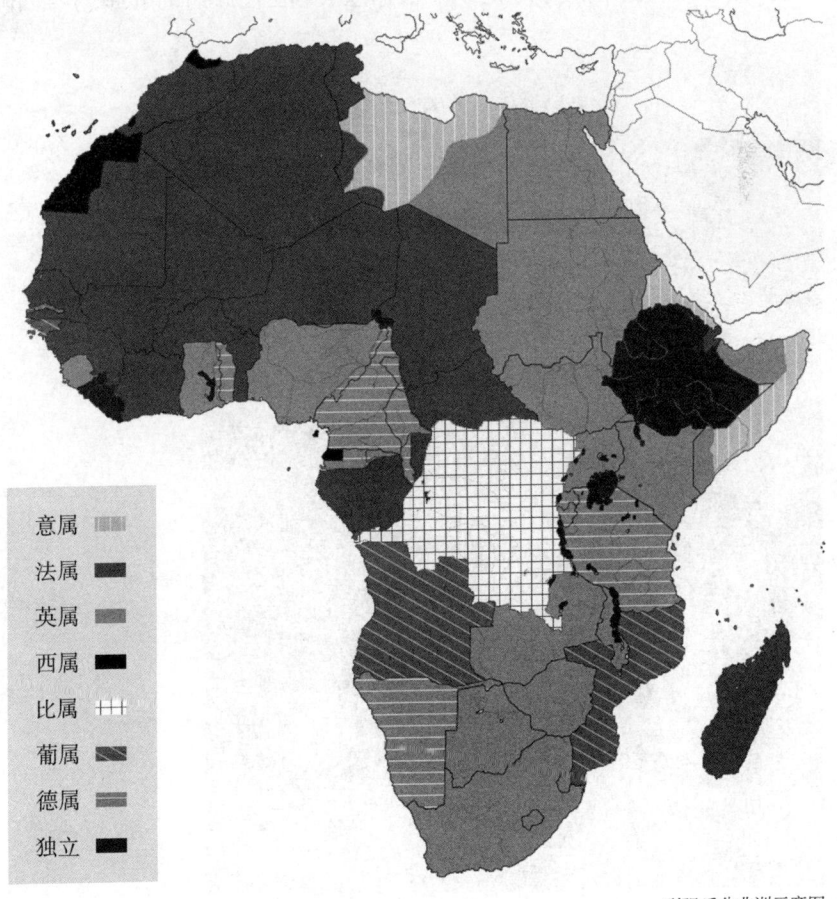

列强瓜分非洲示意图

---

① 后来,法属殖民地苏丹与英埃苏丹的西部相邻。——原注

"撒哈拉的不毛之地"。总之,在马达加斯加,法兰西第三共和国获得了自由支配权①,这是这份议定书为法兰西第三共和国偶然带来的巨大利益。

意大利王国与法兰西第三共和国的关系仍然有些紧张,并且不会因为意大利王国政府对阿比西尼亚的占领有所改善。阿比西尼亚与英国及法兰西第三共和国的利益范围相邻。意大利王国政府的目的是将阿比西尼亚变成自己的保护国,并使这里成为意大利王国企图建立的红海帝国的一部分。出于这一目的,1889年5月2日意大利王国总理弗朗切斯科·克里斯皮与阿比西尼亚皇帝梅内利克二世签订了《乌西阿利条约》。根据意大利王国政府的解释,《乌西阿利条

梅内利克二世(前)

---

① 1895到1896年,马达加斯加被法兰西第三共和国占有。——原注

阿杜瓦战役

约》第十七条赋予意大利王国建立阿比西尼亚保护国的权利。为遏制阿比西尼亚皇帝梅内利克二世的势力，防止其阻止英国向苏丹推进，1891年，英国政府承认阿比西尼亚为意大利王国的"势力范围"。

1896年春，意大利王国政府派遣奥雷斯特·巴拉蒂耶里将军率领军队，企图征服阿比西尼亚。结果，1896年3月1日，在阿杜瓦，意大利王国军队全军覆没，其士兵不是被杀，就是被俘。在意大利及欧洲其他地区，意大利王国军队的这次失败引起了极大轰动。因此，弗朗切斯科·克里斯皮的政府垮台，意大利君主威望似乎也随之丧失，无可挽回。但情况并没有看上去那么糟糕，新的意大利王国政府十分谨慎克制，他们没有继续这种可悲的冒险行为。1896年10月28日签订《亚的斯亚贝巴条约》，承认阿比西尼亚的绝对独立，从而"减少了损失"。

查尔斯·乔治·戈登的最后时刻

意大利王国退出阿比西尼亚减轻了法兰西第三共和国的忧虑,也促进了意大利王国、法兰西第三共和国与英国间的相互谅解①,但英国、法兰西第三共和国间的谅解并没有立即实现。有一件令人遗憾的事加深了法兰西第三共和国对英国在非洲扩张的担忧。自从退出埃及苏丹,以及1885年查尔斯·乔治·戈登阵

---

① 1906年12月,法兰西第三共和国、意大利王国和英国签订条约,声称"维护埃塞俄比亚领土的完整"是为了三国的"共同利益",而且条约第一条表示愿意协同维持该地的政治和领土现状。——原注

亡后,英国保守党的政治家们一直伺机收复此地。在克罗默伯爵伊夫林·巴林的领导下,到1898年,埃及的政治及经济状况逐渐稳定。此时,埃及足以进行新的扩张。赫伯特·基奇纳将军率领的英埃联军速战速决,一举征服以前所有领土后,南下直达喀土穆。与此同时,英勇的让-巴蒂斯特·马尔尚少校率领已经备战多年的远征军从法兰西第三共和国出发,抵达尼罗河上游,以彰显在该地区法兰西第三共和国的势力。1898年9月19日,赫伯特·基奇纳将军的军队和法兰西第

伊夫林·巴林

让-巴蒂斯特·马尔尚少校

三共和国让-巴蒂斯特·马尔尚少校的军队①在苏丹法绍达②遭遇。法兰西第三共和国的历史学家说,"很不幸,这位英勇的军官竟然没有军队"③。恰恰相反,这是世界上最幸运的事,因为如果让-巴蒂斯特·马尔尚少校拥有军队,那么就无法避免英国与法兰西第三共和国的军队发生武装冲突。如果让-巴蒂斯特·马尔尚少校的军队开战,那么就不只是前哨能随便解决的事情。因此,英国与法兰西第三共和国将不可避免卷入战争,欧洲的前途将是一片黑暗。

---

① 让-巴蒂斯特·马尔尚少校只带了大约一百五十名塞内加尔的士兵。——原注
② 科多克的旧称。
③ 安托南·德比杜尔:《和平部队》,第247页。——原注

幸运的是，让-巴蒂斯特·马尔尚少校带兵太少，双方力量悬殊，一旦发生战斗，将是一件非常荒谬的事。赫伯特·基奇纳将军与让-巴蒂斯特·马尔尚少校的礼貌与自我克制防止了双方冲突升级。赫伯特·基奇纳将军声明自己的立场不是代表英国政府的要求①，而是代表埃及的权利。法兰西第三共和国政府承认了英国在尼罗河不存在利益，撤出了让-巴蒂斯特·马尔尚少校的远征军。因此，这一事件得到圆满解决。然而，对整个事件的解决，法兰西第三共和国的公众十分不满。幸好，为自己的胜利沾沾自喜的英国公众也很快忘了这件事。在地图上，法绍达这个地方也不再出现。

赫伯特·基奇纳将军

---

① 赫伯特·基奇纳将军以在尼罗河上游，不存在英国的利益为根据。——原注

查尔斯·迪尔克爵士

直到1898年,英国与法兰西第三共和国的关系似乎并没有比以往更亲密。如果这对法兰西第三共和国是不幸的话,那么对英国或许就更不幸了。此时,英国无疑已经陷入可悲的孤立境地。像查尔斯·迪尔克爵士这样的英国政论家可能会为"不被干涉"政策的好处而辩解,无知的公众可能会被索尔兹伯里侯爵罗伯特·加斯科因-塞西尔"绝妙的孤立"这样的言辞迷惑,但在欧洲,这种英国被孤立的局面绝非正常。1896年,当利安德·斯塔尔·詹姆森博士从贝专纳兰进入南非共和国进行海盗式掠夺时,欧洲舆论极力攻击英国政府,认为英国政府对这件事早有耳闻,但这并非事实。德意志皇帝威廉二世向南非共和国总统保罗·克鲁格发了一份荒谬的贺电,这份贺电或许真的使法兰西第三共和国的舆论对英国的态度发生了改变,因为法兰西人对可笑的事总是十分敏感的。但在南非共和国,这份贺电产生了十分不幸的后果,因为这份贺电给人的印象是南非共和国总统保罗·克鲁格以为德意志帝国是其朋友,如果南非共和国总统保罗·克鲁格率军反抗英国,那么他就会得到德意志帝国的援助。1899年,南非共和国与奥兰治自由城邦签订永久性联盟条约,并且对英国宣战。据说德意志帝国当时确实向法兰西第三共和国建议对英国进行干涉,这可能是英国历史上最危急的时刻之一。然而,德意志帝国1900年2月联合法兰西第三共和国干涉英国的建议毫无结果[①]。在欧洲的抱怨声中,英国结束了旷日持久的南非战争,但它没有受到其他欧洲国家的武装干涉。阅读1901年和1902年欧洲各大报纸就会发现,英国是多么孤立无援,不得人心,甚至被欧洲其他国家怀恨在心。这时几乎只有瑞士的媒体对英国略表好感。

南非共和国总统保罗·克鲁格

[①] 据说,谈判破裂的原因是德意志帝国要求法兰西第三共和国保证阿尔萨斯–洛林为德意志帝国所有。——原注

第3节 远 东

正是在远东,英国第一次摆脱了孤立状态。直到19世纪中叶,中国基本还是一个封闭的帝国。1840年,中国没收并焚烧了英国商人的鸦片,但没有对英国商人提出的索赔要求给予赔偿,这导致了两国间战争[①]。1856年,因为中国截获了挂有英国国旗的"亚罗"号商船,英国与中国再次发生战争。这次,英国军队与法兰西第二帝国军队联合作战。1860年10月24日,在北京经过谈判,英国、法兰西第二帝国与中国签订了《北京条约》,战争结束[②]。

1871年,日本废除了中世纪的封建制度,并且以惊人的速度成为强国。世界上的其他国家很快就认识到这一事实,并且同意废除其在日本的境外司法权。1894年,因为朝鲜的统治权问题,中日爆发战争[③]。这场战争以日本的胜利而告终。1895年4月17日,中日签订《马关条约》。根据《马关条约》,日本获得中国的

焚烧英国商人的鸦片

---

① 第一次鸦片战争。
② 第二次鸦片战争。
③ 中日甲午战争。

马关条约谈判现场

辽东半岛及台湾岛。表面上，朝鲜将获得"独立"，实际上，它将沦为日本的殖民地。但俄罗斯帝国政府强烈抗议日本在远东地区的扩张，法兰西第三共和国政府与俄罗斯帝国政府关系密切，支持俄罗斯帝国的抗议。为不在关于远东半岛的外交活动中被孤立，德意志帝国政府也协同俄罗斯帝国与法兰西第三共和国对日本施加压力，这三国发出具有最后通牒性质的照会，日本以退为进，但最终，日本屈服于俄罗斯帝国、法兰西第三共和国及德意志帝国的恐吓，同意修改《马关条约》，放弃辽东半岛。

俄罗斯帝国向远东扩张势力是一场充满冒险的运动，但西欧人对俄罗斯帝

彼得大帝

国向东扩张知之甚少。伊丽莎白一世统治时期,当英格兰王国的海员穿越冰山,冒着暴风雪,试图顺着东北方向找到通往中国的通道时,叶尔马克·季莫费耶维奇率领的哥萨克人正从陆路穿越西伯利亚的森林和山脉。彼得大帝统治结束时,俄罗斯帝国已经扩张到阿穆尔河[1]。不久,他们开始占领所谓的"日本海",即中国东北与日本的北海道及本州岛等群岛之间太平洋的一部分水域。1860年,俄罗斯帝国建立了符拉迪沃斯托克港。

---

[1] 即黑龙江。

俄罗斯帝国前进路线以南,是广袤无垠、几乎没有希望的大清帝国。各大国对中国的入侵及瓜分不可避免。所谓的大国是指俄罗斯帝国,但新崛起的强国日本无法容忍自己不能参与对中国的瓜分。

中日战争后,俄罗斯帝国政府不失时机瓜分中国。早在1891年,在登上王位前,俄罗斯沙皇尼古拉二世就在远东进行了一次长途旅行,并且他对俄罗斯帝国的太平洋政策产生了浓厚兴趣。对俄罗斯帝国的太平洋政策,俄罗斯帝国外交大臣弗拉基米尔·尼古拉耶维奇·拉姆斯多夫伯爵也十分关注,他们采取的是"海洋政策"①。

尼古拉二世

---

① 约翰·霍兰·罗斯:《1870年到1914年近代欧洲各国的发展》,第675页。——原注

李熙

　　1896年2月7日，由于发生骚乱，软弱无能的朝鲜国王光武帝李熙逃到了俄罗斯帝国驻汉城①领事馆。俄罗斯帝国借此机会与朝鲜政府签订了两项公约，即1896年5月14日的《汉城公约》和1896年7月29日的《莫斯科公约》。俄罗斯帝国政府联合日本政府在朝鲜建立了保护国。因为在财力和成为朝鲜保护国的机会上，俄罗斯帝国政府远远超出日本政府，所以"共管领地"徒有虚名。实际上，俄罗斯帝国成了朝鲜的保护国。

---

① 今首尔。时称汉城。

1896年,"华俄道胜银行"成立①,与"华俄道胜银行"密切相关的是"中国东方铁路公司"。"中国东方铁路公司"的总裁虽然由中国任命,但主要股东是俄罗斯人,并且根据公司章程,这家公司实际上由俄罗斯帝国政府控制。中国东省铁路建成后,其道路穿越整个中国东北,从西伯利亚边境的赤塔到齐齐哈尔和哈尔滨,最终到达符拉迪沃斯托克和辽东半岛的旅顺港。

1898年3月27日,俄罗斯帝国与中国政府签订条约,占领旅顺及大连湾②。这样,俄罗斯帝国牢牢控制了日本海及黄海间的中国领土,并且利用与西伯利亚铁路相同标准的中国东方铁路,获得了控制中国东北的机会。

毫无疑问,日本已经决心与俄罗斯帝国争夺对中国东北及其沿海地区的控制权。与此同时,中国带宗教性质的秘密组织义和团成员领导的反抗外国侵略的运动爆发。他们杀死在中国的欧洲人,并且围攻欧洲各国驻中国的使馆,1900

义和团运动中八国联军进攻北京城

---

① "华俄道胜银行"的资本来自法兰西第三共和国。——原注
② 大约同时,根据1898年3月6日的公约,德意志帝国租借了胶州。1898年4月4日,英国租借了威海卫。——原注

漫画：西方列强与日本瓜分中国

年，义和团运动受到八国联军的干涉。中国政府曾批准义和团反对外国侵略者，但1901年9月7日，中国政府被迫签订条约，赔付大量白银，并且保证今后不再发生此类事件。义和团运动期间，俄罗斯帝国政府派军占领了中国东北的各战略要地，并且在随后的四年一直控制着这一地区。仅凭这一点，日本与俄罗斯帝国的战争就不可避免。

　　日本与俄罗斯帝国之间的战争不可避免——西方政治家也这样认为。为什么英国要采取如此重要的一步，与日本联盟？这是因为英国政府企图阻止中国被瓜分，但英国发现这一原本高尚的政策不能得到欧洲各国的支持，因此，英国求助于另一个唯一可能防止中国被欧洲列强瓜分的国家，即日本①。

对俄罗斯帝国，英国不抱任何希望，因为正是俄罗斯帝国企图瓜分中国。法兰西第三共和国在欧洲的处境艰难，不敢做出任何与俄罗斯帝国关系疏远的事情。因为当时德意志帝国是欧洲的主导力量，所以英国政府希望能与德意志帝国联合起来保证中国领土的完整。1900年10月16日，英国政府与德意志帝国政府签订条约，声明保证中国领土的完整。毫无疑问，如果此时英国与德意志帝国

义和团运动失败后的时局图

---

① 其实都是为了在列强瓜分中国过程中获得更大利益。

伯恩哈德·冯·比洛亲王

能够密切合作,那么他们的力量无论在中国,在欧洲,还是在其他任何地方都不可阻挡。但当根据条约,英国政府要求德意志帝国政府共同迫使俄罗斯帝国撤离中国东北时,德意志帝国拒绝履行其义务。对此,德意志帝国首相伯恩哈德·冯·比洛亲王回答说,此条约只适用于长城以南的中国,即该条约"只适用于中国,而不是大清帝国"。

众所周知,瓜分中国或中国的部分领土必然会导致冲突。英国政府与法兰西第三共和国政府企图维持中国领土的现状,但这无法做到,因为俄罗斯帝国已经占领了中国东北。考虑到其对俄罗斯帝国的义务,法兰西第三共和国只能谨慎告知俄罗斯帝国政府,不能将法兰西第三共和国卷入远东的复杂局势中。英国的态度有所不同,它认为各国都应承认中国的现状,任何一国单独与中国签订条约都必须考虑其他国家的立场。因此,1901年春,有传言说俄罗斯帝国已经与中国政府单独谈判,并且签订条约获得特权时,英国政府命令其驻俄罗斯帝国大使克莱门特·斯科特爵士进行调查。弗拉基米尔·尼古拉耶维奇·拉姆斯多夫伯爵立即保证说,俄罗斯帝国政府无意谋取"任何领土,或对中国东北实行实际或名义上的保护"①。尽管如此,但《满洲协定》仍没有公布。对这一协定的原文,英国外交部似乎也一无所知。

因此,英国政府转向另一个利益攸关的政府,即日本政府,要求其保证尊重中国及朝鲜领土的完整和主权独立。日本立即表示同意。1902年1月30日,英国政府与日本政府在伦敦签订《英日同盟条约》。

克莱门特·斯科特爵士的漫画形象

① 1901年3月28日,英国外交大臣兰斯多恩侯爵亨利·佩蒂-菲茨莫里斯在英国议会上议院的讲话。《英国议会议事录》,第4系列,第92卷,第27页。——原注

亨利·佩蒂-菲茨莫里斯

《英日同盟条约》标志着英国外交的新纪元。《英日同盟条约》的公开引起了英国议会甚至全国的极大关注。这一条约还得到了舆论的支持,但有人对这份条约深表怀疑,"我们应该有确凿的理由解释为什么要背离我们国家以前所采取的政策,譬如,避免防卫同盟政策"[①]。对此,兰斯多恩侯爵亨利·佩蒂-菲茨莫里斯给予了中肯的回答:

---

① 1902年2月13日,斯宾塞伯爵约翰·斯宾塞在英国议会上议院的讲话。《英国议会议事录》,第102卷,第1173页。——原注

这是一个新的起点,我们要抛弃我国的传统外交政策,即"孤立"政策。近年来,涉及我国援助其他国家的国际协定受到了很大质疑,我认为这是事实。但坦率地说,我们不会被这些质疑吓倒……看看我们周围发生了什么?我们仔细观察就会发现一种趋势,即各大国都在形成联盟,不断增加其海陆军备。另外,现在的战争常常会突然爆发,这是前所未闻的。因此,在这样的国际形势下,如果还有哪个国家敢说自己愿意接受……避免与外国同盟的政策,那么我认为这个国家太自满了。①

漫画英日同盟

---

① 《英国议会议事录》,第1175页到第1176页。——原注

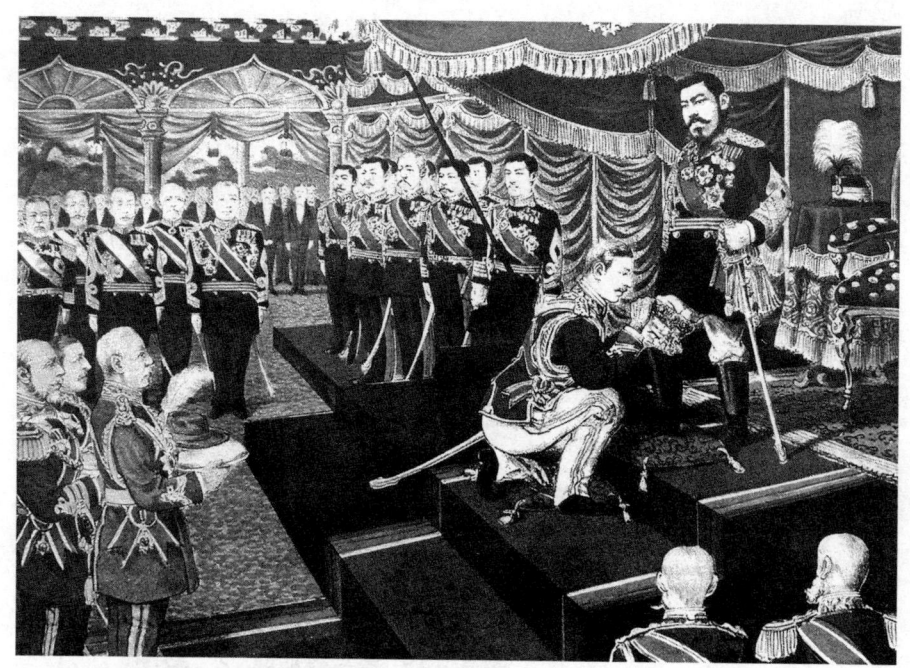

日本明治天皇因英日同盟获得英国嘉德勋章

从这篇讲话中可以看出,《英日同盟条约》是当时英国外交部的大政方针之一,其目的是使英国摆脱孤立的地位。这是第一步。第二步是《英国与法兰西第三共和国协约》。第三步是《英国与俄罗斯帝国协约》。考虑到当时英国面临的危险,必须承认英国外交的深谋远虑令人佩服。

根据《英日同盟条约》,如果缔约国一方为保护其在中国及朝鲜的权益与第三国发生战争,那么另一方应严守中立。如果缔约国一方为保护其在中国及朝鲜的权益与两个或两个以上其他国家发生战争,那么另一方应给予军事援助。后来的事实证明,《英日同盟条约》将东方战争限制在日本和俄罗斯帝国之间。当然,这一影响直到《英日同盟条约》公布后才变为现实,其影响力才显现出来[1]。

---

[1] 1905年8月12日,英国政府与日本政府重新签订《英日同盟条约》,其范围从维护缔约国在中国及朝鲜的利益扩大到保护缔约国在东亚和印度的利益。1911年再次签订《英日同盟条约》,这一条约一直持续到1922年的《太平洋协定》。——原注

事实上,《英日同盟条约》签订两年后,日本与俄罗斯帝国才爆发战争。这或许是因为日本与俄罗斯帝国都没有做好充分的战争准备,尽管相对于日本,拖延对俄罗斯帝国更有利。直至1902年8月12日,俄罗斯帝国政府与日本政府准备签订条约,结束两国争端。俄罗斯帝国政府同意在十八个月内分两个阶段撤离中国东北。俄罗斯帝国第一阶段的撤离按时完成,但第二阶段的撤离,包括从奉天的撤离,被俄罗斯帝国政府以中国东北形势动荡不安为由推迟。随后,在圣彼得堡和东京,俄罗斯帝国政府与日本政府进行了一系列谈判,但毫无结果。这反而使俄罗斯帝国有时间完成其在旅顺港的防御工事,并且加强了其太平洋舰队的实力。对日本政府的要求,特别是日本政府提出的从朝鲜修建到达中国东北的铁路,俄罗斯帝国政府确实做出了相当大的让步,但俄罗斯帝国政府拒绝完全维护中国在其东北地区的权利。或许俄罗斯帝国政府认为,如果俄罗斯帝国完全撤离中国东北,日本就会介入这一地区。但除了日本对俄罗斯帝国政府直接做出的承诺,《英日同盟条约》也应该可以防止日本介入中国东北事务。

1904年2月7日,日本驻俄罗斯帝国大使栗野慎一郎宣布日本与俄罗斯帝国断绝外交关系。1904年2月8日,停泊在旅顺港的俄罗斯帝国舰队的舰艇遭到日

1903年的旅顺港

日舰队袭击俄舰队

本鱼雷的袭击,俄罗斯帝国舰队中最具战斗力的三只军舰被击沉。兰斯多恩侯爵亨利·佩蒂-菲茨莫里斯关于现代战争不期而至的说法得到了应验。

  这场战争带给俄罗斯帝国的只有灾难。直到1904年年底,这场战争仍处于僵局。日本虽然取得了辉煌胜利,但几乎耗尽了其所有财力。一些知名评论家认为,如果战争再持续六个月,那么俄军必胜。但俄罗斯帝国虽然拥有取之不尽的潜在资源,但在财力上,它一直处于弱势。此外,俄罗斯帝国国内正酝酿着一场革命。因此,俄罗斯帝国与日本都同意和解。1905年9月5日,经美国总统西奥多·罗斯福斡旋,日俄两国在缅因州朴次茅斯签订和平协议。根据这份和平协议,日本放弃战争赔偿,但获得了它真正希望得到的两样东西:第一,这份和平协议承认日本在朝鲜的"最高政治、军事和经济利益"。第二,俄罗斯帝国军队从中国东北地区撤离。此外,"经中国政府同意",俄罗斯将其租借地旅顺港和大连湾及其附近地区①转交日本政府。最终,俄罗斯帝国将萨哈林岛②南部割让

---

① 即辽东半岛。——原注
② 即库页岛。

给日本，岛上的其余部分仍属俄罗斯帝国所有。此外，萨哈林岛上不得设置任何军事设施①。

总体而言，日本与俄罗斯帝国的战争及外交解决办法使远东地区得以恢复原状。中国获得了重新维持其独立及国内秩序的机会。随后，中国所遭遇的灾难并非来自外来的压迫，而是内部势力的分裂造成的。

自《朴次茅斯和约》签订后，《英日同盟条约》成为东方和平的保障，因为此后，俄罗斯帝国无意再引起争端。事实上，作为英国新的外交政策，联合政策的目的是将日本和俄罗斯帝国间接地纳入同一个外交集团，这一非凡成就应归功于兰斯多恩侯爵亨利·佩蒂-菲茨莫里斯与法洛顿的爱德华·格雷爵士所达成的"友好谅解"。

爱德华·格雷爵士

---

① 1905年9月5日，小村寿太郎和高平小五郎代表日本政府，格奥尔格·弗里德里希·谢尔盖·威特和罗曼·罗森代表俄罗斯帝国政府签订了《朴次茅斯条约》。冯·马腾斯：《新增条约汇编》，第2系列，第32章，第3页。——原注

第4节 和 解

《英国与法兰西第三共和国协约》是在英国与法兰西第三共和国紧张关系刚结束时签订的。1900年2月，德意志帝国提出与法兰西第三共和国和解，但要求法兰西第三共和国必须保证阿尔萨斯-洛林为德意志帝国所有。对此，法兰西第三共和国明确表示拒绝。不久，1901年1月22日，威尔士亲王阿尔伯特·爱德华继承英国王位。他登基后，极大地推动了英国的政策。爱德华七世①成熟、谨

爱德华七世

---

① 威尔士亲王阿尔伯特·爱德华登上英国王位后称爱德华七世。

慎、睿智、明达，并且遍游欧洲。自威廉三世以来，英国君主中只有他一人可以称为欧洲政治家。他熟知欧洲大陆的高层政治人事，由于长期身处外交圈，他经验丰富，具有大贵族的观念。虽然维多利亚女王长期独断专权，受到许多人的非议，但这至少使爱德华七世得以继续广泛了解欧洲大陆的生活，接触欧洲大陆的政治。如果他与母亲，即维多利亚女王的统治接触过多，那么他就不会拥有这么多机会了解欧洲大陆。

爱德华七世继承英国王位时，法兰西第三共和国时任总统是埃米尔·弗朗索瓦·卢贝。几乎每位法兰西第三共和国的总统都有一个拥护者，这位拥护者通常不是内阁总理①，而是某位议会"多党制"下的内阁成员。在内阁的多次变动中，这位内阁成员可以保留其职务不变。埃米尔·弗朗索瓦·卢贝总统的拥护者是泰奥菲勒·德尔卡塞。从政期间，泰奥菲勒·德尔卡塞致力于为法兰西第三共和国建立和维持对外友好关系，以确保其在欧洲及世界的地位。就像爱德华七世与兰斯多恩侯爵亨利·佩蒂–菲茨莫里斯一样，埃米尔·弗朗索瓦·卢贝和泰奥菲勒·德尔卡塞的外交政策完全一致。

英国和法兰西第三共和国的政治家们面临的困难既有普遍性，又有特殊性。就普遍性而言，两国的政治家们要消除双方仍然存在的相互敌视的态度。就特殊性而言，两国的政治家们要解决两国间存在的某些具体争端。比起特殊性带来的困难，或许普遍性带来的困难更容易克服。当英国和法兰西第三共和国政府采取强硬政策时，两国公众虽然有人提出抗议，但其态度还是温和而理性的。事实上，从总体上而言，签订《英国与法兰西第三共和国协约》受到两国公众的欢迎。对于东部边境面临的巨大危险，有《英国与法兰西第三共和国协约》作为保障，法兰西第三共和国的民众深感放心。英国公众虽然以大英帝国自给自足为荣，但由于没有盟友而略感心寒。此时，英国能够与邻国达成"友好谅解"，英国公众也十分感动。

要消除英国与法兰西第三共和国的争端，还需要真正熟练的外交。这样的外交需要有精确的知识、耐心及机智的头脑。在准备签订《英国与法兰西第三共

---

① 法兰西第三共和国的内阁总理时常变动。——原注

保罗·康邦

和国协约》的关键时期,在处理各项事务时,英国与法兰西第三共和国的外交部都没有犯任何错误,英国驻法兰西第三共和国大使埃德蒙·蒙森爵士和法兰西第三共和国驻英国大使保罗·康邦处理得当。因为签订协定的过程中遇到的障碍十分巨大,如果维持协定的外交与签订协定的外交都十分谨慎,那么就不会有协定破裂的危险。

英国与法兰西第三共和国面临的第一个障碍是北非。虽然英国控制并占领着埃及,但法兰西第三共和国从没有停止抗议,放弃其利益要求。在法属阿尔及尔的邻国摩洛哥王国,英国控制着当地商业。法兰西第三共和国试图对摩洛哥王国实施改革,但发现受到极大的阻碍。英国与法兰西第三共和国面临的第二个障碍是纽芬兰。根据法兰西王国与大不列颠王国1713年签订的《乌得勒支条约》第十三条,法兰西王国有权在纽芬兰的东海岸"专约海岸"的领水内捕鱼、晒鱼,但这一特权造成了许多纠纷。随后,虽然双方对这一条款进行了修改,但由于需要对某些规定加以解释,结果导致了新的争端。英国与法兰西第三共和国面临的第三个障碍是尼日利亚边境。1878年6月14日确定的边界线"迫使法兰西第三共和国船队从尼日尔的法属领地驶向乍得湖附近的地区时,必须绕道经过一段无水的路线"①。英国与法兰西第三共和国面临的第四个障碍是1896年英国与法兰西第三共和国在暹罗的某些地区势力的相关协定。除此之外还有其他一些争端。旧的创伤需要抚平,条约的细节需要解释,被遗忘或模糊的地理详情需要说明,如果想要协定不经常受法绍达这样的偶然事件干扰,那么这些障碍都必须解决。1903年冬及1904年春,对这些问题,英国与法兰西第三共和国的外交部逐步进行了切实和令人满意的讨论。

与此同时,英国与法兰西第三共和国的元首及部长级官员也进行了社交准备工作,并且讨论了两国总体的外交政策。1903年5月1日,在亨利·阿瑟·哈丁爵

亨利·阿瑟·哈丁

---

① 1904年4月8日兰斯多恩侯爵亨利·佩特–费茨莫里斯致埃德蒙·蒙森爵士的信,这也是同日公约的附信。《英国议会记事录》,1904年4月。——原注

士陪同下,英国国王爱德华七世访问巴黎。1903年5月2日,英国国王爱德华七世在法兰西第三共和国总统府爱丽舍宫发表演说,回顾了自己过去在法兰西第三共和国的私人友谊,以及目前"重新建立友好关系,促进在共同利益基础上,两国和解"的快乐。这篇用法语发表的演说深入人心,它比通常外交礼节的说辞更亲切。1903年7月6日到1903年7月9日,法兰西第三共和国总统埃米尔·弗朗索瓦·卢贝与泰奥菲勒·德尔卡塞一起访问了伦敦,通过发表公开演讲及在英国外交部谈话,使英国与法兰西第三共和国间的协定得到进一步确认。

1904年春,日本与俄罗斯帝国的战争使俄罗斯帝国无暇顾及欧洲事务。因此,德意志帝国在欧洲暂时占有绝对优势,这进一步推动了英国与法兰西第三共和国的和解进程。1904年4月月初,英国与法兰西第三共和国的外交文书准备就绪。1904年4月8日,兰斯多恩侯爵亨利·佩蒂-菲茨莫里斯与保罗·康邦在英国外交部签订《英国与法兰西第三共和国协约》,这份协约包含三份文件。第一份文件涉及埃及与摩洛哥问题。在这份文件中,法兰西第三共和国承认英国在埃及的殖民统治,英国也承认法兰西第三共和国在摩洛哥王国的殖民统治。与此同时,在一定条件下,英国与法兰西第三共和国保障本国及另一国国民在埃及与摩洛哥王国的权利。这份协约具有重要意义,并且对消除英国与法兰西第三共和国在埃及和摩洛哥的权利冲突产生了巨大影响。尤其是埃及,其财政管理状况得到迅速改进,以前建立在法兰西第三共和国权利基础上的非正常现象也消失了。第二份文件涉及纽芬兰和西非。根据《乌得勒支条约》及随后签订的协定,法兰西第三共和国放弃其在纽芬兰海岸的权利,英国同意修改法兰西第三共和国在冈比亚和尼日利亚的边境①。第三份文件划分了英国与法兰西第三共和国在暹罗地区的势力范围,并且声明两国在暹罗永不相争。此外,通过这份协约,马达加斯加与新赫布里底的一些问题也得以解决。

因此可以看出,《英国与法兰西第三共和国协约》并没有构成英国与法兰西第三共和国的同盟,而是一项解决一系列悬而未决争端的协定。用泰奥菲勒·德

---

① 在纽芬兰水域,法兰西第三共和国的渔民的捕鱼权并没有受到影响。1904年4月8日的协约第二条保障其在条约海岸领水捕鱼和进入港口及海港的权利,但不得在原条约海岸上停泊及建造建筑物等。——原注

莫里斯·鲁维耶

尔卡塞的话说,是"持久和有效协约的必要条件"[1]。从此,英国与法兰西第三共和国结成了友好关系,但没有缔结任何契约。据说,泰奥菲勒·德尔卡塞的《回忆录》如果发表,那么可以证明他1905年曾协商过《英国与法兰西第三共和国同盟条约》,但内阁总理莫里斯·鲁维耶拒绝在这份同盟条约上签字[2]。此时,德意志帝国皇帝威廉二世正在访问摩洛哥的丹吉尔,实际他是向法兰西第三共和国提出挑战。莫里斯·鲁维耶没有接受这一挑战,因此,泰奥菲勒·德尔卡塞辞职。

---

[1] 1904年4月12日泰奥菲勒·德尔卡塞向法兰西共和国驻外使馆发出的通告。格奥尔格·弗里德里希·冯·马腾斯:《新增条约汇编》第2系列,第32章,第57页。——原注

[2] 至少,泰奥菲勒·德尔卡塞得到了支持的保证。——原注

漫画《三国协约》

《英国与法兰西第三共和国协约》的签订是外交史上引人注目的事件，或许比《德意志帝国与奥匈帝国同盟》的建立更加重要。《英国与法兰西第三共和国协约》后来成为《三国协约》这一事实或许比《德意志帝国与奥匈帝国同盟》成为《三国同盟》更加重要，尽管《三国同盟》持续的时间较长，但它经不起一场巨大危机的考验。

《三国协约》的名称或许极不恰当。1914年以前，英国、法兰西第三共和国与俄罗斯帝国间没有一个共同的协议。法兰西第三共和国与俄罗斯帝国结为联盟，英国与法兰西第三共和国间也达成了协约[①]。从1907年起，英国与俄罗斯帝

[①] 或者可以称英国与法兰西第三共和国建立了亲密的友谊关系。——原注

国也达成了协约。尽管没有共同条约的约束，但这三个国家就像法洛顿的爱德华·格雷爵士在1914年8月3日所说的，形成了"一个外交集团"。

在英国和俄罗斯帝国达成协约的过程中，它们所遇到的困难也是难以克服的。首先是有关沙皇尼古拉二世实行暴政和蒙昧主义的传闻。这些传闻被俄罗斯帝国在英国的政治难民世代传播。其次是英日同盟。1904年到1905年，日本与俄罗斯帝国曾爆发大规模的战争。第三，在波斯和阿富汗，英国和俄罗斯帝国的利益发生冲突，更不用说两国在西藏及中国其他地方的利益冲突。此外，令人好奇的"渔船事件"也记忆犹新。1904年10月20日，在前往日本海的途中，齐诺维·罗杰斯特文斯基上将的舰队在北海击沉了几艘英国渔船。出乎预料的是，这一事件并没有引起英国与俄罗斯帝国的战争，却根据第一次《海牙公约》，由巴黎的一位法兰西第三共和国的海军上将按照国际仲裁的方式解决了。

英国外交部认为英国与俄罗斯帝国的协约应该是对《英国与法兰西第三共和国协约》必不可少的补充。基于两个事实，俄罗斯帝国与英国更容易达成一份协约：第一个事实是沙皇尼古拉二世颁布宪法，1907年3月5日第二届俄罗斯帝国"国家杜马会议"召开，使英国自由党政府①更易与俄罗斯帝国接近。第二个事实是在奥斯曼土耳其帝国，英国失去了影响力。此时，奥斯曼土耳其帝国政府倾向于德意志帝国。这一点在1890年以来英国在君士坦丁堡特工的机密报告中可以明显看到。

《英国与俄罗斯帝国协约》的基础是1907年英国国王爱德华七世在雷瓦尔②拜访沙皇尼古拉二世时奠定的。这次访问引人注目，但在当时也遭受到许多批评。1907年8月31日，通过英国驻俄罗斯帝国大使卡诺克男爵阿瑟·尼科尔森的谈判，签署《英国与俄罗斯帝国协约》的外交条约。与《英国与法兰西第三共和国协约》相似，《英国与俄罗斯帝国协约》也只是消除了两国间的分歧，两国间并没有签订任何同盟协议。《英国与俄罗斯帝国协约》的第一项条约涉及波斯。根据这项条约，波斯将被分为北部、中部和南部三个区域。在波斯北部，英

---

① 1906年后，英国自由党上台执政。——原注
② 爱沙尼亚的塔林的旧称。

国同意不与俄罗斯帝国争夺势力范围。在波斯南部,俄罗斯帝国也同意不与英国争夺势力范围。在波斯中部,俄罗斯帝国与英国享有平等权利。在条约的序言部分,英国与俄罗斯帝国都承诺尊重波斯的领土完整和主权独立①。

在《英国与俄罗斯帝国协约》的第二项条约中,俄罗斯帝国政府承认阿富汗在其势力范围以外,并且确认俄罗斯帝国与阿富汗的关系必须经英国政府的确认,但这一规定被放弃后产生了令人遗憾的后果②。《英国与俄罗斯帝国协约》的第三项条约规定,英国和俄罗斯帝国与西藏地方政府的所有谈判必须通过中国政府进行。考虑到英国在中国西藏的特殊利益,英国与俄罗斯帝国同意维持中国西藏的现状。

最终,英国与俄罗斯帝国签订了《英国与俄罗斯帝国协约》,自由党外交部部长法洛顿的爱德华·格雷爵士完成了从保守党外交大臣兰斯多恩侯爵亨利·佩蒂-菲茨莫里斯就开始的这项伟大使命中最艰巨的部分。必须承认,与《英国与法兰西第三共和国协约》相比,《英国与俄罗斯帝国协约》有更多工作是外交家完成的。因为尽管英国与法兰西第三共和国之间曾发生过一些偶然事件或危机,但英国与法兰西第三共和国受过教育的民众之间始终保持着交往,英国与俄罗斯帝国的民众或统治阶级从来没有任何真正的接触。因此,与《英国与法兰西第三共和国协约》相比,《英国与俄罗斯帝国协约》没有受到公众舆论的长久关注。

---

① 受过教育的波斯人都反对《英国与俄罗斯帝国协约》,但协约取消后,波斯的历史证明这些受过教育的波斯人是错的。《英国与俄罗斯帝国协约》给这个纷乱而不幸的国家带来了七年的和平与安静。——原注
② 参见1921年3月21日《泰晤士报》报道的凯德尔斯顿的寇松侯爵乔治·寇松对1921年2月28日苏维埃俄国与阿富汗条约的评论。——原注

第28章

"东方问题"的再现

有人把1914年的欧洲战争称为第三次巴尔干战争[1]。对欧洲战争的爆发，"东方问题"起了推动作用。一系列东方的危机愈演愈烈，最终导致了灾难[2]。

奥斯曼土耳其帝国统治下的克里特岛的宗教问题给欧洲各大国造成了严重影响，因为该地居民大多数为基督教教徒，但少数穆斯林在政治方面处于主导地位，因此克里特岛一直处在动荡不安之中。1868年，克里特岛发生叛乱，奥斯曼土耳其苏丹做出让步，颁布《组织法》保证克里特岛的穆斯林和基督教教徒在法律及宗教上享有平等地位。但这种改革只停留在理论上。克里特岛与希腊王国的联合运动得到了大部分克里特基督教教徒的支持。1886年，欧洲各国不得不派舰队前往克里特岛维持和平。此后，克里特岛一直处于动乱之中。1895年，奥斯曼土耳其苏丹第一次任命基督徒亚历山大·卡拉西奥多里帕夏担任克里特岛总督。这位希腊裔奥斯曼土耳其帝国的政治家曾代表奥斯曼土耳其帝国政府出席柏林会议，但1896年与1897年，克里特岛接连爆发叛乱。1897年2月的

---

[1] 第一次巴尔干战争指1912年的巴尔干战争，第二次巴尔干战争指1913年的巴尔干战争。
[2] 有政论家早就承认，在欧洲，任何大国使奥斯曼土耳其帝国成为其被保护国，只会造成国际危机。1834年，有位消息灵通的法兰西王国观察者写道，俄罗斯帝国在奥斯曼土耳其帝国的统治地位是在延长欧洲问题。正是叶卡捷琳娜二世的政策，扰乱了西方形势。《英国外交部档案·奥斯曼土耳其》，1834年4月1日。1890年后，可以说德意志帝国在奥斯曼土耳其帝国的政策也是如此。——原注

亚历山大·卡拉西奥多里帕夏

第二次叛乱，克里特人得到一名希腊军官蒂莫莱翁·瓦索斯上校率领的希腊志愿军的援助，这导致欧洲五大国海军的联合司令占领干尼亚长达十年之久。奥斯曼土耳其帝国任命的总督亚历山大·卡拉西奥多里帕夏离开后，就再也没有返回克里特岛。

1897年，克里特岛的叛乱及其与希腊王国联合运动引发了希腊王国与奥斯曼土耳其帝国间的战争。自1832年5月7日根据《伦敦条约》建立希腊王国以来，虽然还有数百万希腊人生活在境外，但希腊王国的领土仍然有所扩张。1864年，希腊王国更换朝代，从巴伐利亚维特尔斯巴赫王朝更换为石勒苏益格-荷尔斯泰因-宗德堡-格吕克斯堡王朝。与此同时，1863年7月13日，根据《伦敦条约》，英国将伊奥尼亚群岛割让给希腊王国，希腊王国岛屿的面积有所增加。1881年，柏林大会希望希腊王国获得色萨利的目的也得以实现，但包括克里特岛、罗得岛、萨摩斯岛、佐泽卡尼索斯群岛在内的许多岛屿及在欧洲大陆，大片希腊人居住的区域仍处在奥斯曼土耳其帝国的统治之下。克里特人不惜牺牲生命，坚持与希腊王国联合的呼声得到希腊王国政府的支持。希腊国王乔治一世经不起国内公众舆论的压力，准备向奥斯曼土耳其帝国宣战，并且希望欧洲各国能出面调停。这一次，欧洲外交没能起到作用，因为此时与奥斯曼土耳其帝国政府关系密切的德意志帝国政府不愿支持其他欧洲大国。希腊王国与奥斯曼土耳其帝国间的战争从1897年4月17日一直持续到5月19日，希腊王国的军队屡遭失

希腊国王乔治一世

败。经欧洲各国调停，这场战争最终结束。1897年12月4日，经欧洲各国调解，希腊王国与奥斯曼土耳其帝国签订条约。希腊王国向奥斯曼土耳其帝国支付了四百万土耳其里拉的赔偿金，并且将色萨利边境数平方英里的军事要地割让给奥斯曼土耳其。

　　这次希腊王国与奥斯曼土耳其帝国的战争并没有解决克里特问题，因此欧洲各国再次出面干预。1898年11月26日，欧洲各国召开雅典会议，并且设立在奥斯曼土耳其帝国领导下的高级专员。这一高级专员邀请希腊国王乔治一世担任。希腊国王乔治一世接受了这一职位，其任职长达八年。希腊国王乔治一世担任高级专员期间，曾任命自卡波·伊斯特里亚伯爵乔瓦尼·安东尼奥以来希腊最伟大的政治家埃莱夫塞里奥斯·韦尼泽洛斯为克里特委员。1906年，希腊保守派政治家亚历山德罗斯·泽米斯继任高级专员，此时，大多数国际军队相继离开克里特岛，为其与希腊王国联合开辟了道路。1908年10月，奥匈帝国吞并了波斯尼亚和黑塞哥维那，清除了其向整个巴尔干地区扩张的主要障碍。"柏林会议"

埃莱夫塞里奥斯·韦尼泽洛斯

所建立的框架已经开始崩溃，克里特人自然也不会放过这次机会。亚历山德罗斯·泽米斯休假离开后，就再也没有承担高级专员的工作，克里特岛成立了临时政府，其领导人为埃莱夫塞里奥斯·韦尼泽洛斯。1909年，其余少数国际军队也离开克里特岛。如果此时希腊王国政府直接宣布克里特岛与希腊王国联合已经成为事实，那么欧洲各国很有可能会接受这一事实，但希腊王国政府坚持错误的外交政策，导致克里特岛的非正常状态仍在继续。此时，希腊王室已经失去民心，其王位开始动摇。1910年10月18日，希腊国王乔治一世邀请在克里特岛的埃莱夫塞里奥斯·韦尼泽洛斯担任希腊王国首相。在大选时，埃莱夫塞里奥斯·韦尼泽洛斯以压倒性票数获得希腊民众支持。从此，虽然在国际法中克里特岛与希腊王国没有统一，但它们实际已经统一。1912年10月，第一次巴尔干战争爆发，希腊王国对奥斯曼土耳其帝国宣战，克里特议会的议员也立即获准参加希腊议会，可见在实质上，希腊王国与克里特的统一也已经完成。第一次巴尔干战争结束后，克里特问题再没有提出。

1890年到1908年，亚美尼亚问题也造成了一些小规模的危机。1878年6月4日《英国与奥斯曼土耳其帝国条约》签署后，本杰明·迪斯雷利在小亚细亚设立的军事副领事确实减轻了亚美尼亚人受奥斯曼土耳其帝国压迫的痛苦。1882年，威廉·尤尔特·格拉德斯通撤销了军事副领事。1889年，库尔德人和奥斯曼土耳其人开始了新的屠杀。1894年，比特利斯省的恐怖事件形势严峻，奥斯曼土耳其帝国的军队及非官方的奥斯曼土耳其帝国军队都参与其中。1895年，特拉布宗、乌尔法、凡城和其他地方也发生了大屠杀。1896年8月27日至28日，六千亚美尼亚人在君士坦丁堡被杀。欧洲各国的抗议没有任何效果，只是将英国驻奥斯曼土耳其帝国大使馆的一些报告作为议会文件在各自国家议会发表。1909年，"青年土耳其党"革命后，阿达纳也发生了屠杀亚美尼亚人的恐怖事件。

亚美尼亚问题使东方的状况更不稳定。马其顿问题也带来同样的影响。马其顿是奥斯曼土耳其帝国的一个省，马其顿人属于斯拉夫民族，与希腊人、塞尔维亚人、保加利亚人及罗马尼亚人有亲缘关系。总的来说，欧洲各国希望维持奥斯曼土耳其帝国的统治，至少奥匈帝国和俄罗斯帝国更倾向于维持奥斯曼土耳其帝国在马其顿的统治,作为防止两国间发生冲突的一种手段。[①]就像萨摩斯或黎巴嫩计划一样,马其顿如果能实现自治,那么或许可以防止随后发生的血腥战争[②]。但欧洲各国的努力没能使马其顿实现自治,只是实行了1903年10月的"米尔茨施泰格方案"。据此,马其顿南部被划分为五个宪兵区,英国宪兵负责兹拉马,法兰西第三共和国宪兵负责塞雷斯,意大利王国宪兵负责莫纳斯提尔,俄罗斯帝国宪兵负责萨洛尼卡,奥匈帝国宪兵负责于斯屈布[③],德意志帝国没有宪兵区。令人奇怪的是,德意志帝国政府在与大国联盟,尤其促使奥斯曼土耳其帝国改善亚美尼亚人和马其顿斯拉夫人命运的过程中是如此不积极。在实施"米尔茨施泰格方案"后,马其顿的状况有所改善,但改善不大,部分原因是"马其顿委员会"煽动的武装起义。1898年,"马其顿委员会"在索非亚成立,其成员与土匪没有两样,他们所谓的爱国行动经常是扰乱和平。因此,到1908年,近东所有的火药库都做好了准备。

1891年,一些奥斯曼土耳其帝国的政治流亡者在日内瓦成立了"统一与进步委员会",马其顿也成立了类似的委员会。1906年,各个委员会的掌权者将各自的委员会集中起来,在萨洛尼卡组成了"统一与进步扩大委员会",其目的是在奥斯曼土耳其帝国实现宪政,防止西方各国瓜分奥斯曼土耳其帝国。这一委员会赢得了萨洛尼卡军官的大力支持。1908年7月23日,奥斯曼土耳其帝国总督伊斯梅尔·恩维尔帕夏宣布恢复三十年前阿卜杜勒·哈米德二世颁布不久即被废除的《迈扎特宪法》。由于萨洛尼卡官兵积极参与这场革命,阿卜杜勒·哈米德二世迫于形势,批准了这部宪法。"统一与进步委员会"的拥护者就是"青年土耳其党"。

如果依据自己的政治理念来进行改革,"青年土耳其党"或许已经把奥斯

---

① 参见1897年5月8日《奥匈帝国与俄罗斯帝国巴尔干秘密协定》,阿尔弗雷德·弗朗西斯·普里布拉姆:《奥匈帝国的秘密》,第185页。——原注
② 1832年,欧洲各国劝奥斯曼土耳其帝国同意萨摩斯岛自治,并且由奥斯曼土耳其帝国政府任命亲王统治。萨摩斯岛一直沿用这种管理方式。直到1912年,第一次巴尔干战争,萨摩斯岛才加入希腊王国。1861年,经过法兰西第二帝国干预,黎巴嫩成为奥斯曼土耳其帝国的自治省。——原注
③ 斯科普里的旧称。

伊斯梅尔·恩维尔帕夏

曼土耳其帝国变成一个没有种族和宗教歧视的宪政国家了,但"青年土耳其党"所处的环境几乎没有给予其充分时间去实现这一目标。奥匈帝国预见到"青年土耳其党"上台后,自己必须对波斯尼亚-黑塞哥维那有完全的把握。但设法吞并这两个省无异于密谋破坏欧洲和平。因为如果一个大国轻易违反自己曾协助签订的《柏林条约》,那么其他小国很快就会效仿这一大国的行为。奥匈帝国试图吞并波斯尼亚-黑塞哥维那由来已久。1881年6月18日签署的《三皇同盟》附加的秘密协议之一提到,"对波斯尼亚和黑塞哥维那,在时机成熟时,奥匈帝国保留吞并这一地区的权利"①。在1897年5月8日的秘密协议中②,对《三皇同盟》

---

① 阿尔弗雷德·弗朗西斯·普里布拉姆:《奥匈帝国的秘密》,第43页。——原注
② 阿尔弗雷德·弗朗西斯·普里布拉姆:《奥匈帝国的秘密》,第189页、第193页。——原注

阿洛伊斯·莱克萨·冯·埃伦塔尔伯爵

附加的这一秘密协议，俄罗斯帝国政府曾提出质疑，但德意志帝国从没提出任何质疑。因此，奥匈帝国外交大臣阿洛伊斯·莱克萨·冯·埃伦塔尔伯爵觉得吞并波斯尼亚-黑塞哥维那的时机已经成熟。1908年10月3日，奥匈帝国政府向各国发出照会，宣布奥匈帝国被迫兼并波斯尼亚-黑塞哥维那。但只有根据《柏林条约》第二十五条，奥匈帝国才拥有兼并这两个省的权利，而这份照会对此只字未提，态度轻蔑，其虚伪可见一斑。如果奥匈帝国政府同时从新帕尔地区撤军，那么只是因为军事专家提到通往萨洛尼卡的正确军事路线是经过摩拉瓦山谷，而不是经过新巴扎地区。看到奥匈帝国违背《柏林条约》，保加利亚亲王斐迪南一世也随即效仿。显然，保加利亚亲王斐迪南一世已经与奥匈帝国达成谅解。1908年10月5日，保加利亚亲王斐迪南一世宣布自己为"皇帝"，这意味着保加利亚公国与奥斯曼土耳其帝国完全脱离关系。对这些侵犯其主权的行为，奥斯曼土耳其帝国政府提出抗议。但作为奥斯曼土耳其帝国政府的主要支持者及欧洲主导力量的德意志帝国政府支持奥匈帝国，奥斯曼土耳其帝国的抗议无济于事。对此，英国及法兰西第三共和国的外交部义愤填膺，但束手无策。无奈之下，欧洲各国交换意见后，同意取消《柏林条约》第二十五条。通过外交手段，欧洲各国结束了这场外交争端。

下一个对奥斯曼土耳其帝国的局势推波助澜的国家是意大利王国。1911年9月29日，意大利王国政府向奥斯曼土耳其帝国政府宣战，并且占领了奥斯曼土耳其帝国的北非领地的黎波里。1912年10月18日，在洛桑，意大利王国与奥斯

1912年，土耳其军队向意大利军队投降

曼土耳其帝国仓促签订和平条约，意大利王国与奥斯曼土耳其帝国的这场战争结束。这份条约规定，奥斯曼土耳其帝国政府同意结束其在的黎波里的统治，意大利王国同意撤离其占领的奥斯曼土耳其帝国的岛屿，即佐泽卡尼索斯群岛和罗得群岛[①]。奥斯曼土耳其帝国政府提出与意大利王国和解，是因为奥斯曼土耳其帝国要对付一场更大的战争，即第一次巴尔干战争。

这场战争是巴尔干同盟发起的。这一同盟是埃莱夫塞里奥斯·韦尼泽洛斯利用其政治家的才能将塞尔维亚王国、保加利亚王国、希腊王国及黑山王国联合起来成立的，其目的是解决马其顿问题，但在解决马其顿问题的过程中，难免要影响到奥斯曼土耳其帝国与奥匈帝国在巴尔干地区的权利和要求。巴尔干同盟与奥斯曼土耳其帝国及奥匈帝国之间的战争迟早会发生，这一点是公认的。人们普遍认为，巴尔干同盟最初的意图是对付奥匈帝国，但最终，巴尔干同盟可能放弃了从奥匈帝国手中获得波斯尼亚-黑塞哥维那的计划。由于1911年到1912年的奥斯曼土耳其帝国与意大利王国的战争削弱了奥斯曼土耳其帝国的实力，为巴尔干同盟提供了一个向奥斯曼土耳其帝国报仇的好时机。1912年10月13日，在预先签订的秘密条约中，巴尔干各国就如何瓜分未来征服的领土形成一致意见[②]，并且它们向奥斯曼土耳其帝国提出了明知会被拒绝的要求。毫无疑问，如果奥斯曼土耳其帝国政府同意这些要求[③]，那么巴尔干各国当然乐意，但奥斯曼土耳其帝国不会同意这些要求。1912年10月17日，奥斯曼土耳其帝国政府的答复是与巴尔干各国断绝外交关系，并且向它们宣战。

第一次巴尔干战争开始后，巴尔干各国的军队大获全胜，并且直抵防守君士坦丁堡和加利波利的恰塔尔贾和布莱防线。1913年5月30日，奥斯曼土耳其帝国提出和解，参战双方在伦敦签订条约。根据条约第二到第四条，奥斯曼土耳其帝国同意将埃诺斯-米迪亚防线以西除阿尔巴尼亚以外的欧洲属地全部割让给

[①] 第一次世界大战爆发时，意大利王国还没有撤离这些群岛。——原注
[②] 在这份条约中，有很大争议的部分主要涉及对马其顿的瓜分。1912年3月13日，即儒略历2月29日，塞尔维亚王国和保加利亚王国签订这份条约。条约及秘密附件参见伊万·叶夫斯特拉季耶夫·格肖夫：《巴尔干联盟》，伦敦，1915年，第112页到第116页。——原注
[③] 这些要求中包括在奥斯曼土耳其帝国的欧洲部分实行各省自治。——原注

第一次巴尔干战争讽刺漫画:"走向和平"

巴尔干同盟各国,其中就包括克里特岛。根据条约第五条,在爱琴海海域内,奥斯曼土耳其帝国所属的其他群岛及阿索斯山半岛的归属由欧洲各大国决定。

根据巴尔干战争前缔结的条约,巴尔干同盟各国试图瓜分马其顿。但因为包括哈德良堡在内的色雷斯的领土也在被瓜分之列,1912年3月13日的《塞尔维亚王国——保加利亚王国公约》没有规定对色雷斯的瓜分办法,所以瓜分马其顿变得更加复杂。此时,色雷斯归保加利亚王国所有。因此,塞尔维亚王国政府要求重新考虑根据这份公约中保加利亚王国应得的领土,保加利亚公国政府反对这一提议。在与塞尔维亚王国进行谈判时,由于失望,保加利亚王国失去耐心。1913年6月30日,保加利亚王国突然向塞尔维亚王国的防线发起进攻[1],这引发了第二次巴尔干战争。第二次巴尔干战争的一方为塞尔维亚王国与希腊王国,另一方为保加利亚王国。自1878年以来一直倾向于奥斯曼土耳其帝国的罗马尼亚王国政府进行武力干涉,制止了这次巴尔干战争。在向保加利亚王国进军时,罗马尼亚王国的军队没有遭到任何抵抗。1913年8月10日,巴尔干各国以及罗马尼亚王国在布加勒斯特签订和平协议。在协议中,希腊王国与塞尔维亚王国收获不小。希腊王国获得了萨洛尼卡和卡瓦拉。塞尔维亚王国获得了莫纳斯提尔和于斯屈布,并且与黑山王国共有新巴扎的桑贾克。对罗马尼亚王国努力的补偿是以保加利亚王国丧失领土为代价的,罗马尼亚王国扩张了其在多布罗加的领土。尽管保加利亚王国有不幸,但它也收获颇多。保加利亚王国的领土向南扩张,一直扩张到爱琴海边的泽泽阿加赫,但没有得到期望得到的于斯屈布。此外,利用巴尔干各国的分歧,在第二次巴尔干战争中,奥斯曼土耳其帝国又悄悄占领了哈德良堡。对此,保加利亚王国政府感到失望。由于受到了巴尔干各国的压制,出于报复,保加利亚王国宁愿选择与奥斯曼土耳其帝国政府讲和,默认丧失哈德良堡[2],以便等待时机,能够放手对付塞尔维亚王国。显然,巴尔干地区仍然是风暴的中心。最终,这些风暴导致了1914年战争的爆发。

---

[1] 据说此次袭击是在保加利亚国内阁不知情的情况下,由保加利亚王国军事总部下令进行的,但保加利亚王国内阁必须承担责任:"短短一个月他们就丧失了一代人艰辛努力才争取来的地位。"约翰·马里奥特:《欧洲及其他地区》,纽约,爱德华·佩森·达顿公司,1921年,第250页。但当时俄罗斯帝国驻保加利亚王国大使阿纳托利·瓦西列夫斯基·涅克柳多夫说,萨沃夫将军来到皇宫,并且从保加利亚沙皇斐迪南一世那里获得了书面授权。这可以解释为什么欧战后保加利亚沙皇斐迪南一世没有让萨沃夫成为替罪羊。阿纳托利·瓦西列夫斯基·涅克柳多夫:《外交回忆录》,伦敦,1920年,第176页到第186页。——原注
[2] 1913年9月29日,保加利亚王国与奥斯曼土耳其帝国签署《君士坦丁堡条约》。——原注

第29章

危机四伏的十年

从1904年英国与法兰西第三共和国达成友好谅解开始,外交集团成立,并且与"奥匈帝国与德意志帝国同盟"形成了平衡[①]。与此同时,欧洲分为两大阵营,一方为德意志帝国、奥匈帝国和意大利王国,另一方为英国、法兰西第三共和国和俄罗斯帝国。哪怕是最轻微的政治动荡都会使这一平衡发生动摇。但这种平衡要比英国与法兰西第三共和国没有达成友好谅解,只由德意志帝国领导的外交集团决定一切欧洲事务要好。此时,欧洲各国的关系既微妙又危险。

危机的起源是1903年,德意志帝国从奥斯曼土耳其帝国政府获得特许修建连接君士坦丁堡与巴格达铁路。最终,奥斯曼土耳其帝国对德意志帝国的让步使英国确信自己已失去在奥斯曼土耳其帝国政府的影响力。与此同时,在修建铁路特许权方面的让步使奥斯曼土耳其帝国-德意志帝国的势力指向波斯湾,这对英国的苏伊士运河到红海的交通形成了直接威胁,但英国与法兰西第三共和国友好谅解关系的建立暂时阻止了德意志帝国的行动计划。因此,德意志帝国外交的下一项活动就是在所谓的薄弱"部分",即摩洛哥王国,采取强有力的反对友好谅解关系的行动。

对摩洛哥问题,1904年4月8日的《英国与法兰西第三共和国协约》第四条

[①] 与著名的三国同盟相比,欧洲大国友好谅解之外的外交集团反而更有效。——原注

摩洛哥王国国徽

规定,"在征收关税或其他税收,或铁路运输费用方面对英国与法兰西第三共和国必须平等对待"。第八条承认在摩洛哥王国,西班牙王国拥有特殊利益。法兰西第三共和国与西班牙王国政府就摩洛哥问题达成谅解。

与西班牙王国政府的交涉确实没有任何困难,西班牙王国政府表示愿意遵守《英国与法兰西第三共和国协约》,并且愿意签订《法兰西第三共和国与西班牙王国协约》,划定法兰西第三共和国与西班牙王国在摩洛哥的势力范围。根据《法兰西第三共和国与西班牙王国协约》,西班牙王国保留了在非洲的飞地梅利利亚及从地中海的穆卢耶河到大西洋狭长的沿海地带,法兰西第三共和国成为摩洛哥其他地区的保护国。目前,人们认为,如果当时法兰西第三共和国政府立即派遣全权代表同摩洛哥苏丹签订条约,确定法兰西第三共和国对摩洛哥王国领土的保护范围,那么以后就不会出现任何外交争端。不幸的是,法兰西第三共和国与摩洛哥王国及法属苏丹的政府签订条约的时间有所延误。1905年2月,当圣-勒内-塔扬迪耶奉命前往非斯时,德意志帝国驻摩洛哥王国的外交代表里夏德·冯·屈尔曼立即表示抗议:"我们正逐步被搁在一边。"接着,1905年3月29日,德意志帝国首相伯恩哈德·冯·比洛亲王发表声明称,德意志帝国的经济利益必须得到保障,摩洛哥问题应当通过国际会议加以解决。1905年3月31日,德意志帝国皇帝威廉二世前往丹吉尔旅行,他演讲中"我决定尽我所能,切实维护德意志帝国在摩洛哥王国的利益"的说辞明显带有挑衅性。

因此,《英国与法兰西第三共和国协约》签订后,就受到了挑战。英国及法兰西第三共和国政府将如何回应?泰奥菲勒·德尔卡塞代表法兰西第三共和国

里夏德·冯·屈尔曼

签订协约,使英国和西班牙王国默许法兰西第三共和国为摩洛哥王国的保护国。此时,泰奥菲勒·德尔卡塞要做的是直接与摩洛哥苏丹协商保护国条款,但德意志帝国试图干预这一协商过程,要求参与谈判。那么,泰奥菲勒·德尔卡塞究竟是坚持法兰西第三共和国与摩洛哥苏丹直接进行交涉,还是屈服于德意志帝国的要求,召开国际会议?如果选择前者,坚持不经德意志帝国同意而与摩洛哥苏丹直接交涉,那么法兰西第三共和国与德意志帝国必将爆发战争。如果这样,英国又该采取什么行动?不久,泰奥菲勒·德尔卡塞就得到了来自英国的保证。在答复法兰西第三共和国外交部部长泰奥菲勒·德尔卡塞的询问时,英国政府承诺以外交方式,向法兰西第三共和国给予支持,并且必要时,英国会给予武力支持。的确,如果说墨迹未干的有关埃及及摩洛哥问题的《英国与法兰西第三共和国协约》有什么意义,那么其意义就在于英国必须提供这种支持。

因此,泰奥菲勒·德尔卡塞准备拒绝德意志帝国召开国际会议的请求,并且承担相应后果,即德意志帝国要么对英国及法兰西第三共和国发动战争,要么承认英国与法兰西第三共和国团结一致,和平退出摩洛哥事务。

但泰奥菲勒·德尔卡塞没能得到法兰西第三共和国政府的同意。时任法兰西第三共和国内阁总理莫里斯·鲁维耶并不是一位外交家,就像约瑟夫·卡约在后来的危机中的表现一样,他十分清楚欧洲大战的重大影响,因此莫里斯·鲁维耶宁愿对德意志帝国做出让步。1905年6月6日,莫里斯·鲁维耶召开国务会议。泰奥菲勒·德尔卡塞发表声明称:"拒绝德意志帝国召开国际会议的请求,英国支持我们,西班牙王国、意大利王国、美国、俄罗斯帝国也准备拒绝参加这一国际会议……如果今天我们屈服了,那么明天我们也会屈服,我们就会永远屈服。"结果,法兰西第三共和国国务会议的决定正好相反,投票赞成召开国际会议。泰奥菲勒·德尔卡塞立刻辞去法兰西第三共和国外交部部长一职。

莫里斯·鲁维耶兼任法兰西第三共和国外交部部长,他立即向德意志帝国政府暗示,法兰西第三共和国接受召开会议的提议[1]。法兰西第三共和国与德意

---

[1] 接受函见1905年7月8日的交换文件。皮埃尔·阿尔班:《重要条约》,第334页到第335页。——原注

摩洛哥代表抵达阿尔赫西拉斯

志帝国刚刚交换接受函。随即,摩洛哥危机结束。事实上,直到1906年1月16日,这次国际会议才召开,会议地点选在西班牙王国地中海地区美丽的水乡阿尔赫西拉斯,位于直布罗陀海峡。出席这次国际会议的有所有大国的代表,也有西班牙王国、瑞典王国、比利时王国、荷兰王国、葡萄牙王国、美国及与此次事件最直接相关的摩洛哥王国政府的代表。会议选举西班牙王国的会议首席代表里奥的阿尔莫多瓦尔公爵胡安·曼努埃尔·桑切斯为会议主席。几个星期以来,会议进展缓慢。在许多亟待解决的问题中,有一个问题尤为重要,即摩洛哥王国如果希望拥有法治和秩序,那么就必须在摩洛哥王国建立警察管理制度。德意志帝国政府提出,摩洛哥当地的警察应当受各国管理。法兰西第三共和国自然

阿尔赫西拉斯会议现场

希望掌握对摩洛哥王国警察的管理权,或者由法兰西第三共和国及西班牙王国共同享有管理权。英国政府代表卡诺克男爵阿瑟·尼科尔森决定支持法兰西第三共和国。在最初的几次会议后,西班牙政府也获得了英国的支持。法兰西第三共和国代表保罗·雷瓦尔和欧仁·勒尼奥强烈反对德意志帝国代表约瑟夫·马里亚·冯·拉多维茨和克里斯蒂安·冯·谭敦邦伯爵的主张。尽管1906年3月月初,莫里斯·鲁维耶内阁已经倒台①,但法兰西第三共和国代表团仍然坚持自己

---

① 莫里斯·鲁维耶内阁倒台后由斐迪南·萨里安内阁继任,该内阁的主要权力由内政部部长乔治·邦雅曼·克列蒙梭和外交部部长莱昂·布儒瓦掌握。——原注

的立场。最终,《最后议定书》经过修改,法兰西第三共和国代表团还是取得了成功。经过大会及委员会的多次讨论,由法兰西第三共和国代表欧仁·勒尼奥、德意志帝国代表赖因霍尔德·克莱赫迈特和西班牙王国代表弗朗西斯科·拉尔戈·卡瓦列罗三人组成的委员会起草了《最后议定书》。1906年4月7日,各国代表签订这份议定书。这份议定书的第一章包括十二条关于摩洛哥王国警察的条款,包括摩洛哥王国的警察应从摩洛哥穆斯林中招募,由摩洛哥苏丹管理,并且处在摩洛哥苏丹的指挥下。法兰西第三共和国和西班牙政府派遣军官,协助组织摩洛哥王国的警察队伍。一位瑞士人将担任摩洛哥王国警察监察长。这套制度有效期为五年。《阿尔赫西拉斯议定书》的其他各章涉及禁止武器贸易、建立国家银行、关税和公共事务等。在这份议定书中,法兰西第三共和国虽然做出了让步,但在摩洛哥王国建立警察制度一直是其主要目标。至少在这方面,法兰西第三共和国获得了相当大的利益,并且摆脱了德意志帝国的压制。

摩洛哥王国代表在《阿尔赫西拉斯议定书》上签字

1908年，摩洛哥王国再次发生危机，并且仍然处在混乱中。1907年，在卡萨布兰卡，一些法兰西第三共和国的公民遭到谋杀。法兰西第三共和国政府派遣远征军前往该地，恢复当地各部落之间的安定。这次行动虽然有利于摩洛哥王国本国及其外国居民，但引起了德意志帝国政府的反感。事实上，如果没有英国、西班牙王国和俄罗斯帝国的默许，这次行动是不可能发生的。1908年，法兰西第三共和国的军队仍然驻扎在卡萨布兰卡附近的摩洛哥王国领土。1908年9月25日，"法兰西第三共和国外籍军团"的五名逃兵[①]向德意志帝国驻卡萨布兰卡领事寻求保护，德意志帝国驻卡萨布兰卡领事馆为这五名逃兵提供了安全通行证。尽管如此，这五名逃兵还是遭到法兰西第三共和国当局的逮捕。这引起的"卡萨布兰卡事件"甚至几乎引发战争。的确，在谈判的某一阶段，1908年10月28日，德意志皇帝威廉二世在接受《电讯日报》采访时有意表现出一种轻率行为。实际上，他是建议德意志帝国与英国结盟。在采访中，德意志皇帝威廉二世假装在布尔战争期间英国是欧洲利益的保护者，这反而引起英国的不快，德意志帝国首相伯恩哈德·冯·比洛亲王也为德意志皇帝威廉二世的失言感到遗憾。卡萨布兰卡事件实在太微不足道，不值得争论。1908年11月24日，法兰西第三共和国与德意志帝国接受了海牙国际法庭的仲裁。1909年2月8日，《法兰西第三共和国与德意志帝国宣言》声明，尊重摩洛哥王国的独立及其欧洲各国在摩洛哥王国的商业利益平等和法兰西第三共和国特殊政治利益。卡萨布兰卡事件最终结束。对德意志帝国而言，这一协议或宣言是种慷慨的行为，它为摩洛哥王国的和平带来了希望。但1911年，摩洛哥王国发生了一个比以往更加严重的事件。

1909年2月8日的《法兰西第三共和国与德意志帝国宣言》指出，法兰西第三共和国与德意志帝国政府"将设法使其国民共同参与到可获得权利的事务中来"。接下来的两年，法兰西第三共和国与德意志帝国面临的困难接踵而至，德意志帝国政府试图充分利用这一规定，而法兰西第三共和国政府试图避免在摩洛哥王国形成法兰西第三共和国与德意志帝国两国拥有经济共管权的局面。与此同时，摩洛哥王国各部落间的暴乱不但没有平息，而且继续恶化。法兰西第三

[①] 其中两人是德意志人。——原注

共和国军队继续占领卡萨布兰卡及其腹地沙维耶。1911年年初,摩洛哥王国的局势迅速恶化,穆莱·阿卜杜勒哈菲德推翻了前任阿卜杜勒-阿齐兹,担任新的摩洛哥苏丹,穆莱·阿卜杜勒哈菲德被叛乱部落围困在非斯。因此,法兰西第三共和国以"摩洛哥苏丹"的名义派遣法兰西第三共和国远征军解放非斯,驱散叛军。1911年4月和5月,法兰西第三共和国的远征军顺利完成任务。随即,法兰西第三共和国的远征军撤出非斯。

在法兰西第三共和国远征军攻克非斯时,德意志帝国政府有些不安和不满,但这并非没有理由。德意志帝国外交大臣阿尔弗雷德·冯·基德伦-韦希特

阿尔弗雷德·冯·基德伦-韦希特尔

朱尔·康邦

尔曾向法兰西第三共和国驻德意志帝国大使朱尔·康邦暗示,《阿尔赫西拉斯议定书》已经不复存在。朱尔·康邦试图发现德意志帝国政府的目的,然而,德意志帝国外交部虽然没有真正保持沉默,但没有明确表示。1911年仲夏,就像在阿尔赫西拉斯会议期间莫里斯·鲁维耶政府倒台一样,在朱尔·康邦与阿尔弗雷德·冯·基德伦-韦希特尔开始谈判时,埃内斯特·莫尼斯内阁突然倒台。1911年6月27日,约瑟夫·卡约就任法兰西第三共和国总理,朱斯坦·德·塞尔夫斯担任外交部部长①。必须承认,法兰西第三共和国20世纪初的外交政策是在巨大的困难下进行的。

---

① 约瑟夫·卡约接替了埃内斯特·莫尼斯内阁外交部部长让·克吕皮的职务。——原注

1911年7月1日,法兰西第三共和国的新任外交部部长刚上任,德意志帝国驻法兰西第三共和国大使威廉·冯·舍恩男爵立即前来访问。威廉·冯·舍恩男爵立即宣读照会声明,考虑到摩洛哥王国国内某些部落骚乱威胁到德意志帝国商人的安全,德意志帝国政府决心向阿加迪尔派遣舰队以恢复当地的秩序。对法兰西第三共和国声称自己是十分注重维持摩洛哥王国秩序的大国,德意志帝国明确否认,这就是著名的"猎豹"号炮舰开往摩洛哥港的起因,"猎豹"号炮舰即为德意志帝国所下的战书。

因此,和平与战争的议题又一次明确地摆在法兰西第三共和国的面前。全体法兰西人民认为"猎豹"号炮舰前往摩洛哥港实际是一种挑衅,他们更加强烈地意识到自己将长期处在德意志帝国的军事威胁之下,与德意志帝国的战争迟早会发生,因为任何国家都不可能持续处在军事威胁下而不奋起反抗。现在,法兰西第三共和国将如何应对?

必须承认,面对德意志帝国的挑衅,约瑟夫·卡约的内阁表现得镇定自若,令人钦佩。约瑟夫·卡约并没有派军舰跟随德意志帝国军舰前往阿加迪尔。约瑟

"猎豹"号炮舰

约瑟夫·卡约

夫·卡约内阁征求英国外交部的意见，英国政府保证，将依照法兰西第三共和国的计划采取行动。约瑟夫·卡约内阁继续与德意志帝国政府交换意见。1911年7月8日，朱尔·康邦与阿尔弗雷德·冯·基德伦-韦希特尔重新开始谈判。首先，德意志帝国外交部提出赔偿问题。法兰西第三共和国与德意志帝国的谈判持续了几个星期，甚至几个月，主要涉及政治、经济、地理等方面的问题。虽然双方举行了多轮谈判，但谈判几乎破裂，战争的乌云继续笼罩着欧洲。英国政府密切关注着法兰西第三共和国与德意志帝国谈判的进展，认为在恰当的时候应该公开表明自己的态度。他们选择的场合是一次伦敦市政厅举办的宴会，这是发表公开声明的最佳场所。1911年7月21日晚上，英国财政大臣大卫·劳合·乔治发表演讲，其措辞显然是有意对德意志帝国发出严重警告。大卫·劳合·乔治说道，和平带来的恩赐虽然美好，但有时，和平只是"像我们英国这样一个伟大的国家无法忍受的耻辱"。

大卫·劳合·乔治的这篇演讲给英国及欧洲大陆都留下了深刻的印象。这是首次，英国与法兰西第三共和国正式公开声明团结一致。这意味着，如果此时法兰西第三共和国与德意志帝国爆发战争，那么英国将积极支持法兰西第三共和国。因此，英国与法兰西第三共和国接受德意志帝国所下的战书。如果德意志帝国保持其当时对摩洛哥王国的态度，那么1914年的世界大战预计将提前整整三年爆发。为什么当时德意志帝国没有坚持？为什么1911年没有爆发战争？显然，当派遣"猎豹"号炮舰前往阿加迪尔时，德意志帝国并没有预料到英国与法兰西第三共和国会团结一致，也没有预料到英国会参战。随即，德意志帝国政府意

大卫·劳合·乔治

识到了这一事实，且认为此时不值得冒险。1911年8月，德意志帝国皇帝威廉二世在汉堡发表的"阳光照耀之地"的演讲显然是在做出让步的情况下，维护德意志帝国的尊严，而不是对大卫·劳合·乔治在伦敦市政厅挑战性声明的回击。

因此，朱尔·康邦与阿尔弗雷德·冯·基德伦-韦希特尔的谈判在威廉街继续进行[①]。最终，1911年11月4日和1911年11月9日，法兰西第三共和国与德意志帝国分别签订了关于摩洛哥王国及法属刚果的两项协约。在第一项协约中，德意志帝国承认法兰西第三共和国对摩洛哥王国的军事占领，以及为摩洛哥王国政府行使外交的权利。实际上，这等于承认法兰西第三共和国有权在摩洛哥建立保护国。在第二项协约中，法兰西第三共和国将法属刚果价值较小的一半领土割让给德意志帝国。对德意志帝国来说，这是一笔不太体面的交易，因为这笔交易包含太多"索要"政策，这正是奥托·冯·俾斯麦鄙视拿破仑三世的原因。但这两项交易的达成反映出在解决摩洛哥问题上，法兰西第三共和国政府做出了政治家应有的努力，而这种努力确实取得了一定的成果。与此同时，无须发动战争就增加了德意志人的"阳光照耀之地"，满足了他们膨胀的精力。

阿加迪尔事件及大卫·劳合·乔治在伦敦市政厅的演讲一同引发了欧洲各大国间的1914年欧洲大战爆发前的最后一次危机，最终导致1914年战争的爆发。1914年战争爆发前，西欧和中欧有三年的安宁。但事实上，这种安宁十分令人不安，因为与"东方问题"相关的三场战争，即意大利王国和奥斯曼土耳其帝国的黎波里战争及第一次和第二次巴尔干战争都发生在这三年。

1911年到1914年，西欧与中欧的和平，充其量也只是在严重军事压迫下的和平，因为自1871年以来，欧洲各国的军备规模持续增加。为减轻军备负担，1898年，俄罗斯沙皇尼古拉二世建议召开和平会议。1898年8月24日，俄罗斯帝国外交部公布了这一建议。1899年5月18日到1899年7月29日，第一次海牙和平会议召开，二十六个国家的代表出席了这次会议。与会代表们没能就军备限制达成一致，但他们同意建立了一个自愿的仲裁法庭，即海牙法庭，与会代表们成

---

① 1911年9月29日，因的黎波里问题，意大利王国与奥斯曼土耳其帝国爆发战争，德意志帝国无疑受到这一事件的影响。由于希望在与法兰西第三共和国作战中得到奥斯曼土耳其帝国的援助，德意志帝国将不得不牺牲其与意大利王国的联盟。——原注

第一次海牙和平会议

功对战争规则和惯例进行了某些修改。随后,沙皇尼古拉二世再次发出召开和平会议的邀请。1907年1月15日到1907年10月19日,第二次海牙和平会议召开,至少有四十四个国家的代表出席了这次和平会议。与会代表们就战争规则和惯例做了进一步修改,但与上次和平会议一样,在限制军备限制级强制仲裁方面,这次和平会议没取得进展。但两次海牙和平会议表达的观点对文明国家公众舆论的发展产生了极大影响,这种公众舆论正是国际法有效性赖以存在的基础。

除美国外,世界各大国都或多或少感觉到维持巨大军备的压力。特别是两大军事力量,即英国与德意志帝国的海军竞争尤为激烈。英国海军始终十分强大,英国的政治家们也从没有试图掩饰其保持英国军备比任何国家军备强大的决心。因此,德意志皇帝威廉二世统治时期,德意志帝国海军的扩建自然会引起英国海军成比例的扩建。这样,英国海军可以保持其优势地位。由于英国政府一定会随着每一次德意志帝国海军的扩大,继续按比例扩大英国海军,并且英国财力充足,可以无限期地进行军备竞赛。因此,英国政府与德意志帝国政府或许应该达成彼此谅解。1912年4月,英国海军大臣温斯顿·斯潘塞-邱吉尔发

温斯顿·斯宾塞－邱吉尔

表演说,朝着英国与德意志帝国的谅解做出了一位政治家应做的全部努力。温斯顿·斯宾塞-邱吉尔庄严承诺,"如果某一年,不是讨价还价,而是在真正意义上",德意志帝国"削减或取消"其海军军舰建造计划,那么英国"也将削减或取消这方面的计划"。因此,未来,德意志帝国政府可以不受条约束缚,放慢速度,减少海军军费开支,因为德意志帝国政府知道,德意志帝国海军与英国海军的比例将保持不变。增加建造军舰的开支不但对德意志帝国无益,而且使英国海军的规模扩大百分之六十。但对海军军备问题达成谅解的提议,德意志帝国政府毫不在意。1912年2月,霍尔丹子爵理查德·霍尔丹奉命专程前往柏林,与德意志帝国首相特奥巴尔德·冯·贝特曼-霍尔韦格进行谈判,但双方没能达成一致。新的海军法,即德意志帝国未来军舰建造计划必须继续进行。与此同时,即1911年3月27日和1912年6月14日,经德意志帝国议会法律批准,德意志帝国政府将其常备军增加到六十二万五千人,并且可以筹集大量军备资金。面对这一威胁,1913年8月8日,让·路易·巴尔都担任内阁总理的法兰西第三共和国政府恢复了三年期的兵役制度。

理查德·霍尔丹

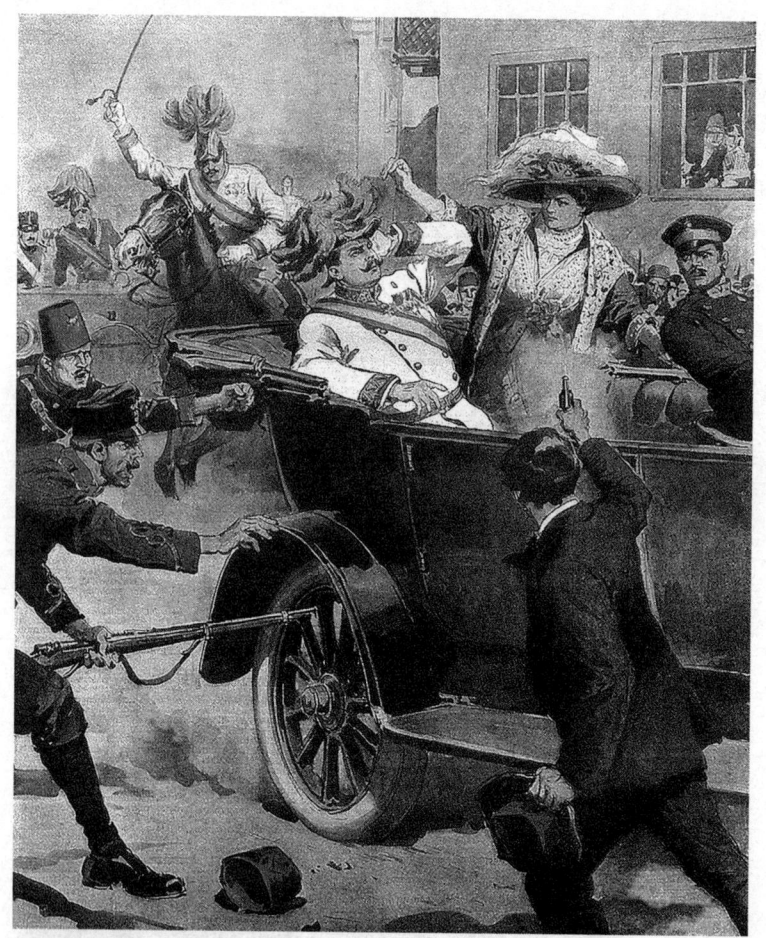

弗朗茨·斐迪南大公遇刺

1914年6月28日，一个仲夏的星期日，奥匈帝国皇储，即弗朗茨·约瑟夫一世的侄子及继承人弗朗茨·斐迪南大公携夫人乘车经过萨拉热窝时，遭到暗杀。但与此事相比，近年来，法兰西第三共和国与德意志帝国间及德意志帝国与英国间的战争，显得更迫在眉睫[①]。尽管人们认为第一次世界大战的起因与这一事件有关，但此事过去近一个月后，一切才真相大白。的确，有一无根据的传言，

---

① 在达成和解中，需要提及1913年利赫诺夫斯基亲王卡尔·马克斯与法洛顿的爱德华·格雷爵士签订的条约。这份条约划分了德意志帝国与英国在葡萄牙属非洲殖民地的利益范围，但这份条约没能得到批准。利赫诺夫斯基亲王卡尔·马克斯：《我的伦敦使命》，1918年。——原注

即1914年7月5日,波茨坦举行了皇室会议,德意志帝国皇帝威廉二世、奥匈帝国首相及其他要人出席了这次会议,但很大程度上,这一传言是不可信的①。直到1914年7月23日,奥匈帝国政府才向塞尔维亚王国发出了最后通牒。

由于以前奥匈帝国所做的有益工作及其在维持中欧和平与经济稳定所起的作用,再加上奥匈帝国悲惨的衰落及其人民在衰落过程中遭受的苦难,减轻了外界对奥匈帝国的谴责。奥匈帝国政府将萨拉热窝谋杀事件看作是"泛斯拉夫主义"运动的一部分。塞尔维亚王国政府的官员也被牵涉萨拉热窝谋杀事件。奥匈帝国政府故意利用这起谋杀事件羞辱塞尔维亚王国,尽管1914年7月22日俄罗斯帝国政府曾警告过奥匈帝国政府,奥匈帝国政府也知道这样做有引起欧洲战争的危险。

20世纪初的波茨坦

① 这是当时英国驻德意志帝国及奥匈帝国大使馆的观点。查尔斯·欧曼:《1914—1918年大战的爆发》,伦敦,英国皇家文书局,第16页到第17页。——原注

阿尔伯特·门斯多夫-普伊-迪特里希施泰因伯爵

　　1914年7月23日下午，奥匈帝国政府向塞尔维亚王国政府发出最后通牒，限塞尔维亚王国政府四十八小时内给予答复。当最后通牒到达伦敦时，法洛顿的爱德华·格雷爵士对阿尔伯特·门斯多夫-普伊-迪特里希施泰因伯爵说，最后通牒设置时限是合理的，否则谈判可能会无限期拖延。但仅在两天时间内要求考虑及答复一份实际等同于要求一个国家将自己的主权交给另一个国家的照会，奥匈帝国政府这样做，似乎决心要发动一场战争。

　　奥匈帝国的最后通牒确实要求塞尔维亚王国附属于奥匈帝国，这从以下几点可以看出。奥匈帝国注意到自1909年以来，塞尔维亚王国对自己的不友好态度后，提出包括下列要求在内的条件，塞尔维亚王国政府必须：第一，查封任何引起对奥匈帝国皇室憎恨和藐视的刊物。第二，取缔塞尔维亚民族自卫组织。第三，从教育团体及教学方法中删除任何会或可能会煽动反奥匈帝国宣传的教学内容。第四，革除塞尔维亚王国军队及行政部门中被指进行反奥匈帝国宣传的官员，相关官员的名单由奥匈帝国政府提供。第五，接受与奥匈帝国政府有关部门合作，在塞尔维亚王国境内打击企图破坏奥匈帝国领土完整的活动。

四十八小时的最后通牒时限没有给谈判留下任何机会。塞尔维亚王国政府必须彻底投降，否则就必须接受与奥匈帝国的战争。

到目前为止，引发1914年欧洲战争的罪责在奥匈帝国政府。但有证据表明，在奥匈帝国政府发出最后通牒前，德意志帝国政府就知道这份最后通牒的条款。1914年7月18日，在写给人在慕尼黑的格奥尔格·冯·赫特林伯爵的信中，巴

格奥尔格·冯·赫特林

伐利亚王国驻柏林代表汉斯·舍恩说："显然，塞尔维亚王国不可能接受这种与其作为一个独立国家尊严不符的条件。因此，最终结果必然是战争。在此，完全同意奥匈帝国应该利用这一有利时机，哪怕存在未来可能出现复杂情况的危险。"① "这一有利的时机"究竟意味着什么？显然，德意志帝国政府的观点是，从欧洲现状来看，欧洲大战已成定局。这是发动战争的绝佳时机，因为萨拉热窝谋杀事件使奥匈帝国政府发动战争有了充分的理由，这一发动战争的行为也获得奥匈帝国国内民众及舆论的大力支持。在没有奥匈帝国加入的情况下，德意志帝国不想与法兰西第三共和国及英国作战。

塞尔维亚王国政府曾向俄罗斯帝国政府请求援助。因此，对奥匈帝国的最后通牒，塞尔维亚王国政府无疑是根据俄罗斯帝国政府的意见做出了答复。答复的主要内容是接受奥匈帝国的要求，但有一点十分明白且非常重要，塞尔维亚王国政府只承诺"在符合国际法原则、刑事诉讼和友好睦邻关系的前提下，承认奥匈帝国官员在塞尔维亚王国领土内的合作"②。1914年7月25日17时45分，塞尔维亚王国首相尼古拉·帕西奇将最后通牒的答复交给了奥匈帝国驻塞尔维亚王国大使弗拉迪米尔·吉斯尔·冯·吉斯尔林根男爵。弗拉迪米尔·吉斯尔·冯·吉斯尔林根男爵请求等待片刻。随后，他对答复的各项条件与奥匈帝国政府的指示，进行了比较，尼古拉·帕西奇回到自己的办公室。弗拉迪米尔·吉斯尔·冯·吉斯尔林根男爵很快提出了必要的参考意见，回复了塞尔维亚王国答复的各项条件，并且将其传达给了尼古拉·帕西奇。刚回到办公室，尼古拉·帕西奇就被告知对最后通牒的答复，奥匈帝国十分不满。1914年7月25日晚，弗拉迪米尔·吉斯尔·冯·吉斯尔林根男爵就要离开贝尔格莱德。为最终使奥匈帝国的

---

① 查尔斯·奥曼：《1914—1918年大战的爆发》，伦敦，英国皇家文书局，第3页；胡戈·冯·莱兴费尔德·克费林·舍恩伯格伯爵致格奥尔格·冯·赫特林伯爵的信。比较《1918年约翰·威廉·米伦博士的回忆录和信》。早在1914年7月19日，戈特利布·冯·雅戈就要求奥匈帝国将最后通牒寄给他。在随后的几天，德意志帝国驻奥匈帝国大使海因里希·冯·奇尔施基陆续透露过最后通牒的一些信息。卡尔·考茨基：《战争时期的德意志帝国文件》，夏洛滕堡，1929年，第1卷，第104页及随后几页。显然，德意志帝国外交部实际上没有看到过最后通牒的原文。——原注
② 《外交文件汇编》，伦敦，英国皇家文书局，第35页。——原注

尼古拉·帕西奇

拒绝毫无回旋的余地，在其通牒的结尾，弗拉迪米尔·吉斯尔·冯·吉斯尔林根男爵说：

> 最后，我要正式声明，从这封信到达阁下手中的那一刻起，塞尔维亚王国和奥匈帝国间外交关系的破裂将成为事实。①

英国外交大臣法洛顿的爱德华·格雷爵士向法兰西第三共和国政府、意大利王国政府及德意志帝国政府提议召开国际会议。他建议，在会议期间，相关各

---

① 《外交文件汇编》，伦敦，英国皇家文书局，第390页。——原注

戈特利布·冯·雅戈

国,包括奥匈帝国、塞尔维亚王国及俄罗斯帝国应暂停所有军事行动,但法洛顿的爱德华·格雷爵士的提议遭到拒绝。1914年7月27日,德意志帝国外交大臣戈特利布·冯·雅戈拒绝参加这次国际会议,因为会议"实际上相当于仲裁法庭,他认为,除非奥匈帝国和俄罗斯帝国提出请求,否则不可能召开会议"[1]。1914年7月28日,奥匈帝国政府向塞尔维亚王国宣战。对塞尔维亚王国的攻击,俄罗斯帝国政府向来不能容忍。随即,俄罗斯帝国政府发出命令,从1914年7月29日起,在敖德萨、基辅、莫斯科及喀山等地进行军事动员,但俄罗斯帝国驻奥匈帝国大使还没有撤离。虽然德意志帝国首相特奥巴尔德·冯·贝特曼-霍尔韦格感

---

[1] 爱德华·高慎爵士致法洛顿的爱德华·格雷爵士的信,1914年7月28日。查尔斯·欧曼:《1914—1918年大战的爆发》,伦敦,英国皇家文书局,第49页到第50页。比较爱德华·高慎爵士致法洛顿的爱德华·格雷爵士的信,1914年7月28日。信中详细叙述了与德意志帝国首相奥巴尔德·冯·贝特曼-霍尔韦格的谈话。《外交文件汇编》,伦敦,英国皇家文书局,第56页。——原注

到无法劝阻奥匈帝国停止对塞尔维亚王国的攻击，但1914年7月29日，他还是建议继续与俄罗斯帝国进行对话：

> 1914年7月28日晚，德意志帝国首相特奥巴尔德·冯·贝特曼-霍尔韦格告诉我，他正在尽最大努力"劝告奥匈帝国"，但他不确定在维也纳提出缓和意见的时间是否会使事态急转直下。①

德意志帝国对英国的态度是毫无疑问的，1914年7月29日，法洛顿的爱德华·格雷爵士对德意志帝国驻英国大使利赫诺夫斯基亲王卡尔·马克斯说：

卡尔·马克斯

---

① 爱德华·高慎爵士致法洛顿的爱德华·格雷爵士的信，1914年7月30日。查尔斯·欧曼：《1914—1918年大战的爆发》，伦敦，英国皇家文书局，第56页。——原注

如果德意志帝国卷入战争，那么法兰西第三共和国也将加入。这一问题可能大到涉及所有欧洲国家利益，我不希望弗拉迪米尔·吉斯尔·冯·吉斯尔林根男爵被我们谈话的友好语气所误导，而误认为我们会袖手旁观。①

此时，俄罗斯帝国政府只下令调动与奥匈帝国相邻地区的军队。但除此之外，在沙皇尼古拉二世不知情的情况下，俄罗斯帝国国防大臣弗拉基米尔·苏霍

弗拉基米尔·苏霍姆林诺夫

---

① 《外交文件汇编》，伦敦，英国皇家文书局，第67页。——原注

谢尔盖·萨宗诺夫

姆林诺夫将军已经为军事总动员秘密做好了准备①。这一区别并不重要,俄罗斯帝国只针对奥匈帝国进行了部分军事动员,如果随后俄罗斯帝国与奥匈帝国开战,那么德意志帝国将按照《德意志帝国与奥匈帝国同盟条约》加入战争。奥匈帝国肯定相信,其盟友德意志帝国会按照同盟条约的规定对自己进行援助。否则,奥匈帝国将不会面对俄罗斯帝国的军事动员而继续与塞尔维亚王国的战争。

1914年7月31日午夜,德意志帝国驻俄罗斯帝国大使卡尔·弗里德里希·冯·普塔莱斯伯爵拜访了俄罗斯帝国外交大臣谢尔盖·萨宗诺夫。谢尔盖·萨宗诺夫宣布"如果十二小时内,即1914年8月1日中午前,如果针对德意志帝国和

---

① 出自前英国驻俄罗斯帝国大使乔治·布坎南爵士起草的《备忘录》,1917年9月15日。查尔斯·奥曼:《1914—1918年大战的爆发》,伦敦,英国皇家文书局,第63页。——原注

奥匈帝国,俄罗斯帝国还没有开始解除军事动员,那么德意志帝国政府将被迫下达军事动员令"①。最后通牒规定的时间已经到来,卡尔·弗里德里希·冯·普塔莱斯伯爵再次拜会谢尔盖·萨宗诺夫,并且发出通告称,德意志帝国皇帝威廉一世向俄罗斯帝国宣战②。

此时,德意志帝国正与俄罗斯帝国交战,德意志帝国政府有必要确定与法兰西第三共和国的关系。法兰西第三共和国迟早会参战,但战争初期可以宣布保持一段时间的中立。对德意志帝国总参谋部而言,法兰西第三共和国宣布中立极其不利,因为德意志帝国已经做好了与法兰西第三共和国及俄罗斯帝国作战的准备,并且在西线,德意志帝国集结了大批军队。俄罗斯帝国行动缓慢,德意志帝国试图先击败法兰西第三共和国,然后再攻打俄罗斯帝国。因此,德意志帝国驻法兰西第三共和国大使威廉·冯·舍恩男爵接到命令,如果法兰西第三共和国政府宣告保持中立,那么就要求法兰西第三共和国将军队撤出图勒和凡尔登,并且在战争期间,这些地区由德意志帝国军队占领,作为法兰西第三共和国中立的保证。法兰西第三共和国必然会拒绝这种可耻的提议,立即加入战争。事实上,当1914年8月1日,威廉·冯·舍恩男爵拜见法兰西第三共和国总理勒内·维维亚尼,并且向其询问意见时,威廉·冯·舍恩男爵得到的答复是,法兰西第三共和国将按照其利益行事③。因此,威廉·冯·舍恩男爵没有提出由德意志帝国军队占领图勒和凡尔登的要求④。对于该采取什么行动,德意志帝国政府感到有些困惑。

然而,就在1914年8月1日,由于感到有必要采取防备措施,法兰西第三共和国政府下令集结军队。但为避免挑衅意味,同时为表明如果战争发生,谁是发动者,法兰西第三共和国军队得到命令其驻扎的区域距离德意志帝国边境不得少

---

① 谢尔盖·萨宗诺夫致俄罗斯帝国驻外代表的信,1914年8月1日《俄罗斯帝国橙皮书》。《外交文件汇编》,伦敦,英国皇家文书局,第292页。——原注
② 1914年8月1日19时,弗里德里希·冯·普塔莱斯伯爵提交通告。《外交文件汇编》,伦敦,英国皇家文书局,第294页到第295页。——原注
③ 德意志帝国《白皮书》。《外交文件汇编》,伦敦,英国皇家文书局,第434页。——原注
④ 通过某种方式,法兰西第三共和国政府得到了发给威廉·冯·舍恩男爵的电文原文的副本。1918年3月,法兰西第三共和国政府透露了这一消息。——原注

勒内·维维亚尼

于十千米①。这一命令使法兰西第三共和国在整个战争期间损失惨重，丧失了布里埃河流域，此地矿藏丰富，钢铁工业发达。

当法兰西第三共和国政府开始调动军队时，德意志帝国政府本可以通过宣战作为回应。但德意志帝国并没有宣战，"当时的解释是，在主动进攻法兰西第三共和国前，德意志帝国试图从违反卢森堡公国及比利时王国的中立原则获得利益"②。事实的确如此。1914年8月2日，星期日，德意志帝国军队"很早"侵入了卢森堡公国领土③。但在同一日期的照会中，德意志帝国大使威廉·冯·舍恩男

---

① 泰晤士的伯蒂子爵弗朗西斯·伯蒂致法洛顿的爱德华·格雷爵士的信，1914年8月1日。《外交文件汇编》，伦敦，英国皇家文书局，第98页。——原注
② 查尔斯·欧曼：《1914—1918年大战的爆发》，伦敦，英国皇家文书局，第112页。——原注
③ 卢森堡公国国务大臣致法洛顿的爱德华·格雷爵士的信，1914年8月2日。《外交文件汇编》，伦敦，英国皇家文书局，第104页。——原注

爵"匆忙通知法兰西第三共和国外交部部长泰奥菲勒·德尔卡塞,德意志帝国在卢森堡大公国采取的军事措施并不构成敌对行为"[1]。

与此同时,1914年8月2日晚,德意志帝国驻比利时王国大使克劳斯·冯·贝洛-萨利斯克向比利时王国政府发出照会,要求其允许德意志帝国军队可以自由通过比利时王国领土,答复时限为十二小时[2]。由于1839年的条约不但使比利时成为中立国,而且这一条约第七条规定比利时王国有义务保持中立。因此,比利时王国政府决心坚决履行其义务,抵挡德意志帝国的进军。英国及法兰西第三共和国驻比利时王国大使先后向比利时王国政府保证,英国及法兰西第三共和国政府将承担起作为1839年条约保证者的责任,并且将与比利时王国一起维护其中立地位[3]。

对比利时王国政府,法兰西第三共和国驻比利时王国大使安东尼·瓦拉迪斯拉夫斯·科洛布科夫斯基保证法兰西第三共和国将支持比利时王国。1914年8月3日18时45分,德意志帝国政府宣布与法兰西第三共和国进入战争状态[4]。1914年8月4日早晨,德意志帝国军队进入比利时王国的领土[5]。

消息传到伦敦,英国外交大臣法洛顿的爱德华·格雷爵士致电英国驻德意志帝国大使爱德华·高慎爵士说:

> 考虑到对我们在柏林和巴黎同时提出对比利时王国的请求,德意志帝国拒绝像上星期法兰西第三共和国那样做出同样的保证,我们必须重申这一请求,并且要求得到满意的答复。我今天早晨发出的电报,今天24

---

[1] 法兰西第三共和国《黄皮书》。《外交文件汇编》,伦敦,英国皇家文书局,第234页。——原注
[2] 比利时王国外交大臣致比利时王国驻外大使的信,1914年8月3日(《比利时灰皮书》)。《外交文件汇编》,伦敦,英国皇家文书局,第312页。德意志帝国照会见《外交文件汇编》,伦敦,英国皇家文书局,第309页。——原注
[3] 法兰西第三共和国做出的保证是1914年8月3日由其驻比利时王国大使安东尼·瓦拉迪斯拉夫斯·科洛布科夫斯基自己做出的,并没有法兰西第三共和国政府的命令。1914年8月4日,英国做出保证。《外交文件汇编》,第313页到315页。——原注
[4] 威廉·冯·舍恩男爵致勒内·维维亚尼的信,1914年8月3日。《外交文件汇编》,伦敦,英国皇家文书局,第240页。——原注
[5] 比利时王国外交大臣致英国、法兰西第三共和国及俄罗斯帝国驻比利时王国大使的信,1914年8月4日。《外交文件汇编》,伦敦,英国皇家文书局,第321页。——原注

时前即可收到,也要求德意志帝国政府予以答复。否则,请你要回护照,告诉德意志帝国政府,英国政府将采取一切措施来维护比利时王国的中立,并且坚持遵守德意志帝国和我们一起签订的条约。①

英国驻德意志帝国大使爱德华·高慎爵士收到这封电报后,对德意志帝国进行了最后的正式访问。首先,他拜访的是德意志帝国外交大臣戈特利布·冯·雅戈。戈特利布·冯·雅戈向爱德华·高慎爵士表示,德意志帝国军队入侵比利时王国势在必行。其次,爱德华·高慎爵士拜访的是德意志帝国首相特奥巴尔德·冯·贝特曼-霍尔韦格。特奥巴尔德·冯·贝特曼-霍尔韦格不像其外交大臣那样冷静严肃,而是表现得兴奋不安,因为他所有的政策已经宣告失败。尽管特奥巴尔德·冯·贝特曼-霍尔韦格睿智且心胸开阔,但他预见了欧洲均势体系的崩溃、无政府状态的蔓延及杀戮与野蛮,而这一切正是政治家们想要避免的,"只是为一个词'中立',一个在战争时期经常被忽视的词,只是为一张碎纸片而流血牺牲"②。离开特奥巴尔德·冯·贝特曼-霍尔韦格处后,爱德华·高慎爵士起草了电报。1914年8月5日晚九时,他将这封电报发往伦敦。此时,除了接受内阁的命令外,外交已经没有任何作用。1914年8月5日0时15分,英国向德意志帝国宣战③。

上述记录的百年外交活动表明了在所有引起战争的利己主义和激情的冲突中,为维护世界文明国家间的良好关系,政治家们及其代理人做出的努力。1815年到1848年,这一任务并不像后来那样艰巨。在"19世纪30年代到19世纪40年代早期",人们的民族意识并不强烈,就像本杰明·迪斯雷利所说,人们注重

---

① 法洛顿的爱德华·格雷爵士致爱德华·高慎爵士的信,1914年8月4日。《外交文件汇编》,伦敦,英国皇家文书局,第109页。前面提及的电报中对德意志帝国要求自由通过比利时王国提出了抗议。《外交文件汇编》,伦敦,英国皇家文书局,第107页。——原注
② 爱德华·高慎爵士致法洛顿的爱德华·格雷爵士的信,1914年8月8日。《外交文件汇编》,伦敦,英国皇家文书局,第111页。——原注
③ 1914年8月4日16时20分,利赫诺夫斯基亲王卡尔·马克斯致电柏林,最后通牒1914年8月5日零时发出。卡尔·考茨基:《战争时期的德意志帝国文件》,夏洛腾堡,第4卷,第80页,第853条。——原注

的是种族而不是国籍。英国人、德意志人、法兰西人、意大利人及四海为家的俄罗斯人可以相识在避暑胜地,同乘公共马车旅行,而不会彼此敌视。1848年后,"东方问题"几乎成为外交活动无法和平解决的问题。1871年后,德意志帝国的领土完整只能靠武力来维持,使欧洲形成了武装和平的局面,这需要外交家们时刻保持警惕,以防止随后四十年演变为一场大战。现在,世界大战来了又去,引发战争的因素和以往一样强大,包括民族主义的激情、复仇的愿望、"领土收复主义"的不满,以及国际共产主义者的宣传。传统方式训练的外交卓有成效,如果没有外交的技能和经验,那么世界各国将永远不可能并存。但在巨大而有益的工作中,传统外交需要各方的帮助。如果没有强大外部的帮助,那么无论外交官们多么顽强奋斗,外交活动都将再次失败。放眼未来,如果没有传统外交及国际联盟的合作,那么本人将看不到世界有任何实际的希望。

译名对照表

Benjamin Disraeli	本杰明·迪斯雷利
University of Strasbourg	斯特拉斯堡大学
hristoph Wilhelm von Koch	克里斯托夫·威廉·冯·科赫
Histoire abrégé des traités de paix	《和约简史》
Edward Hertslet	爱德华·赫特莱特
Émile Bourgeois	埃米尔·布儒瓦
Manuel historique de politique étrangére	《外交政策史手册》
Antonin Debidour	安托南·德比杜尔
Histoire diplomatique	《外交史》
James I	詹姆斯一世
Henry Wotton	亨利·沃顿
Thomas Roe	托马斯·罗
State of Duke of Brunswick	不伦瑞克公国
Abraham de Wicquefort	亚伯拉罕·德·威克福
L'Ambassadeur et ses Fonctions	《大使及其职能》
Hague	海牙
Philip de Commines	菲利普·德·科米纳
Comte d'Avaux	德阿沃伯爵
Claude de Mesmes	克劳德·德·梅姆
Congress of Westphalia	威斯特伐利亚会议
marquis Boisdauphin	布瓦多菲侯爵
Abel Servien	阿贝尔·塞尔维安
Pierre Jeannin	皮埃尔·让南
Claus von Below-Saleske	克劳斯·冯·贝洛-萨利斯克

Battle of Leipzig	莱比锡战役
House of Bourbon	波旁王朝
Charles Maurice de Talleyrand	夏尔·莫里斯·德·塔列朗
Klemens von Metternich	克莱门斯·冯·梅特涅
Alexander I	亚历山大一世
Frederick William III	腓特烈·威廉三世
Lord Castlereagh	卡斯尔雷勋爵
Robert Stewart	罗伯特·斯图尔特
States-General	三级会议
Orleans Monarchy	奥尔良王朝
Poland	波兰
Kingdom of Saxony	萨克森王国
Duke of Leuchtenberg	洛伊希腾贝格公爵
Eugène de Beauharnais	欧仁·德·博阿尔内
Joseph Maximilian I	约瑟夫·马克西米利安一世
Frederick VI	腓特烈六世
Copenhagen	哥本哈根
Oldenburg	奥尔登堡
Catherine Pavlovna	凯瑟琳·帕夫洛夫娜
Saxo-Polish Question	萨克森–波兰问题
Question of Rhine Frontier	莱茵河边界问题
Belgo-Dutch Question	比利时–荷兰问题
Dano-Swedish Question	丹麦–瑞典问题
Neutrality of Switzerland	瑞士中立问题
Question of Italy	意大利问题
Germanic Confederation	德意志邦联（德意志重建）问题
International Rivers	国际河流管理
Slave Trade	奴隶贸易问题
Treaty of Kalisch	《卡利什条约》
Galicia	加利西亚
Kracow	克拉科夫
Vistula	维斯图拉
Pressburg	布拉迪斯拉发

Duchy of Warsaw	华沙公国
Duchy of Luxemburg	卢森堡公国
Archbishop of Trèves	特雷沃大主教
City of Bonn	波恩市
Abbeys of Prüm	普吕姆大教堂区
Stavelot	斯塔沃洛
Malmédy	马尔梅迪
Louis XVIII	路易十八
Grand Duchy of Posen	波森大公国
Danzig	但泽
Thorn	托伦
West Prussia	西普鲁士
Tarnopol	塔诺波尔
Alsace	阿尔萨斯
Lorraine	洛林
Mayence	美因茨
Treves	特雷沃
Cologne	科隆
Nieder-Rhine	下莱茵省
Münster	明斯特
Austrian Netherlands	奥属尼德兰
William Pitt the Younger	小威廉·皮特
Orange	奥朗日
Scheldt	斯海尔德河
Stralsund	斯特拉尔松
Rügen	吕根岛
Swedish Pomerania	瑞典属波美拉尼亚
Elbe	易北河
Duchy of Saxe-Lauenburg	劳恩堡公国领地
Heligoland	黑尔戈兰岛
Scandinavian	斯堪的纳维亚
Viscount Stratford de Redcliffe	斯特拉特福德·德·雷德克里夫子爵
Stratford Canning	斯特拉特福德·坎宁

Corfiote	科孚特岛人
Count Capo d'Istria	卡波·伊斯特利亚伯爵
Giovanni Antonio	乔瓦尼·安东尼奥
Frederic César de La Harpe	弗雷德里克·塞萨尔·德·拉·阿尔普
Act of Mediation	《调停决议》
Valais	瓦莱
Principality of Neuchâtel	纳沙泰尔公国
Republic of Geneva	日内瓦共和国
Kingdom of Sardinia	撒丁王国
Faucigny	福西尼
Chablais	沙布莱
Papal States	教皇国
Genoa	热那亚
Piedmont	皮埃蒙特
Venice	威尼斯
Pope Pius VII	教皇庇护七世
Treaty of Fontainebleau	《枫丹白露条约》
Treaty of Campo Formio	《坎波福尔米奥条约》
Austerlitz	奥斯特利茨
Treaty of Pressburg	《布拉迪斯拉发条约》
Mincio	明乔河
Dalmatia	达尔马提亚
Bay of Kotor	科托尔湾
former Republic of Ragusa	前拉古萨共和国
Corfu	科孚岛
Zante	赞特岛
Santa Maura	圣莫拉岛
Cephalonia	凯法洛尼亚岛
Cerigo	切里戈岛
Ithaca	伊萨卡岛
Paxo	帕克索岛
Vienna Congress Act	《维也纳会议议定书》
Riviera	里维埃拉

San Remo	圣雷莫
Sarzano	萨尔扎诺
Modena	摩德纳
House of Este	埃斯特王朝
Tuscany	托斯卡纳
House of Lorraine-Habsburg	洛林－哈布斯堡王朝
House of Bourbon-Parma	波旁－帕尔马王朝
Duchess of Lucca	卢卡女公爵
Maria Louisa	玛丽亚·路易莎
Don Carlos	卡洛斯
Republic of Lucca	卢卡共和国
Marie Louise	玛丽·路易丝
Joachim Murat	若阿基姆·缪拉
Ferdinand I	斐迪南一世
Count von Neipperg	冯·奈佩格伯爵
Adam Albert	亚当·阿尔伯特
Joachim Napoleon	若阿基姆·拿破仑
Elba	厄尔巴岛
Richard Trench Clancarty	理查德·特伦奇·克兰卡蒂
Ratisbon	雷根斯堡
Salm-Salm	萨尔姆邦国
Salm-Kyrburg	萨尔姆－吉尔堡邦国
Federative Constitution	《邦联宪法》
Final Act of Vienna	《维也纳会议最后议定书》
Germanic Confederation	德意志邦联
Treaty of Münste	《明斯特条约》
Alsace-Lorraine	阿尔萨斯－洛林
Albert Sorel	阿尔伯特·索雷尔
Friedland	弗里德兰
Malta	马耳他
Ionian Isles	伊奥尼亚群岛
Cape of Good Hope	好望角殖民地
Isle de France	印度洋的法兰西岛

Seychelles	塞舌尔岛
Oceania	大洋洲
Tasmania	塔斯马尼亚岛
West Indies	西印度群岛
St.Lucia	圣卢西亚岛
Tobago	多巴哥岛
Second Peace of Paris	《第二次巴黎和约》
Battle of Waterloo	滑铁卢战役
Maubeuge	莫伯日
Dinant	迪南
Philippeville	菲利普维尔
Saarlouis	萨尔路易
Saarbruck	萨尔布吕克
Landau	兰道
Geneva	日内瓦湖
Chambéry	尚贝里
Avignon	阿维尼翁
Venaissin	维奈桑
Pont d'Iena	耶拿大桥
Duke of Wellington	威灵顿公爵
Arthur Wellesley	阿瑟·韦尔斯利
Rochefort	罗什福尔
St. Helena	圣赫勒拿岛
Humboldt	洪堡
Batavia	巴达维亚
L' Ile de Bourbon	波旁岛
Gouvion St. Cyr	古维翁·圣西尔
Army Law	《陆军法》
Faubourg St. Honore	圣奥诺雷法堡
Denis Decrès	德尼·德克雷
Avenue des Champs-Élysées	香榭丽舍大街
Burkhardt Krüdener	伯克哈特·克吕德纳
Barbara von Krüdener	芭芭拉·冯·克吕德纳

George IV	乔治四世
Earl of Liverpool	利物浦伯爵
Robert Jenkinson	罗伯特·詹金森
Châtillon	沙蒂永
Earl of Aberdeen	阿伯丁伯爵
George Gordon	乔治·戈登
Armand Caulaincourt	阿尔芒·科兰古
Chaumont	肖蒙
Langres	朗格勒
Treaty of Ried	《里德条约》
Treaty of Chaumont	《肖蒙条约》
Covenant of the League of Nations	《国际联盟盟约》
Charles Bagot	查尔斯·巴戈特
John Quincy Adams	约翰·昆西·亚当斯
Edward Cooke	爱德华·库克
Pozzo di Borgo	波茨措·迪·博尔哥
Charles William Vane	查尔斯·威廉·瓦内
George Canning	乔治·坎宁
Karl Nesselrode	卡尔·涅谢尔罗迭
Friedrich von Gentz	弗里德里希·冯·根茨
Frederick William I	腓特烈·威廉一世
Albrecht von Bernstorff	阿尔布雷希特·冯·伯恩斯托夫
Duke of Richelieu	黎塞留公爵
Armand Emmanuel	阿尔芒·埃马努埃尔
Joseph de Rayneval	约瑟夫·德·雷尼瓦尔
Claude Marie Mounier	克劳德·马里·穆尼耶
Abbé de St. Pierre	圣皮埃尔神父
René Descartes	勒内·笛卡尔
Brighton	布莱顿
Alexander Stourdza	亚历山大·斯托尔扎
Wartburg	瓦特堡
Mannheim	曼海姆
August von Kotzebue	奥古斯特·冯·科策比

Karl Ludwig Sand	卡尔·路德维希·桑德
Teplitz	特普利茨
Olmütz	奥尔米茨
Bohemia	波希米亚
Carlsbad	卡尔斯巴德
Kingdom of Bavaria	巴伐利亚王国
Grand Duchy of Baden	巴登大公国
Duchy of Nassau	拿骚公国
Duchy of Württemberg	符腾堡公国
Grand Duchy of Mecklenburg-Schwerin	梅克伦堡－什未林大公国
Hesse Electoral	黑森选侯
Duchy of Saxe-Weimar	萨克斯－魏玛公国
Ferdinand von Wintzingerode	斐迪南·冯·温齐戈罗德
Decrees of Carlsbad	卡尔斯巴德法令
Diet of Frankfort	《法兰克福议会》
Silesia	西里西亚
Troppau	特罗保
Cádiz	加的斯
Isle of León	莱昂岛
Kingdom of Naples	那不勒斯王国
Nola	诺拉
Avellino	阿韦利诺
Congress of Troppau	特罗保会议
Tilsit	蒂尔西特
Lebeltzern	勒贝尔岑
Mercy	梅西
Auguste Count de La Ferronnays	德拉费罗纳伯爵奥古斯特
Louis XVI	路易十六
Marquis de Caraman	卡拉曼侯爵
François Joseph	弗朗索瓦·约瑟夫
Save	萨沃
Laibach	莱巴赫
General Fremont	弗雷蒙将军

Lombardy	伦巴第
Ticino	提契诺河
Novara	诺瓦拉
Turin	都灵
Alexander Ypsilanti	亚历山大·伊普西兰蒂
Pruth	普鲁特河
Moldavia	摩尔达维亚
Ferdinand VII	斐迪南七世
Evaristo San Miguel	埃瓦里斯托·圣米格尔
Madrid	马德里
Convention of Tucuman	《图库曼公约》
Argentine	阿根廷
Joseph Francia	约瑟夫·弗朗西亚
Paraguay	巴拉圭
Simon Bolivar	西蒙·博利瓦尔
Venezuela	委内瑞拉
Boyaca	博亚卡
Columbia	哥伦比亚
Jose San Martin	何塞·圣马丁
La Plata	拉普拉塔
Peru	秘鲁
Augustin Yturbide	奥古斯丁·伊蒂比德
Treaty of Cordova	《科多瓦条约》
Juan O'Donogu	胡安·奥多诺古
John VI	约翰六世
House of Braganza	布拉甘扎王室
Lisbon	里斯本
Dom Pedro	佩德罗
Boulgary	布尔加里
Joseph de Villèle	约瑟夫·德·维莱尔
Saumur	索米尔
Napoleon II	拿破仑二世
Belfort	贝尔福

Neu Breisach	新布赖萨赫
Strasbourg	斯特拉斯堡
La Rochelle	拉罗谢尔
Pyrenees	比利牛斯山脉
Verona	维罗纳
Charles Felix	查理·菲利克斯
Grand Duke of Tuscany	托斯卡纳大公
Mathieu Montmorency	马蒂厄·蒙莫朗西
vicomte de Chateaubriand	夏多布里昂子爵
François-René	弗朗索瓦-勒内
Genie du Christianisme	《基督教真谛》
Piacenza	皮亚琴察
Guiseppe Maria Cardinal	朱塞佩·马里亚·斯皮纳
Ancona	安科纳
Jules de Poligna	朱尔·德·波利尼亚克
Duc d'Angoulême	昂古莱姆公爵
Louis Antoine	路易·安托万
Treaty of the Trocadero	《特罗卡德罗条约》
Carlist Wars	卡洛斯战争
Hohenzollern	霍亨索伦
Richard Rush	理查德·拉什
James Monroe	詹姆斯·门罗
Monroe Doctrine	《门罗宣言》
Ayacucho	阿亚库乔
Queen Carlota Joaquina	卡洛塔·华金娜王后
Don Miguel	米格尔
Baron Hyde de Neuville	海德·德·纳维尔男爵
Jean-Guillaume	让·纪尧姆
Indies	印度群岛
Danube	多瑙河
Aegean	爱琴海
Balkans	巴尔干地区
Milosh Obrenovitch	米洛什·奥布列诺维奇

Serbians	塞尔维亚人
Wallachia	瓦拉几亚
Transylvanian	特兰西瓦尼亚
Munkacz	蒙卡茨
Roumania	罗马尼亚
Peloponnese	伯罗奔尼撒半岛
Persia	波斯
Ioánnina	约阿尼纳
Muhammad Ali	穆罕默德·阿里
Revolution of 1821 in Piedmont	《1821年皮埃蒙特革命》
Count of Santa Rosa	圣罗莎伯爵
Collegno	科莱尼奥
Charles Nicolas Fabvier	夏尔·尼古拉·法维耶
George Gordon Byron	乔治·戈登·拜伦
Thomas Cochrane	托马斯·科克伦
Richard Church	理查德·丘奇
Alexandros Mavrokordátos	亚历山德罗斯·马夫罗科扎托斯
de Paul Noailles	德·保罗·诺瓦耶
Crusade	十字军
Tory	保守党
Whig	自由党
Eton	伊顿
Harrow	哈罗
Westminster	威斯敏斯特
Mahmoud II	马哈茂德二世
Ibrahim Pasha	易卜拉欣帕夏
Morea Peninsula	摩里亚半岛
Nicholas I	尼古拉一世
Treaty of Bucharest	《布加勒斯特条约》
Pitt tradition	皮特传统
Thermopylae	塞莫皮莱
Salamis	萨拉米斯
Petersburg	彼得堡

Constantinople	君士坦丁堡
Christoph Heinrich von Lieven	克里斯多夫·海因里希·冯·利芬
Protocol of Petersburg	《彼得堡议定书》
Levant	累范特
Viscount Goderich	戈德里奇子爵
Frederick John Robinson	弗雷德里克·约翰·罗宾逊
Earl of Dudley	达德利伯爵
John William Ward	约翰·威廉·沃德
Missolonghi	迈索隆吉
Akropolis of Athens	雅典卫城
Hydra	海德拉
Edward Codrington	爱德华·科德林顿
Navarino Bay	纳瓦里诺湾
Battle of Lepanto	勒班陀战役
Nicolas Joseph Maison	尼古拉·约瑟夫·迈松
Convention of Akerman	《阿克曼公约》
Treaty of Turkmanchai	《图尔克曼恰伊条约》
Erivan	埃里温
Nakhitchevan	纳希切万
Hans Karl von Diebitsch	汉斯·卡尔·冯·迪比奇
Adrianople	哈德良堡
Enos-Midia	埃诺斯－米迪亚
Karl Ferdinand von Müffling	卡尔·斐迪南·冯·穆弗林
Treaty of Adrianople	《哈德良条约》
Protocol of the Three Powers	《三国议定书》
Pierre Montmorency-Lava	皮埃尔·蒙莫伦西－拉瓦尔
Euboea	埃维亚岛
Devil's Islands	魔岛
Skyros	斯基罗斯岛
Cyclades	基克拉泽斯群岛
Gulf of Corinth	科林斯湾
Spercheios	斯派尔西奥斯河
Aspropotamos	阿斯普罗波塔莫斯河

Saxe-Coburg and Gotha	萨克森－科堡和哥达
Nauplia	纳夫普利亚
St. Spiridon	圣斯皮里登
Constantine Mavromichalis	康斯坦丁·马夫罗米哈利斯
George Mavromichalis	乔治·马夫罗米哈利斯
King Phil-Hellene	菲尔－赫伦国王
Prince Otto	奥托王子
Gulf of Volo	沃洛湾
Gulf of Arta	阿尔塔湾
Fort Punta	彭塔堡
Akarnania	阿卡尔纳尼亚
Eastern Question	东方问题
François Pierre Guillaume Guizot	弗朗索瓦·皮埃尔·纪尧姆·基佐
Albanian	阿尔巴尼亚
Crete	克里特岛
Pharaohs	法老
Syria	叙利亚
Asia Minor	小亚细亚
Konieh	科尼埃
Bosphorus	博斯普鲁斯海峡
Büyükdere	拜科德里
Adana	阿达那
Nicolas Orloff	尼古拉·奥尔洛夫
Unkiar Skelessi	安吉阿尔·伊斯克利西宫
Strait of the Dardanelles	达达尼尔海峡
Morning Herald	《先驱晨报》
Viscount of Ponsonby	庞森比子爵
John Ponsonby	约翰·庞森比
Viscount of Palmerston	帕默斯顿子爵
Henry John Temple	亨利·约翰·坦普尔
Duc Victor de Broglie	维克托·布罗伊公爵
Louis-Victor-Pierre-Raymond	路易－维克多－皮埃尔－雷蒙
München-grätz	慕尼黑－格拉茨

Fredrick William IV	腓特烈·威廉四世
Arabia	阿拉伯半岛
Aden	亚丁
Jean-de-Dieu Soult	让-德-迪厄·苏尔特
Horace Sebastiani	奥拉斯·塞巴斯蒂亚尼
François Adolphe de Bourqueney	弗朗索瓦·阿道夫·布尔克内
Cairo	开罗
James Campbell	詹姆斯·坎贝尔
Ulick John Clanricarde	尤利克·约翰·克兰里卡德
Euphrates	幼发拉底河
Neseb	内谢布村
Abdulmejid I	阿卜杜勒·迈吉德一世
de Albin Roussin	德·阿尔班·鲁森
European Concert	欧洲协调问题
Taurus	托罗斯山脉
Philipp von Brunnow	菲利普·冯·布伦纳
Sorbonne	索邦神学院
History of Civilization in Europe	《欧洲文明史》
Great Rebellion	英格兰内战
Revolution	资产阶级革命
Dover	多佛
Manchester Square	曼彻斯特广场
Hertford House	赫特福德大厦
Ain-Tab	安塔普
Gotha	哥达
Sed-Jour	萨-朱尔河
Adolphe Thiers	阿道夫·梯也尔
Heinrich von Bülow	海因里希·冯·比洛
Philipp von Neumann	菲利普·冯·诺伊曼
Nouri Effendi	努里·埃芬迪
Holland House	荷兰大使馆
Kingdom of Naples	那不勒斯王国
Henry Edward Fox	路易·腓力一世

Louis Philippe I	亨利·爱德华·福克斯
Mary Augusta Coventry	玛丽·奥古斯塔·考文垂
Whig Party	自由党
Earl of Clarenton	克拉伦登伯爵
George William Frederick Villiers	乔治·威廉·弗雷德里克·维利尔斯
Henry Lansdowne	亨利·兰斯多恩
Earl of Gray	格雷伯爵
Charles Grey	查尔斯·格雷
Robert Peel	罗伯特·皮尔
Henry Hallam	亨利·哈勒姆
Thomas Babington Macaulay	托马斯·巴宾顿·麦考利
Sidney Smith	西德尼·史密斯
Eton	伊顿
Edward Craven Hawtrey	爱德华·克雷文·霍特里
Rugby	拉格比
Thomas Arnold	托马斯·阿诺德
Norwood	诺伍德
Acre	阿克里
de Pontois	德·蓬图瓦
Lebanon	黎巴嫩
Charles Napier	查尔斯·皮尔
Beyrout	贝鲁特
Nahr-el-Kelb	奈赫雷尔凯尔卜
Louis de St. Aulaire	路易·德·圣奥莱尔
Alexandre Colonna Walewski	亚历山大·克洛纳·瓦莱夫斯基
Boghas Bay	博格斯·巴伊
Heinrich Wilhelm Werther	海因里希·威廉·韦特
Cartwright	卡特赖特
Battle of Ostroleka	奥斯特罗文卡战役
Antwerp	安特卫普
Casimir Perrier Périer	卡西米尔·皮埃尔·佩里耶
Treaty of Eighteen Article	《十八项条约》
Brussels	布鲁塞尔

Étienne Maurice Gérard	艾蒂安·莫里斯·热拉尔
Maastricht	马斯特里赫特
Limburg	林堡
Luxemburg	卢森堡
Scheldt	斯海尔德河
Solomon Dedel	所罗门·德代尔
Sylvain van de Weyer	西尔万·范德韦耶
Treaty of Versailles	《凡尔赛条约》
Meuse	默兹河
Juan Manuel de Rosas	胡安·曼努埃尔·德·罗萨斯
Jean-Andoche Junot	让-安多什·朱诺
Rio de Janeiro	里约热内卢
Maria II	玛丽亚二世
Isabel II	伊莎贝拉二世
Maria Christina	玛丽亚·克里斯蒂娜
Don Carlos	卡洛斯
Carlists	卡洛斯派
Miguelites	米格尔派
Triple Allianc	《三国同盟条约》
Battle of Cape St.Vincent	圣文森特角战役
Duke of Terceira	特塞拉公爵
Villa Flor	维拉·弗洛尔
Battle of Tagus Valley	塔古斯山谷战役
Convention of Evora	《埃沃拉公约》
Algeria	阿尔及利亚
Colonel de Lacy Evans	德·莱西·埃文斯上校
Baldomero Espartero	巴尔多梅罗·埃斯帕特罗
Morocco	摩洛哥
Tahiti	塔希提岛
Pritchard	普里查德
Tangier	丹吉尔
Gibraltar	直布罗陀
Treaty of Tangier	《丹吉尔条约》

Treaty of Utrecht	《乌得勒支条约》
Philip V	腓力五世
Carlist War of Succession	卡洛斯王位继承战争
Infanta Louise	路易丝公主
Queen Victoria	维多利亚女王
Château d'Eu	厄镇
Henry VIII	亨利八世
Francisco Duke of Cadiz	加的斯公爵弗朗西斯科
Henriques Duke of Seville	塞维利亚公爵恩里克斯
Due Antoine Montpensier	安托万·蒙庞西耶公爵
Corn Laws	《谷物法》
Earl of Russell	罗素伯爵
John Russell	约翰·罗素
Jarnac	雅尔纳克
Polish Republic of Cracow	波兰克拉科夫共和国
Comte de Paris	巴黎伯爵
Louis Philippe Albert	路易·腓力·阿尔伯特
Honfleur	翁弗勒尔
Alphonse de Lamartine	阿方斯·德·拉马丁
Felix of Schwartzenberg	费利克斯·施瓦岑贝格
Munich	慕尼黑
Lola Montes	洛拉·蒙特斯
Habsburg	哈布斯堡王朝
Daniele Manin	丹尼尔·马宁
Milan	米兰
Joseph Radetzky von Radetz	约瑟夫·拉德茨基·冯·拉德兹
Lajos Kossuth	拉约什·科苏特
Józef Zachariasz Bem	约瑟夫·扎卡里亚斯·拜姆
Arthur Görgei	阿尔图尔·格尔盖伊
Alexander Mensdorff-Pouilly	亚历山大·门斯多夫－普利
Earl of Malmesbury	马姆斯伯里伯爵
James Harris	詹姆斯·哈里斯
Prince of Windisch-Grätz	温迪施－格雷茨亲王

Alfred I	阿尔弗雷德一世
Prague	布拉格
Francis Joseph I	弗朗茨·约瑟夫一世
Croatia	克罗地亚
Josip Jellachich	约瑟普·耶拉契奇
Világos	维拉戈斯
Ivan Fyodorovich Paskievich	伊万·费奥多罗维奇·帕斯克维奇
Heidelberg	海德堡
Leopold von Ranke	利奥波德·冯·兰克
Christian VIII	克里斯蒂安八世
Frederick VII	腓特烈七世
Duchy of Schleswig	石勒苏益格公国
Duchy of Holstein	荷尔斯泰因公国
Jutland	日德兰半岛
Malmö	马尔默
Holy Roman Empero	神圣罗马帝国皇帝
Archduke John	约翰大公
Heinrich von Gagern	海因里希·冯·加格恩
Kreuzpartei	跨党派
Leopold von Gerlach	利奥波德·冯·格拉赫
Heinrich von Gerlach	海因里希·冯·格拉赫
Otto von Bismarck	奥托·冯·俾斯麦
Stuttgart	斯图加特
Württemberger	维滕贝格
Kingdom of Hanover	汉诺威王国
Joseph Maria von Radowitz	约瑟夫·马丽亚·冯·拉多维茨
Erfurt	爱尔福特
Friedrich Ferdinand von Beust	弗里德里希·斐迪南·冯·博伊斯特
Middle German Union	中德联盟
Freiherr von der Pfordten	冯·德·普福尔腾男爵
Ludwig Karl Heinrich	路德维希·卡尔·海因里希
Hesse-Cassel	黑森-卡塞尔
Bronnzell	布朗泽尔

Count Brandenburg	勃兰登堡伯爵
Friedrich William	弗里德里希·威廉
Charles-Louis-Napoléon Bonaparte	查理-路易-拿破仑·波拿巴
Napoleon III	拿破仑三世
Palestine	巴勒斯坦
Jacques Aupick	雅克·奥皮克
Bethlehem	伯利恒
Charles Marquis de la Valette	德拉瓦莱特侯爵夏尔
Vladimir Pavlovich Titoff	弗拉基米尔·帕夫洛维奇·季托夫
Paul-Armand Challemel-Lacour	保罗-阿尔芒·沙勒梅尔-拉库尔
Treaty of Kutchuk Kainarji	《库楚克开纳吉条约》
Galata	加拉太
Aleksey Fedorovici Orloff	阿列克谢·费奥多罗维奇·奥尔洛夫
Aleksandr Sergeyevich Mentchikoff	亚历山大·谢尔盖耶维奇·缅什科夫
Vincent Benedetti	维桑·贝内代蒂
Hugh Henry Rose	休·亨利·罗斯
Edouard Drouyn de Lhuys	爱德华·德律安·德·勒尤伊斯
Alexandre Colonna-Walewski	亚历山大·克洛纳·瓦莱夫斯基
George Hamilton Seymour	乔治·汉密尔顿·西摩爵士
Earl Cowley	考利伯爵
Henry Wellesley	亨利·韦尔斯利
Besika Bay	贝西卡湾
London Straits Convention	《伦敦海峡公约》
Sinop	锡诺普
Nakhimof	纳希莫夫
Bay of Beikos	比科斯湾
John Bright	约翰·布赖特
Quakers	贵格会
Joseph Alexander Hübner	约瑟夫·亚历山大·许布纳
Pavel Dmitrievich Kisselef	帕维尔·德米特里耶维奇·基谢廖夫
Philipp von Brunnow	菲利普·冯·布吕诺
Grand Duchess Helena	海伦娜女大公
Edward Goschen	爱德华·高慎

Sebastopol	塞瓦斯托波尔
Silistra	锡利斯特里亚
Karl von Groeben	卡尔·冯·格勒本
Alexander Mikhailovich Gorchakoff	亚历山大·米哈伊洛维奇·戈尔恰科夫
Earl of Westmorland	威斯特摩兰子爵
John Fane	约翰·费恩
Alma	阿勒马
Balaclava	巴拉克拉瓦
Inkerman	英克曼
Count of Cavour	加富尔伯爵
Camillo Benso	卡米洛·本索
Mihail Dmitriyevich Gorchakoff	米哈伊尔·德米特里耶维奇·戈尔恰科夫
Gastein	加施泰因
Golling	戈林
House of Romanoff	罗曼诺夫家族
Emanuele Villamarina	埃马努埃莱·维拉玛里纳
Mehmed Emin Aali Pasha	穆罕默德·埃明·阿里帕夏
Eugénie de Montijo	欧仁妮·德·蒙蒂若
Tuileries Palace	杜伊勒里宫
Bessarabia	比萨拉比亚
Kiliya	基利亚
Isaccea	伊萨克恰
Aland Islands	阿兰群岛
Stockholm	斯德哥尔摩
Declaration on Maritime Law	《航海法宣言》
Duchy of Modena	摩德纳公国
Kingdom of Sardinia-Savoy	撒丁－萨伏依王国
Spezzia	斯佩齐亚
Republic of San Marino	圣马力诺共和国
Kingdom of the Two Sicilies	两西西里岛王国
River Po	波河
Umbria	翁布里亚
Apennines	亚平宁山脉

Adriatic	亚得里亚海
Marches of Ancona	马尔凯的安科纳地区
Ravenna	拉韦纳
Forli	弗利
Ferrara	费拉拉
Medicean Florence	佛罗伦萨美第奇家族
Nice	尼斯
Ticino	提契诺
Mantua	曼托瓦
Peschiera del Garda	加尔达渔村
Legnago	莱尼亚戈
Giacomo Leopardi	贾科莫·莱奥帕尔迪
Alessandro Manzoni	亚历山德罗·曼佐尼
Promessi Sposi	《约婚夫妇》
Vincenzo Gioberti	温琴佐·焦贝蒂
Civil and Moral Primacy of the Italians	《意大利人的道德和公民卓越》
Giuseppe Verdi	朱塞佩·威尔第
Vittorio Emanuele II	维托里奥·埃曼努埃尔二世
Giuseppe Mazzini	朱塞佩·马志尼
Marseilles	马赛
Young Italy	青年意大利党
Carbonari	烧炭党
Dante Alighieri	但丁·阿利吉耶里
Pope Pius IX	教皇庇护九世
Giovanni Maria Mastai-Ferretti	乔瓦尼·玛丽亚·马斯塔伊-费雷蒂
Statuto Fondamentale	《基本法》
Charles Albert	查理·阿尔伯特
Goito	戈伊托
Custozza	库斯托扎
Giovanni Durando	乔瓦尼·杜兰多
Rovere	罗维雷
Count Mamian	马米亚尼伯爵
Terenzio	泰伦齐奥

Gaeta	加埃塔
Giuseppe Garibaldi	朱塞佩·加里波第
Daniele Manin	达尼埃莱·马宁
Oporto	波尔图
Grand Duke of Tuscany	托斯卡纳大公
Archduchess Adelaide	阿德莱德女大公
Alessandria	亚历山德里亚
Massimo d'Azeglio	马西莫·达·阿泽利奥
Vicenza	维琴察
Nicolas Oudinot	尼古拉·乌迪诺
Charles Oudino	夏尔·乌迪诺
Civitavecchia	奇维塔韦基亚
Ferdinand de Lesseps	斐迪南·德·莱塞普
Pierre de la Gorce	皮埃尔·德·拉·戈尔斯
Il Risorgimento	《光复报》
George Meredith	乔治·梅瑞狄斯
Vittoria	《维特多利亚》
Times	《泰晤士报》
Matin	《晨报》
Independence Beige	《比利时独立报》
James Hudson	詹姆斯·哈德森
Alfonso Ferrero La Marmora	阿方索·费雷罗·拉·马尔莫拉
Traktir Bridge	特拉克蒂尔大桥
Idées Napoléoniennes	《拿破仑的理想》
Romagna	罗马涅
Berne	伯尔尼
Felice Orsini	费利切·奥尔西尼
Moniteur de L'Empire	《帝国报》
Jules Favre	朱尔·法夫尔
Earl of Derby	德比伯爵
Edward Smith-Stanley	爱德华·史密斯-斯坦利
Duc de Malakoff	马拉科夫公爵
Aimable-Jean-Jacques Pelissier	埃马布勒-让-雅克·佩利西耶

Jean-Gilbert Victor Fialin de Persigny	让-吉尔贝·维克托·费林·佩尔西尼
Archduke Maximilian Joseph	马克西米利安·约瑟夫大公
Henri Conneau	亨利·科诺
Ham	哈姆
Plombieres	普隆比耶尔
Epinal	埃皮纳勒
Vosges	孚日山脉
Princess Maria Clotilde	玛丽亚·克洛蒂尔达公主
Antonio Fogazarro	安东尼奥·福加扎罗
Piccolo Mondo Antico	《小小的古老世界》
Baron of Ampthill	安特希尔男爵
Odo Russell	奥多·罗素
Augustus Loftus	奥古斯塔斯·洛夫特斯
Ballplatz	鲍尔普拉兹
Baron de Kellersberg	凯勒斯伯格男爵
Caschi de Santa Croce	卡斯基·德·圣克罗塞
Ferenz Gyulay	费伦茨·久洛伊
Susa	苏萨
Battle of Magenta	马真塔战役
Battle of Solferino	索尔费里诺战役
Valeggio	瓦莱焦
Edmond Leboeuf	埃德蒙·勒博夫
Villafranca di Verona	维罗纳自由镇
Guadini Morelli	瓜尔蒂尼·莫雷利别墅
Preliminaries of Villafranca	《比利亚弗兰卡条约》
Louise Marie Thérèse d'Artois	路易丝·玛丽·泰蕾兹·德·阿图瓦
Giuseppe La Farina	朱塞佩·拉·法里纳
Zürich	苏黎世
Treaties of Zürich	《苏黎世条约》
Bettino Ricasoli	贝蒂诺·里卡索利
Le Pape et le Congrès	《教皇与议会》
Arthur de la Gueronniere	阿瑟·德·拉·盖罗尼耶尔
Édouard Antoine de Thouvenel	爱德华·安托万·德·图弗内尔

Cavaliere Nigra	卡瓦利埃·尼格拉
Marquis d'Arese	阿雷塞侯爵
Francesco Crispi	弗朗切斯科·克里斯皮
Palermo	巴勒莫
Francis II	弗朗西斯二世
Lombardo	"隆巴尔多"号
Piedmont	"皮埃蒙特"号
Rubattino	洛巴迪诺公司
Carlo Pellion di Persano	卡洛·佩利翁·德·佩尔萨诺
Cagliari	卡利亚里
Marsala	马尔萨拉
Ferdinando Lanza	斐迪南多·兰扎
Rodney Mundy	罗德尼·芒迪
Strait of Messina	墨西拿海峡
Luigi Carlo Farini	路易吉·卡洛·法里尼
Enrico Cialdini	恩里克·恰尔迪尼
Manfredo Fantie	曼弗雷多·芬提
Castelfidardo	卡斯特尔菲达多
Strait of Bonifacio	博尼法乔海峡
Caprera	卡普雷拉岛
Costantino Nigra	康斯坦丁诺·尼格拉
Patrimony of St. Peter	圣彼得世袭领地
Alexandru Ioan Couza	亚历山德鲁·伊万·库扎
Château de Saint-Cloud	圣克卢宫
Convention of Gastein	《加施泰因公约》
Count von Usedom	冯·乌泽多姆伯爵
Urbano Ratazzi	乌尔巴诺·拉塔奇
Giuseppe Govone	朱塞佩·戈沃内
Archduke Albert	阿尔伯特大公
Schoenbrunn	美泉宫
Preliminary Treaty of Nikolsburg	《尼古斯堡草约》
Tyrol	蒂罗尔
Viterbo	维泰博

Civitavecchia	齐维塔维基亚诺
Velletri	韦莱特里
Frosinone	弗罗西诺内
Pontifical Enclave	教皇飞地
Cannes	戛纳
Antibes	昂蒂布
Caprera	卡普雷拉
Sinalunga	锡纳伦加
Terni	特尔尼
Pierre-Louis Charles de Failly	皮埃尔-路易·夏尔·德·法依
Lyons	里昂
Civita Vecchia	奇维塔维基亚
Tiber	台伯河
Hermann Kanzler	赫尔曼·坎茨勒
Sabine	萨宾
Mentana	门塔纳
Chassepot	夏塞波
Lionel de Moustier	莱昂内尔·德·穆斯捷
Adolphe Niel	阿道夫·尼埃尔
Eugène Rouher	欧仁·鲁埃
Hildebrand	希尔德布兰德
Innocent III	教皇英诺森三世
Council of Trent	特伦托会议
Sedan	色当
Luigi Cadorna	卢吉·卡多尔纳
La Legge delle Guarantigie	《优待法》
Giacomo Antonelli	贾科莫·安东内利
Barthold Georg Niebuhr	巴托尔德·格奥尔格·尼布尔
Heinrich Von Treitschke	海因里希·冯·特赖奇克
Leipzig	莱比锡
Georg Friedrich List	格奥尔格·弗里德里希·李斯特
National System of Political Economy	《政治经济学的国民体系》
Zollverein	关税同盟

Friedrich von Motz	弗里德里希・冯・莫茨
Schwartzburg-Sondershausen	施瓦茨堡－松德斯豪森
Schwartzburg-Rudolstadt	施瓦茨堡－鲁道尔施塔特
Württemberg	符腾堡王国
Grand Duchy of Oldenburg	奥尔登堡大公国
Bremen	不莱梅
Mid-German Commercial Union	中部德意志商业同盟
Freiherr von Carlowitz	冯・卡洛维茨男爵
Christoph Anton Ferdinand	克里斯托弗・安东・斐迪南
Baltic	波罗的海
Karl Georg Maassen	卡尔・格奥尔格・马森
Langensalza	朗根萨札
Würzburg	维尔茨堡
Weimar	魏玛
Electoral Hesse	黑森选侯国
Brandenburg	勃兰登堡
Rhenish	莱茵省
Karl Ludwig von Bruck	卡尔・路德维希・冯・布吕克
Charter of the Danish Crown	《丹麦王国宪章》
Charter of Ribe	《里伯宪章》
Copenhagen	哥本哈根
Eider-Dansk	艾德－丹斯克
Johann Gustav Droyssen	古斯塔夫・德罗伊森
University of Kiel	基尔大学
Eckernförde	埃肯弗德
Fredericia	腓特烈西亚
Lower Elbe	易北河下游
Robert Morier	罗伯特・莫里尔
Balliol	贝列尔
Benjamin Jowett	本杰明・乔伊特
Printing House Square	印刷所广场
Grand Duke of Baden	巴登大公
Frederick I	腓特烈一世

Federal Execution	《联合执行案》
Christian IX	克里斯蒂安九世
Earl of Kimberly	金伯利伯爵
John Wodehouse	约翰·沃德豪斯
Friedrich von Wrangel	弗里德里希·冯·弗兰格尔
Danevirke	丹尼弗克
Düppel	杜佩尔
Alsen Sound	阿尔森海峡
Alsen	阿尔森岛
Otto Theodor von Manteuffel	奥托·西奥多·冯·曼陀菲尔
George Joachim Quaade	乔治·约阿希姆·夸德
György Apponyi	捷尔吉·奥波尼
Count Wachtmeister	瓦赫特迈斯特伯爵
La Tour d'Auvergne	拉·托尔·德·奥韦涅
Ribe	里伯
Kolding	科灵
Andrew Buchanan	安德鲁·布坎南
Princess Alexandra	亚历山德拉公主
Prince of Wales	威尔士亲王
Edward VII	爱德华七世
Mensdorff-Pouilly	门斯多夫-普伊
Glatz	格拉茨
University of Freiburg	巴登弗莱堡大学
Freytag	弗赖塔格
Helmuth von Moltke the Elder	老赫尔穆特·冯·毛奇
Count Blome	布洛梅伯爵
Wildbad-Gastein	维尔德巴特-加斯坦
Salzburg	萨尔茨堡
Bad Ischl	巴德依舍
Biarritz	比亚里茨
Alajos Károlyi de Nagykároly	阿拉霍斯·卡罗伊·德·纳吉卡罗伊
Altona	阿尔托纳
Ludwig II	路德维希二世

Anton von Gablenz	安东·冯·加布伦茨
Hohenzollern-Sigmaringen	霍亨索伦－锡格马林根公国
Prince Charles	查理亲王
Duchy of Nassau	拿骚公国
Ludwig von Benedek	路德维希·冯·贝内德克
Königgrätz	柯尼希格雷茨
Bad Langensalza	巴德朗根萨札
Fulda	富尔达
Albrecht von Roon	阿尔布雷希特·冯·罗恩
Florisdorf	弗洛里斯多夫
Černá Hora	切尔那山
Tyrol	蒂罗尔
Bukovina	布科维纳
Nikolsburg	尼克利斯堡
Main	美因河
Prague	布拉格
Custozza	库斯托扎
Macedon	马其顿
Elatea	埃拉蒂亚
Jacques Louis Randon	雅克·路易·朗顿
Zwittau	斯维塔维
Duchy of Luxemburg	卢森堡公国
Franz von Wimpffen	弗朗茨·冯·温普芬
Lucien-Anatole Prevost-Paradol	吕西安－阿纳托尔·普雷沃－帕拉多尔
La Nouvelle France	《新法兰西》
Agénor duc de Grammont	德格拉蒙公爵阿热诺
Punch	《笨拙》
Eugène Georges Henri Céleste Stoffel	欧仁·乔治·亨利·塞莱斯特·斯托费尔
Strasbourg	斯特拉斯堡
Auguste-Alexandre Ducrot	奥古斯特－亚历山大·迪克罗
Bartélemy Lebrun	巴特莱米·勒布伦
Château of Lauenburg	劳恩堡宫
Cadiz	加的斯

Count of Reus	雷乌斯伯爵
Juan Prim	胡安·普里姆
Karl Antoine	卡尔·安托万
Prince Leopold	利奥波德亲王
Hermann von Thile	赫尔曼·冯·蒂尔
Salazar	萨拉萨尔
Mercier de Lostende	梅西耶·德·洛斯滕德
Agence Havas	法新社
Bad Ems	巴特埃姆斯
Wildbad	维尔德巴特
Coblentz	科布伦茨
Hotel de Bruxelles	布鲁塞尔酒店
Émile Ollivier	埃米尔·奥利维耶
Clement Duvernois	克莱芒·迪韦努瓦
Lahn River	兰河
Prince Radziwill	拉齐维尔亲王
Wussow	乌索
Mulert	穆勒特
Ems	埃姆斯
Heinrich Abeken	海因里希·阿贝肯
Friedrich Eulenburg	弗里德里希·奥伊伦贝格
Léon Gambetta	莱昂·甘必大
Viscount of Lyons	里昂子爵
Richard Lyons	理查德·里昂
William Ewart Gladstone	威廉·尤尔特·格拉德斯通
Metz	梅斯
Charles Denis Bourbaki	夏尔·德尼·布尔巴基
Louis Léon Faidherbe	路易·莱昂·费代尔布
Alfred Chanzy	阿尔弗雷德·尚齐
Jules Ferry	茹费理
Tours	图尔
Bordeaux	波尔多
François Achille Bazaine	弗朗索瓦·阿希尔·巴赞

Versailles	凡尔赛
Belfort	贝尔福
Arthur John Otway	阿瑟·约翰·奥特韦
Albert duc de Broglie	布罗伊公爵阿尔伯特
Galerie des Glaces	镜廊
Pact of Bordeaux	《波尔多公约》
Moselle Department	摩泽尔省
St.Privat	圣普里瓦
Vionville	维翁维尔
Sainte-Marie-aux-chenes	玛丽-奥-切内斯
Loire	卢瓦尔河
Augustin Pouyer-Quertier	奥古斯丁·托马斯·普耶-克蒂埃
Briey	布里埃河
Marshal Patrice de MacMahon	帕特里斯·德·麦克马洪
Kulturkampf	文化斗争
Gyula Andrássy	久洛·安德拉希
Balkans	巴尔干半岛
League of the Three Emperors	三皇同盟
Belgrade	贝尔格莱德
Nikolay Pavlovich Ignatieff	尼古拉·帕洛维奇·伊格纳季耶夫
George Earle Buckle	乔治·厄尔·巴克尔
Marquess of Salisbury	索尔兹伯里侯爵
Robert Gascoyne-Cecil	罗伯特·加斯科因-塞西尔
Lethe	莱特河
Pyotr Andreyevich Schouvaloff	彼得·安德烈耶维奇·舒瓦洛夫
Besika Bay	贝西卡湾
Midhat Pasha	迈扎特帕夏
Abdul-Aziz	阿卜杜勒-阿齐兹
Murad V	穆拉德五世
Principality of Montenegro	黑山公国
Bashi-Bazouks	巴希-巴祖克
Edwin Pears	埃德温·皮尔斯
John Morley	约翰·莫利

Abdul Hamid II	阿卜杜勒·哈米德二世
Baghdad	巴格达
Georg Herbert Münster	格奥尔格·赫伯特·明斯特尔
Ferenc Zichy	费伦茨·齐奇
Luigi Corti	路易吉·科尔迪
Midhat's Constitution	《迈扎特宪法》
Persian Gulf	波斯湾
Bosphorus	博斯普鲁斯海峡
Plevna	普列文
Kars	卡尔斯
Bucharest	布加勒斯特
Earl of Carnarvon	卡那封伯爵
Henry Herbert	亨利·赫伯特
Geoffrey Hornby	杰弗里·霍恩比
Adrianople	哈德良堡
Treaty of San Stefano	《圣斯特法诺条约》
Albania Mountain	阿尔巴尼亚山脉
Earl of Cranbrook	克兰布鲁克伯爵
Gathorne Gathorne-Hardy	盖索恩-哈迪
Cyprus	塞浦路斯
Alexandretta	亚历山大勒塔
new Gibraltars	新直布罗陀
Albert Edward	阿尔伯特·爱德华
William Henry Waddington	威廉·亨利·沃丁顿
East Rumelia	东鲁米利亚
Batum	巴统
Ardahan	阿尔达汉
Hotel Kaiserhof	凯塞霍夫酒店
Arthur Balfour	亚瑟·鲍尔弗
Alexander Karatheodori Pasha	亚历山大·卡拉西奥多里帕夏
Rabelaisian	拉伯雷式
Radzivill Palace	拉济维尔宫
Baron Rowton	罗顿男爵

Montague Corry	蒙塔古·科里
Unter Den Linden	菩提树下大街
Calais	加来
Eastern Rumelia	东鲁米利亚省
Theodoros Delyannis	塞奥佐罗斯·泽利扬尼斯
Alexandros Rizos Rhangabe	亚历山德罗·里索斯·朗加比
Thessaly	色萨利
Antivari	安蒂瓦里
Sanjak of Novi Pazar	新帕扎尔地区
Sarajevo	萨拉热窝
Mitrovitza	米特罗维察
Spizza	斯皮扎
Dubruja	多布鲁查
Constantsa	康斯坦萨
Ardahan	阿尔达汉
Alexander III	亚历山大三世
Khotar	霍塔尔
Mount Athos	阿索斯山
Frederick the Great	腓特烈大帝
Silesia	西里西亚
Prince of Kaunitz-Rietberg	考尼茨-里特伯格亲王
Wenzel Anton	文策尔·安东
Milutin	米卢廷
Posen	波森
Alexandrowo	亚历山大罗奥
Austro-German Treaty of Alliance	《德意志帝国与奥匈帝国同盟条约》
League of the Three Empires	三国同盟
Imre Szechenyi	伊姆雷·塞切尼
Peter Alexandrovich Sabouroff	彼得·亚历山德罗维奇·萨布洛夫
Corsica	科西嘉
Tunis	突尼斯
Muhammad III as-Sadiq	穆罕默德三世·阿勒·萨迪克
Treaty of Bardo	《巴尔杜条约》

Umberto I	翁贝托一世
Gustav Siegmund Kálnoky	古斯塔夫·西格蒙德·卡尔诺基
Prince Reuss of Köstritz	克斯特里茨的罗伊斯亲王
Heinrich VII	海因里希七世
Count di Robilant	罗比兰特伯爵
Carlo Felice Nocolis	卡洛·菲利斯·尼克利斯
Istranja	伊斯特兰贾山脉
Sofia	索非亚
Philippopolis	菲利普波利斯
Alexander of Battenberg	巴滕贝格的亚历山大
Prince Henry of Battenberg	巴滕贝格的亨利亲王
Princess Beatrice	比阿特丽斯公主
Battle of Slivnitza	斯利夫尼察战役
Bendereff	本德雷夫
Panitza	帕尼察
Count von Hartenau	冯·哈特瑙伯爵
Stefan Nikolov Stambouloff	斯特凡·尼科洛夫·斯坦博洛夫
Princess Clémentine of Orléans	奥尔良的克莱芒蒂娜公主
Tripoli	的黎波里
Morocco	摩洛哥
Nikolay de Giers	尼古拉·德·吉尔斯
Skierniewice	斯凯尔涅维采
Nikolay Alekseyevich Orloff	尼古拉·亚历克塞耶维奇·奥尔洛夫
Zanzibar	桑给巴尔岛
Frederick III	腓特烈三世
William II	威廉二世
Duke of Lauenburg	劳恩堡公爵
Friedrichsruhe	腓特烈斯鲁厄
Witu	维图
Gabriel Hanotaux	加布里埃尔·阿诺托
Tonkin	东京
Madagascar	马达加斯加
Congo	刚果

Charles de Freycinet	夏尔·德·弗雷西内
Jules Gabriel Herbette	朱尔斯·加布里埃尔·埃尔贝特
Paul Deroulède	保罗·德鲁莱德
League of French Patriots	法兰西爱国者联盟
Adolf Marschall Von Bieberstein	阿道夫·马沙尔·冯·比贝尔施泰因
Kronstadt	喀琅施塔得
Alexandre Ribot	亚历山大·里博
Entente Cordiale	友好谅解
Sadi Carnot	萨迪·卡诺
Aix-les-Bains	艾克斯莱班
de Lannes	德·拉纳
Émile François Loubet	埃米尔·弗朗索瓦·卢贝
Charles Dupuy	夏尔·迪普伊
Raymond Poincaré	雷蒙·普安卡雷
Théophile Delcassé	泰奥菲勒·德尔卡塞
Theodor Christian Avellan	特奥多尔·克里斯蒂安·阿韦兰
Theodore Roosevelt	西奥多·罗斯福
Toulon	土伦
Jean Casimir-Perier	让·卡齐米尔－佩里耶
Isma'il Pasha	伊斯梅尔帕夏
Caisse de la Dette	国际银行
Mohamed Tewfik Pasha	穆罕默德·陶菲克帕夏
Ahmed'Urabi	艾哈迈德·乌拉比
Alexandria	亚历山大港
Georges Benjamin Clemenceau	乔治·邦雅曼·克列蒙梭
Charles Théodore Eugène Duclerc	夏尔·泰奥多尔·欧仁·迪克莱尔
Viscount Wolseley	吴士礼子爵
Garnet Wolseley	加尼特·吴士礼
Battle of Tel-el-Kebir	泰拉－埃尔－凯比尔战役
Henry Drummond Wolff	亨利·德拉蒙德·沃尔夫
Kiamil Pasha	基亚米尔帕夏
Said Halim Pasha	赛义德·哈利姆帕夏
Leopold II	利奥波德二世

Royal Niger Company	皇家尼日尔公司
Lake Chad	乍得湖
Barroua	巴鲁阿
Sahara	撒哈拉
Madagascar	马达加斯加
Abyssinia	阿比西尼亚
Red Sea Empire	红海帝国
Menelik II	梅内利克二世
Treaty of Ucciali	《乌西阿利条约》
Oreste Baratieri	奥雷斯特·巴拉蒂耶里
Adowa	阿杜瓦
Treaty of Addis Ababa	《亚的斯亚贝巴条约》
Charles George Gordon	查尔斯·乔治·戈登
Earl of Cromer	克罗默伯爵
Evelyn Baring	伊夫林·巴林
Herbert Kitchener	赫伯特·基奇纳
Khartoum	喀土穆
Jean-Baptiste Marchand	让-巴蒂斯特·马尔尚
Upper Nile	尼罗河上游
Fashoda	法绍达
Charles Dilke	查尔斯·迪尔克
Leander Starr Jameson	利安德·斯塔尔·詹姆森
Bechuanaland	贝专纳兰
Paul Kruger	保罗·克鲁格
Orange Free State	奥兰治自由城邦
Arrow	"亚罗"号
Laio-tung Peninsula	辽东半岛
Formosa	台湾岛
Yermak Timofeyevich	叶尔马克·季莫费耶维奇
Cossacks	哥萨克人
Peter the Great	彼得大帝
Amur River	阿穆尔河
Sea of Japan	日本海

Yeso	北海道
Nippon	本州岛
Vladivostock	符拉迪沃斯托克港
Convention of Seoul	《汉城公约》
Convention of Moscow	《莫斯科公约》
Chita	赤塔
Tsitsikar	齐齐哈尔
Kharbin	哈尔滨
Port Arthur	旅顺港
Talien-wan	大连湾
Bernhard von Bülow	伯恩哈德·冯·比洛
Empire of China	大清帝国
Clement Scott	克莱门特·斯科特
Marquess of Lansdowne	兰斯多恩侯爵
Henry Petty-Fitzmaurice	亨利·佩蒂－菲茨莫里斯
Maine	缅因州
Portsmouth	朴次茅斯
Saghalien	萨哈林岛
Edward Grey	爱德华·格雷
Edmund Monson	埃德蒙·蒙森
Paul Cambon	保罗·康邦
French Algiers	法属阿尔及尔
Newfoundland	纽芬兰
Treaty Shore	专约海岸
Siam	暹罗
Henry Arthur Hardinge	亨利·阿瑟·哈丁
Élysée Palace	爱丽舍宫
Gambia	冈比亚
Nigeria	尼日利亚
New Hebrides	新赫布里底
Maurice Rouvier	莫里斯·鲁维耶